예수의 잠언

예수의 잠언
Copyright ⓒ 새세대 2013

초판발행 2013년 10월 9일

지 은 이   곽요셉
펴 낸 곳   도서출판 새세대
홈페이지   www.newgen.or.kr
이 메 일   churchgrowth@hanmail.net
출판등록   2009년 12월 18일 제2009-000055호
주   소   경기도 성남시 분당구 정자동 210-1
전   화   031) 761-0338 팩스 031) 761-1340

ISBN 978-89-967016-6-8
책값은 뒤표지에 있습니다.

예수의 잠언

곽요셉 지음

도서출판 새세대

서문

잠언은 삶을 위한 지혜의 가르침을 말합니다. 구약성경의 잠언은 이스라엘에서 역대 가장 지혜롭고 부유했던 왕인 솔로몬의 교훈과 격언들을 모은 책입니다. 언뜻 「예수의 잠언」이란 제목은 생소하게 들릴 수도 있습니다. 잠언은 구약성경의 대표적인 지혜서이고, 예수님의 생애와 가르침은 신약의 복음서들에 담겨 있기 때문입니다. 그러나 모든 성경은 예수 그리스도를 가리키고 있으며, 예수 그리스도를 통해서 재해석되어야 합니다. 예수님의 말씀은 모든 성경의 중심이며 기준입니다.

예수님의 핵심 사역은 하나님의 나라를 선포하시고 친히 구원의 길을 제시하시는 일이었습니다. 예수님께서 알려주신 오직 하나님께서 행하시는 구원의 역사를 신학적으로는 '케리그마'(kerygma)라고 합니다. 구원을 얻기 위하여 인간이 해야 할 일이나 조건은 없습니다. 오직 성령의 인도하심을 따라 은혜로 구원받았음을 믿음으로 고백하면 됩니다.

그러나 구원받은 하나님의 자녀들은 자신들의 세계관과 가치관, 그리고 행동방식을 하나님 나라의 복음에 합당하게 변화시키는 순종의 삶을 요청받습니다. 실천적인 삶을 위한 가르침을 신학적 용어로는 '디다케'(*didache*)라고 합니다. 예수님의 잠언은 그런 의미에서 '케리그마적 디다케'라고 할 수 있습니다.

그리스도인들이 하나님 나라의 복음에 기초한 인생의 지혜와 실천 원리들을 좇지 않으면, 결국에는 세상의 지혜와 처세술에 휩싸입니다. 이럴 경우 믿음은 고백하나 실제 삶은 구원받은 자의 신분과는 무관해질 수 있습니다. 본서를 통해 저자는 오늘날 모든 사람들이 직면하는 구체적인 인생의 문제들인 재물, 인간관계, 감정조절 등에 관한 예수님의 가르침을 깊이 상고하고자 했습니다. 아무쪼록 이 책을 읽는 모든 분들이 자기 계발서와 성공 철학이 봇물 터지듯 넘치는 혼란스런 다원주의 시대에, 예수님의 복음 안에서 진정으로 행복한 삶의 원리와 지혜를 함께 나눌 수 있기를 바랍니다.

2013년 10월
예수소망교회 목사 곽 요 셉

차례

NOM
VINGUI
NOSALTRES
REGNE
NOSTRE PA DE CADA DIA
ELS NOSTRES

1장_먼저 남을 대접하라

그러므로 무엇이든지 남에게 대접을 받고자 하는 대로 너희도 남을 대접하라
이것이 율법이요 선지자니라 (마태복음 7:12)

20세기에 가장 유명한 사업가로 또 부자로 알려진 사람은 바로 록펠러 (John Rockefeller)입니다. 그는 33세에 백만장자가 되었고, 43세에 미국 최대의 부자가 되었으며 마침내 53세에 세계 최대의 갑부가 된 사람입니다. 그러나 그는 항상 무언가에 쫓기는 기분이었고 그래서 행복하지 못했다고 고백했습니다. 그는 55세 때 중병에 걸렸습니다. 병원에서 앞으로 1년을 넘기기 힘들 것이라는 사형선고를 받게 되었습니다. 이제 그는 마지막 검진을 받기 위해서 병원에 갔습니다.

그런데 휠체어를 타고 병원 복도를 지나다가 벽에 걸려 있는 큰 액자를 보게 되었고 거기에는 '주는 자가 받는 자보다 복이 있다.'는 성경말씀이 기록되어 있었습니다. 그 말씀을 읽고 잠시 뒤 그는 마음이 찡해져서 눈물을 흘리기 시작했습니다. 자신의 지난 삶을 회고해보니 그 많은 부를 이루는 동안 별로 남을 도운 일이 없었던 것입니다. '나는 이웃을 얼마나 사랑했는가? 그들에게 얼마나 관심을 기울이고 그들을 배려했는가? 얼마

나 베풀었는가?' 그런 생각을 하고보니 부끄러울 따름이었습니다.

그때 옆에서 시끄러운 소리가 들려왔습니다. 아주 허름한 옷차림의 아주머니가 병원관계자랑 다투고 있었습니다. 관계자는 아주머니가 병원비를 내지 않았으니 입원시켜줄 수 없고 수술도 할 수 없다고 말하고 있었고, 아주머니는 제발 죽어가는 자기 딸을 살려달라고 간청하고 있었습니다. 그것을 보고 있던 록펠러가 비서를 시켜서 아무에게도 알리지 말라는 당부와 함께 그 아주머니의 병원비를 대신 내주게 했습니다.

얼마 뒤 그 아주머니의 딸은 기적적으로 치유가 되었고 나중에 록펠러가 병원에서 그 소녀를 보게 되었습니다. '아, 저 소녀로구나!' 그는 넘치는 기쁨을 느꼈고 그래서 훗날 자기 자서전에서 그 순간에 대해 이렇게 고백했습니다. "저는 살면서 이렇게 행복한 삶이 있는 줄 미처 몰랐습니다." 이 경험을 통해서 록펠러는 자기 남은 생을 이웃에게 베풀고 나누어주는 삶을 살아야겠다고 결단하고 노력했습니다. 그런데 그런 삶을 사는 과정에서 자기도 모르는 사이 병이 치유되었고 결국 그는 98세까지 장수했습니다. 그는 이렇게 회고했습니다. "갑부였던 내 인생 전반기 55년 동안 나는 늘 쫓기며 살았지만, 나누며 살았던 후반기 43년은 정말로 행복했다."

성도 여러분, 얼마나 이웃을 사랑하며 배려하고 베풀며 살아가십니까? 예수님께서 말씀하십니다. "너희에게 새 계명을 주노니 내가 너희를 사랑한 것같이 너희도 서로 사랑하라." 거기에 행복의 비결이 있습니다.

성경의 두 가지 차원의 말씀

오늘 본문은 너무나 유명한 말씀입니다. 2천 년 동안 '황금률(Golden Rule)'로 일컬어져온 말씀입니다. 기독교 윤리가 무엇입니까? 신학자들은 복잡하게 말들을 하지만 성경으로 보면 오늘 본문 이것 하나입니다. 그 정의를 말하자면 이 7장 12절 한 말씀입니다. "무엇이든지 남에게 대접을 받고자 하는 대로 너희도 남을 대접하라." 이 말씀은 항상 암송하고 묵상하며 실천되어야 할 말씀입니다.

성경에는 두 가지 차원의 말씀이 있습니다. 첫 번째 차원은 이것입니다. '하나님은 누구시냐? 하나님께서는 무엇을 행하셨느냐? 하나님의 뜻이 무엇이냐? 무엇이 하나님을 기쁘게 해드리는 일이냐?' 성경에는 이런 것들을 기록한 말씀이 있습니다. 이런 것을 함축해서 성경교리라고 합니다. 예를 들어서 의인은 누구입니까? 성경은 말씀합니다. '오직 의인은 믿음으로 말미암아 살리라.' 그 말씀과 말씀의 예가 가득 나와 있습니다. 성경 전체에 깔려 있습니다. 하나님께서 하신 일입니다. 오직 믿음으로만, 예수 그리스도를 믿음으로만 의롭게 불린다고 하셨고, 그렇게 역사하십니다. 이것을 성경교리라고 합니다.

두 번째 차원은 그 성경교리를 어떻게 실천해야 하는가 하는 것입니다. 이것을 실천윤리라고 합니다. 오늘 본문은 바로 기독교 실천윤리에 해당하는 말씀입니다. 진리는 깨달음으로 능력이 나타나지 않습니다. 그것으로는 잠깐 나타났다 없어집니다. 진리는 순종하는 사람이 그 능력을 체험합니다. 이것은 하나님의 섭리입니다.

*

2천 년 동안 '무엇이든지 남에게 대접을 받고자 하는 대로 너희도 남을 대접하라.'는 이 한 절 말씀이, 이 간단한 하나의 진리가 선포되었고, 가르쳐졌고, 증거되었고, 수많은 사람들에게 기억되었습니다. 그러나 유감스럽게도 이 말씀 안에 살아간 사람은 극소수입니다. 이것이 인류의 불행이요 비극입니다. 다시 말해서 나라 간에, 사회 간에, 개인 간에, 이웃 간에,

가족 간에 있는 모든 문제들이 이 말씀 한 절로 해결됩니다. 이 한 절이 답입니다. 그래서 오늘 본문이 이것을 말씀합니다.

그 답으로 '율법이요 선지자니라'라고 기록된 말씀이 없습니다. 다시 말해서, 율법이요 선지자라는 것은 구약성경을 뜻합니다. 그 당시에는 신약성경이 없었거든요. 구약성경 전체를 놓고 하나님의 자녀가 해야 될 일이 무엇이냐고 묻는다면, 그 지혜가 무엇이냐고 묻는다면, 그리스도인의 윤리가 무엇이냐고 묻는다면, 한마디로 답할 수 있습니다. 그것이 바로 이 황금률이라는 것입니다. 그만큼 중요한 말씀입니다.

십계명의 위치

지금까지 십계명은 구약성경 전체의 본질이요 핵심이었습니다. 열 가지 계명이 있습니다. 그 문자 속에 담긴 정신을 예수님께서 다시 말씀해 주셨습니다. '하나님을 전심으로 사랑하고 이웃을 내 몸과 같이 사랑하라.' 다시 말해서 십계명이 들어있는 구약성경 전체는 하나님 사랑, 이웃 사랑이 교리입니다.

그럼 이것을 어떻게 실천하느냐 하는 것입니다. 어떻게 내가 실천하는지 알 수 있느냐? 어떻게 해서 하나님께서 그가 그것을 실천했다고 인정해 주시느냐? 그 바로미터가 오늘 본문 말씀입니다. 얼마나 중요합니까? 예를 들어서 십계명에 이런 내용이 있습니다. '살인하지 말라.' '간음하지 말라.' '도적질하지 말라.' 하지만 수많은 기독교인들이 살인하지 않았고, 간음하지 않았고, 도적질 하지 않았음으로 십계명을 지켰다고 여깁니다. 그런데 이것은 바리새인 같은 태도입니다.

십계명의 정신은 하나님을 전심으로 사랑하고 이웃을 내 몸과 같이 사랑하는 데 있습니다. 그래서 예수님께서는 그런 차원에서 살인의 의미를 재해석해주셨습니다. 친구를 가리켜 '나쁜 놈이다, 어리석다'라고 말하는 것도 그 자체로 살인이라는 것입니다. 남의 것을 소중히 여기지 않는 것도 그 자체로 도적질이라는 것입니다. 마음에 한 번 음욕을 품은 것도 그 자체로 간음이라는 것입니다. 이것이 하나님께서 말씀하시는 간음의 차원입니다.

　결정적인 사건이 바로 간음한 여인이 예수님께로 끌려왔을 때입니다. 그 당시 종교지도자들은 하나님의 십계명으로 이 여인을 벌하고자 했습니다. 그러나 예수님께서는 더 높은 차원, 하나님의 뜻이라는 차원에서 말씀하셨습니다. 그래서 '죄 없는 자가 먼저 돌을 던지라.'고 말씀하셨습니다. 아무도 못 던집니다. 왜요? 예수님의 마음에는 긍휼이 있었습니다. 사랑이 있었습니다. 그래서 예수님께서 말씀하셨습니다. "나도 너를 심판하지 않으리라." 성경은 곳곳에서 말씀합니다. "심판자는 하나님이시다. 가서 더는 죄를 짓지 말라." 여러분이 만일 간음한 여인의 처지라면 여러분은 무엇을 구하겠습니까? 그 현장에서 꼭 필요한 것이 무엇입니까? 바로 용서입니다. 그러므로 그것을 하라는 것입니다. 이것이 황금률입니다. '무엇이든지 남에게 대접을 받고자 하는 대로 너희도 남에게 행하라.'

　　*

　어느 기독교 단체에서 있었던 일입니다. 그 단체의 여성회장이 어떤 선교사한테서 온 편지를 낭독했습니다. 편지내용의 핵심은 그 선교사가 큰일을 당했다는 것입니다. 아주 절박한 상황입니다. 최소한 4천 불이 꼭 필요합니다. 가슴 아픈 사연의 그 편지를 죽 읽고 나서 그 여성회장이 이렇게 말했습니다. "오늘 우리에게 말씀을 주신 목사님께서 이 자리에 나오셔서 우리 모두를 대표해서 하나님께 기도해주시겠습니다. 목사님, 나오서서 기도해주세요. 하나님께서 저 선교사님의 필요를 도와주시기를, 공급해주시기를 우리 대신 기도해주세요."

그런데 목사님이 나오셔서 기도 못하겠다고 합니다. 그래 다들 깜짝 놀랐습니다. 그때 그 목사님은 이렇게 말했다고 합니다. "저는 이 시간 선교사님의 필요를 채워달라고 하나님께 기도하지 않겠습니다. 그러나 제가 무엇을 할지에 대해서 말씀드리겠습니다. 저는 지금 제 호주머니에 있는 현금 모두를 이 탁자 위에 올려놓겠습니다. 여러분 모두도 그렇게 하시기 바랍니다. 그래서 우리가 모은 돈이 4천 달러가 되지 않는다면 그때 나머지를 하나님께 채워달라고 말씀드리겠습니다." 성도 여러분이 만일 선교사의 처지라면 여러분은 무엇을 바라겠습니까? 지금 이 순간 우리에게 무엇이 꼭 필요합니까?

상대의 처지와 형편을 생각해야

오늘성경은 말씀합니다. "무엇이든지 남에게 대접을 받고자 하는 대로" 여기서 멈추어야 됩니다. "무엇이든지 남에게 받고자 하는 대로" 그 '무엇이든지'가 무엇인지는 설명이 없어도, 말하지 않아도 누구나 다 아는 것 아닙니까? 믿는 사람이나 안 믿는 사람이나 다 압니다. 하다못해 어린아이들도 다 압니다. 하나님께서 이성을 주셨고, 생각하는 능력을 주셨고, 추리하는 판단력을 주셨습니다.

'무엇이든지', 그 사람의 처지와 환경에서 필요한 것이 무엇인지를 압니다. 그러니 이것을 생각하라는 것입니다. 그리고 행하라는 것입니다. 하나님께서 우리에게 자유의지를 주셨습니다. 이것을 먼저 생각하라는 것입니다. 내 생명이 가장 소중하게 여겨지기를 바랍니까? 그렇다면 그것을 주라는 것입니다. 그것을 인정하라는 것입니다. 내 소유가 귀합니까? 그렇다면 남의 소유도 귀한 것입니다. 그래서 도적질하지 말라는 것입니다. 내가 용서를 구합니까? 먼저 용서하라는 것입니다.

어느 사진전시회에서 있었던 일이라고 합니다. 전시회장에 아름답고 훌륭한 사진들이 많이 걸려 있었습니다. 어떤 사람이 그것들을 죽 살펴보고는 너무나 아름답다고 칭찬하면서 그 사진을 찍은 작가한테 이러더랍니다. "참 좋은 작품들이 많습니다. 대단하십니다." 하지만, 만일 이때 그가 "굉장히 성능이 좋은 카메라를 쓰셨나 보군요?"라고 말했다면 그것은 칭찬이 아니라 모욕이 될 것입니다.

이제 처지를 바꾸어놓고 생각해봅시다. 예를 들어 어느 자녀가 공부를 잘합니다. 그런데 그 아이를 두고 "너 참 부모 잘 만났나보다."라고 말한다거나 또는 누가 열심히 일해서 나름대로 성공했는데 그를 보고 "저 사람 참 운이 좋은가 봐."라고 말한다면 그것은 할 말이 아닙니다. 무엇이든지 내가 받고자 하는 대로, 대접받고자 하는 대로 남을 대접하라는 것입니다. 이것을 먼저 생각하라는 것입니다. 여기에 하나님의 뜻이 있습니다. 이것은 명령입니다.

그러나 그에 앞서 먼저 자율성을 주셨습니다. 어째서입니까? 누구나 욕구가 있고, 대접받고 싶은 마음이 있기 때문입니다. 그 욕망 그대로를 생각하고, 이제 너희도 그 마음으로 남을 대접하라는 것입니다. 이것이 바로 하나님의 뜻입니다.

첫 번째 차원: 나부터

이 말씀 안에는 적어도 두 가지의 메시지가 있습니다. 우선되는 것은

'나부터'입니다. 남을 대접하는 것이 이웃부터, 사회부터, 나라부터 시작되어야 된다는 말씀입니까? 천만의 말씀입니다. 성경은 '너부터' 하라고 말씀합니다. '이웃을 내 몸과 같이 사랑하라.' 절대계명 아닙니까? 이것이 쉽습니까, 어렵습니까? 어렵다면 얼마나 어렵습니까? 왜 어렵습니까? 세상과 이웃의 문제가 아닙니다. 물론 그곳에도 문제가 있습니다. 하지만 더 근본적인 문제는 나 자신입니다. 내가 타락한 것입니다.

타락이라는 것을 너무 고차원에서 생각하면 안 됩니다. 그리스도인의 타락은, 하나님께서 생각하시는 타락은 '반드시 해야 될 일을 하지 않는 것'입니다. 전심으로 하나님을 사랑하고, 전심으로 이웃을 사랑해야 되는데, 그 반드시 해야 될 일을 생각조차 하지 않는 것이 바로 타락입니다. 열정이 없습니다. 의지도 없습니다. 그것이 타락한 내 자신의 현주소입니다. 그래서 나부터 생각하라는 것입니다.

내가 받고 싶은 것이 있지 않느냐? 그 받고 싶은 것부터 생각해보라는 것입니다. 얼마나 신나는 일입니까? 그런데 행할 수 없습니다. 자신의 존재됨의 문제부터 알아야 됩니다. 이기주의적인 마음, 자기중심적인 사고, 타락한 본성 때문입니다. 그것을 인정함으로부터 하나님을 의존하게 되고, 성령을 의존하게 되고, 진리의 능력을 사모함으로 그 말씀을 이룰 수 있게 됩니다.

*

초등학교에 다니는 두 아들을 키우는 엄마가 큰아들에게 사과 두 개를 주었습니다. "네가 형이니까 네게 먼저 선택권을 주겠다. 알아서 해라." 그런데 형이 동생에게 가서 하는 말이 이렇습니다. "너 작은 거 먹을래? 아니면 둘 다 안 먹을래?"

이것이 인간의 마음입니다. '조금만 더, 조금만 더', 이것이 탐심입니다. 이런 마음이 있는데 네 이웃을 네 몸과 같이 사랑하라고요? 어림도 없는 일입니다. 이러한 인간의 본성을 인정해야 됩니다. '너부터' 중심이 바뀌어야 합니다. 나 중심에서 이웃중심으로, 하나님 중심으로 바뀌어야 됩니다. 그럴 때 이 말씀이 이루어지고, 말씀 안에 진리의 능력과 사랑과 행복을 경험하게 됩니다.

두 번째 차원: 먼저 행하라

두 번째 메시지는 '먼저 행하라'는 것입니다. 여기에는 '너희도 남을 대접하라.'가 생략되어 있습니다. 충분히 생각할 수 있습니다. '대접받기 전에 먼저 남을 대접하라.' 받은 뒤가 아닙니다. 더 깊은 메시지를 생각하면, 먼저 행하고 잊어버리라는 것입니다. 가정에서, 부부관계에서 어떤 다툼이 있을 때를 생각해보십시오. 그 해결점이 무엇입니까? 이 말씀입니다. 상대방의 처지에서 무엇이 필요한가를 생각하고, 내가 받고자 하는 그것을 행하는 것입니다. 사랑받고자 하면 먼저 사랑을 전하고, 용서받고 싶으면 먼저 용서해주고, 이해받기를 원하면 먼저 이해해주어야 합니다. 그래야 문제가 해결됩니다. 가르친다고 해결되겠습니까? 따진다고 해결되겠습니까?

오늘날 정치를 생각해보십시오. 정치를 꼭 정치인만 하는 것은 아닙니다. 모든 인간관계가 정치입니다. 대표적으로 지도자들이라고 하는 분들의 정치를 보십시오. 난장판 아닙니까? 개들이 웃을 것입니다. 복잡하게 생각할 필요가 없습니다. 이 말씀 하나가 실천되지 않아서입니다. '대접받기를 원하거든 먼저 대접하라.' 그러면 항상 화평합니다. 항상 의가 넘칩니다. 항상 평강합니다.

*

진리는 먼저 깨달아야 하고 영접되어야 하지만, 무엇보다도 반드시 실천되어야 합니다. 하나님께서 그저 깨달으라고만 주신 것이 진리가 아닙니다. 진리가 무엇인지를 깨닫고 그 진리의 능력을 체험하면서 형통한 삶을 살라고 주신 것이 진리입니다. 진리 자체가 능력입니다. 실천되지 않는 진리는 아무 소용이 없습니다.

그런데 오늘 이 황금률이 어떻게 실천될 수 있습니까? 쉽지 않은 문제입니다. 그래서 2천 년 동안 이것을 실천한 사람은 극소수였습니다. 거의 불가능에 가까웠습니다. 그 지혜도 성경에서 얻어야 됩니다. 그 답도 말씀 가운데 있습니다. 그것이 바로 오늘 본문입니다. '이것이 바로 율법이요 선지자니라.'

그리스도인의 삶: 말씀에의 순종

깊이깊이 묵상해보십시오. 여기에 가능성이 있습니다. '이것이 율법이요 선지자니라.' 이 황금률이 하나님의 뜻입니다. '그 많은 것 가운데서 한마디로 말하면 이것부터다, 그리스도인의 복 받는 삶은 이것부터다.'라고 말씀하십니다. 이 말씀에 순종해야 되겠지요.

더 높은 차원은, 구약성경 전체는 하나님 사랑과 이웃 사랑입니다. 오늘 본문은 이웃 사랑에 대한 것입니다. 이웃을 내 몸과 같이 사랑하려면 먼저 선행되어야 하는 것이 있습니다. 그것은 하나님을 전심으로 사랑해야 한다는 것입니다. 하나님을 전심으로 사랑하지 않는 자는 절대로 이웃을 내 몸과 같이 사랑할 수 없습니다. 그것을 깨달아야 됩니다.

또한 더 높은 차원을 말하면, 하나님의 사랑을 영접하고 믿고 확신하며 살아가야 됩니다. 하나님의 사랑을 확신하지 못한 사람은 하나님을 사랑할 수 없습니다. 절대 그럴 수 없습니다. 누가 먼저 하나님을 사랑하겠습니까? 절대로 그럴 수 없습니다. 십자가에 나타난 하나님의 온전한 사랑을 깨닫고 믿고 확신할 때 하나님을 사랑하는 열망과 갈망과 의지가 생깁니다. 그와 동시에 하나님의 말씀이 내게 주시는 하나님의 음성으로 들리기 시작합니다. 한마디로, 거듭난 그리스도인이 아니면 누구도 이 말씀을 지킬 수 없습니다. 오직 성령의 능력으로만 감당할 수 있는 것입니다.

그래서 그리스도인은 내가 누구인지를 압니다. 내가 하나님의 자녀가 아닐 때 이것은 불가능한 말씀입니다. 그러나 하나님의 자녀일 때는, 거듭난 자녀일 때는 이것이 당연한 말씀입니다. 지킬 수 있는 말씀입니다. 내 의지가 아니라 성령께서 인도하시기 때문입니다. 이것을 지키고 싶습니다. 왜요? 여기에 복의 비결이 있기 때문입니다.

*

아시시의 성자 프란체스코는 너무도 유명한 하나님의 사람입니다. 그가 세운 공동체가 오늘까지 이어지고 있습니다. 그 당시에는 최상, 최고의 공동체였습니다. 많은 사람이 그곳에 가기를 원했고 그곳에서 말씀 배우기를 사모했는데, 언제나 그렇듯이 공동체, 곧 사람이 있는 곳은 항상 인간관계의 위기가 있습니다. 어디든지 있습니다. 저에게도 있고, 모든 교회에도 있습니다. 문제는 어떻게 극복하느냐 이것입니다.

그런데 이 공동체 안에서 사랑이 식고, 냉담해지고, 자꾸 서로 정죄하고 비난하는 분위기가 심해지는 것이었습니다. 큰일이 났고 그래서 작은 회의를 했습니다. 어떤 사람은 "예배가 경건하지 못해서 그렇습니다. 예배를 더 자주 드리고 경건한 예배를 드려야 됩니다."라고 했습니다. 또 어떤 사람은 "강력한 신앙훈련을 해야 합니다."라고 했습니다. 또 어떤 사람은

"규율을 강화시켜야 한다."고 했습니다.

하지만 정작 원장은 가만히 침묵하고 있었습니다. 그래서 한 제자가 원장에게 물었습니다. "어떻게 해야 가능합니까?" 이때 프란체스코가 유명한 말을 합니다. "다 쓸데없는 일이야. 문제는 내 안에 있는 교만이네. 내 안에 아직도 교만이 있어서 그래."

그리고 며칠이 흘렀습니다. 이제 전도여행을 제자들과 함께 가는데, 말이 딱 한 필 밖에 없었습니다. 당연히 원장이 타고 가는데, 따라오는 제자들 가운데 레오나르도라는 제자가 있었습니다. 이 제자가 문제였습니다. 귀족출신으로 사회에서 꽤 공부도 하고, 성공한 사람이었습니다. 그러니까 항상 교회 안에서도, 공동체 안에서도 대접받기만 원했던 것입니다.

문제의 원인이 그 사람이라는 것을 프란체스코도 이미 잘 알고 있었습니다. 그러다보니 말을 타고가면서도 계속 그 사람한테 신경이 쓰였습니다. 나중에는 그 제자가 자기를 째려보기까지 했습니다. 불쾌했습니다. 뒤통수를 뚫어지게 처다보는 눈길이 느껴졌습니다. 답답했습니다. 그때 그는 하나님께 기도했답니다. '하나님, 저 사람 어떻게 해야 합니까?' 그랬더니 성령께서 지혜를 주시더랍니다. 아마도 제 생각에는 오늘 본문 말씀이었을 것 같습니다.

그래 그는 말에서 내려 그 제자 앞에 무릎을 꿇고 이렇게 말했답니다. "나는 이 말을 탈 자격이 없네. 자네가 타야 옳아. 자네가 타게." 이 한 마디에 그 제자가 그냥 엎드려 통곡을 하더랍니다. "어떻게 제 마음을 아셨습니까? 제가 나쁜 놈입니다. 제가 교만한 놈입니다. 제가 잘못했습니다." 성경은 말씀합니다. '대접받고자 하는 대로 네가 먼저 남을 대접하라.'

이것을 알고 행하면 복이 있으리라

창세기 13장에는 아브라함과 롯의 사건이 나타납니다. 유명한 사건입니다. 하나님께서 복을 주셔서 가산이 커졌습니다. 유목민으로 목축업을 하는데 먹일 풀이 없었던 것 같습니다. 함께할 수가 없었습니다. 이제 자꾸 종들이 싸웁니다. 그래서 이제 가산을 나누고 서로 분립하기로 했는데, 롯과 아브라함이 산에 올라가서 멀리 살펴보았습니다. 한쪽은 젖과 꿀이 흐르는 땅이고, 다른 쪽은 황량한 땅이었습니다.

그때 아브라함은 생각했을 것입니다. '대접받고자 하는 대로 먼저 남을 대접하는 것이 하나님의 뜻이니까, 성경말씀이니까.' 자기노 젖과 꿀이 흐르는 땅으로 가고 싶었지만 그도 인간인지라 '네가 가라.'는 말은 못하고, 롯더러 '네가 선택해라.'고 했습니다. 롯은 거침없이 대답했습니다. "제가 저기로 가겠습니다."

성경은 뭐라고 말씀합니까? 롯이 그 젖과 꿀이 흐르는 땅으로 가서 망했다고 합니다. 처음에야 좋았겠지만, 가서 결국은 망했습니다. 소돔과 고모라는 심판이 그러나 결국 복은 아브라함이 받았습니다. '대접받고자 하는 대로 남을 대접하라, 네가 먼저 해라', 하나님께서 주신 그 마음과 그 태도로 산 그에게 복을 주셨습니다. 이것이 성경 곳곳에 나타나 있습니다.

*

예수님께서는 십자가를 지시기 바로 전날, 제자들의 발을 씻겨주셨습니다. 그 세족식에 담긴 메시지가 무엇입니까? 제자들은 그때 서로 누가 자기 발을 씻겨주었으면 하고 바라면서도 정작 자신들은 아무 일도 안하고 있었습니다. 예수님께서 이 말씀 그대로 남에게 대접받고자 하는 대로 스스로 먼저 행하셨습니다. 그러자 제자들이 변했습니다. 그때 예수님께서 유명한 말씀을 남기시지 않습니까? '이후에는 알리라. 이것을 알고 행하면 복이 있으리라.' 주께서 우리에게 말씀하십니다. "무엇이든지 남에게 대접을 받고자 하는 대로 너희도 남에게 먼저 대접하라. 이것이 율법이요 선지자니라."

기 도

전지전능하신 은혜의 하나님. 하나님의 오묘한 섭리와 크신 능력 가운데 우리를 하나님의 자녀되게 하시고, 우리에게 하나님의 말씀을 깨닫게 하시며, 그 진리 안에 살아갈 수 있는 열정과 의지를 성령의 인도하심을 따라 허락해주심을 진심으로 감사드립니다. 주께서 주신 황금률을 내게 주신 하나님의 음성으로 듣고, 이 말씀 위에 거하여 참된 기쁨을 누리며 하나님께 영광 돌리며 하나님 나라의 증인으로 살아갈 수 있도록 우리를 지켜주시옵소서. 우리 주 예수 그리스도의 이름으로 기도드리옵나이다. 아멘.

2장_ 두 주인을 섬기지 말라

한 사람이 두 주인을 섬기지 못할 것이니
혹 이를 미워하고 저를 사랑하거나 혹 이를 중히 여기고 저를 경히 여김이라
너희가 하나님과 재물을 겸하여 섬기지 못하느니라 (마태복음 6:24)

하나님의 사람으로 감리교를 시작한 요한 웨슬리(John Wesley) 목사님이 어느 날 '여호와께서 주시는 복은 사람을 부하게 하고 근심을 겸하여 주지 아니하시느니라'는 잠언 말씀에 근거하여 돈의 원리를 설교하고 있었습니다. 마침 그때 그 교회의 부자 교인 한 사람이 그 말씀을 아주 흥미롭게 경청하고 있었습니다. 그는 주변사람들을 둘러보며 저 목사님의 말씀이 옳다고, 참 훌륭하신 목사님이라며 열심히 고개를 끄덕이면서 동의를 구했습니다.

목사님이 "첫째, 돈을 모아야 합니다. 부지런히 일하면, 게으르지 말고 성실하게 일하면 돈을 모을 수 있습니다."라고 말씀했습니다. 이 말씀에 그는 다시 옆 사람을 보고 저 말씀이 옳다고, 저 말씀대로 살아야 된다고, 잘 들으라는 눈짓으로 동의를 구했습니다. 목사님이 이어서 "둘째, 돈을 남용하지 말고 저축해야 합니다. 검소하게 살아야 합니다."라고 말씀하시니 그 부자 교인이 "아멘! 아멘!"하고 소리를 쳤습니다.

그러다가 목사님이 "셋째, 그 돈은 하나님께서 맡기신 것이니, 그 모두를 하나님의 뜻대로 사용해야 합니다."라고 말씀하시니 그 부자가 마침내 벌떡 일어나 나가버리더랍니다. 말씀이 틀렸다는 것이지요. 마음에 안 든다는 것이지요.

성도 여러분은 물질에 대하여 어떤 가치관을 가지고 오늘을 살아갑니까? 요한 웨슬리 목사님은 항상 우리가 천국에 가면 세 가지 질문을 받으리라고 성경에 근거하여 확신하고 있었습니다. 그 첫째가 '자녀를 어떻게 교육했느냐?'입니다. 둘째는 '하나님께서 주신 시간을 어떻게 관리했느냐?'입니다. 셋째는 '물질을 어떻게 사용했느냐?'입니다. 깊이 생각해보기 바랍니다.

현대인에게 있어서 돈이란

빈센트 마크(Vincent Mark)의 「돈에 대한 기독교적 관점」이라는 책이 있습니다. 이 책에서 그는 '돈의 능력은 마치 신적인 능력과 같다. 이것이 오늘날 돈에 대한 영향력이다.'라고 말합니다. 그러면서 그 이유 일곱 가지를 간단하게 설명합니다.

"돈은 우리보다 오래 산다. 돈은 우리보다 영향력의 범위가 넓다. 돈은 불가사의하다. 돈은 우리가 숭배하고 싶은 것들 속에 산다. 돈은 천국에서 약속된 모든 것을 흉내낸다. 돈은 우리가 마음대로 사용하는 도구다. 모든 것을 돈으로 살 수 있다."실제로 현대인의 삶에서 돈이 하나님을 대신하는 경우가 참 많습니다. 하지만 돈이 하나님을 대신하면 할수록 하나님께서는 우리의 삶 가운데서 잊혀가고 멀어져간다는 것을 기억해야 합니다. 하나님의 사람 C. S. 루이스는 이렇게 말했습니다. "부(富)는 사람을 세상에 굳게 결속시킨다. 사람은 자기가 세상에서 자기를 찾고 있는 줄 알지만, 사실은 세상이 사람 속에서 자기 자리를 찾고 있는 것이다." 참 의미있는 말입니다.

오늘날 그리스도인임인데도 신앙과 물질을 별개로 생각하는 사람이 너무나 많습니다. 성경에 나오는 하나님의 말씀을 자기 멋대로 해석하고, 그리스도인이라는 신분으로 잘못된 물질관에 기대어 살아가는 사람이 너무나 많습니다. 참으로 불행한 일입니다. 그리스도인은 하나님 앞에서 바른 물질의 가치관이 무엇인지 알고 오늘 이 시대를 살아가야 합니다.

*

물질에 대한 바른 가치관을 알려면 상대적으로 먼저 생각해야 할 것이 있습니다. 바로 인간의 존엄성입니다. 인간의 존엄성이 높아지면 높아질수록 물질의 가치관은 낮아집니다. 반대로 물질의 가치관이 높아지면 높아질수록 인간의 존엄성은 낮아집니다. 반비례합니다. 인간의 인간됨, 인간의 가장 큰 존엄성은 어디에 있습니까? 성경은 항상 이 문제에 대하여 두 가지 답을 줍니다. 창세기에서부터 계속 이 문제를 거론하고 있습니다.

첫째는, 하나님의 형상을 회복해야 되고 하나님의 형상으로 지음 받은 인간이 바로 참된 인간이며, 인간의 존엄성은 바로 거기에 있다는 것입니다. 다시 말해서 인간의 주인은 내가 아닙니다. 인간 자신의 삶의 주도권은 나에게 있지 않습니다. 창조하신 분께 있습니다. 그래서 그 창조주를 인정하고, 그 창조주와 그분의 말씀에 응답하는 존재로서의 삶이 의미있는 삶이요, 충만한 삶입니다. 그래서 이런 사람은 항상 먼저 하나님과 하나님의 말씀을 생각하며 자신의 선택을 그 안에서 생각합니다. 이것을 무시하면 '내 삶의 주인이 나다.'라고 하게 됩니다. 그 자체가 타락한 인생입니다.

둘째는, 만물을 다스리는 존재가 인간이라는 것입니다. 따라서 모든 피조물, 동물과 식물은 인간과 서로 다릅니다. 그 모두가 서로 완전히 다른 존재로 창조되었음을 창세기에서부터 기록하며, 그렇게 요한계시록까지 그 인간의 인간됨을 설명해갑니다. 진화론에는 인간의 존엄성이 없습니다. 동물 수준 밖에 안 됩니다. 스스로 비인격적인 존재로 전락해갑니다. 이것을 분명히 알아야 합니다. 하나님께서는 인간을 만물을 통치하고 보호하고 책임지는 존재로 쓰십니다. 우상숭배라는 것이 무엇입니까? 우리 주변에 우상숭배가 많지요? 역사적으로도 많이 있습니다. 다스려야 될 대상을 거꾸로 섬기는 것이 바로 우상숭배입니다. 섬김의 대상이 아닌 것을 섬기는 것입니다. 그래서 해를 보고 하늘을 보고 자연을 보고 복을 빌고, 소원을 빕니다. 그 자체가 인간됨을 포기하는 일입니다. 그 모두가 비인격적 존재라는 사실을 알아야 합니다.

물질은 수단에 머물러야 합니다

물질은 하나님께서 우리에게 주신 유익입니다. 인간답게 살라고 주신 하나님의 은혜의 선물입니다. 그래서 우리는 물질을 하나님의 선물로 여겨야 됩니다. 물질 자체는 악하지 않습니다. 영향력은 있지만, 물질을 죄악시하는 것 또한 죄입니다. 금욕주의는 기독교 진리가 아닙니다. 그러나 물질이 목적이 되어서는 안 됩니다. 물질은 항상 수단에 머물러야 합니다. 사람답게 사는 삶의 수단이 물질입니다.

기복신앙의 문제가 바로 여기에 있습니다. 물질을 구합니다. 물질의 복을 구합니다. 그래서 하나님이 필요합니다. 왜요? 그분께 능력이 있으니까요. 이것이 기복신앙입니다. 목적은 하나님께 있고 복락들은 수단이 되어야 하는데, 이 관계가 바뀌었습니다. 이것은 바람직하지 못한 신앙입니다. 잘못된 신앙생활입니다.

예전에 불교의 법정스님에 대한 소식이 세간의 큰 화제였습니다. 그분의 가르침이 참으로 훌륭합니다. 그분은 무소유의 법문을 많은 사람에게 전했습니다. 하지만 그것은 성경에도 있습니다. 그리고 어느 면에서는 성경의 한 진리와 일치하기도 합니다. '소유 중심의 삶을 살지 마라. 인간의 인간됨은 하나님의 형상을 회복함에 있다. 존재중심의 삶을 살아라.' 물질을 다스리는 삶에 대한 놀라운 깨달음입니다. 또 그런 삶을 살아낸 분도 훌륭하다고 생각됩니다.

*

그러나 그 깨달음 자체는 법입니다. 율법입니다. 그 자체로는 능력이 없습니다. 구원의 능력이 없습니다. 인간의 존엄성을 회복하는 능력이 없습니다. 소극적으로는 물질을 다스리는 삶이 인간의 존엄성을 높이는 길이지만, 적극적으로는 하나님의 형상을 회복하는 것이 그 길입니다. 하나님과 인격적인 관계를 맺고, 하나님께로 돌아오고, 하나님의 영광에 참여하는 사람이 되어야 합니다. 하나님의 마음을 알고, 하나님의 은혜를 알고, 사랑을 알고 뜻을 아는 사람이 되어야 합니다. 그래야 온전한 인간으로 회복될 수 있습니다. 특정한 어느한 진리의 깨달음 자체로는 힘이 없습니다. 그래서 성경은 말씀합니다. '어느 누구도 하나님의 율법을 다 지킬 수 없느니라. 의인은 없으니 하나도 없다.' 이것은 죄를 깨닫게 할 뿐, 그 자체에 구원의 능력은 없습니다.

성도 여러분은 얼마나 하나님의 자녀로서 인간의 존엄성을 지키며 오늘을 살아갑니까? 그것은 하나님의 형상을 회복함에 있고 또 만물을 다스리는 책임있는 존재로 살아감에 있습니다. 그가 복을 누리는 사람이요, 그 사람만이 하나님의 자녀입니다. 하나님께서 그와 함께하십니다.

돈의 영향력으로 돈의 노예가 됩니다

재물의 영향력에 대해서, 돈의 중요성에 대해서 우리는 깊이 생각해야 합니다. 어떤 사람은 나는 그것과 별로 상관이 없고 물질에 그렇게 영향받지 않는다고 생각할지도 모릅니다. 하지만 그런 사람은 극히 드뭅니다. 돈이 있어서 성공하는 것입니까? 그러면 돈이 없으면 실패한 것입니까? 내 성공과 실패의 기준이 돈과 무관합니까? 만약에 아니라고 한다면 그것은 영향을 받고 있는 것입니다. 내 기쁨과 슬픔이 돈과 관계있습니까, 없습니까? 행복과 불행이 돈과 연관이 있습니까, 없습니까? 더 나아가 돈이 있으면 복을 받은 것이고, 돈이 없으면 복을 받지 못한 것입니까? 여기에 명쾌한 답을 가지고 살지 못한다면, 다 돈의 영향력 안에 있는 것입니다. 그 영향력 아래 살아가는 사람들을 가리켜 '돈의 노예'라고 이릅니다.

우리 주변의 사람들을 생각해보십시오. 한 명쯤은 그런 사람이 생각날 겁니다. 어느 날 갑자기 부자가 되었습니다. 그러더니 사람이 변했습니다. 밥도 잘 사고, 친절해지고, 말투도 부드러워집니다. 아주 인간답게 변했습니다. 하지만 돈이 없었을 때 그 사람의 모습은 어땠습니까? 그때도 그랬습니까? 만일 그렇지 않다면, 바뀌었다면 그것이 바로 돈의 위력입니다. 그것은 돈으로 인한 변화일 뿐 진정한 인격의 변화는 아닙니다. 위선이지요. 그만큼 돈은 위력이 있고 영향력이 있습니다. 누구도 나는 그것과 무관하다고 말할 수 없습니다.

오늘 이 시대의 젊은이들을 생각해보십시오. 꿈이 뭐냐, 소원이 뭐냐고 물었을 때 그 대답이 거의 다 돈과 연관됩니다. 가고 싶은 대학의 학과도 돈과 연결됩니다. 돈 많이 버는 학과는 계속 사람이 많이 몰리지만, 돈 못 버는 학과는 아예 없어지기도 하더라고요. 연예인이 되고 운동선수가 되겠다고 그러는데, 그 말을 뒤집어 생각해서 만일 그것이 돈을 못 버는 직업이라면, 돈과 무관한 일이라면 사람들이 그렇게까지 거기에 매력을 느끼겠습니까? 전혀 아닙니다. '돈이 있으면 행복할 것 같다. 돈이 있으면 평안한 삶을 누린다. 돈이 있어야 안정된 삶을 산다.' 이 모든 것이 돈과 연결되어 있습니다. 그 자체가 비극이요 불행입니다.

*

오늘 본문은 한 절뿐인데도 거기에는 '섬기다'는 단어가 두 번이나 나타납니다. 강조한 것입니다. 왜요? 돈이 섬김의 대상이 되고 있다는 것입니다. 엄청난 영향력이 있다는 것입니다. 하나님께서 인정하신 돈의 영향력입니다. 전인격적인 영향을 미친다는 것입니다. 가만히 하나님 앞에서 오늘 이 시대와 자기 자신을 돌이켜 생각해보십시오. '내 마음의 소원이 무엇인가? 내 생각이 어디에 있는가? 나는 무엇을 고민하는가? 나는 무엇을 염려하는가? 나는 무엇을 기뻐하는가?' 결국 마음조차도 돈에 오염되어 있습니다. 그만큼 돈의 영향력은 강합니다.

몇 주 전 중국에 갔을 때, 연변 조선족 교회의 목사님들을 만나서 말씀을 나눈 적이 있었습니다. 그때 들은 이야기지만, 실은 중국에 있는 중국인 교회도 마찬가지입니다. 그 교회 목사님들로부터 수없이 들었습니다. 억압이 있을 때는 순교적 신앙을 가지는데, 사실 그런 때는 돈이 필요가 없었다고 합니다. 자유인에게나 돈이 필요한 것이지, 억압받을 때는 그다지 돈이 중요하지 않았습니다. 그런데 이제 억압이 없어졌고, 적어도 핍박당하지는 않습니다.

이런 상황에서 교회문제가 생겼다고 합니다. 얼마 전까지만 해도 순교적 신앙을 가졌던 사람들이 더욱 더 교회에 헌신하고, 시간과 물질바쳐 하나님의 뜻을 이루는 데 힘써야 하는데, 이제는 전혀 그렇게 하지 않는다는 것입니다. 분명 얼마 전에는 순교적 신앙을 가지고 있었는데 이제는 뭔가 변했습니다. 무엇 때문입니까? 돈 때문입니다. 자본주의의 영향입니다.

전에는 몰랐는데 이 돈이 굉장히 중요해졌습니다. 그러다보니 아까운 것입니다. 좌우지간 헌금을 안 합니다. 입으로는 '하나님께 영광'하면서도 전혀 헌금을 안 합니다. 하늘에서 만나가 떨어지기만 바랍니다. 그분들 말씀은 이것입니다. '십일조 하는 교인이 없는데, 그러고도 온전한 교인이며 교회입니까?' 이것이 오늘의 현실입니다. 돈의 영향력이 이처럼 큽니다.

진정한 회심

얼마 전 한 삼십 년 전에 알던 분을 잠깐 만날 일이 있었습니다. 마침 신앙생활을 근간에 시작한 것 같았습니다. 얘기를 들으니 한 5년쯤 되었다고 합니다. 그래 참 잘했다고 하면서 "천국 소망밖에 없습니다. 복을 누리고 복을 받으려면 하나님을 만나야 합니다. 예수 그리스도 안에서 성령의 역사 가운데 말씀에 순종하고 살아야 합니다."라고 권면해드렸습니다. 그러자 궁금한 것이 하나 있다고 하면서, 자기가 평생 꼭 물어보고 싶었던 것인데 창피해서 물어보지 못한 것이 있다고 했습니다. 그래서 뭐냐고 하니, "십일조는 꼭 내야 됩니까?"하고 물었습니다. 그래 답을 주었지요. "그렇게 뭐 억지로 낼 필요가 있어요? 그러면 하나님께서 별로 좋아하지 않으실 것 같은데요." 그랬더니 그가 말하기를, 자기가 방송에서 설교를 듣기로는 십일조를 내야 복을 받는다는데, 그 점이 걱정된다는 것이었습니다. 그래 제가 성경적으로 시원하게 알려주었습니다.

"십일조를 내서 복 받을 사람은 없습니다. 어느 누구도 하나님께 무엇을 바쳐서 복을 받는 사람은 없습니다. 복은 은혜로 받습니다. 거래해서 복 받을 사람은 없습니다. 그런 삶이 종교생활입니다. 기독교 신앙은 오직 믿음으로 복을 받습니다. 구하지 않은 것도 받습니다. 오직 믿음으로 하나님의 것을 내 것으로 만들며 복을 누리며 오늘을 살아갑니다. 그래서 구원받은 자녀, 복 받은 자녀는 너무나 감사해서 십일조를 냅니다. 둘째는, 물질로부터의 자유함을 선포하기 위해서 냅니다. 하나님께서 물질을 필요로 하시겠습니까? 그러나 하나님께서 말씀하십니다. 그래서 순종하면서 냅니다. 이것이 십일조입니다."

그러고는 제가 다시 그에게 물었습니다. "왜 못 내세요?" 그리고 제가 답까지 주었습니다. "아깝지요? 물질의 영향을 받고 있기 때문입니다."

종교개혁자 마르틴 루터(Martin Luther)는 사람의 일생에 일어난 회심 세 가지가 있다고 강조합니다.

첫째가, 머리의 회심입니다. 지식의 회심입니다. 전에는 가치관이 세상의 가치관이었는데, 이제는 하나님 나라의 가치관으로 변했습니다. 돈 중심에서 사람 중심으로 변했습니다. 세상 중심에서 하나님 중심으로 변했습니다.

둘째는, 가슴의 회심입니다. 가슴이 회심해야 됩니다. 분노와 염려와 걱정과 두려움과 불안한 마음에서 자유로워져야 합니다. 환경이 변한 것이 아닙니다. 하나님께서 함께 계시고, 하나님께서 아시므로 하나님의 은혜 가운데 변화되는 것입니다. 감사가 있고, 은혜가 있고, 사랑이 있고, 긍휼이 있고, 용서가 있습니다. 율법의 차원에서 은혜의 차원으로 가슴이 변했습니다. 이것이 중생한 사람의 마음입니다.

셋째는, 주머니의 회심입니다. 실제로 우리 삶에서 가장 중요한 핵심 요소가 돈이라고 마르틴 루터는 말했습니다. '어떻게 돈을 벌었는가? 어떻

게 돈을 썼는가? 어디에 썼는가? 하나님 앞에서 정당해야 한다. 이것이 진정한 회심이다.'

거듭난 그리스도인은 한 마음입니다

성경에는 광야 40년의 사건이 나타납니다. 출애굽을 해서도 그들은 불순종했습니다. 40년간 광야에서 하나님께서 주신 만나를 먹고 말씀을 들으면서 훈련을 받았습니다. 거기에는 과거를 청산한다는 이유가 있었지만, 더 큰 것은 미래의 삶을 준비하는 것이었습니다. 그것이 무엇입니까? 신명기를 보면, 지금 가나안 땅이 눈앞에 있습니다. 저기는 젖과 꿀이 흐르는 땅입니다. 물질적으로 풍요한 땅입니다. 이제까지는 유목민으로 왔다 갔다 하며 살았지만, 저 곳은 농경사회로 정착할 땅입니다.

그래서 하나님께서 걱정하십니다. '저 물질의 풍요로 인해서 너희가 나를 잊을까 염려하노라.' 그 돈의 영향력을 벗어나는 데 최소한 무려 40년이라는 시간이 필요했습니다. 그 누구도 이 영향력 아래서 자유로운 사람은 없습니다. 그렇다는 사실을 아는 순간 벗어날 수 있습니다.

오늘 본문에서 주님께서는 강력하게 말씀하십니다. '두 주인을 섬기지 말라.' 그리고 말씀하십니다. "너희가 하나님과 재물을 겸하여 섬기지 못하느니라." 물질에 관한 바른 가치관을 생각할 때 항상 이 말씀을 기억하십시오. "두 주인을 섬기지 못할 것이니" "하나님과 재물을 겸하여 섬기지 못하느니라." 구원받은 그리스도인은 오직 한 분이신 하나님을 섬깁니다. 그 창조주 하나님의 형상으로서 자녀됨을 감사합니다. 아주 단순한 논리입니다. 나머지는 다 다스리는 존재입니다. 용기가 있고 권세가 있습니다. 천국 소망 안에서 살아갑니다.

그런데 구원받지 못한 사람은 두 마음입니다. 하나님과 세상을 겸하여 섬깁니다. 재물을 겸하여 섬긴다고 말씀합니다. 두 마음은 항상 복잡합니다. 그래서 갈등이 있습니다. 그 갈등은 염려로, 불안으로, 두려움으로, 고통으로 다가옵니다. 그 자체가 불행이요 비극입니다. 그래서 주께서 말씀하십니다. '하나님과 재물을 겸하여 섬길 수 없느니라.' 양자택일을 명령하십니다. '하나님이냐, 재물이냐? 절대로 겸하여 섬길 수 없느니라.'

거듭난 그리스도인은 겸하여 섬기지 않습니다

어느 농가에서 있었던 일입니다. 유명한 예화입니다. 암소 한 마리가 있었는데, 그 암소가 어느 날 두 마리 송아지를 낳았습니다. 남편은 너무나 즐겁고 감사해서 하나님을 찬양하면서 집에 돌아와 아내에게 말했습니다. "암소가 두 마리 송아지를 낳았어. 하나는 흰색이고 하나는 붉은색이야. 너무나 감사해. 한 마리를 하나님께 드립시다."

그러자 아내가 말했습니다. "참 좋은 생각이에요, 여보." 그러면서 물었습니다. "어느 송아지를 드릴까요? 어느 색을 드릴까요?" 그랬더니 남편은 "에이, 지금 바쁜데 뭐 천천히 생각하지. 한 마리는 무조건 하나님 것이야."라고 했습니다.

시간이 흘렀습니다. 그런데 두 송아지를 기르던 중에 그만 불행히도 한 마리가 죽었습니다. 흰색 송아지가 죽었습니다. 남편이 그 소식을 아내에게 아주 슬픈 표정을 지으며 전했습니다. "여보, 하나님의 송아지가 죽었어." 그래서 아내가 물었습니다. "아니, 어느 색을 드릴지 아직 정하지 않았잖아요?" 그랬더니 남편이 이렇게 말했습니다. "아냐. 항상 나는 흰색을 생각하고 있었어. 하나님의 송아지가 죽은 거야."

이 이야기의 메시지를 깊이 생각해보십시오. 항상 죽은 것은 하나님의 것입니다. 이것이 인간의 본성입니다. 타락한 본성입니다. 항상 아끼려 하고 절약하는 것은 하나님의 것입니다. 내 것을 아껴서 하나님께 드려야 되는데, 하나님의 것을 아끼고 내 것은 아까지 않습니다. 삶이 그렇지 않습니까. 자녀에게, 자신에게 행하는 것을 보면 그렇습니다. 이것이 타락한 본성입니다. 아직 물질에 종속되었습니다. 구원받은 사람은 자기 것을 아낍니다. 하나님의 것은 하나님께 드립니다. 이 모든 삶, 소유, 은사가 다 하나님께서 주신 것입니다. 주신 분도 하나님이시요, 취하실 분도 하나님이십니다. 그 믿음을 하나님께서 기뻐하십니다. 이것을 택하라는 것입니다.

*

창세기 22장에서 아브라함은 시험을 받습니다. 너무나 유명한 사건입니다. 어느 날 하나님께서 아브라함에게 사랑하는 아들을 바치라고 이르십니다. 인간을 창조하신 분이 그까짓 청년 하나의 목숨이 필요해서 바치라고 하시겠습니까? 하나님이 어떤 분인지를 알고 그 사건을 들여다봐야 됩니다. 오늘 우리의 사건도 마찬가지입니다.

그가 백세에 얻은 아들입니다. 너무너무 사랑했습니다. 어쩌면 아브라함은 하나님보다 아들을 더 사랑한 것 같습니다. 하나님께서 그 믿음을 연단하십니다. 복의 사람으로 만들어 가십니다. 하나님이냐, 아들이냐 선택하라고 하십니다. 결국 아브라함은 가장 소중한 것을 기꺼이 하나님께 바칩니다. 그를 하나님께서 믿음의 조상으로 세우십니다. 하나님을 선택한, 오직 한마음으로 하나님을 경외한 그 마음의 중심, 그 삶을 귀하게 보셨습니다. 오늘도 한마음으로 하나님을 섬기며 하나님을 경외하는 사람을 하나님께서 기뻐하십니다. 성경은 말씀합니다. '하나님 나라와 그 의를 먼저 구하라. 그리하면 그 모든 것을 더하시리라. 염려하지 마라. 하나님 나라

와 하나님의 의를 먼저 구하라. 겸하여 섬기지 말라.'

거듭난 그리스도인은 청지기임을 잊지 않습니다

마태복음 7장에는 최후심판에 대한 메시지가 나옵니다. '주여 주여 하는 자마다 다 천국에 들어갈 것이 아니다. 아버지의 뜻대로 행하는 자라야 천국에 들어가리라.' 무엇을 말씀하는 것입니까? 하나님을 믿는데, 겸하여 다른 무언가를 같이 섬기고 있었던 것입니다. 겸하여 섬긴 그 믿음은 구원받을 만한 믿음이 못됩니다. 기적을 일으키고, 귀신을 내쫓고, 많은 일을 행했다고 하더라도 그것만으로는 안 됩니다. 예수님께서 말씀하셨습니다. '도무지 나는 너희를 모른다. 불법을 행하는 자들아.'

온전한 믿음의 사람을 하나님께서는 기뻐하십니다. 그리스도인은, 하나님의 형상을 회복하고 만물을 다스리며 재물을 수단으로 활용하는 하나님의 자녀는 청지기의 삶을 살아갑니다. 이 모든 것이 하나님께서 창조하신 하나님의 것입니다. 하나님께서 잠깐 우리에게 위탁하신 것 뿐입니다. 그래 빈손으로 왔다가 빈손으로 하나님께 갈 것입니다. 하나님의 뜻을 이루기 위해서 하나님께서 주신 은혜의 선물로 고백하며 살아갑니다. 마음으로, 지식으로 그리고 재물에 있어서 자유해야 합니다. 이것이 진정 중생한 하나님의 사람입니다.

*

내 소원이, 내 목표가 물질이 되는 삶은 기복신앙입니다. 분명히 기억하십시오. 하나님께서 하나님의 사람을 택하십니다. 사랑하십니다. 하나님의 사람으로 만드십니다. 그래서 하나님의 사람이 하나님과 함께 물질을 섬긴다든지, 아직도 물질을 다스리지 못하면 그 물질을 버리게 하십니다. 아무리 내가 소중히 여겨도 쓰지 못합니다. 어느 날 불어버리십니다. 그래야 하나님의 말씀이 그를 통해서 이루어지기 때문입니다. 그래야 구원에 이르는 믿음을 가지고 하나님의 복락에 참여할 수 있기 때문입니다. 성경을 통해서 하나님께서 하나님의 자녀에게 말씀하십니다. '두 주인을 섬기지 마라. 너희가 하나님과 재물을 겸하여 섬길 수 없느니라.' 하나님 말씀입니다.

기 도

전지전능하신 은혜의 하나님. 하나님의 크신 사랑과 은혜 가운데 오직 믿음으로 하나님의 자녀되어 한 분이신 하나님을 섬기며 하나님의 뜻을 이루는 복되고 귀한 삶을 살게 하심을 진심으로 감사드립니다. 그러나 이 세상에서 세상의 영광과 성공에 눈이 어둡고, 물질의 영향력 아래 살아가기에 끊임없는 근심과 염려와 두 마음으로 살아갈 수 밖에 없는 미련한 삶을 주여, 용서하여 주시옵소서. 오직 주의 말씀 안에서 참된 물질의 가치관을 가지고 하나님을 찬양하며 그 물질을 통하여 하나님의 영광을 나타내며 하나님과 동행하는 권세있는 삶을, 복을 누리는 삶을 이 시대에 살아갈 수 있도록 항상 우리를 지켜주시옵소서. 주 예수 그리스도의 이름으로 간절히 기도드리옵나이다. 아멘.

3장_너희는 세상의 소금이라

너희는 세상의 소금이니
소금이 만일 그 맛을 잃으면 무엇으로 짜게 하리요 후에는 아무 쓸데 없어
다만 밖에 버려져 사람에게 밟힐 뿐이니라 (마태복음 5:13)

1789년에 일어났던 프랑스 혁명은 세계사에 아주 큰 사건으로 정치, 경제, 문화의 총체적 부패로부터 벗어나기 위한 혁명이었습니다. 그 당시 부패하고 타락한 왕권제도를 무너뜨리고 새로운 제도로 출발하기 위한 희망찬 발걸음이었습니다. 그런데 대부분의 혁명이 그러하듯 이 혁명도 피의 혁명이었습니다. 수많은 사람들이 죽고 죽이는 참극에 동참하면서 사랑하는 가족을 잃고, 친구가 죽고, 가정이 파괴되는 것을 보아야 했습니다. 그야말로 온 사회가 만신창이가 되는 대 격변이었습니다. 부패를 척결하기 위한 몸부림은 아주 값비싼 피의 대가를 치러야 했습니다.

동시대에 프랑스에서 불과 35킬로미터밖에 떨어져 있지 않은 바다 건너 영국도 똑같은 상황에 처해 있었습니다. 온 나라가 부패하고 타락했으며 총체적 위기였습니다. 하지만 놀랍게도 영국은 피의 혁명이라는 참극을 피하고도 새로운 개혁의 시대를 이루었습니다. 그게 어떻게 가능했습니까? 단순히 운이 좋아서였을까요? 아닙니다. 운으로는 그런 일이 불가

능합니다. 그렇다면 막강한 군사력과 훌륭한 정치력과 좋은 교육제도가 있어서 그렇게 된 것입니까? 아닙니다. 결코 그것으로 될 수 있는 일이 아닙니다. 그렇다면 그 이유가 무엇이었습니까? 많은 역사가들이 그 이유에 대해서 연구하여 답을 얻었고 그래서 역사가들은 말합니다. "교회 때문이었다." 이것이 그 진단입니다. 그리스도인 때문이라는 것입니다.

실제로 역사가이자 미국 28대 대통령이었던 우드로우 윌슨(Woodrow Wilson)은 단언합니다. "1703년에 요한 웨슬리(John Wesley)라는 사람이 영국에 태어났기 때문에 영국은 이와 같은 피의 혁명을 피해갈 수 있었다." 요한 웨슬리는 하나님의 사람이었습니다. 그렇기에 그는 영국 국민들에게 하나님 앞에 회개해야 함을 선포했습니다. 그는 위대한 하나님의 역사를 사람들이 듣든지 듣지 않든지 목숨을 걸고 증거했습니다. 그러는 중에 부흥의 역사가 일어났고 회개의 역사가 일어났습니다. 그 위에 하나님의 은총이 나타났던 것입니다.

'세상의 소금'이라고 말씀하십니다

오늘 본문에서 너무도 유명한 말씀이 우리에게 주어집니다. "너희는 세상의 소금이다." 예수님의 말씀이요, 예수님의 잠언입니다. 이 말씀은 마태복음 5장에 나타난 여덟 가지 복을 말씀하신 뒤에 이어서 주신 말씀입니다. 그 관계성을 항상 기억해야 합니다. 우리는 흔히 그리스도인의 정체성을 빛과 소금이라고 말하는데, 그 의미를 마음대로 해석해서는 안 됩니다. 신령한 복을 받은 그리스도인인 하나님의 자녀를 이 세상의 빛과 소금이라고 하시는 것은 그 정체성과 사명과 특권을 말하는 것입니다. 여덟 가지 복을 항상 외우고 다니는 사람은 별로 없지만, 빛과 소금은 다들 외우고 다니거든요. 기억하고 생각하며 하나님의 뜻이 무엇인지를 분별하라고 예수님께서 주신 잠언입니다.

예수님께서는 우리가 '세상의' 소금이라고 말씀하십니다. 그러면서 그리스도인은 분명 천국시민권을 가진 사람이라고 성경은 말씀합니다. 그리스도인은 그것을 믿고 살아갑니다. 이 세상에 속하지 않습니다. 그러나 이 세상에서 살아야 됩니다. 주께서 부르시는 그날까지 우리는 이 세상에서 살아갑니다. 죽음 직전까지 이 세상에서 살아야 됩니다. 그러나 세상에 속한 사람이 아닙니다. 하지만 세상 속에서 살라고 하십니다.

역사적으로 수도원 운동, 수도원 제도라는 것이 있었습니다. 이것과 관련한 많은 사람 중에 우리가 본받아야 될 그런 분들이 있고, 이 운동에 좋은 점이 있다고 생각합니다. 그런데 마치 산속 깊은 곳의 수도원에서 한 십 년, 이십 년, 삼십 년 동안 자주 왔다 갔다 하는 사람을 뭔가 신령한 사람처럼 여깁니다. 오늘날에도 무슨 영성운동을 한다느니, 특별한 영성강연을 한다느니 하면서 산으로 가는 분들이 많습니다. 그 분들 중에는 정말 훌륭한 그리스도인도 있지만, 영적으로 보면 이것은 그렇게 바람직한 모습이 아닙니다.

하나님께서 원하시는 것은 세상 안에서 소금으로 살라는 것입니다. 세상과 동떨어져서 다른 존재인 것처럼 살라는 것이 아닙니다. 그것은 하나의 종교적 삶이지 하나님의 뜻은 아닙니다. 그래서 세상의 소금이라고 말씀하십니다.

세상은 어떤 곳입니까?

'세상'에 대한 정의는 무엇입니까? 우리는 다 세상 안에서 살아갑니다.

그러면 세상이 어떤 곳인지 알고 살아가야 될 것 아닙니까? 수많은 책들, 수많은 사상가들이 세상에 대해 많은 이야기들을 하지만 그리스도인은 항상 성경 안에서 답을 얻고 살아갑니다. 그렇다면 성경은 세상에 대해 무엇을 말씀합니까? 고맙게도 성경의 답은 항상 단순명료합니다. 성경이 말씀하는 세상은 불의하고 불경건합니다. 그것을 세상이라고 합니다. 하나님을 모르고, 하나님을 경외하지 않는 곳이 세상입니다. 한마디로 부패하고 타락했습니다. 그래서 하나님의 진노 아래 있고, 결국은 하나님의 심판을 받아 멸망할 곳이 세상입니다. 그리스도인은 그곳으로부터 구원받은 사람입니다.

세상에 역사적으로 수많은 하나님의 사람들, 웨슬리, 칼빈, 루터와 같은 사람들이 있었지만 분명히 생각해야 합니다. 이 세상은 멸망합니다. 그리고 하나님의 사람들은 단지 이 세상의 심판을 유보할 뿐입니다. 그들은 이 세상에 충격을 주고, 반성하게 하고, 이 세상이 하나님께로 돌아오게 하는 사명과 능력을 지녔을 뿐입니다. 세상을 변하게 해서 유토피아를 만들 수는 없습니다.

그러나 세상의 다른 종교에서는 또 믿지 않는 많은 사상가들과 정치가들은 끊임없이 말합니다. "이 세상은 변할 수 있다. 세상을 개선할 수 있다. 복지국가가 되고, 평등한 사회가 되고, 참된 민주국가가 되고, 인권있는 세상이 되게 할 수 있다." 하지만 다 가짜입니다. 그 약속들은 절대 이루어지지 않습니다.

왜냐하면 역사 안에서 한 번도 그러한 일이 이루어진 적이 없었기 때문입니다. 하나님의 사람 칼빈도 온 생애를 바쳐 그 조그만 도시인 제네바 하나에 헌신했지만 한 번도 유토피아가 이루어진 적이 없습니다. 하나님의 뜻을 분별해야 합니다. 단지 이 세상에 충격을 주고, 그 피의 재난과 전쟁을 유보시킬 수 있을 뿐입니다.

세상의 '소금'이라고 말씀하십니다

"너희는 세상의 소금이다." 엄청난 선언입니다. 우리 자신이 알다시피 내가 죄인인데, 끊임없이 죄인으로 살아갈 수 밖에 없는데, 이 부패하고 타락한 세상에 소금이라니요? 엄청난 선언입니다. 그것이 그리스도인의 신분이요, 가치요, 삶의 방식입니다. 한마디로 그리스도인은 완전히 다른 존재입니다. 하나님께서 그렇게 인정하신 것입니다. 하나님의 선언입니다.

참된 신앙인은 세상에 살지만 세상에 속하지 않습니다. 항상 천국을 바라보며 하나님 나라의 삶을 살아갈 뿐입니다. 또한 그리스도인은 항상 예수 그리스도 안에서 살아갈 뿐, 그 바깥에서 살아가지 않습니다. 그곳은 항상 허황되고 허탄하고 그 끝은 후회와 절망뿐입니다. 그것을 너무도 잘 알고 살아갑니다. 반면 하나님을 모르는 사람들은 완전히 다른 삶을 지향하는 존재입니다. "너희는 세상의 소금이다." 바로 이 말씀이 그리스도인의 신분을 말해줍니다.

동시에 이 말씀은 아주 소극적인 계시를 담은 말씀입니다. 왜냐하면 "너희는 빛과 소금이다."라고 말씀하시는데, 빛은 적극적인 삶을 말씀하는 반면 이 소금이라는 것은 아주 은밀한 중에 역사한다는 소극적인 메시지를 담고 있습니다. 예수님께서는 "나는 빛이다."라고 하신 적은 있지만, "나는 소금이다."라고 하신 적은 없습니다. 이것은 그리스도인의 정체성과 신분, 그리고 사명을 뜻합니다.

*

예를 들면 씨와 열매를 생각해보십시오. 씨를 뿌려야 그 씨로부터 열매를 거둡니다. 이 씨가 소금입니다. 이 소금의 정체성을 회복하지 못한다면, 인식하지 못한다면 빛의 열매를 거둘 수 없습니다. 그래서 예수님께서

"너희는 세상의 소금이다."라고 먼저 말씀하십니다. 우선순위를 기억해야 됩니다. 항상 만사형통을 바라고, 기적을 바라는 기복신앙은 계속 빛과 같은 열매, 빛의 영광만을 생각합니다. 우리 인간은 죄인이라, 소금으로부터 생각해야 됩니다. 그래서 너희는 세상의 소금이라고 주께서 말씀하십니다.

이 타락하고 부패한 세상의 소금, 오직 그리스도인만 그렇다는 것입니다. 무엇을 위해서입니까? 이 세상의 타락과 부패를 예방하고 유보시키기 위해서입니다. 그 시간은 구원의 시기요, 선교의 시기요, 전도의 시기요, 은혜의 시기입니다. 하나님의 은총이 나타나는 시기입니다. 성도 여러분은 "너희는 세상의 소금이다"라고 하는 이 소금의 존재의식을 가지고 오늘을 살아갑니까? 이 엄청난, 감당할 수 없는 하나님의 선언, 이 복을 '아멘'으로 받고 오늘을 살아가고 있습니까? 신령한 복을 받고 하나님의 자녀가 된 사람은 소금의 존재로부터 이 세상 안에서 하나님의 뜻을 이루며 살아갑니다.

하나님을 신뢰하지 않는 네 가지 이유

미국의 종교학과 교수인 윌리엄 플래쳐(William Pletcher)박사가 「내 원대로 마옵시고」(The Triumph of Surrender)라는 책을 썼습니다. 이 책에서 그는 말합니다. "하나님께서는 하나님의 자녀가 이 세상에 경건함을 나타내고, 하나님의 거룩함을 나타내기를 기대하시고 기뻐하신다." 그는 이것이 성경의 메시지라고 강조하면서 그런데 실제로는 이렇게 하지 못하는 이유를 나름대로 기도하고 연구해서 성경적인 답 네 가지로 우리에게 제시해 줍니다. 네 가지 오류 때문에 그렇다고 말하는데, 궁극적으로는 하나님을 신뢰하지 않기 때문이라고 말합니다.

첫째가, 자기 힘으로 하려고 하기 때문입니다. 이 접근방식은 항상 실패합니다. "너희는 세상의 소금이다." 우리는 소금이 될 수 없는 존재입니다. 그러나 하나님께서 이렇게 만드셨습니다. 은혜를 따라서, 은혜의 방식으로만 하나님의 영광을, 하나님의 거룩함을 나타낼 수 있습니다. 그런 중에 내가 변합니다.

둘째는, 율법주의입니다. 율법주의는 항상 하나님의 은혜와 사랑을 간과합니다. 구체적인 규칙을 정해놓고 지켜나가는 데는 엄격함이 있지만, 본질적인 것을, 그러니까 하나님의 은혜와 사랑을 잃어버립니다. 그래서 하나님의 거룩함을 나타낼 수 없습니다.

셋째는, 이기주의입니다. 내가 원하느냐 원하지 않느냐를 중요하게 여깁니다. 이것이 인간의 삶이거든요. 그래서 인간의 모든 삶의 동기가 개인적인 욕망입니다. 그러나 남보다 더 잘 살고자 하는 욕망, 성공하고자 하는 욕망, 인기를 끌고자 하는 욕망, 권세를 잡고자 하는 욕망으로는 절대 하나님의 영광을 나타낼 수 없습니다.

넷째는, 피상적인 경건입니다. 경건의 모양은 있는데 내용이 없습니다. 영적 예배자만이, 하나님의 음성을 듣는 사람만이, 삼위일체 하나님의 존재를 인정하는 사람만이 하나님의 거룩함을 나타낼 수 있습니다. 주께서 말씀하십니다. "그리스도인은 신령한 복을 받았고, 이미 받았고, 복 있는 사람은 세상의 소금이다." 성도 여러분은 이 말씀을 믿고 오늘을 살아갑니까?

그리스도인은 꼭 필요한 존재입니다

세상의 소금, 이 말씀의 메시지는 이것입니다. '소금은 절대적 가치가 있는 반드시 꼭 필요한 것이다.' 그리스도인의 존재가 이와 같다는 것입니다. 이 세상에 꼭 필요한 존재입니다. 음식물의 부패를 막고 예방하거나 맛을 내는 데 소금은 절대적입니다. 다른 것은 몰라도 소금이 없으면 맛을 내지 못합니다. 이것이 그리스도인의 가치입니다. 세상의 기준에서 보는 다이아몬드나 황금의 가치가 아니라, 기독교에서 보는 소금의 가치, 다시 말해서 생명적 가치입니다. 꼭 필요한 존재입니다.

누구에게 꼭 필요한 존재입니까? 이 세상의 성공과 번영과 평등에 꼭 필요한 존재가 아닙니다. 결국 하나님께 꼭 필요한 존재입니다. 하나님의 뜻을 이루기 위해서, 하나님의 구원의 역사를 일으키기 위해서 꼭 필요한 존재가 그리스도인입니다. 하나님께서 창조하셨습니다. 그래서 세상의 소금입니다. 절대적 가치의 존재입니다. 그리스도인이 아니고 누가 하나님의 사랑과 은혜를 전하겠습니까? 그리스도인이 아니고 누가 하나님 나라를 증거하며 천당과 지옥의 메시지를 말하겠습니까? 그리스도인이 아니고 누가 절대 진리, 하나님의 말씀이 오늘도 살아 역사함을 나타낼 수 있겠습니까? 아무리 시원찮아도, 아무리 죄인 중의 괴수라도 그리스도인만이 믿음으로 이 일을 할 수 있습니다. 그러니 그리스도인은 이 세상을 깨우고, 이 세상을 회개시키는, 하나님께 꼭 필요한 존재입니다. 이것이 소금의 존재입니다. 이 세상에 충격을 줍니다.

역사를 보십시오. 최초의 그리스도인은 초대교회의 교인들입니다. 영화에서도 많이 보고 책에서도 보지만 예수 믿는다는 이유로 끌려가서 고문당하고 죽습니다. 온 가족이 고통을 당하고 원형경기장에 끌려가서 짐승의 밥이 됩니다. 그런데도 그들은 찬송합니다. 어떻게 그럴 수 있을까요? 여기보다 저 세상이 더 좋다는 것을 알기 때문입니다. 곧바로 천국에 가서 그 영광 볼 것을 아는 까닭입니다. 이 일을 누가 합니까? 바로 그리스도인들입니다. 그래서 세상 사람들이 깜짝 깜짝 놀라는 것입니다.

몇 백 년 뒤, 그리스도인들을 짓밟던 사람들이 마침내 기독교를 받아들입니다. 기독교가 로마의 국교가 됩니다. 여기에 하나님의 역사가 있는 것입니다. 그래서 그리스도인은 세상의 소금입니다. 이 놀라운 영향력은 오직 하나님의 방법으로만 가능합니다. 세상의 방법으로는 안 됩니다. 그것은 바로 소금이 녹을 때 뿐입니다. 소금이 스며들어서 녹아야 그 음식의 부패를 예방하고 방지할 수 있습니다. 게다가 맛을 내지도 못하고 녹지 않는 소금은 따로따로입니다. 전혀 음식의 맛을 내지 못함으로 그 영향력을 행사하지 못하는 것입니다.

하나님은 겸손한 자를 통해 일하십니다

어느 시골 할머니가 독립기념관을 구경하다가 힘이 들어 잠시 쉬려고 하니 아주 좋은 의자 하나가 가운데 떡하니 놓여 있기에 거기 앉았습니다. 그러자 곧바로 경비원이 달려와서 할머니께 "할머니, 여기 앉으시면 안돼요. 이거 김구 선생님 의자예요."라며 일어나라고 합니다. 할머니는 들은 척도 안합니다. "아, 다리 아파."하면서 태연하게 계속 앉아 있습니다. 그래서 경비원이 다시 말했습니다. "절대로 안 됩니다. 일어나세요. 일어나세요." 그러자 할머니가 오히려 화를 내면서 이렇게 말하더랍니다. "이 답답한 양반아, 임자가 오면 비켜주면 될 것 아닌가."

자신의 뜻을 이루려고 하고, 자신의 유익을 구하고, 고집이 세고 교만한 사람은 절대 영향을 끼치지 못합니다. 하나님의 방법은 정해져 있습니다. 먼저는 하나님의 의를 나타내야 됩니다. 자기 의를 숨겨야 됩니다. 아니, 버려야 됩니다. 그렇지 않으면 아무리 좋은 일을 하고 복음을 증거해도 전혀 영향을 나타내지 못합니다. 자신의 의를 낮출 때만 소금의 짠맛이

스며들어 하나님의 영광을 나타내는 것입니다.

또한 겸손한 사람을 통해서 소금됨의 가치가 나타납니다. 하기야 자신의 존재가 소금이라는 것을 알면 교만할 게 없지요. 나 같은 죄인을 이렇게 귀한 사명을 받은 존재로 만드시고 쓰시는데 그 하나님 앞에서, 그 영광 앞에서, 그 능력 앞에서 무슨 할 말이 있습니까? 그래서 겸손합니다. 원래 인격적으로 겸손한 것이 아니라, 신앙적으로 겸손할 수 밖에 없습니다. 그를 통해서 하나님의 거룩함과 영광이 나타납니다.

*

하나님의 역사는 항상 은밀한 중에 일어납니다. 하나님의 지혜와 능력은 익명적 헌신을 통해서 나타납니다. 하지만 세상의 방법은 그렇지 않습니다. 항상 인기를 끌어야 됩니다. 유명해야 됩니다. 성공해야 됩니다. 그래야 영향을 미칩니다. 오늘날 조그만 일을 하고도 꼭 신문에 내고 널리 알리면서 이것이 교회의 영향력이라고 말하는데, 쓸데없는 짓입니다. 비웃는 소리가 들립니다. 하나님의 영광은 항상 익명적인 방법으로 나타납니다. 하나님의 역사와 하나님의 말씀과 하나님의 진리는 절대 대중적 인기와 연합하지 않습니다. 세상은 항상 하나님의 메시지를 거부합니다. 의혹을 품습니다. 의심합니다. 거부합니다. 그리고 때로는 핍박합니다. 역사상 언제 세상이 하나님의 진리를 들으며 "그래, 옳소!"하면서 그대로 하자고 한 경우가 있었습니까?

예수님께서 말씀하십니다. "하나님 나라는 겨자씨와 같다. 하나님의 나라는 누룩과 같다." 그러나 그 가운데서 하나님께서 역사하십니다. 이 사건을, 그 사람을 쓰십니다. 그래서 오늘 본문은 분명히 말씀합니다. 아주 중요한 경고입니다. "소금이 만일 그 맛을 잃으면 무엇으로 짜게 하리요. 후에는 아무 쓸데없어 다만 밖에 버리워 사람에게 밟힐 뿐이니라." 이

고귀한 존재로 부르심을 받은 하나님의 사람이 세상에서는 조롱당하고 무시당하고 밟힌다는 것입니다. 아무 쓸모없는 사람으로 조롱당한다는 것입니다. 어느 때 그랬습니까? 소금의 존재로서 신분을 잃을 때, 그 사명을 잃을 때, 그 가치를 잃을 때, 하나님의 방법이 아닐 때 세상에 전혀 충격을 줄 수 없습니다. 그리고 결국 아무 쓸데없어 밟힐 뿐입니다. 예수님의 말씀입니다.

*

　오늘 우리 삶을 한번 생각해보십시오. 저는 목회자라서 결혼 주례를 많이 합니다. 그런데 결혼하는 분들을 상담하다보면 간혹 정말 믿어지지 않는 일이 있습니다. 양쪽 다 크리스천입니다. 그런데도 패물 때문에 파혼하는 경우 많습니다. 싸웁니다. 세상 사람들이 그런다면 그럴 만도 하다 싶겠지만, 그리스도인이 그러면 세상 사람들이 뭐라고 생각하겠습니까? '저들이 교인이 맞나?' 이렇게 생각할 것입니다.

　제가 얼마 전에 만난 한 청년은 결혼할 배우자가 아주 신실한 기독교인입니다. 성실합니다. 문제는 이 청년의 집에 돈이 없다는 것입니다. 좀 가난합니다. 그래서 상대 부모가 절대 반대합니다. 어느 교회 집사님입니다. 세상에서는 그 딸을 사랑하니까 그럴 수도 있겠다고 이해가 된다지만, 신앙인이 그러면 세상 사람들이 조롱하고 우습게 여기지 않겠습니까? 사업을 할 때도 그렇습니다. 오직 돈 밖에 모릅니다. 항상 부하고자 하는 마음으로 꽉 차 있습니다. 온갖 권모술수를 다 부립니다. 신용과 신뢰가 전혀 없습니다. 그런 사람이 만일 그리스도인이라면 세상 사람들이 손가락질합니다. 그 한 사람 욕먹는 것이 문제가 아닙니다. 하나님의 이름이 짓밟힙니다. 더럽혀집니다. 그래서 말씀합니다. "아무 쓸 데 없어 밟힐 뿐이다."

그리스도인은 세상에서 복음의 증인입니다

그리스도인은 복음의 증인입니다. 언제 어디서나, 가정에서나 사회에서나 직장에서나 '나는 그리스도인이다. 나는 신령한 복을 받은 사람이다. 나는 세상의 소금이다. 나는 그럴 자격이 없지만, 하나님께서 이렇게 명하셨다.'라는 존재감과 선언 중에 그는 그런 사람이 되어갑니다. 핍박을 받든, 무시를 당하든 그렇게 살아갑니다. 그러나 종국적으로는 짓밟히지 않습니다. 세상에 큰 충격을 줍니다. '오직 예수 그리스도 안에 구원이 있다. 그 외에는 어느 곳에도 없다.'고 성경이 말씀합니다.

이 말씀에 세상은 '뭐 이런 불한당 같은 놈이 있나? 자기만 옳다고 하고 자기 종교만 구원받는다고 하네.'라고 욕할지는 모르지만, 충격을 받을 것입니다. 왜요? 성경이 말씀하고 있기 때문입니다. 나머지는 하나님의 역사입니다.

요한 웨슬리(John Wesley)의 어머니가 자녀교육을 시키면서 항상 이렇게 말했다고 합니다. "우리는 오직 두 가지만 하면 된다. 첫째는, 복음을 믿는 것이고, 둘째는, 복음대로 사는 것이다." 이런 믿음의 사람을 하나님께서 쓰십니다.

*

어떤 아주 가난한 무명화가가 있었습니다. 그림을 잘 그리지만 각종 대회에 응모할 때마다 번번이 낙선했습니다. 그래도 그는 화가의 길을 포기하지 않았습니다. 그림 그리는 일이 너무나 좋았던 것입니다. 그 사람이 그리는 그림의 소재는 항상 농촌풍경이었습니다. 자기 고향이 농촌인 까닭도 있지만, 그는 농촌을 진정 사랑했고 그 농촌에서 일하는 농부들을 사랑했습니다. 그에게는 뜨거운 마음이 있었습니다. 진실이 있었습니다. 하지만 그림이 팔리지 않았고 그래서 너무나 가난했습니다.

어느 날, 한 친구가 부자고객을 데리고 와서 말했습니다. "자네는 솜씨가 좋으니까 이런 지긋지긋한 풍경화 따위는 더 그리지 말고 누드화를 그리게. 그러면 이분이 자네가 그린 그림을 전량 다 사주겠다고 약속하셨네. 다른 그림을 좀 그려보게." 이때 이 가난한 화가의 마음이 흔들려 고민을 했습니다. 그러나 기도하고 나서 이렇게 말했다고 합니다. "하나님께서 기뻐하지 않으시니 사양하겠네. 예술에서 가장 귀중한 것은 사랑의 마음이네. 내가 시골풍경과 농부를 즐겨 그리는 이유는 그들의 진실한 생활을 사랑하기 때문이라네." 그는 하나님 앞에서 확실한 믿음으로 자기가 사랑하는 일에 집중하며 살아갔습니다. 그가 바로 '만종'과 '이삭줍기'로 유명한 화가 밀레입니다.

*

하나님을 경외하고, 하나님 말씀 안에서 인생의 모든 답을 얻고, 그것을 기뻐하며 살아가는 사람이 복 있는 사람입니다. 이 세상의 죄와 부패와 타락을 보며 애통하는 마음으로 기도하는 사람이 복 있는 사람입니다. 어지러운 세상이지만 화평케 하는 사람으로 살아가는 사람이 하나님의 아들이라 일컬음을 받고 복 있는 삶을 살아갑니다. 어지러운 세상이지만 하나님의 은혜와 사랑을 증거하는 사람이 하나님의 지혜의 능력에 따라 살아가는 하나님의 사람입니다. 오늘도 주께서 말씀하십니다. "너희는 세상의 소금이다."

성도 여러분은 이 소금의 존재, 소금의 신분, 소금의 가치, 소금의 삶의 방식, 소금의 지혜를 인식하고 기뻐하며 오늘을 살아갑니까? 하나님께서는 하나님의 자녀에게 기대하십니다. 소금의 자녀로 살기를 기뻐하십니다. 소금의 존재로 살기를 기대하시고 기다리고 계십니다. 그 사람을 통해서 가정과 사회와 직장에 하나님의 영광이 나타날 것이기 때문입니다. 하나님의 역사는, 하나님의 지혜와 능력은 소금의 존재의식과 사명을 갖고 그 지혜에 따라 살아가는 사람에게 나타납니다. 오늘도 주께서 말씀하십니다. "너희는 세상의 소금이다."

기 도

전지전능하신 은혜의 하나님. 주의 초월적 지혜와 은혜의 선택으로 우리로 하나님의 자녀 되게 하시고, 신령한 복을 주시고, 세상의 소금이라 명령하시어 고귀한 삶을 살게 해주심을 진심으로 감사드립니다. 미련하고 어리석은 죄인이나 오직 믿음으로 자신의 신분을 알고, 하나님께서 기대하시고 기뻐하심을 알고, 하나님의 지혜와 능력이 나타나는 주의 말씀을 깨닫고, 이 진리 안에서 하나님의 영광과 그 거룩함을 나타내며, 하나님의 구원의 역사를 드러내는 삶을 살아갈 수 있도록 항상 우리를 지켜주시옵소서. 주 예수 그리스도의 이름으로 기도드리옵나이다. 아멘.

4장_ 너희는 세상의 빛이라

너희는 세상의 빛이라 산 위에 있는 동네가 숨겨지지 못할 것이요
사람이 등불을 켜서 말 아래 두지 아니하고 등경 위에 두나니 이러므로 집 안 모든
사람에게 비치느니라 이같이 너희 빛이 사람 앞에 비치게 하여 그들로 너희 착한 행실을 보고
하늘에 계신 너희 아버지께 영광을 돌리게 하라 (마태복음 5:14~16)

옛날 아주 깊은 땅 속, 아무 것도 볼 수 없는 캄캄한 곳에 동굴이 있었습니다. 어찌나 깊은지 빛이 한 번도 들어간 적이 없는 동굴이었습니다. 그래서 이 동굴은 빛이 무엇인지 알지 못했습니다. 상상할 수도 없었지요. 빛의 의미도 알지 못했습니다. 그러던 어느 날 태양이 동굴에게 초대장을 보냈습니다. 빛을 한 번도 보지 못했으니 한번 놀라와 보라는 것이었습니다. 그래서 동굴은 잔뜩 기대하고 태양을 방문했습니다. 그리고 깜짝 놀랐습니다. 동굴은 태양의 그 찬란하고 경이로운 빛에 감격하고 아주 기뻐했습니다. 그러고 나서 너무나 고마워 태양에게 너도 한번 동굴을 방문하라고 초대장을 보냈습니다.

태양도 가만히 생각해보니 어둠이 무엇인지 잘 모르겠기에 가겠다고 약속하고 시간에 맞추어 동굴을 찾아갔습니다. 호기심과 기대감에 들떠 과연 어둠이란 무엇일지 궁금해 찾아갔는데, 너무나 당혹스러운 경험을

했습니다. 아무리 주의를 신중하게 둘러봐도 어둠이 없었기 때문입니다. 태양이 동굴에게 말했습니다. "어둠은 어디에 있는 거니?" 빛 앞에 어둠은 없습니다. 어둠이 있는 이유는 빛이 없기 때문입니다.

세상은 어둠이요, 참 빛은 예수 그리스도입니다

요한복음 1장 1절에서 5절까지는 이렇게 말씀합니다. "태초에 말씀이 계시니라. 이 말씀이 하나님과 함께 계셨으니 이 말씀은 곧 하나님이시니라. 그가 태초에 하나님과 함께 계셨고 만물이 그로 말미암아 지은 바 되었으니 지은 것이 하나도 그가 없이는 된 것이 없느니라. 그 안에 생명이 있었으니 이 생명은 사람들의 빛이라. 빛이 어둠에 비취되 어둠이 깨닫지 못하더라." 또 9절에서 11절까지는 이렇게 말씀합니다. "참 빛 곧 세상에 와서 각 사람에게 비추는 빛이 있었나니 그가 세상에 계셨으며 세상은 그로 말미암아 지은 바 되었으되 세상이 그를 알지 못하였고 자기 땅에 오매 자기 백성이 영접하지 아니하였으나"

성경은 이 세상은 어둠이며, 참 빛은 예수 그리스도라 선언합니다. 그런데 그 참 빛인 예수 그리스도께서 이 땅에 오셨는데도 어둠은 깨닫지도 못하고, 알지도 못하고, 영접치도 아니하더라고 말씀합니다. 그래서 계속 어둠입니다. 인간세상의 모든 근심과 절망과 죽음과 두려움의 원인이 바로 여기에 있습니다. 첫째, 세상이 어둡기 때문입니다. 둘째, 빛이 없기 때문입니다.

빛의 궁극적 의미인 하나님의 존재를 세상이 알지 못합니다. 인정하지 않습니다. 하나님이 없다고 합니다. 하나님의 창조도 알지 못합니다. 하나님의 역사도 알지 못합니다. 하나님께서 살아 계시다는 것도 알지 못합니다. 하나님의 뜻도 알지 못합니다. 예수 그리스도도 알지 못합니다. 성령의 역사하심도 알지 못합니다. 천당과 지옥도 알지 못합니다. 잠시 뒤면 가야 하는데, 최후의 심판도 알지 못합니다. 이것이 어둠입니다.

한 랍비가 제자에게 밤이 지나고 새벽이 오는 시기가 언제냐고 물었습니다. 왜냐하면 그 새벽이 가장 깨끗한 마음으로, 거룩한 마음으로 기도할 수 있는 때라고 믿었기 때문입니다. 한 제자가 대답합니다. "저 멀리 나무가 있는데 저게 무화과나무인지 배나무인지 분간할 수 있으면 그 때가 새벽이 아니겠습니까?" "아니다." 또 한 제자가 말합니다. "저기 짐승이 있는데 저게 나귀인지 말인지 분별할 수 있으면 새벽이 아니겠습니까?" "아니다." 계속 제자들은 답하는데 스승은 아니라고만 말합니다.

이제 제자들이 스승에게 묻습니다. "저희에게 가르쳐주십시오. 새벽이 언제입니까?" 스승이 이렇게 대답해주었습니다. "어떤 여자나 남자의 얼굴을 보았을 때 그들이 너희 형제자매라는 사실을 알아볼 수 있다면 그때가 새벽이니라. 그전까지는 아직 밤이다."

그리스도인은 예수 그리스도 안에서 모든 인간을 보며 그 안에 하나님의 형상을 봅니다. 하나님의 형상이 회복된 사람을 보고, 하나님의 형상이 없어진 사람을 보고, 신령한 세계를 바라보며 오늘을 살아가는 것입니다.

세상은 지식을 빛이라고 말합니다

이 세상에서 빛은 무엇입니까? 이 세상은 빛을 지식이라고 말합니다. 지성을 가리킵니다. 그래서 인간다운 삶은 빛인 지식이 있어야 된다고 생각해서 계몽을 얘기하고, 교육을 강조합니다. 지식이 없으면 미개인입니다. 사람답지 못합니다. 이것이 세상의 철학입니다. 오늘날을 한번 보십시오. 지식은 곧 돈입니다. 지위입니다. 신분입니다. 명예입니다. 권력입니다. 항상 그래왔습니다. 지식을 가진 사람이 존경을 받고 지도자가 됩니다.

예를 들어 과학지식을 한번 생각해보세요. 얼마나 많이 발전했습니까? 우주를 향해 인간의 삶의 지경을 넓혀가고자 합니다. 지식은 항상 새로운 곳으로 우리를 인도해갑니다. 그 지식이 있는 곳에 희망이 있다고 믿습니다. 현대생활이 그렇지 않습니까? 비행기와 자동차, TV와 인터넷 그리고 휴대폰 등 모든 문명의 이기들이 인간에게 유익을 줍니다. 인간이 인간답게 살 수 있도록 하는 그 모든 것이 다 지식으로 인해서 생겨난 것입니다. 그래서 자꾸 배워야 된다고 말합니다. 교육받아야 되고 지식을 얻어야 된다고 말합니다. 지식이 세상의 빛이기 때문입니다.

오늘날은 유전공학이 발달해서 동물복제를 넘어 인간복제를 한다는 시대입니다. 하지만 그 엄청난 지식에도 불구하고 세상은 더욱 나빠져만 갑니다. 더 큰 어둠을 향해 나아가고 있습니다. 비인간적인 사회로 치닫고 있습니다. 이기적인 삶, 자기중심적인 삶, 탐욕적인 삶으로 세상은 점점 나아가고 있습니다.

*

이렇게 된 근본적인 문제가 무엇입니까? 최소한 세 가지를 생각할 수 있습니다. 먼저 그 많은 지식이 있는데도 이 세상이 자꾸 어두워져가는 것은 이 어둠의 존재이유를 모르기 때문입니다. 그러니 답을 못 줍니다. 답을 주면 줄수록 더 큰 어둠 속으로 빠져듭니다. 이것이 세상의 현실입니다. 또한 이 지식의 목적이 잘못되었기 때문입니다. 방향성을 잃었습니다. 그래서 더 큰 어둠을 경험합니다. 더 중요한 것은 참 빛이 무엇인지 모르기 때문입니다. 아직도 지식이 빛인 줄 압니다. 이렇게 망가져가면서도, 역사가 이미도 입증하고 있음에도 불구하고 참 빛이 무엇인지 모릅니다.

그래서 성경은 말씀합니다. "세상은 어둠이다."

세상이 어둠인 것은 불신앙 때문입니다

그러나 그리스도인은 이 세상 어둠의 이유가 무엇인지 압니다. 불신앙이 원인입니다. 죄 때문입니다. 하나님과의 관계가 단절되면 더욱더 큰 어둠 속으로 빠져 들어갈 뿐입니다. 그리스도인은 그 답을 압니다. 지식의 목적이 무엇인지 압니다. 인간다운 삶의 목적이 하나님께 있음을 압니다. 하나님께 영광돌림에 있음을 알고 있습니다. 자신에게 영광을 돌리는 순간 더 큰 어둠 속에 떨어진다는 사실을 압니다. 또한 이 세상의 참 빛이 무엇인지 압니다. 예수 그리스도입니다. 이것만이 유일한 소망입니다. 그리스도인만이 알고 있는 영적 지식입니다.

그래서 오늘 성경은 말씀합니다. "너희는 세상의 빛이라(14절)." 예수님께서 말씀하십니다. 세상의 빛은 세상의 지식인도 아니요, 권력자도 아니요, 유명인도 아니요, 인기인도 아닙니다. '너희는 그리스도인이다. 너희들이 세상의 빛이다.' 엄청난 선언입니다. 감당할 수 없는 하나님의 말씀입니다. 그저 '너희는 세상의 꽃이다. 바람 같은 존재다.' 하는 정도로만 이야기하면 대충 받아들이겠는데, 세상의 빛이라고 합니다. 정말 감당할 수 없는 은혜의 선언입니다. 이 선언이 오늘 우리에게 선포되고 있습니다. 오직 하나님의 자녀인 그리스도인만이 세상의 빛이라는 것입니다.

영국 왕 헨리 3세 때 있었던 일이라고 합니다. 국민들이 너무 사치해서 왕이 검소령을 내렸습니다. '이제부터는 황금과 보석으로 단장을 절대 하지 못한다.' 그런데 국민들이 이 법을 지키지 않습니다. 그래서 왕이 지혜를 내 포고문 옆에 한줄 더 적었습니다. '단 매춘부나 도둑놈은 이 법령을 지키지 않아도 좋다.' 그랬더니 다 지키더랍니다.

'나는 어둠의 존재다. 나는 하나님의 자녀가 아니다. 나는 그리스도인이 아니다' 하거든 믿지 마십시오. 이 말씀을 믿고 안 믿고는 우리의 선택입니다. 그러나 성경은 분명히 말씀합니다. '너희는 곧 그리스도인은 세상의 빛이다.' 이 말씀 안에 거하고, 이 말씀에 이끌려 살아가는 사람이 하나님의 사람이요, 복 있는 사람입니다.

이 말씀을 주실 때에 이 말씀의 대상자인 하나님의 사람은 그 당시 성공한 사람도 아니고, 유명한 사람도 아니요, 지식이 많은 사람이 아니요, 인기 있는 사람도 아니요, 권력 있는 사람도 아니요, 돈 있는 사람도 아니었습니다. 오히려 그 당시나 오늘이나 세상에서는 아무 영향력이 없는 사람입니다. 평범한 사람입니다. 더 나아가 하찮은 사람입니다. 그런데 예수님께서 말씀하십니다. '그럼에도 불구하고 너희는 세상의 빛이다.' 이것이 복음입니다. 하나님의 선언입니다. 하나님의 자녀에게 주시는 말씀입니다.

참 빛은 예수 그리스도입니다

"너희는 세상의 빛이다." 그런데 성경에서 보면 참 빛은 예수 그리스도입니다. 그럼에도 불구하고 말씀하십니다. "너희는 세상의 빛이다." 이 두 말씀의 영적 관계를 이해해야 됩니다. 그리고 그 말씀의 이해 안에서 이 메시지를 들어야 합니다. 결론적으로 우리는 빛이 아닙니다. 오직 예수 그리스도 안에 있을 때만 빛입니다. 예수 그리스도 밖에 있으면 빛이 아닙니다.

그리스도인은 예수 그리스도 안에서 예수 그리스도와 연합한 사람입니다. 죄 사함을 받아도 오직 예수 그리스도 안에 있는 사람에게 정죄함이 없다는 것이 성경의 말씀입니다. 예수 그리스도 밖에 있는 사람은 아닙니다. 예수 그리스도의 마음, 예수 그리스도의 지식, 예수 그리스도의 삶의 방식, 예수 그리스도의 지혜를 따르는 것에 소망을 둔 사람만이 세상의 빛입니다. 그래서 요한복음 8장 12절에서 예수님이 말씀하십니다. "나는 세상의 빛이니 나를 따르는 자는 어두움에 다니지 아니하고 생명의 빛을 얻으리라."

예수님을 따르는 사람이 세상의 빛입니다. 분명히 기억해야 합니다. 우리는 항상 죄인입니다. 하나님의 자녀이면서도 끝까지 죄인으로 삽니다. 그러나 구원받은 죄인입니다. 그 구원은 예수 그리스도 안에 있습니다. 오직 믿음으로 예수 그리스도의 마음과 생각과 지혜로 살아갈 때 그가 세상의 빛입니다. 에베소서 5장 8절은 말씀합니다. "너희가 전에는 어두움이더니 이제는 주 안에서 빛이라. 빛의 자녀들처럼 행하라." 하나님의 말씀입니다.

빛의 본질: 밝게 하는 것

이 빛의 본질은 '밝게 하는' 것입니다. 빛의 속성은 '비추는' 것입니다. 이 말씀 바로 앞에 예수님께서 '세상의 소금'이라고 말씀하셨습니다. 소금은 녹아야 됩니다. 자신의 형체가 없어져야 됩니다. 그러나 빛은 녹으면 안 됩니다. 빛은 동화되면 안 됩니다. 빛은 섞이면 안 됩니다. 빛은 빛으로 남아야 됩니다. 이것이 빛의 절대성입니다. 이것을 분명히 기억해야 합니다. 이 빛은 숨길 수가 없습니다. 빛은 나타나야 됩니다. 그래서 오늘 성경은 말씀합니다. "너희는 세상의 빛이라. 산 위에 있는 동네가 숨기우지 못할 것이요(14절)" 숨길 수가 없습니다. 예수 그리스도 안에 있는 이 하나님의 자녀는 나타날 수밖에 없습니다. 아니, 나타나게 됩니다. 내가 아니더라도, 강제로라도 나타나게 됩니다. 직장이나 사회에서 또는 시장에 갔을 때나 어떤 일을 할 때 그리스도인은 아닌 척 해도 소용없습니다. 시간이 지나면 어차피 알려지게 됩니다.

*

제 개인적인 이야기를 하나 해드리겠습니다. 한 30년 넘은 것 같습니다. 제가 군대 있을 때 일입니다. 그때는 제가 신앙생활을 잘 안 했습니다. 정말 반항의 시기였습니다. 내친 김에 군대나 가자 하는 마음으로 입대했습니다. 그리고 이제 자대배치를 받았는데, 제 이름이 문제의 발단이 되었습니다. 선임 수병이 불교인이었습니다. 자대배치 받은 지 일주일도 안 되어서 그가 제 이름을 갖고 장난을 쳤습니다. 조롱을 했습니다.

그런데 어쩌다 그가 저에게 사람들 앞에서 '하나님은 없다.'고 선언하고 했습니다. 분명 저는 그때 신앙생활을 제대로 못하던 사람이었습니다. 무척이나 반항하던 시기였습니다. 그런데도 그 말만은 못하겠더라고요. 끝까지 안했지요. 그때 기합도 많이 받고 폭력도 많이 당했습니다. 그 당시는 군대가 살벌할 때였거든요. 저는 그때 별로 신앙생활도 잘 안하던 사람인데, 결국 그 길로 신앙인이 되어버렸습니다. 그냥 하나님을 믿는 사람으로 되어버렸습니다. 끝까지 그가 시키는 대로 하지 않다 그렇게 된 것입니다.

하나님께 택함 받은 사람은 결국 어떤 상황에서도, 특별히 핍박과 박해 중에는 목숨을 내놓게 되어 있습니다. 빛이기 때문입니다. 빛의 속성은 비출 수 밖에 없습니다. 드러나게 되어 있습니다. 이 얼마나 놀라운 말씀입니까? 빛된 자녀 즉, 그리스도인은 이 세상의 증인이요, 그 빛을 증거하며 살아갑니다. 성령께서 이 일을 하십니다. 그래서 사도행전 1장 8절은 말씀합니다. "오직 성령이 너희에게 임하시면 너희가 권능을 받고 예루살렘과 온 유대와 사마리아와 땅 끝까지 이르러 내 증인이 되리라." '되라'가 아닙니다. '되리라'입니다. 결국 되게 된다는 것입니다.

빛의 본질: 열매 맺음

요즘 이런 유머가 있습니다. 어르신들 사이에서 유행한다는데, 말이 됩니다. 나이가 들면 다들 몸이 안 좋으니 병원에 가서 약을 받지요. 그런데 약이 항상 남아돈답니다. 왜요? 약 먹을 시간을 자꾸 잊어버리기 때문입니다. 그런데 거기서 더 나이가 많이 들면 오히려 약이 모자란답니다. 약 먹은 사실을 자꾸 잊어버려서 먹고 또 먹고 해서 그렇답니다.

그러나 연세 많은 분들 너무 걱정하지 마십시오. 한경직 목사님도 평생 영어를 하고 쓰셨는데도 결국 다 잊어버리셨다고 합니다. 그런데 기억하는 것이 있습니다. '예수 그리스도가 참 빛이다. 내가 빛의 자녀. 예수 그리스도 안에 하나님의 은혜와 사랑이 있다.' 이것만은 절대 잊어버릴 수 없습니다. 그 믿음으로 천당에 가는 것인데, 다 잊어버려도 이것은 성령께서 기억하게 해주십니다. 이것이 하나님의 역사입니다.

＊

그래서 오늘 본문은 말씀합니다. "이같이 너희 빛이 사람 앞에 비치게 하여(16절)" 그리스도인의 선행은 항상 익명적이어야 합니다. '오른손이 하는 것을 왼손이 모르게 하라. 은밀하게 하라. 그래야만 은밀한 중에 보시는 하나님께서 갚으시리라.' 드러나면 하나님의 은총은 사라집니다. 그러나 이 빛만은, 이 참 빛만은 증거해야 됩니다. '사람 앞에 비치게 하라. 이것이 너희가 그리스도인된 이유다. 하나님께서 우리를 택하신 목적이다. 세상의 빛으로 이 세상의 영적 빛에 관하여 증거하라.'

또한 에베소서 5장 9절은 말씀합니다. "빛의 열매는 모든 착함과 의로움과 진실함에 있느니라." 빛은 반드시 열매를 맺게 됩니다. 그 열매는 먼저 모든 착함(good), 곧 선(善)에 있습니다. 또 의로움(right)에 있습니다. 그리고 진실함(truth)과 정직에 있습니다. 세상에서 인정할 만한 공로에 있는 것이 아닙니다. 하나님께서 보시는 빛의 열매는 선함과 의로움과 진실함에 있습니다.

빛의 본질: 퍼져나감

어떤 젊은 신학생이 고민 끝에 높은 신학과 영성을 이룬 선생님이 있다 해서 찾아가 물었습니다. "그리스도의 영성이 무엇입니까? 진정한 영성은 어떻게 이루어지는 것입니까?" 마침 이분이 컴컴한 방의 촛불 앞에서 성경을 보고 있다가 그 질문을 받고 촛불을 '훅'하고 입김을 불어 꺼버렸습니다. 사방이 다 깜깜해졌습니다.

그 때 선생님이 그 신학생에게 물었습니다. "무엇이 보이느냐?" "깜깜해서 아무것도 안 보이는데요." 선생님이 말했습니다. "가만히 있어봐라. 그러면 알게 될 거다." 그런데 정말 가만히 있어보니 은은한 백합향기가 나더랍니다. 그래서 말합니다. "백합꽃 향기가 나는데요." 그때 선생님이 이렇게 말했다고 합니다. "맞네. 진정 그리스도인의 영성을 이룬다는 것은 겉으로는 보이지 않아도 자기 존재의 아름다운 향기를 풍기는 것을 말하는 것일세."

*

그리스도인은 그리스도의 향기를 전하며 살아갑니다. 나의 향기가 아닌 그리스도의 향기, 빛의 영원성, 그 빛의 능력과 빛의 사랑, 빛의 지혜를 증거하며 살아가는 사람입니다. 이 빛의 목적은 우리를 세상의 빛이라 한 그 빛의 목적은 하나님께 영광 돌리는 것입니다. 그래서 성경에도 "하늘에 계신 네 아버지께 영광을 돌리게 하라."고 증거합니다.

어떤 이유에서도 영광이 나에게 있어서는 안 됩니다. 또 세상을 향하여 있어서도 안 됩니다. 세상은 그를 영웅이라 부르고 또는 애국자라고 할지 모르지만, 하나님께는 아무것도 아닙니다. 빛의 자녀는 오직 하나님께만 영광을 돌리며 살아갑니다. 이것이 삶의 목적입니다. 이렇게 못하면 모든 인류가 경험하듯이 항상 허무가 있고, 불행이 있고, 근심이 있고, 두려움이 있고, 나아가 비극적인 삶을 살아갈 수 밖에 없습니다.

오늘날 자살이 큰 화두가 되어 있는데, 어떻게 보면 자살을 하지 않을 사람이 자살을 합니다. 남보다 조건도 더 좋습니다. 돈도 많고, 인기도 많고, 권력도 있고, 지식도 소유한 사람입니다. 정말 남들이 다 부러워할 만큼 모든 것을 다 가졌는데도 스스로 목숨을 끊습니다. 왜 그럴까요? 삶의 목적이 잘못됐기 때문입니다. 방향성이 잘못됐기 때문에 허무를 경험합니다. 평생 권력을 추구하다가 막상 그것을 가져보십시오. 그 다음에 오는 것은 허무함입니다. 평생 돈을 추구하다가 돈을 가져보십시오. 그 다음은 무의미합니다. 그 자체가 불행입니다. 고독합니다. 그 이유를 모르면, 그 해결의 답을 모르면 죽는 것입니다.

교회가 세상의 소망인 것은 빛이기 때문입니다

오늘날 교회만이 이 세상의 희망이요 소망이라고 말들을 합니다. 그 메시지는 바로 이것입니다. 그리스도인이 세상의 빛이기 때문입니다. 교회와 그리스도인은 그 빛을 증거하고 선포하기 때문입니다. 완벽한 교회는 없고, 완전한 그리스도인은 없습니다. 그러나 빛이 무엇인지 압니다. 그것을 선포하고, 그것을 증거하고, 그 안에서 행복해하고, 그 안에서 기뻐하기 때문에 그 빛으로 세상이 어두운 이유를 알며, 참 인생의 목적을 찾아가게 됩니다. 여기에 새로운 인생, 새로운 희망, 새로운 변화가 약속되어 있습니다. 성경은 분명히 말씀합니다. '빛은 예수 그리스도다. 그 예수 그리스도는 길이요 진리요 생명이다.' 그 안에 거할 때만 화평케 하는 역사, 의의 역사, 사랑의 역사가 나타나게 됩니다.

오래 전 미국에서 있었던 일입니다. 아이젠하워(Dwight David Eisenhower)라는 유명한 대통령이 있었는데, 이분이 독실한 그리스도인입니다. 대통령직을 수행하면서도 항상 교회에 출석했습니다. 워싱턴 장로교회에 나가 예배를 드렸습니다. 그러던 중 그 당시 소련의 수상인 흐루시초프가 미국을 방문했는데, 정상회담으로 잡힌 날짜가 하필이면 주일이었습니다. 1959년 9월 27일이었습니다.

그날 아침 아이젠하워가 흐루시초프에게 전화를 걸었습니다. "오늘 주일이니까 나와 함께 교회에 갑시다. 예배드립시다." 그랬더니 흐루치초프가 퉁명스럽게 "나 안갑니다." 하더랍니다. 그래 할 수 없이 "그러면 한 시간 반만 기다려주시오. 내가 예배 보고 올 테니까요."하고 전화를 끊었습니다.

아이젠하워가 예배를 드리고 와서 흐루시초프에게 첫 인사로 이렇게 물었답니다. "당신은 한 시간 반 동안 무엇을 했습니까?" 그랬더니 흐루시초프가 퉁명스럽게 이런 대답을 하더랍니다. "내가 먼 길을 찾아왔는데도 불구하고 교회에 가야 할 당신의 핑계가 무엇일지 생각해봤소." 그때 아이 젠하워가 유명한 대답을 합니다. "핑계 같은 것 없습니다. 다만 나의 신앙 따라 움직일 뿐입니다."

*

이 사람이 그리스도인입니다. 항상 삼위일체의 하나님을 기억하고 인식하며 살아갑니다. 나 같은 존재, 나 같은 죄인을 하나님께서 '너희는 빛의 자녀. 너희는 세상의 빛이다.'라고 인정하신 그 엄청난 선언, 그 은혜의 말씀을 기억하며 그 안에서 참 소망을 가지고, 그 말씀하신 분을 증거하며, 그 뜻을 이루며 살아가는 것입니다.

하나님의 사람은 최소한 세 가지를 항상 기억해야 합니다. '죽음이 뭔가?' '부활이 뭔가?' '하나님의 사랑이 뭔가?' 이 세 가지를 날마다 항상 인식하며 살아갈 때 성령께서 우리를 빛의 자녀로 살도록 인도해주십니다. 오늘도 주께서 말씀하십니다. 하나님의 자녀에게만 주시는 말씀입니다. "너희는 세상의 빛이다. 너희는 세상의 소금이다."

기 도

전지전능하신 은혜의 하나님, 오직 예수 그리스도 안에서 믿음으로 하나님의 자녀
된 저희에게 하나님의 은혜로 값없이 너희는 세상의 빛이라고 말씀하신 주의 놀라운
권세와 말씀과 그 사랑에 진심으로 감사와 찬양을 돌립니다. 오직 믿음으로 이 말씀
을 영접하며, 이 말씀 안에 거하기를 소망하며, 이 말씀을 증거하며, 이 말씀의 삶을
예수 그리스도께로부터 배워 하나님과 동행하는 권세 있고 복 있는 자녀된 삶을 회
복토록 우리를 지켜주시옵소서. 주 예수 그리스도의 이름으로 간절히 기도드리옵나
이다. 아멘.

5장_ 바늘귀로 나가는 낙타

예수께서 둘러보시고 제자들에게 이르시되
재물이 있는 자는 하나님의 나라에 들어가기가 심히 어렵도다 하시니
제자들이 그 말씀에 놀라는지라 예수께서 다시 대답하여 이르시되
얘들아 하나님의 나라에 들어가기가 얼마나 어려운지 낙타가 바늘귀로 나가는 것이
부자가 하나님의 나라에 들어가는 것보다 쉬우리라 하시니 제자들이 매우 놀라 서로 말하되
그런즉 누가 구원을 얻을 수 있는가 하니 예수께서 그들을 보시며 이르시되
사람으로는 할 수 없으되 하나님으로는 그렇지 아니하니
하나님으로서는 다 하실 수 있느니라 (마가복음 10: 23~27)

오래전 영국에서 있었던 일이라고 합니다. 런던의 한 신문사에서 큰 상금을 걸고 '돈이란 무엇인가?'라는 질문과 함께 정답을 공모했습니다. 그래서 많은 사람이 그 상금을 타려고 돈에 대한 나름대로의 정의를 생각해서 참여했습니다. 그런데 그 상금을 탄 당선자는 아주 뜻밖의 사람으로, 신문 배달 소년이었습니다. 어른도 아니고, 지식인도 아니고, 사회 지도층 도, 인생의 경험이 많은 자도 아닌, 그저 한낱 어린 소년의 답이 당선된 것입니다. 정답은 이것입니다. '돈이란 천국 말고 어디든지 갈 수 있는 여행권이다.' 참 기막힌 답입니다.

돈으로 진리를 살 수 없습니다. 아무리 돈으로 좋은 환경을 만들어줘

도 진리를 깨달을 수 없고, 진리를 발견할 수도 없습니다. 오히려 진리의 가치를 잘 모릅니다. 또한 돈으로는 참된 평안을 누릴 수도 없습니다. 돈으로는 진정한 기쁨도 소유할 수 없습니다. 한마디로 돈으로는 자유도, 행복도 가질 수 없습니다.

쉽게 말하면 이렇습니다. 돈이 있으면 몸이 좀 편안합니다. 그러나 돈이 조금 부족하면 몸이 불편할 뿐입니다. 여러분은 돈에 대한 어떤 기준을 가지고 오늘을 살아갑니까? 절대 잊지 말아야 할 성경적 메시지는 이것입니다. 돈과 천국은 무관합니다. 전혀 관계가 없습니다.

돈과 천국은 무관합니다

독일에서 내려오는 민담 하나를 소개합니다. 어떤 가난한 사람이 죽어서 천국에 갔더니 아주 유명한 부자가 먼저 와서 천국문 앞에 서 있더랍니다. 이제 베드로 사도가 천국 문을 열고 먼저 온 그 부자를 들어오라고 했습니다. 순서대로 부르나보다 하고 있는데, 궁금해서 오래 기다릴 수가 없었습니다. 그래서 문틈으로 몰래 천국문 안에서 벌어지는 일을 훔쳐보니 굉장했습니다. 엄청난 환영식이 베풀어지고, 환호성이 요란했습니다. '아, 좋구나.' 거기에다 도시가 다 황금으로 되어 있었습니다.

기쁜 마음으로 기다리고 있는데 잠시 뒤 베드로가 들어오라고 그러더랍니다. 그래 들어가 보니 아까와는 달랐습니다. 너무 조용했습니다. 그냥 반갑게 인사만 할 뿐이었습니다. 큰 환영식은 없었습니다. 그는 화가 나기 시작했고, 어찌 이럴 수가 있느냐고 불평을 했습니다. "어떻게 이 천국에서도 부자와 가난한 사람을 차별하는 겁니까?"라며 따졌습니다.

그랬더니 베드로 사도가 이렇게 말하더랍니다. "좀 이해하게. 천국에는 날마다 가난한 사람들은 많이들 들어오는데 부자는 너무나 오래간만이라서 그런다네."

그냥 전해 내려오는 민담이지만, 깊은 의미가 있습니다. 천국에 가는 것은 돈과 무관합니다. 또한 무조건 가난한 사람이라 하여 천국에 항상 쉽게 들어가는 것 또한 아닙니다. 돈과 천국이 무관합니다. 복음은 천국 가는 지혜를 줍니다. 길을 줍니다. 하나님의 자녀되게 합니다. 하나님의 역사의 참여자요 증거자가 되게 합니다. 그 복음은 돈과 무관합니다. 이것을 항상 기억해야 합니다.

*

오늘 본문에는 너무나 유명한 잠언이 기록되어 있습니다. "낙타가 바늘귀로 나가는 것이 부자가 하나님의 나라에 들어가는 것보다 쉬우니라." 정말 유명한 말씀입니다. 제 기억에는 오래전에 토플시험을 준비하는데, 영어 문구 중에 이 말씀이 있더라고요. 예수 믿는 사람이나 믿지 않는 사람이나 이 문구는 웬만하면 다 압니다. '낙타가 바늘귀에 들어가는 것이 부자가 천국 가는 것보다 쉬우니라.'

좀 과장된 해학적인 잠언이지만, 분명한 것은 예수님께서 하신 말씀이요, 이 잠언 안에 깊은 천국의 메시지를, 영원한 진리를 함축하고 있다는 것입니다. 누구나 쉽게 기억하고 이해할 수 있는 말씀입니다.

그래서 제자들도 이 말씀을 듣는 순간 이해했습니다. 그리고 그들의 응답은 이것이었습니다. 26절에 말씀합니다. "제자들이 심히 놀라" 깜짝 놀랐습니다. 왜 놀랐겠습니까? 예수님께서 말씀하시는 천국의 기준과 내가 알고 내가 믿고 살아가는 이 세상의 기준이 서로 너무 달랐기 때문입니다. 전혀 차원이 다르기 때문에 깜짝 놀랐다고 성경은 말씀하고 있습니다.

'부'도 '가난'도 아닙니다

세상에서의 부는 분명 성공을 말하고, 신분을 말하고, 인격을 말하고, 행복을 말하고, 권력을 말하고, 힘을 말합니다. 이것이 세상기준입니다. 정말 그런 것 같습니다. 세상의 모든 종교도 이와 같습니다. 그래서 종교적으로도 부는 지혜의 결과입니다. 복의 결과입니다. 능력과 신분의 상징입니다.

그 당시도 그렇고 오늘도 마찬가지입니다. 그래서 재물이 많고 건강하면 복 받은 것이요 재물이 좀 없고 실패하거나 건강이 나쁘면 복을 못 받은 것으로 또는 어떻게 보면 버림받은 것으로 생각하는 그런 분위기입니다. 그러기에 이 잠언은 상식을 깨는 것 아닙니까? 분명 세상의 잣대로 대단하고, 능력이 있어 보이고, 실제 그렇게 믿고 살아가지만 하나님 나라에서는 아무것도 아니라는 것입니다. 이것 가지고는 하나님 나라에 들어가기가 심히 어렵다고 말씀하십니다. 오늘날도 마찬가지 아닙니까?

교회 안에서 생각해보십시오. 재물이 많고 부자가 되면 좀 더 당당하고, 인격적이고, 신분도 변화된 것 같고, 신앙까지도 좋을 것 같습니다. 반대로 돈이 없으면 별로 신앙도 좋을 것 같지 않고, 복 받은 것 같지도 않다고 생각합니다. 참으로 문제 아니겠습니까? 그럼에도 이런 일들을 많이 듣고 봅니다.

실제로 오늘날 한국의 대표적인 교회들에도 이런 일이 많습니다. 유명한 사람이나 부자가 교회에 오고, 지식이 많은 사람이 교회에 오면 이 사람이 얼마나 신앙이 있느냐, 중생했느냐는 따지지를 않습니다. 그 즉시 사람들에게 소개시킵니다. 그들이 세상기준으로 보면 굉장한 것 같지만, 하나님 나라 기준으로 보면 매우 안타까운 일입니다. 이러고도 교회라고 할 수 있습니까? 교회까지 이런 일이 있어서야 되겠습니까? 본 교회도 마찬가지입니다. 세상 흐름이 항상 교회 안으로 들어오거든요. 반성해야지요. 절대로 안 될 일입니다. 이것은 정녕 교회다운 모습이라 할 수 없는 것입니다.

*

이런 재미있는 이야기가 있습니다. 아가씨들이 수다시간에 천국과 지옥 가는 얘기를 하다가 한 아가씨가 눈을 지그시 감고 아주 감미로운 목소리로 이렇게 말하더랍니다. "나는 지옥에 가고 싶어." 그래서 정신 차리라고 옆에 있던 친구가 말했더니, 그 아가씨가 하는 말이 이렇습니다. "이유가 있어. 잘생기고 돈 많고 돈 잘 쓰고 여자들에게 잘해주고 잘 노는 사람은 다 지옥에 있을 것 같아서 그래."

신앙 좋고 성실하고 정직한 것만으로는 안 되는 것입니까? 예수님께서는 이 세상의 기준이 얼마나 잘못됐는지 말씀하십니다. 그리고 천국의 기준을 말씀하십니다. 한마디로 재물과 천국은 무관하다는 것입니다. 더 나아가서 그 재물이 천국 들어가는 데 가장 큰 방해가, 장애물이 된다는 것입니다.

예수 믿고 천국시민권을 가진 자로 큰 부자가 될 수는 있으나, 예수 믿지 않고 큰 부자가 된 사람은 예수 믿기 어렵습니다. 천국 가기 정말 어렵습니다. 이것이 오늘의 현실입니다. 이 예수님의 잠언이 주는 메시지는 불가능하다는 것이 아닙니다. 심히 어렵다는 것입니다. 안 된다는 얘기가 아닙니다.

부자가 있고 아주 가난한 사람이 있습니다. 누가 천국 들어가기가 쉽겠습니까? 가난하다고 들어가는 게 아닙니다. 누가 더 쉽겠느냐는 것입니다. 너무나 자명하지 않습니까? 그래서 오늘 본문 23절에 예수님께서 말씀하십니다. "예수께서 둘러보시고 제자들에게 이르시되 재물이 있는 자는 하나님 나라에 들어가기가 심히 어렵도다 하시니" 너무나 어렵습니다. 그것을 잠언으로 말씀하십니다.

재물 때문에 천국을 포기해서야 되겠습니까?

이 바늘귀라는 것은 세상에서 가장 작은 구멍을 뜻합니다. 낙타는 가장 큰 짐승을 뜻합니다. 그 당시의 상징적 표현입니다. 성경에 겨자씨와 같다는 말이 있습니다. 오히려 겨자씨보다 더 작은 씨가 그 당시에도 있었습니다. 그러나 겨자씨는 세상에서 가장 작은 씨를 상징합니다.

다시 말해서 문자적으로 해석하면 가장 큰 것이 가장 작은 구멍으로 들어가야 됩니다. 그러니 불가능하지 않겠습니까? 어떻게 들어가겠습니까? 그런데 그 큰 것이 조그만 구멍으로 들어가는 것이 부자가 천국 들어가는 것보다 훨씬 쉽다는 것입니다. 이것이 메시지입니다. 그러면 부자는, 재물이 많은 자는 어찌해서 이처럼 천국 들어가기가 어렵습니까? 마음대로 상상하면 안 됩니다. 성경에서 답을 찾아야 합니다. 오늘 분문에 그 답이 있습니다.

한 젊은 사람이 예수님께 나왔습니다. 그런데 찾아온 이유가 병을 고쳐달라는 것도 아니고, 사업 잘되게 해달라는 것도 아니고, 능력을 구하는 것도 아니었습니다. 한마디로 고상합니다. '영생이 무엇입니까?' 영생을 얻고자 왔습니다. 이 질문만 봐도 아주 훌륭한 사람이 분명해 보입니다.

그가 예수님께 와서 무릎을 꿇고 영생이 무엇이냐고 묻습니다. 갈급한 마음이 있었습니다. 예수님께서 아주 기특하게 보신 것 같습니다. 정말 세상의 기준으로는 흠잡을 데가 없습니다. 종교적 지식이 많습니다. 지식 뿐만 아니라, 예수님께서 십계명을 말씀하시니까, 어렸을 때부터 그 또한 지켰노라고 대답합니다. 도덕적으로, 종교적으로 흠이 없습니다. 아주 보기 드문 훌륭한 인물입니다.

게다가 돈가지 많은 성경은 부자라고 말씀합니다. 재물이 많았다고 기록합니다. 거기다가 젊기까지 합니다. 끝내주는 남자입니다. 세상의 기준으로는 최고입니다. 그런데 예수님께서 보시기에는 아무것도 아니었습니다. 여기에 문제가 있습니다.

*

오늘 본문 앞부분인 21절과 22절은 말씀합니다. "예수께서 그를 보시고 사랑하사 이르시되" 영생을 묻는 그 마음이 기특하셨습니다. 그리고 불쌍히 여기시며 정말 사랑해서 하신 말씀입니다. "네게 아직도 한 가지 부족한 것이 있으니 가서 네게 있는 것을 다 팔아 가난한 자들에게 주라. 그리하면 하늘에서 보화가 네게 있으리라. 그리고 와서 나를 따르라 하시니 그 사람은 재물이 많은 고로 이 말씀으로 인하여 슬픈 기색을 띠고 근심하며 가니라."

재물 때문에 영생을 포기합니다. 재물 때문에 천국을 포기하고 갑니다. 만일 그 많은 재물이 없었으면, 차라리 가난했으면 어땠겠습니까? 더 쉬웠겠지요. 이 사람에게 주신 말씀입니다. 이와 같은 사람들에게 주신 말씀입니다. 하나님 나라에 들어가기 위해서는 이 세상기준의 모든 자랑을 포기해야 합니다. 오직 하나님의 기준, 하나님의 지혜와 능력과 십자가뿐입니다. 그 나머지로 우쭐하고, 좋아하고, 기뻐하고, 그것에 의존하며 살아가는 것은 믿음이 아니거든요.

내가 이 위치에서 예수님의 이 말씀을 한번 들었다고 생각해보십시오. 나는 어떻게 할 수 있겠습니까? 솔직한 얘기로 좀 더 깊이 생각해보면 하나님께서 무슨 돈이 그렇게 필요하시겠습니까? 중심이 틀린 것입니다. 하나님께서 인정하실만한 그 믿음이 아닌 것입니다.

부의 위험성

도널드 크레이빌(Donald B. Kraybill) 박사의 저서, 「돈, 교회, 권력, 그리고 하나님 나라」(The Upside-Down Kingdom)라는 책이 있습니다. 이 책에서 그는 부의 위험성을 성경적으로 경고하고 있습니다.

첫째, 부는 영적 생활의 목을 조릅니다. 손에 있는 부를 지키고 늘리는데 지나친 관심을 기울이다보면 영적 생활이 고갈된다는 것입니다.

둘째, 부를 어느 정도 가지게 되면 자신의 삶을 스스로 보장하려는 유혹을 받게 되며, 미래의 안전을 보장하려는 욕구는 근심과 염려를 불러옵니다.

셋째, 부는 우리의 눈을 멀게 합니다. 자기 혼자 즐기는 일에 빠져 다른 사람의 아픔을 보지 못하게 만듭니다.

넷째, 부는 자신을 지배자로 만들어 하나님의 자리를 빼앗습니다. 돈의 힘으로 거의 모든 것을 할 수 있다는 세상적 가치관과 판단이 하나님께 기대할 것이란 겨우 죽은 뒤의 일이라는 잘못된 생각으로 살아가게 만든다는 얘깁니다.

다섯째, 부를 잘못 다루면 그것 때문에 심판을 받게 됩니다. 주인이신 하나님께서 맡기신 것을 주인의 뜻대로 잘 관리하는 것이 청지기의 소임이라는 것입니다. 이 소임을 게을리 한다면 어떤 식으로든 책임을 저야 한다는 것입니다.

*

이 재물에는 특권도 있지만, 큰 책임이 따릅니다. 그러므로 이 재물의 위험성을 항상 인식하며 살아가야 됩니다. 먼저는 이 재물은 그 사람의 우선순위를 바꿔놓습니다. 영생을 포기할 만큼, 천국을 포기할 만큼 재물이 먼저가 됩니다. 실제 오늘의 삶이 그렇지 않습니까? 우선순위가 바뀌어 있습니다.

또한 이 재물은 천국보다 세상을 더 좋아하도록 우릴 유혹합니다. 확실히 재물이 많으면 많을수록 더 오래 살아야겠다고 생각하게 됩니다. 이 세상이 더 좋다는 생각입니다. 그러나 가난하면 가난할수록 천국이 더 좋습니다. 재물은 신령한 세계를 갈망하게 하지 않습니다. 영적인 지혜를 소홀히 하게 만듭니다.

부자는 가난한 사람보다 조금 더 바쁜 것 같습니다. 너무 바빠서 교회도 잘 못 나옵니다. 하나님의 일에 순종하고 봉사할 시간이 없습니다. 수요예배는 더욱 더 못나옵니다. 이유는 하나입니다. 바쁘기 때문입니다. 지금 무엇에 바쁜 것입니까? 재물이 많아서 그것을 지키느라고, 관리하느라고 그렇습니다.

또한 재물은 하나님을 의존하기보다 재물을 의존하게 만듭니다. 특별히 노후의 삶일 때는 더욱 더 그런 생각을 하게 됩니다. 그리고 재물은 소명의식을 없애버립니다. 하나님의 뜻을 이루기보다는 내 명예, 내 인기, 내 공로에 더욱 관심을 기울이게 만듭니다.

모든 교만의 으뜸, 재물의 교만

재물은 삶의 목적을 바꿔버립니다. 하나님께 영광돌림이 마땅한 사람이 자꾸 자기의 영광을 먼저 구합니다. 재물이 있기 때문입니다. 더욱이 재물은 사람을 교만하게 만듭니다. 겸손하기 힘듭니다. 쉽게 생각해서 가난한 사람은 익명적 헌신을 쉽게 합니다. 그러나 돈이 많은 사람은 그렇게 못합니다. 돈을 많이 내놓으니까 좀 드러나야 됩니다. 큰일을 했는데 누가 좀 알아줘야 될 것 아닙니까? 그러다가 망합니다. 예수님께서 말씀하십니다. "심히 어렵도다." 부자가 천국 들어가는 것이 심히 어렵다고 말씀하십니다.

20세기 하나님의 사람으로 일컬어진 라인홀드 니버(Reinhold Niebuhr)가 교만에 대해서 세 가지 지혜를 줍니다. 권력의 교만, 지적 교만, 도덕적 교만입니다.

먼저, 권력이란 갖고 있으면 모든 것을 다 할 수 있을 것처럼 느껴집니다. 그래서 권력을 가진 사람들이 겸손하기 힘든 것입니다. 또한 지적 교만은 지식을 많이 가지면 그것이 실천을 대신하리라고 생각합니다. 천만의 말씀입니다. 그래서 교만해집니다. 그리고 도덕적 교만은 항상 스스로 자신이 깨끗하다고 생각합니다. 참으로 심각한 오류입니다.

그런데 이 세 가지 교만보다 더 큰 교만이 있습니다. 성경에서는 가장 큰 으뜸의 교만으로 재물의 교만을 말씀합니다. 그래서 예수님께서 말씀하십니다. "하나님과 재물을 동시에 섬길 수 없느니라." 섬김의 대상이 하나님이냐 재물이냐 할 만큼 사람을 교만하게 만듭니다. 그래서 인간을 가장 교만하게 만드는 것이 재물입니다. 여러분은 이것을 알고 살아갑니까?

오늘날의 삶에서도 아무리 좋은 계획과 좋은 뜻을 가지고 또 국민과 세계평화를 위해서 아무리 헌신해도 교만한 사람을 하나님께서는 쓰시지 않습니다. 아니, 교만한 자는 세상도 싫어합니다. 그래서 성경에 이런 말씀이 있습니다. '교만은 멸망의 선봉이다.' 그런데 그 교만하게 만드는 가장 큰 이유가 재물이라고 성경은 말씀하고 있습니다.

오늘 이 잠언이 주는 메시지가 이것입니다. '가장 큰 것이 가장 작은 구멍으로 들어가야 된다.' 그것이 천국 가는 길입니다. 그러려면 가장 큰 것이 가장 작은 구멍보다 더 작아져야 됩니다. 그것뿐입니다. 아주 조그만 구멍보다 더 작아지지 않으면 그 구멍으로 들어갈 수 없습니다. 그만큼 겸손해져야 됩니다. 하나님 앞에서 하나님께서 인정하실 만큼 겸손해져야 천국에 들어갑니다.

그런데 인간의 힘과 지혜로는 불가능합니다. 어느 누구도 하나님 앞에서 겸손하다고 인정받을 수 없습니다. 천국은 오직 하나님의 지혜와 능력으로만 갈 수 있습니다. 어떻게요? 예수 그리스도입니다. 하나님의 지혜와 능력, 그 모든 것이 예수 그리스도 안에 나타났습니다. 창세전부터 계획한 하나님 자신이 이 땅에 인간의 모습으로 오셨습니다. 그분을 믿어야 됩니다. 그분 안에 지혜와 능력이 나타났음을 알아야 됩니다. 그분의 생각과 마음과 삶의 방식으로 살아야 됩니다. 오직 믿음으로 작아집니다. 낮아집니다. 겸손해집니다.

특별히 예수 그리스도 안에 하늘나라로 가는 길과 생명과 진리가 나타나 있습니다. 그분만이 구세주요 구주십니다. 살아 역사하시어 하나님 우편에 앉아 계셔서 오늘도 이 세상의 왕으로 특별히 하나님의 자녀를 위하여 간구하고 계십니다. 이 진리를, 이 영적 세계를 알고 참으로 믿는다면 겸손해집니다. 가치관이 달라집니다. 기준이 달라집니다.

그런데 이 놀라운 하나님의 은혜의 사랑에도 불구하고 재물을 가진 사람은 천국 들어가기 어렵습니다. 마치 이 부자 청년처럼 말입니다. 예수님을 앞에 놓고도 그 재물 때문에 큰 근심에 빠집니다. 그 재물을 포기하지 못합니다. 놓지를 못합니다. 그래 결국 영생을 포기하는 것 아닙니까? 재물이 교만하게 만들고, 재물을 의존하게 만들고, 재물이 세상중심의 삶을 포기할 수 없게 만듭니다. 재물을 힘껏 쥐고 살아가는 그 인생, 하나님 앞에는 아무것도 아닙니다.

*

성경에 보면 삭개오란 인물이 나타납니다. 아주 속된 사람이었습니다. 그는 세리장인데, 큰 부자였습니다. 그런데 그가 예수님을 만나고 그 즉시 변화됩니다. 성경공부를 많이 해서도 아니고, 많은 선행을 베풀어서도 아닙니다. 예수님께서 구주시요 살아계신 하나님의 아들이심을 온전히 믿는 그 순간 완전히 변합니다. 바늘귀로 나가는 낙타와 같이 완전히 변합니다. 하나님만이 하실 수 있는 일입니다. 하나님의 은혜와 강권적 역사입니다.

성경에 사도 바울이라는 인물이 있습니다. 예수 믿기 전에는 가장 교만한 사람이었습니다. 그럴만한 요소가 너무나 많았습니다. 너무나 잘났습니다. 빌립보서 3장에서 얼마나 잘났는지를 자신이 쭉 얘기합니다. 그러나 예수님을 영접한 뒤에는 살아계신 하나님 앞에서 낮아지고 낮아져 겸손해집니다. 그리고 고백합니다. "그 모든 자랑을 배설물로, 해로 여기며 살았노라" 천국기준을 지니고 하나님께 쓰임 받은 사도 바울의 신앙고백입니다.

하나님만이 하십니다

아주 오래전의 일입니다. 남북전쟁을 승리로 이끈 링컨 대통령과 당시 최고의 베스트셀러인 「톰 아저씨의 오두막」(Uncle Tom's Cabin)을 쓴 스토우(Harriet Beecher Stowe) 부인이 만났습니다. 링컨(Abraham Lincoln) 대통령이 말했습니다. "내가 노예해방을 일으키기 위해서 가장 큰 영향을 받은 사람들 중에 당신이 으뜸입니다. 그 책을 보고 내가 큰 감명을 받았습니다. 그래서 당신을 꼭 만나길 바랐습니다. 나는 당신의 모습을 생각할 때마다 헤라클레스처럼 강인한 인상을 가진 분일 거라고 생각했는데, 만나고 보니 그저 평범한 할머니시로군요."

그때 스토우 부인이 이렇게 말했습니다. "사실 그 소설은 제가 쓴 것이 아닙니다. 노예제도를 보고 노여워하신 하나님께서 쓰신 것입니다. 저는 그분의 도구일 뿐이었습니다."

이 말에 링컨 대통령이 감탄했는데 또 스토우 부인이 이어서 말했습니다. "남북전쟁을 승리로 이끈 당신이야말로 아주 무서운 분일 거라 생각했는데, 막상 만나고 보니 참으로 인자한 모습이시군요." 그때 링컨 대통령의 대답입니다. "저 또한 제가 싸운 게 아닙니다. 저는 작은 도구일 뿐입니다."

*

하나님께서 사람을 만들어 가십니다. 하나님 앞에 은혜의 도구로 만들어 가십니다. 모든 것을 주신 자도 하나님이시요, 취하실 자도 하나님이십니다. 천국을 바라보고 살아가며, 천국의 기준으로 오늘 이 땅에서 살도록 하나님께서 만드십니다. 하나님께서는 겸손한 자와 함께 일하십니다. 겸손케 하시어 하나님의 영광을 나타내십니다. 예수님께서 말씀하십니다. '낙타가 바늘귀로 들어가는 것이 부자가 천국에 들어가는 것보다 쉬우니라.'

하나님만이 하실 수 있습니다. 오직 예수 그리스도 안에서 날마다 겸손으로 변화되는 그 사람이 복 있는 사람입니다. 하나님께서는 그를 통해서 역사하시고, 그를 통해서 영광을 받으십니다. 그리스도인은 천국을 바라보며, 하나님의 은혜의 보좌를 바라보며, 그날을 준비하며 오늘을 살아가는 사람들입니다.

기 도

전지전능하신 은혜의 하나님. 이 미천하고 어리석은 자에게 하나님의 사랑을, 하나님의 지혜를, 하나님의 경륜을 깨닫게 하시고, 하나님 앞에서 낮아지고 겸손해지는 구원의 역사 안에 하나님을 찬송하며 천국을 지향하며 살아갈 수 있도록 우리를 불러주심을 진심으로 감사드립니다. 온전한 믿음으로 하나님 앞에서 천국기준의 가치관과 지식을 가지고 겸손케 되어 하나님께 쓰임 받는 복되고 귀한 삶을 살도록 우리의 삶을 강권하여 주시옵소서. 예수 그리스도의 이름으로 간절히 기도드리옵나이다. 아멘.

6장_ 좋은 나무와 열매

이와 같이 좋은 나무마다 아름다운 열매를 맺고 못된 나무가 나쁜 열매를 맺나니
좋은 나무가 나쁜 열매를 맺을 수 없고 못된 나무가 아름다운 열매를 맺을 수 없느니라
아름다운 열매를 맺지 아니하는 나무마다 찍혀 불에 던져지느니라
이러므로 그들의 열매로 그들을 알리라 (마태복음 7:17~20)

「하프타임」(*Half Time*)이라는 저서로 유명해진 베스트셀러 작가 밥 버포드(Bob Buford)가 쓴 또 다른 저서인 「하프타임의 고수들」(*Finishing Well*)이라는 책이 있습니다. 개인적으로 저는 예수소망교회 교인들 모두가 꼭 이 책을 읽었으면 하는 바람입니다. 그는 이 책에서 인생을 두 가지 시간대로 나눕니다. '전반부 인생이 있고 후반부 인생이 있다.' 오늘과 같은 고령화 시대에는 더더욱 그렇습니다. 과거에는 전반부 인생을 살고 나서 한 5년에서 10년쯤 뒤에 인생의 끝을 맞이했는데, 고령화 사회에 이르면서 전반부 인생이 짧아지고 후반부 인생이 수십 년으로 길어졌습니다. 여기서 우리는 행복한 삶이 무엇인가를 생각해야 된다는 것입니다.

또한 그는 두 가지 차원의 삶을 진술합니다. 하나는 성공 주도적인 삶이요, 또 하나는 의미 주도적인 삶입니다. 성공이라는 것은 자기를 위한 삶이요, 의미라는 것은 이웃과 사회를 위한 삶을 말합니다. 행복이라는 것

은 자기를 위한 성공 주도적인 삶의 부산물이 아닙니다. 의미 주도적인 삶의 결과로 주어지는 선물이 행복입니다. 이것이 성경적입니다.

이 책에서 저자가 말하는 후반부 인생은 미지의 땅입니다. 기존의 지도에 나와 있지 않습니다. 오늘날 고령화된 사회의 후반부 수십 년의 인생은 인류역사상 한 번도 있어본 적이 없었습니다. 그러니 갈 길을 모릅니다. 그래서 어떻게 해야 행복한 삶, 진정 의미있는 삶을 살아갈 수 있겠는지를 저자는 질문하고, 하나의 방법으로 답을 얻습니다. 그 방법은 이것입니다. '산꼭대기에 올라가 그 분을 만나라.'

*

한마디로 의미중심의 삶을 성공적으로 살아간 사람들을 직접 만나서 지혜를 듣는 길 말고는 없다는 것입니다. 그 지혜들을 모아놓은 것이 바로 이 책입니다. 그래서 저자는 의미중심의 진정한 삶을 살아간 그들을 가리켜 영웅이라고 합니다. 본보기의 삶을 산 사람들이기 때문입니다.

본보기의 영웅적인 사람들과 그렇지 못한 사람들 사이에는 결정적인 차이가 하나 있습니다. 그것은 돈의 문제도, 환경의 문제도 아닙니다. 똑똑함의 문제도 아닙니다. 그것은 바로 앞서 생각했다는 것입니다. 인생의 끝을 모르면, 끝을 바르게 준비하지 못하면, 미리 앞서서 준비하지 못하면 참으로 미련하고 어리석은 인생입니다. 세상에서 얼마나 성공했는지, 얼마나 유명해졌는지가 문제가 아닙니다.

예를 들어, 대통령이라는 지위에 있다 하더라도 그 인생의 과정중의 하나일 것이기에 끝을 모르면 그 자체가 불행한 것입니다. 역사에서 우리가 많이 보지 않습니까? 인생의 끝, 그 죽음과 죽음 뒤의 삶을 보며 준비하는 삶이야말로 복된 사람의 삶입니다.

여기서 우리가 생각해보아야 할 것이 있습니다. '앞서 생각하는 삶'이 어떻게 가능한 것입니까? 인간은 그 미래를 알 수 없는 고로 미래의 주인, 역사의 주인이신 하나님 앞에서 앞서 생각하는 진리 중심의 삶이야말로 참 의미있는 삶입니다. 하나님께 영광 돌리는 삶입니다. 그리스도인만이 아는 삶입니다.

하나님 앞에서의 열매

오늘 본문에는 예수님의 잠언이 나옵니다. 항상 기억할 수 있고 간단한 이치를 포함한 잠언입니다. '좋은 나무는 아름다운 열매를 맺느니라.' '좋은 나무는 좋은 열매를 맺고 나쁜 나무는 나쁜 열매를 맺느니라.' 이 잠언을 통하여 예수님께서 하나님의 뜻과 지혜를 우리에게 계시해주십니다. 이 간단한 잠언을 기억함으로 신령한 세계를 바라보고 소망하며 살도록 의도하셨습니다. 역사는 하나님의 뜻대로 이루어집니다.

이 잠언을 통해서 먼저 주시는 말씀은 이것입니다. '좋은 나무는 좋은 열매를 맺고 나쁜 나무는 나쁜 열매를 맺느니라. 이것이 하나님의 뜻이다. 이것이 하나님의 섭리다. 인생의 과정에서 엎치락뒤치락하는 것 같지만 결국 하나님 앞에서는 이대로 된다.' 이것을 깨우쳐줍니다. '좋은 나무만이 좋은 열매를 맺는다.'

성경을 생각해보십시오. 성경이 우리에게 그것을 가르쳐줍니다. 믿음의 조상 아브라함으로부터 약속의 자녀들은 비록 세상에서 유명하거나 성공한 인기인은 아니었을지 모르지만, 분명한 것은 좋은 열매를 맺고 살았다는 것을 가르쳐줍니다. 반면 바로 왕이나 느부갓네살 왕 또는 세상의 지배자들은 결국 나쁜 열매를 맺고 살다가 망했다는 것입니다. 왕이었지만, 그들 대다수는 나쁜 왕이었습니다. 나쁜 열매를 맺다가 죽었습니다. 이것을 성경이 가르쳐주지 않습니까?

빌라도나 총독, 로마의 집권자나 성공인, 종교 지도자나 대제사장이, 다 나쁜 열매를 맺었고 그리고 마침내 멸망했습니다. 그것을 우리에게 역사적으로 성경 안에서 보여줍니다. 그런고로 이 열매라는 것은 그 평가가 세상기준이나 사람의 기준에 있지 않습니다. 하나님 앞에서 하나님의 기준으로 좋은 열매를 맺어야 됩니다. 이 세상의 어떤 업적과 공로와 인기와 성공과도 전혀 무관합니다. 그럼 무엇입니까?

*

성경 본문 어디든 하나님 앞에서의 열매에 대해서는 항상 두 가지를 먼저 기억하면 됩니다. 첫째는, 산상수훈의 팔복이요, 둘째는, 성령의 열매입니다. 마태복음 5장 3절부터 10절까지에 나오는 팔복을 다시 한 번 들으며 깊이 생각해보기 바랍니다.

"심령이 가난한 자는 복이 있나니 천국이 그들의 것임이요 애통하는 자는 복이 있나니 그들이 위로를 받을 것임이요 온유한 자는 복이 있나니 그들이 땅을 기업으로 받을 것임이요 의에 주리고 목마른 자는 복이 있나니 그들이 배부를 것임이요 긍휼히 여기는 자는 복이 있나니 그들이 긍휼히 여김을 받을 것임이요 마음이 청결한자는 복이 있나니 그들이 하나님을 볼 것임이요 화평하게 하는 자는 복이 있나니 그들이 하나님의 아들이라 일컬음을 받을 것임이요 의를 위하여 박해를 받은 자는 복이 있나니 천국이 그들의 것임이라." 이 여덟 가지 복이 임하고, 그 복들을 누리고 증거하며 살아가는 사람이 좋은 열매를 맺는 사람입니다.

또한 갈라디아서 5장 22절과 23절은 말씀합니다. "오직 성령의 열매는 사랑과 희락과 화평과 오래 참음과 자비와 양선과 충성과 온유와 절제니 이같은 것을 금지할 법이 없느니라." 이 성령의 열매야말로 하나님께 영광 돌리는 아름다운 인생의 열매입니다. 신령한 열매입니다. 종교개혁 당시 세상에서 가장 영향력 있는 것이 가톨릭이었습니다. 가장 힘 있고, 정말 세상을 좌지우지할 만한 권한도 있었습니다. 그러나 하나님 앞에서는 나쁜 열매입니다. 그래서 종교개혁이 일어납니다. 제도와 권력과 관습과 전통을 자랑하지만 영적인 열매가 도무지 없습니다. 나쁜 열매입니다.

성도 여러분은 얼마나 좋은 열매를 맺으며 오늘을 살아갑니까? 만일 좋은 열매를 맺지 못한다면 그것은 엄청난 사건입니다. 왜요? 하나님의 뜻과 섭리에 따른다면 좋은 나무는 반드시 좋은 열매를 맺게 되어 있습니다. 날마다 회개하지 못하고 남을 원망하고 불평하고 살아갑니다. 나쁜 열매입니다. 도무지 무책임한 사람으로 살아갑니다. 나쁜 열매입니다. 오직 성공 주도적입니다. 자기 유익, 자기의 꿈을 이루고자 살아갑니다. 나쁜 열매의 삶입니다. 하나님 앞에서 다시 한 번 깊이 생각해보기 바랍니다.

좋은 나무가 되어야 합니다

오늘 잠언을 통해서 주시는 가장 핵심적인 말씀은 이것입니다. 좋은 나무가 있다는 것입니다. 좋은 나무는 누구입니까? 하나님의 자녀입니다. 그리스도인입니다. 하나님께서 그렇게 만드셨습니다. 이 세상에 좋은 나무를 심고, 좋은 열매를 맺도록 하나님께서 만드셨다는 사실을 믿는 사람이 그리스도인 아닙니까? 여러분은 얼마나 믿습니까? 좋은 나무됨을 인식하고 감사하며 살아가고 있습니까?

이런 재미있는 이야기가 있습니다. 어느 동물원에 사자 한 마리가 새로 들어왔습니다. 그 사자에게 바나나를 주었습니다. 사자가 그 맛없는 바나나를 먹으면서 이렇게 보니까 옆 우리에 갇힌 사자는 맛있는 고깃덩어리를 먹고 있는 것이었습니다. 그래서 새로 온 사자가 화가 났습니다. '어떻게 이럴 수 있나? 완전 차별이다. 어떻게 나는 맛없는 바나나를 먹고, 쟤는 맛있는 고기를 먹을까?' 그래 옆에 있는 다른 사자한테 물었습니다. "너는 그 이유를 알고 있느냐?" 그랬더니 그 사자가 그렇게 말하더랍니다. "이 동물원은 예산이 별로 없어서 너는 원숭이로 등록돼 있거든."

*

　내가 아무리 죄인이라해도, 아니, 세상이 뭐라 하든 하나님 앞에서 예수 그리스도를 믿고, 그의 은혜로 좋은 나무가 됩니다. 그 나무됨의 역사를 믿고 살아야 됩니다. 그래야 좋은 열매를 맺을 수 있습니다. 이 좋은 나무는 항상 예수 그리스도 안에 연합된 존재의식을 갖고 살아갑니다. 예수 그리스도 밖에서는 도무지 그 어떤 가능성과 능력이 없습니다. 또한 이 좋은 나무는 영적인 삶을 살아갑니다. 영 주도적인 세계를 바라보며 살아갑니다. 눈에 보이는 육 주도적인 삶이 아닙니다. 그래야 말씀과 성령의 역사로 신령한 세계를 바라보며 영적인 열매를 맺을 수 있습니다. 또한 이 좋은 나무는 하나님의 의만을 생각합니다. 그 의의 옷을 입어서 좋은 나무가 되었거든요. 그러니 언제 어디서도 자기의 의를 드러내지 않습니다. 이것이 좋은 나무입니다.

　그런데도 이 좋은 나무와 못된 나무를 구별하기가 쉽지 않습니다. 너무도 어렵습니다. 항상 어렵다고 생각하면 됩니다. 그 대표적인 예가 바리새인입니다. 바리새인을 무조건 나쁘다고 생각하지 마십시오. 오늘날 이 땅에 살았다면 그들은 거의 노벨상감입니다. 그들은 하나님의 말씀을 믿었습니다. 하나님이 계심을 믿었습니다. 그리고 하나님의 말씀을 지키고자 노력했습니다. 정말 하나님의 율법을 지키려고 애쓴 자들입니다. 그래서 율법주의자가 되었습니다. 잘못된 것은 그 방법입니다. 좋은 나무되기 위한 방법이 잘못되었습니다.

나쁜 나무는 나쁜 열매를 맺습니다

나의 열심히 율법을 지킨 내 공로로, 내 선행으로 착한 사람이 되어 하나님의 자녀가 되고 싶었습니다. 그 방법이 잘못되었습니다. 그것이 결국은 나쁜 열매를 맺게 하지 않았습니까? 결국 예수 그리스도도 죽였습니다. 그 안에 하나님의 의가 없고, 신령한 삶이 없습니다. 그냥 율법만 쥐고 있는 것입니다. 그러나 그 겉모습을 보면 열심도 있고, 헌신도 있어서 그들이 나쁜 나무인지 좋은 나무인지 구별하기가 쉽지 않습니다. 그러나 구별해야 합니다.

대표적인 인물이 아나니아와 삽비라입니다. 사도행전에 나오는 인물입니다. 모든 재산을 팔아서 그 절반을 하나님께 바쳤습니다. 그러지 않은 사람이 더 많았습니다. 그런 열정과 헌신이 있었는데도 그는 엄청난 사건이 일어나 죽게 됩니다. 왜요? 나쁜 나무의 대표적인 사람이기 때문입니다. 이것이 구별이 안 되거든요. 그 안에 하나님을 기만하는 거짓이 있었습니다. 진실하지 못했습니다. 그러나 외형적으로는 구별이 안 됩니다.

더욱이 예레미야 8장 11절은 말씀합니다. "그들이 딸 내 백성의 상처를 가볍게 여기면서 말하기를 평강하다, 평강하다 하나 평강이 없도다." 거짓 선지자를 말합니다. 세상 사람들이 듣기 좋은 소리만 계속 합니다. 하나님의 말씀을 전해야 되는데, 성경말씀을 근거로 자꾸 듣기 좋은 얘기를 합니다. 예수 믿으면 복 받고, 만수무강하고, 성공하고, 번영하고, 이 땅이 통일되고, 화평하고, 부국강병할 것을 말합니다. 그러나 그러다 망합니다. 그런데 구별하기가 쉽지 않습니다.

*

오늘날을 한번 생각해보십시오. 하나님이 있다고 하면서도 도무지 하나님의 의를 말하지 않고, 하나님의 말씀을 바르게 전하지 않습니다. 나쁜 나무입니다. 더욱이 예수 그리스도를 믿는다고 하면서 예수 그리스도 밖에는 구원이 없다고 말하지 못합니다. 그래서 타종교에도 구원이 있을 것 같고, 그래야 많은 사람의 지지도 받겠고 등 그 하는 말이 애매모호합니다. 나쁜 나무입니다.

더욱이 예수 그리스도를 말하면서도 정작 십자가가 없습니다. 아니, 십자가는 있는데 그 십자가가 만능열쇠입니다. 세상에서 성공하고 번영하고 형통하는 십자가가 성경 어디에 있습니까? 그러나 그럼으로써 대중의 지지는 받습니다. 성령의 역사를 믿으면서도 도무지 진리가 없습니다. 나쁜 나무입니다. 분명한 것은 좋은 나무는 이것을 분별해야 한다는 것입니다. 열매에 관심을 갖게 되면 자기도 모르는 사이에 나쁜 나무가 됩니다. 그런고로 하나님의 자녀인 그리스도인은 항상 나무에 관심을 가져야 합니다. 좋은 나무는 반드시 좋은 열매를 맺기 때문입니다. 이것이 하나님의 뜻이기 때문입니다. 하나님께서는 오늘도 좋은 나무를 심으시고, 좋은 나무를 만들어 가십니다. 그 구원의 역사에 내가 있어야 합니다.

어떻게 좋은 나무를 만듭니까? 우리는 너무나 잘 압니다. 오직 복음의 역사입니다. 하나님의 지혜와 능력으로만 됩니다. 어떤 인간의 공로와 행위로도 불가능합니다. 그래서 좋은 나무는 항상 생각합니다. 그의 생각, 그의 마음, 그의 지식, 그의 소원에 오직 복음이 있습니다. 그 복음의 능력으로, 하나님의 지혜와 능력으로 내가 좋은 나무가 되었으니까 항상 그 생각을 할 수 밖에 없습니다. 그래서 감사하고 찬양합니다. 오직 진리를 생각하며 진리 안에 사로잡히기를 갈망하며 살아갑니다.

간단히 생각하십시오. 내가 지금 자랑하는 것이 무엇입니까? 무엇 때문에 슬퍼하고 있습니까? 좋은 나무의 자랑은 오직 예수 그리스도와 십자가입니다. 또한 무엇으로 행복해하고 있습니까? 오직 하나님과 하나님의 은혜입니다. 그 말씀 뿐입니다. 그런데도 다른 이유로 원망하고 불평하고 절망한다면 문제가 심각합니다.

좋은 나무는 영적 진리와 능력을 의존합니다

좋은 나무는 항상 하나님 앞에서 하나님의 뜻을 기뻐하고 감사하며 살아갑니다. "항상 기뻐하라. 쉬지 말고 기도하라. 범사에 감사하라. 그리스도 예수 안에서 너희를 향하신 하나님의 뜻이니라." 이 말씀은 예수소망교회 엘리베이터에 다 붙어 있습니다. 대충대충 보지 말고 날마다 보고 생각하십시오.

좋은 나무는 감사하고 기도하고 기뻐하며 살아갑니다. 나쁜 나무는 간단합니다. 원망하고 불평하고 정죄하고 비난하고 살아갑니다. 그래서 나쁜 열매를 맺습니다. 사람이 변하지 않으면 좋은 열매를 맺을 수 없습니다. 아무리 노력하고 맺고 싶어도 안 되는 것이 인류역사요, 성경이 알려주는 것입니다. '좋은 나무만이 좋은 열매를 맺느니라.' 이것이 하나님의 섭리입니다.

그리고 오늘 잠언을 통해 주시는 말씀은 이것입니다. 좋은 나무는 항상 영적 진리와 능력을 의존하고 신뢰하며 살아간다는 것입니다. 아주 간단하게 생각해보십시오. 이 좋은 나무를 옥토에 심어야 되는데 사막에다가, 가시덤불에다가 심었습니다. 어떻게 되겠습니까? 말라 비틀어 죽을 것 아닙니까? 좋은 나무는 옥토에 심기어 계속해서 영양분을 공급받아야 됩니다. 그 영양분은 삼위일체 하나님께로부터 옵니다. 오직 영적 진리로 주어집니다.

믿음이란 이 영적 진리를 깨닫고 고백하는 것으로 끝나는 것이 아닙니다. 전혀 아닙니다. 그것은 구원받을 만한 믿음이 못됩니다. 진정 구원받을 만한 믿음은 그 진리를 깨닫고 고백하며, 삶에 적용하며 살아가는 것입니다. 계속 반복된 실수 속에 있다하더라도 그래도 적용하며 살아가는 것입니다.

*

저는 그래서 예수소망교회 처음 오신 분들을 잠시 뵐 때 꼭 '좋은 그리스도인이 누구인가? 곧 좋은 나무란 누구인가?'에 대해서 말씀을 드립니다. 간단하게 생각해야 됩니다. 좋은 열매를 맺는 삶이란 영적 예배자의 삶입니다. 영적 예배자로 하나님의 말씀을 듣고 일주일 동안 지켜나갑니다. 분명 좋은 나무만이 좋은 열매를 맺는다고 성경은 말씀합니다. 그것이 하나님의 말씀입니다. 그러니 일주일 동안 그 말씀을 묵상하며 적용하는 것이지, "아멘!" 하고 일주일 동안 아무 생각 없이 살면 결국 원망과 불평과 두려움과 절망 중에 살아갈 수밖에 없지 않습니까? 진리와 아무 상관없는 삶입니다.

그래서 예수님께서 요한복음 15장 5절을 통해 말씀하십니다. "나는 포도나무요 너희는 가지라." 비유의 말씀입니다. "그가 내 안에, 내가 그 안에 거하면 사람이 열매를 많이 맺나니 나를 떠나서는 너희가 아무것도 할 수 없음이라." 또 8절에서 말씀하십니다. "너희가 열매를 많이 맺으면 내 아버지께서 영광을 받으실 것이요 너희는 내 제자가 되리라."

오직 예수 그리스도 안에 거해야만 열매를 맺습니다. 그리스도인이 좋은 나무임에도 불구하고 교회가 좋은 열매를 맺지 못하는 이유는 딱 하나입니다. 예수 그리스도 안에 있지 않기 때문입니다. 진리를 떠났기 때문입니다. 진리가 나를 주장하지 못하기 때문입니다. 명확한 답입니다. 좁은 문이요, 좁은 길입니다. 오직 예수 그리스도 안에서만 풍성하고 신령한 열매를 맺을 수 있습니다.

좋은 나무는 역사의 마지막을 압니다

만물과 모든 인생은 하나님께로부터 와서 하나님께로 돌아갑니다. 이 것이 진정한 역사입니다. 창조주시요, 역사의 주인이시요, 심판주이신 분은 오직 하나님뿐이십니다. 그래서 오늘 본문은 말씀합니다. "아름다운 열매를 맺지 아니하는 나무마다 찍혀 불에 던져지느니라.(19절)." 하나님의 심판입니다. 결국 이렇게 됩니다. 좋은 나무는 좋은 열매를 맺고, 나쁜 나무는 나쁜 열매를 맺어 심판받게 됩니다. 하나님께서는 좋은 나무를 오늘도 심고 계십니다. 예수 그리스도께서 좋은 나무를 만드시고, 좋은 열매 맺기를 지금 기다리고 계십니다. 기대하고 계십니다. 기뻐하고 계십니다. 이 하나님의 경륜 안에 참여한 사람이 복 있는 사람입니다.

미국의 백화점 왕이라 불리는 전설적인 인물 워너메이커(John Wanamaker)는 그리스도인입니다. 그의 젊은 시절 이야기 하나를 소개합니다. 그가 어느 날 좋은 장미화원이 있는 집을 방문했습니다. 그 집주인이 화분을 죽 보여주면서 설명했습니다. 빨간 장미, 노란 장미, 검은 장미, 넝쿨장미 하나하나 다 소개했습니다. 너무나 아름다웠습니다. 그리고 집주인이 그 가운데 몇 송이만 빼놓고는 가지를 다 잘라버렸습니다.

워너메이커가 깜짝 놀라 물었습니다. "아니, 이 아름다운 것들을 아깝게 왜 자릅니까?" 그때 집주인이 웃으면서 하는 대답입니다. "좋은 장미 넝쿨을 만들려면 가지를 아끼지 말고 쳐내야 합니다. 가지를 쳐서 모두 내준다고 해도 잃어버리는 것은 아무것도 없습니다." 이 단순한 진리에 그는 큰 충격을 받았습니다. 영적 깨달음을 얻고 그로부터 그는 아낌없이 주는 삶을 살았습니다. 마침내 그는 좋은 기업을 넘어 위대한 기업을 일구어낸 하나님의 사람으로 역사에 남게 되었습니다.

*

하나님께 영광 돌리기 위해서는 그에 반하는 그 모든 것을 버려야 됩니다. 끊어야 됩니다. 버려야 됩니다. 진리로 삶을 단순화시켜야 됩니다. 인생의 참된 행복과 의미의 길을 알고 그렇지 못한 나머지는 다 버려야 합니다. 모든 인류의 인생의 목적은 하나님께 영광 돌림에 있습니다. 영광 돌리는 길은 오직 그의 말씀, 그의 진리 안에서 가능합니다. 하나님의 말씀을 생각하고 묵상하고 믿고 확신하며 삶에 적용하는 것입니다. 당장 이 시간부터 회개할 것은 회개하고, 용서할 것은 용서하고, 감사할 것은 감사하고, 그 말씀에 이끌려 고백하고 살아가는 중에 자신도 모르게 하나님의 역사 안에서 아름다운 열매를 맺게 됩니다. 은혜의 열매입니다.

좋은 나무는 성공주도적인 삶을 살지 않습니다. 좋은 나무는 하나님 앞에서 의미중심의 삶을 살아갑니다. 하나님께서는 좋은 나무를 통해서 좋은 열매 맺기를 기대하시고 기뻐하십니다. 하나님께서 반드시 그렇게 맺도록 역사하십니다. 왜요? 하나님의 뜻이기 때문입니다. 성도 여러분은 좋은 나무로서 좋은 열매를 오늘 맺고 살아가고 있습니까?

기도

전지전능하신 은혜의 하나님. 오늘도 주의 백성에게 주의 말씀을 들려주시며, 하늘의 지혜와 능력을 깨닫게 해주심을 진심으로 감사드립니다. 좋은 나무만이 좋은 열매를 맺을 수 있다는 하나님의 뜻과 섭리를 기억하며, 예수 그리스도 안에서 믿음으로 좋은 나무됨을 확신하며, 영적 진리에 이끌리어 영적인 열매를 맺으며, 신령한 세계를 바라보며, 하나님께 영광 돌리는 복되고 권세 있는 사람의 삶을 우리 모두가 살아갈 수 있도록 항상 우리의 삶을 주의 길로 인도하여 주시옵소서. 우리 주 예수 그리스도의 이름으로 간절히 기도드리옵나이다. 아멘.

7장_ 들보와 티

비판을 받지 아니하려거든 비판하지 말라 너희가 비판하는 그 비판으로
너희가 비판을 받을 것이요 너희가 헤아리는 그 헤아림으로 너희가 헤아림을 받을 것이니라
어찌하여 형제의 눈 속에 있는 티는 보고 네 눈 속에 있는 들보는 깨닫지 못하느냐 보라 네 눈 속에
들보가 있는데 어찌하여 형제에게 말하기를 나로 네 눈 속에 있는 티를 빼게 하라 하겠느냐
외식하는 자여 먼저 네 눈 속에서 들보를 빼어라
그 후에야 밝히 보고 형제의 눈 속에서 티를 빼리라 (마태복음 7: 1~5)

그리스 신화에 프로크루스테스(Procrustes)라는 도둑이 나옵니다. 이 도둑
은 아주 특별한 철제침대 하나를 가지고 있었는데, 그는 그것을 가리켜 요
술침대라고 불렀습니다. 키가 큰 사람이든 키가 작은 사람이든 누구나 이
침대 길이에 그 몸의 길이가 딱 맞게 됩니다. 그런데 침대를 사람의 키에
맞추는 것이 아니라, 사람의 키를 침대 길이에 억지로 맞추는 것입니다.
이 악랄한 도둑은 이 철제침대를 길가에 가져다놓고 그 앞을 지나가는 나
그네를 끌어다가 거기에 눕혀 억지로 맞추었습니다. 즉 키가 침대보다 더
크면 남는 부분을 잘라버리고, 더 작으면 침대 크기에 맞게 억지로 늘리는
식으로 사람을 죽였던 것입니다.

　하지만 이 이야기의 주인공은 테세우스라는 영웅입니다. 그가 이 도둑
프로크루스테스를 그 요술침대의 길이에 억지로 맞추어서 죽이는 것이 이

야기의 결말입니다. 그래서 '프로크루스테스의 침대'라는 말은 '자기 기준에 맞춰 남의 생각이나 행동을 뜯어고치려는 심보'라는 의미로 오늘도 널리 쓰이고 있습니다. 얼마나 나쁜 일입니까? 얼마나 악한 행위입니까? 중요한 것은 이런 악한 마음과 생각이 우리 모든 인간의 본성 깊이 자리잡고 있다는 것입니다. 이것을 인정해야 합니다.

진리 안에서 생각해야 합니다

민주주의에서는 개개인의 의사표현의 자유가 중요합니다. 참으로 좋은 것입니다. 헌법에 보장되어 있는 권리이기도 합니다. 그러나 여기에는 큰 결점이 있습니다. 심각한 문제가 있습니다. 즉 어떤 의사를 표현하느냐 하는 문제입니다. 모두가 다 자기 기준에만 맞추어 의사를 표현하면 곧 무질서요, 혼란이요, 파괴입니다. 남에게 큰 상처를 주게 됩니다. 더욱이 많은 사람들이 의도적으로 익명의 비판과 비난을 합니다. 정말 나쁜 일이요 악한 행위입니다.

최근 사회적으로 많은 문제가 되고 있는 인터넷상의 악성 댓글이 대표적인 사례입니다. 바른 생각과 판단은 자신만의 주관, 자기중심적인 기준에서 이루어지는 것이 아닙니다. 그것은 항상 객관적인 진리, 절대 진리 안에서만 이루어집니다. 이런 삶을 살아가는 사람이 그리스도인입니다. 그리스도인은 하나님의 뜻이 진리임을 알고 그 뜻에 순종하면서 그 진리에 내 생각을 맞추고, 그 진리 안에서 생각하고 판단하고 실천하며 살아갑니다. 깊이 생각해야 합니다.

*

　미국의 16대 대통령인 하나님의 사람 링컨은 많은 사람이 존경하는 훌륭한 인물입니다. 그런데 그도 젊었을 때는 쉽게 남을 비난하고 비판했다고 합니다. 남이 조금만 잘못해도 그것을 신랄하게 지적하고, 비판의 편지도 쓰고, 신문에다 글도 투고했다고 합니다. 링컨은 그런 일들을 서슴지 않고 감행했다고 합니다.

　그러던 중 링컨은 당시 명성이 자자했던 제임스 쉴즈(James Shields)라는 사람을 비난하는 글을 신문에 싣게 됩니다. 그 글을 본 제임스 쉴즈는 너무나 화가 나서 그만 "너 같은 놈은 내가 그냥 놔두지 않겠다. 이건 내 생명에 관한 문제다. 당장 결투하자!"라고 공개적으로 선언했습니다. 링컨은 결투를 원하지 않았지만, 자신의 명예가 걸린 문제라 응하지 않을 수 없었습니다. 하지만 생명을 잃을 수도 있었기에 겁이 났습니다. 오죽하면 사관학교 졸업생을 불러다가 결투에 필요한 개인지도를 받았겠습니까? 그 당시에는 결투 때 칼로 싸웠습니다. 링컨도 칼을 가지고 연습을 했습니다.

　그렇게 해서 마침내 결투장소에 나갔습니다. 이제 둘 중 하나는 죽어야 됩니다. 그때 주변에 있던 친구들과 참관자들이 간곡히 두 사람을 만류하고 나섰습니다. 결국 아주 극적으로 둘은 화해하고 결투를 그만두게 됩니다. 이 사건이 링컨에게 엄청난 충격을 주었습니다. 그래서 링컨은 '나는 그 사람의 잘못 하나를, 분명히 문제라고 생각되는 잘못 하나를 지적했을 뿐인데, 그 사람은 저토록 심각한 치명적 상처를 입었구나'라고 회개했습니다. 그리고 다시는 남을 비난하거나 비판하는 일을 하지 않았다고 합니다. 대신에 링컨은 이제 누구한테나 있는 장점을 찾고자 애썼습니다. 그것을 보고자 했고 그런 언행으로 살았다고 합니다. 결국 그는 오늘날 역사에 남는 위대한 지도자로 기억되게 되었습니다.

비판 자체가 목적이어서는 안 됩니다

오늘 본문을 통하여 하나님께서는 우리에게 말씀하십니다. "비판하지 말라(Do not judge)." 아마도 성경말씀들 가운데서 가장 많이 무시당하고, 가장 많이 거역되는 것이 바로 이 말씀일 것입니다. 그것도 아주 은밀한 방법으로, 점잖은 방법으로, 스스로 정당화하면서, 정의를 위한다는 미명 하에 아주 심각한 죄를 짓습니다. 그 말씀이 바로 이것입니다. "비판하지 말라."

그런데 우리는 비판을 하면서 살아갑니다. 이 말씀의 핵심은 비평(critic)을 하지 말라는 것이 아닙니다. 흔히 비평과 비판이라는 말이 같은 의미로 쓰이는 경우가 많지만, 그 내용을 잘 따져보아야 합니다. 비평을 통해서 인간은 성숙해집니다. 비평 없이 인간은 성숙해질 수 없습니다. 하지만 비평은 비난과는 거리가 멉니다. 전혀 차원이 다른 개념입니다. 물론 바른 비평도 자기 주관에만, 자기 기준에만 맞추어서 해서는 안 됩니다. 객관적인 진리 위에서 해야 바른 비평이 됩니다.

*

그리스도인은 항상 비평을 받고 비평을 인정하며 살아갑니다. 성경 앞에서 생각해보십시오. 하나님 앞에서, 하나님의 말씀 앞에서 세상이 어떤지를, 세상의 시작과 끝이 무엇인지를 알게 됩니다. 동시에 인간이 누구인지, 나는 어떠한 존재인지를 깨닫고 비평받습니다. 그것을 인정해야 성숙할 수 있습니다. 대표적으로 십자가를 생각해보십시오. 십자가를 보며 비평받는 것입니다. 내가 얼마나 큰 죄인이기에 하나님의 아들이 이 땅에 오셔서 죽으셔야만 했는가? 동시에 하나님의 은혜가 얼마나 크기에 나 같은 자를 위해서 돌아가셨나? 어째서 그토록 큰 은혜를 베푸시는가? 그 십자가 앞에서 비평받는 것입니다. 그것을 인정할 때 성숙한 그리스도인으로 변화됩니다.

중요한 것은 비평 자체가 목적이 아니라는 점입니다. 문제는 사람입니다. 그래서 그리스도인은 항상 진리 앞에서, 진리 안에서 Yes와 No를 분명히 하며 오늘을 살아가야 합니다. 그 이상이 아닙니다. 예를 들어 '오직 예수만이 구주요 구세주시다. 그 외에 구원의 길이 없다.'에 대해서 그리스도인은 "Yes! 믿습니다!"라고 대답합니다. 그러면 여기서 벗어난 나머지는 다 아닌 것입니다. 그것에 대해 침묵해서도 안 되고, 타협해서도 안 됩니다. 분명 내가 믿는 것은 '예수 그리스도 안에 구원이 있다.'는 것이고 그 외에 구원은 없습니다. 그리고 구원받지 못한 사람들을 불쌍히 여깁니다. 이런 삶의 자세와 생각과 표현이 바로 성숙한 비평입니다.

함부로 자기 잣대를 들이대면 안 됩니다

오늘 본문 말씀인 "비판하지 말라"는 문자 그대로 '판결하지 말라(Do not judge)'는 뜻입니다. 법정용어입니다. 마치 스스로 재판관이 된 것처럼 함부로 자기 잣대를 들이대어 판결하지 말라는 것입니다. 다시 말해서 비판하지 말고 비난하지 말라는 말씀입니다.

「탈무드」에 이런 지혜의 말이 있습니다. "험담하는 것은 살인하는 것보다 위험하다. 살인은 한 사람만 죽이지만, 험담은 세 사람을 해치게 된다. 즉 험담하는 장본인과 그것을 제지하지 않고 듣고 있는 사람과 그리고 험담의 대상이 되는 사람이다." 그래서 성경은 말씀합니다. "비판하지 말라."

소크라테스의 유명한 일화가 있습니다. 그가 사형선고를 받고 이제 사형집행 당일이 되었습니다. 그날 아침 그와 같은 처지인 다른 사형수가 아주 슬프게 자기 고향의 시인지 노래인지를 읊조리고 있었습니다. 소크라테스가 그 가락과 가사에 큰 감명을 받습니다. 그래 그에게 부탁합니다. "다시 한 번 해보게. 그것 좀 나한테 가르쳐주게."

하지만 그 사형수 생각에는 너무 웃기는 것입니다. 그래서 조소합니다. "이 어리석은 사람아. 지금 당장 죽을 텐데 뭘 배워? 뭘 하려고?" 그때 소크라테스가 유명한 말을 합니다. "죽기 전에 하나라도 더 깨닫고 죽으려고."

정말 죽기 전에 반드시 깨닫고 회개해야 될 말씀이 이것입니다. "비판하지 말라." 왜요? 하나님 앞에 설 테니까요. 하나님께서 모든 것을 다 아시는데 이 말씀을 너무 무시하고 자연스럽게, 아주 점잖은 방법으로 거역하며 살았거든요. 회개하고 죽어야 될 것 아닙니까? 그만큼 심각한 말씀입니다.

*

하나님께서 성경을 통해서 비판하지 말라 말씀하심과 동시에 왜 비판하지 말아야 되는지 그 이유를 설명하십니다. 이것이 하나님의 방법입니다. 영적 통찰력으로 성경을 보면 사건과 말씀 중에 반드시 하나님의 말씀이 선포됨과 동시에 왜 그러해야 하는지가 나타나 있습니다. 그 이유를 모르면 말씀이 말씀이 안 됩니다.

예를 들어, 모든 인간은 구원받아야 됩니다. 구원받을 필요성이 있습니다. 왜입니까? 구원받지 못하면 지옥에 갑니다. 하나님의 진노가 모든 죄인을 향하여, 죄에 대하여 나타났습니다. 이것을 믿지 않으면 구원받을 필요가 없습니다. 예수 믿지 않는 사람들이 구원의 필요성을 못 느끼는 것은 하나님의 '왜'를 몰라서 그렇습니다. 이 현실적인 영적 실존을 몰라서 그렇습니다. 오늘 우리는 왜 비판하지 말아야 됩니까? 우리는 그 말씀을 영접함을 통해서, 그 말씀의 지혜와 능력으로 그 말씀에 순종하는 삶을 살아야 합니다.

하나님이 심판하십니다

오늘 본문은 이렇게 시작합니다. "비판을 받지 아니하려거든(1절)" 이것이 하나님께서 주시는 이유입니다. "비판을 받지 아니하려거든 비판하지 말라." 이 세상 그 누가 비판받기를 원하겠습니까? 누가 비난받기를 원하겠습니까? 단 한 사람도 없습니다. 그러니 하지 말라는 것입니다. '네가 비판하는 만큼 네가 그 비판으로 그 비판을 받을 것이다. 그런고로 비판하지 말라.' 누구로부터 비판받습니까? 첫째는, 사람들로부터 비판받습니다. 이것은 인생의 원리입니다. 하나님께서 이렇게 만드셨습니다.

어느 학급에서 선생님이 학생들에게 쪽지를 하나씩 나누어주었습니다. 그리고 가장 싫어하는 친구들 이름을 적게 했더니 어떤 아이는 곰곰이 생각하다가 그냥 백지를 내고, 어떤 아이는 한두 명만 적어서 내고, 어떤 아이는 다섯 명, 또 어떤 아이는 열 명, 심지어 어떤 아이는 무려 20명이나 적어서 내더랍니다. 이 결과를 분석해서 통계를 내보니까 놀라운 원리가 발견되었습니다. 가장 많이 적어 낸 아이가 가장 큰 미움을 받고 있던 아이였습니다. 무엇을 말합니까? 내가 비난하는 만큼 비난을 받는 것입니다. 이것은 하나님의 역사 안에서 일반원리입니다.

*

인간관계를 생각해보십시오. 가끔 이렇게 토로하는 분이 있습니다. "왜 사람들이 나를 이렇게 싫어하는지 모르겠습니다." 교회 안에서도 자꾸 자기 얘기를 한다고, 자기한테는 사람이 없다고, 이곳이 교회인데도 자기를 위하는 사람이 없고, 친구가 없다고 불평합니다. 그런데 답이 나와 있지 않습니까? 그 입 때문에 그렇습니다. 그 마음 때문에 그런 것입니다. 자기가 비난하는 만큼 비난받습니다. 너무나 간단한 원리입니다. 어떤 사람은 인간관계가 좋습니다. 그 이유는 비난하지 않기 때문입니다. 모자라서가 아니라, 자신이 비판하지 않으니까 그들도 안하는 것입니다. 거기다가 더 긍정적인 말을 하고, 긍정적인 부분을 더 언급한다면 그와 함께하려는 사람들이 더 많아지겠지요. 너무나 자연스러운 일입니다.

"비판받지 아니하려거든 비판하지 말라." 인간 삶의 원리를 통해서 그 이유를 가르쳐주고 있습니다. 우리에게 공평한 판단력이란 없습니다. 아주 극소수를 제외하고 우리에게는 없습니다. 그러면 우리의 판단이라는 것은, 우리의 평가라는 것은 항상 그릇됐고, 왜곡됐고, 오판할 수밖에 없는 것입니다. 완전한 판단을 우리는 할 수가 없습니다. 그런 현실을 인정해야 합니다. 그런데 이것을 인정하지 않습니다. 여기에 문제가 있습니다.

*

이런 재미있는 이야기가 있습니다. 며느리와 딸에 관한 이야기입니다. '며느리한테는 시집을 왔으니 이 집 풍속을 따라야 한다고 말하지만, 딸한테는 시집가더라도 자기 생활을 가져야 한다고 말합니다. 며느리가 친정 부모님께 드리는 용돈은 남편 몰래 빼돌린 것이라고 하지만, 딸이 친정 부모께 주는 용돈은 길러준 데 대한 보답이라고 합니다. 며느리는 남편에게 쥐여 살아야 한다고 말하고, 딸에겐 남편을 휘어잡고 살아야 한다고 말합니다. 며느리가 부부싸움을 하면 여자가 참아야 된다고 하지만, 딸이 부부싸움을 하면 아무리 남편이라도 따질 것은 따져야 한다고 말합니다.'

남의 이야기가 아닙니다. 내가 사랑하는 사람, 나와 가까운 사람에게는 이런 마음이 있습니다. 그래서 공평한 판단을 할 수 없습니다. 쉽게 말해서 '내가 하면 사랑이고 로맨스요, 남이 하면 불륜'이라는 것입니다. 인간은 항상 선입견과 편견 안에 살아갑니다. 우리가 학습하고 교육받으며 살아가는 모든 것이 어쩔 수 없이 편견과 선입견 안에 있습니다. 그렇게 살아갈 수 밖에 없습니다. 그것을 인정할 때 거기서 벗어날 수 있습니다. 성경은 말씀합니다. "비판받지 아니하려거든 비판하지 말라."

또한 하나님께 비판받습니다. 하나님께 심판받습니다. 더욱더 중요한 것입니다. 아니, 가장 중요한 것입니다. 그리스도인만이 아는 것입니다. 사람의 눈치는 고사하고, 하나님의 심판을 인식하고 살아가야 합니다.

하나님의 심판의 세 가지 양상

성경에는 하나님의 심판이 일반적으로 세 가지가 기술되어 있습니다. 가장 중요하고도 결정적인 것은 최후의 심판입니다. 이것은 구원론의 입장입니다. 천당이냐 지옥이냐, 그 심판 아래 살아가는 것입니다. 반드시 기억해야 합니다.

둘째는, 현재적 심판입니다. 죄에 대한 심판입니다. 하나님께서는 반드시 심판하십니다. 때로는 즉시, 때로는 뒤에 결국은 심판하십니다. 특별히 불순종한 하나님의 자녀에 대해서 징계하십니다. 그것이 현재적 심판입니다. 직접 하시지 아니하고 하나님의 방법으로 하십니다. 그것은 사단으로부터 보호해주시지 않는 것입니다. 그러면 사단에게 지배당하고, 그 악한 영향력 속에서 병이 들거나 큰 재난을 당하게 됩니다. 하나님의 방법입니다.

셋째, 하나님의 심판은 종말에 있습니다. 천당에 가서 그 보상, 상급이 다릅니다. 자세히 언급되어 있지는 않아 우리가 심각하게 생각할 문제는 아니지만, 분명히 다른 것은 다른 것입니다. 그리스도인은 이 하나님의 판결, 그 심판 아래 살아갑니다. 그런고로 하나님께서 말씀하십니다. '비판받지 아니하려거든, 하나님의 심판을 벗어나려거든 남을 심판하고 비판하지 말라.' 이 얼마나 중요한 메시지입니까? 그것이 이유입니다.

*

하나님의 현재적 심판에 대한 대표적인 예표로 모세를 들 수 있습니다. 그 위대한 지도자 모세가 어느 날 이방여자인 구스여자를 아내로 취합니다. 율법에 어긋나는 일입니다. 아주 어긋납니다. 심각한 죄입니다. 이 사건을 성경은 간단하게 기술합니다. 그 당시 모세의 형인 대제사장 아론과 그 누이 미리암이 이를 두고 강력히 비판합니다.

아마 개인적으로 만나서 위하여 기도하며 "이거 죄 아니냐?"라고 물은 것은 아닌 듯합니다. 동네방네 돌아다니며 "모세가 이런 죄를 지었다!"라고 떠들어댄 것 같습니다. 크게 회개해야 된다고 외치고 다녔습니다. 그런데 하나님께서 판결하십니다. 분명 죄인은 모세입니다. 그 원인을 제공한 사람은 모세입니다. 하지만 하나님의 현재적 심판의 대상은 미리암과 아론이었습니다. 그래서 문둥병을 내리십니다. 즉시 나타납니다. '현재적 심판이 항상 있음을 기억하고 남을 비판하지 말라.' 성경말씀입니다.

하지만 그리스도인인데도 교인과 목회자를 끊임없이 비판하는 사람이 있습니다. 어느 교회든지 꼭 이런 극소수의 사람들이 있습니다. 참으로 불쌍한 사람입니다. 그런데 그 사람을 놓고 또 비판을 합니다. 다 말려듭니다. 그냥 내버려둬야 합니다. 그냥 불쌍히 여기고 말아야 됩니다. 또다시 그것을 문제 삼으면 다 엉망진창이 되고 맙니다. 스스로 심판받는 것입니다.

*

또한 모세가 보니까 이스라엘 백성이 너무나 큰 죄를 지었습니다. 불순종하고 잘못을 했습니다. 하나님을 원망합니다. 그때 그 잘못을 그대로 지적하며 말합니다. "이 패역한 백성아!" 한마디로 소망이 없는 인간이라는 것입니다. 하나님의 심판 아래 있다고 스스로 결론을 내려버립니다. 너무나 죄가 크니까 이야기를 한 것입니다.

그런데 하나님께서는 여기에 대해서 또 말씀하십니다. 분명 큰 죄를 지은 것은 이스라엘 백성인데, 현재적 심판은 모세가 당합니다. 그 일은 즉시 일어나지 않았습니다. 한참 뒤, 이스라엘 백성이 광야를 벗어나 가나안 땅에 들어가야 하는데 하나님께서 모세에게 분명히 말씀하십니다. "너는 못들어간다." 더 안타까운 일은 모세의 눈이 밝고 건강이 좋다는 것입니다. 차라리 질병에 걸려서 죽음이 임박하다면, 그래서 못 들어간다면 그러려니 하겠는데, 건강했습니다. 그런데 가나안 땅에 못 들어갑니다. 이것은 구원에 관한 문제가 아니기에 천당은 갑니다. 하지만 현재적 심판이 있습니다. 자기 분복을 누리지 못합니다. 그런고로 비판받지 아니하려거든 비판하지 말라는 것, 이것이 하나님의 말씀입니다.

인간은 어느 누구도 비판할 자격이 없습니다

더 결정적인 이유는 잠언을 통해서 주십니다. 이 잠언이라는 것은 간단명료하거든요. 믿는 사람이나 안 믿는 사람이나 금방 기억하고, 지식인이나 지식이 없는 사람이나 항상 기억하고 이해할 수 있는 것입니다. 그 안에 메시지를 두셨습니다. 그만큼 꼭 기억해야 될 말씀이라는 것이지요. 그것이 오늘 들보와 티의 잠언입니다. 그래서 오늘 본문 3절과 4절은 이렇게 말씀합니다. 예수님의 말씀입니다. "어찌하여 형제의 눈 속에 있는 티는 보고 네 눈 속에 있는 들보는 깨닫지 못하느냐. 보라 네 눈 속에 들보가 있는데 어찌하여 형제에게 말하기를 나로 네 눈 속에 있는 티를 빼게 하라 하겠느냐."

이 잠언 그대로를 문자적으로 해석하면 말이 안 됩니다. 이렇게 하면 그는 사악한 사람입니다. 나쁜 행위를 하는 것입니다. 그래서 예수님께서 이렇게 말씀하십니다. "어찌하여, 어찌하여"를 반복하시면서 하나님을 믿는 자녀에게까지 이런 일이 일어나느냐고 하십니다.

이 잠언을 통해서 주시는 그 메시지, 비판하지 말아야 될 그 이유는 도무지 인간은 어느 누구도 비판할 자격이 없다는 것입니다. 권리가 없습니다. 의인만이 죄인을 판단할 수 있습니다. '오직 예수 그리스도 하나님만이 하실 수 있는 것을 죄인인 네가 하나님을 대신하려 하느냐'라는 메시지입니다. 그래서 비판하지 말라고 말씀하십니다.

*

어느 가정에 있었던 일이랍니다. 아내가 의식이 오락가락 하면서 병들어 죽어가는 남편을 시중들고 있었습니다. 남편이 마지막이 가까웠다는 것을 알고 아내더러 귀를 가까이 대라고, 꼭 할 말이 있다고 그러면서 이렇게 말하더랍니다. "당신은 나와 함께 온갖 어려운 일들을 다 겪었어. 내가 해고당했을 때 당신이 내 곁에 있었고, 사업에 실패했을 때도 내 옆에 있었어. 내가 차 사고가 나서 고통 받을 때도 내 옆에 있었고, 우리 집이 경매당할 때도 내 곁에 있었고, 지금 내 건강이 심각하게 쇠약해져서 이렇게 고통 받는데도 당신은 내 곁에 있었어. 항상 내 옆에 있었어."

그랬더니 아내가 "뭐 그런 것을 가지고 말씀하세요?"하는데, 남편의 마지막 한마디가 너무나 놀랍습니다. "당신은 내게 불운을 가져다주는 여자요." 너무나 황당하고 우스운 얘기지만, 우리 주변에 이런 사람 많습니다. 혹시 나는 아닙니까? 같이 사는 배우자에게, 동료에게, 친구에게 '너 때문에 안됐다.'라는 말을 듣는 것은 아닙니까? '내 운명이 이렇게 됐다.'는 말 대체 누가 누구에게 할 수 있는 얘기입니까?

자기의 들보를 먼저 보아야 합니다

이 비유는 '어떻게 남의 눈에 작은 티는 보면서 자신의 눈의 들보는 보지 못하느냐? 이 얼마나 교만하고 사악한 것이냐?'라고 물으면서, 도무지 자격 없는 자가 이렇게 행한다는 것입니다. 이것이 세상일입니다. 그래서 이 들보와 티의 잠언을 통해서 주님께서 하시는 말씀이 이것입니다. '이웃의 티를 보거든, 하지만 그때 그것이 네 눈의 들보가 있음을 암시하는 것이다.' 이것을 생각하라는 것입니다. 티는 항상 보입니다. 그러나 그 티를 보는 순간 자기 눈의 들보를 보라는 것입니다.

문자적으로 해석하면 '들보'라는 것은 '큰 천장의 기둥'입니다. 그리고 '눈'이라는 것은 신체에서 가장 민감한 부위입니다. 그 민감한 곳에 있는 그 큰 들보라는 것이 과장된 표현 같지만, '어떻게 그것은 보지 못하고 남의 눈, 그 민감한 곳에 있는 작은 티를 그렇게 잘 보느냐?' 그러니 그것을 보는 순간 자기 눈의 들보를 보라는 메시지입니다. 그래서 예수님께서 오늘 본문 5절에서 말씀하십니다. "외식하는 자여." 위선자라는 말씀입니다. "먼저 네 눈 속에서 들보를 빼어라. 그 후에야 밝히 보고 형제의 눈 속에서 티를 빼리라."

*

하나님의 자녀가, 그리스도인이 해야 할 일이 이것입니다. 분명히 세상의, 타인의 눈에 있는 티가 보입니다. 그러나 그 순간 내 눈의 들보를 생각해야 합니다. 그것을 보면서 먼저 행해야 될 것이 무엇입니까? '내 눈의 들보를 보라.' 이것입니다. '그것이 마땅하니라.' 그래서 참된 그리스도인은 신문을 보며, 이 세상의 많은 재난을 보며, 불행을 보며 기도합니다. '저들을 불쌍히 여겨주시고' 그 기도 중에 자신의 죄를 참회하게 됩니다. 중보기도 하지 못한 죄, 하나님의 진리를 증거 하지 못한 죄, 진리 안에 살아가지 못한 자신을 돌이켜 봅니다.

오늘 본문은 말씀합니다. "그 후에야 밝히 보고(5절)" 기가 막힌 말씀입니다. 자기 눈의 들보를 빼내야 그때서야 밝은 영성을 가져서 눈이 밝아집니다. 마음이 밝아집니다. 지혜가 밝아집니다. 하나님의 마음으로, 하나님의 뜻으로 하나님의 경륜을 볼 수 있습니다. 밝아져야 밝히 보고 그 티를 빼게 된다고 말씀합니다. 참 놀라운 말씀입니다. 만일 내 눈의 들보를 빼지 못하면 항상 그릇된 판단 속에 다른 사람을 비판하고 그리고 하나님의 심판을 두려워하지도 않는 불신앙의 삶을 살게 되는 것입니다.

하나님의 의를 생각하면 감사할 수 밖에 없습니다

요한복음 8절에 보면 간음한 여인이 현장에서 잡힙니다. 그 당시 율법으로는 돌로 쳐 죽일 만한 중죄입니다. 오늘도 심각한 죄입니다. 그런데 이 사건을 놓고 예수님께서 말씀하십니다. "너희 중에 죄 없는 자가 먼저 돌로 치라(7절)." 무슨 말씀입니까? 여인은 분명히 율법을, 하나님의 말씀을 어겼습니다. 하지만 율법은 그런 문자적인 것이 아닙니다. 그 깊은 하나님의 마음은 '먼저 네 눈의 들보를 빼라. 그리고 돌을 던지라.'는 것입니다. 그 메시지에 사람들이 다 돌아갔습니다.

그러자 예수님께서 말씀하십니다. "나도 정죄하지 아니하노니(11절)" 얼마나 놀라운 말씀입니까? 자기 눈의 들보를 빼야 밝은 세계가 보이고 신령한 세계가 보여서 하나님의 은혜와 긍휼로 그를 대하게 됩니다. 하나님의 지혜와 능력을, 은혜를 나타내게 됩니다. 그로 말미암아 그가 회개하고, 자기 눈의 티를 빼게 됩니다. 그러려면 항상 하나님의 의를 기억해야 합니다. 하나님의 구원의 역사를 기억해야 됩니다.

하나님의 의를 기억할 때마다 우리는 항상 감사합니다. 만일 하나님의 의를 기억하지 못하면 항상 감사할 수 없습니다. 주일만 감사하고 주중에는 감사가 없습니다. 그러면 감사대신 비판하고 판단하고 비난할 수 밖에 없습니다. 왜요? 분명히 그 눈에 티가 있지 않습니까? 참된 그리스도의 사람은, 성령으로 중생한 사람은, 말씀에 순종하는 사람은 남의 눈의 티를 볼 때 먼저 내 눈의 들보를 봅니다. 그리고 먼저 행할 일은 회개입니다. 그 때야 밝은 눈, 밝은 지혜로 그리스도의 마음을 가지고 하나님의 은혜와 진리와 사랑을 나타낼 수 있습니다.

좋은 나무는 좋은 열매를 맺습니다. 좋은 나무는 항상 밝은 눈을 가져야 됩니다. 신령한 세계를 바라보아야 됩니다. 자신의 눈의 들보를 빼고서야 그런 신령한 지혜와 마음과 능력을 가진 사람으로 변화됩니다. 그래서 하나님께서 말씀하십니다. "비판하지 말라."

기 도

사랑과 긍휼이 풍성하신 은혜의 하나님. 하나님의 무한하신 은혜와 그 크신 의의 역사 안에 살면서도 내 눈의 들보는 보지 못하고 남의 눈의 티를 뽑고자 정죄하고 비판하고 심판하며 살아가는 미련한 인생을 주여 용서하여 주시옵소서. 이 말씀에 순종하는 자녀로 이제로부터 남의 눈의 티를 볼 때마다 나 자신의 들보를 기억하며, 그 들보를 뽑고자 하나님 앞에 회개하며, 신령한 지혜와 신령한 마음과 신령한 생각으로 하나님의 뜻을 분별하며 하나님께 영광 돌리는, 하나님의 은혜와 사랑을 나타내는 은총의 삶을 살도록 우리를 지켜주시옵소서. 우리 주 예수 그리스도의 이름으로 간절히 기도드리옵나이다. 아멘.

8장_ 좁은 문으로 들어가라

좁은 문으로 들어가라 멸망으로 인도하는 문은 크고 그 길이 넓어 그리로 들어가는 자가 많고
생명으로 인도하는 문은 좁고 길이 협착하여 찾는 자가 적음이라 (마태복음 7: 13~14)

미국 텍사스 주의 어느 부유한 석유사업가가 크리스천인 조지 W. 트루엣
(George. W. Truett) 박사를 집으로 초대한 적이 있었습니다. 그는 자기 재산
을 자랑하고 싶어 융숭하게 식사대접을 하고 나서 자기 집 옥상으로 박사
를 안내한 다음, 한 방향을 가리켜 보였습니다. 그곳에는 거대한 석유 탑
이 세워져 있었습니다. 그가 말했습니다. "박사님, 저 탑은 제 것입니다.
25년 전에 무일푼으로 이 미국 땅에 건너왔지만, 열심히 일해서 많은 돈을
벌었습니다. 저기 보이는 유전지역이 다 제 것입니다."

이번에는 다른 방향을 가리키며 또 말했습니다. "저 가축 떼들도 제 것
입니다." 그리고 그는 또 다시 다른 방향을 가리키며 말했습니다. "저기 보
이는 거대한 원시림도 제 것입니다." 이렇게 그는 자신이 무일푼으로 얼마
나 많이 노력하고 수고하여 돈을 벌고 저축해서 마침내 이런 부를 이루었
는지를 설명했습니다.

그는 트루엣 박사한테서 칭찬을 기대했습니다. 하지만 트루엣 박사는
아무 말이 없었습니다. 그저 잠자코 듣기만 하더니 박사는 이윽고 그 부자

의 어깨에 한 손을 얹고 다른 한 손으로 하늘을 가리켜 보이며 이렇게 말했습니다. "여보시오, 당신이 이 방향으로 가진 것은 뭐요?" 그 말을 들은 이 부자는 부끄러워 아무 말도 못했다고 합니다.

삶의 걸림돌인 하나님의 뜻

성도 여러분, 내가 오늘을 자랑하며 칭찬받기를 원하며 행복해 하는 것은 무엇 때문입니까? 천국은 오직 하나님의 뜻이 이루어지는 것입니다. 하나님의 뜻 안에 있는 것이 천국입니다. 그래서 마태복음 7장 21절에서 예수님께서는 말씀하셨습니다. "나더러 주여 주여 하는 자마다 천국에 다 들어갈 것이 아니요 다만 하늘에 계신 내 아버지의 뜻대로 행하는 자라야 들어가리라." 먼저 하나님의 뜻을 분별하고 그 뜻에 순종하는 사람만이 하나님의 백성이요, 천국에 들어갈 수 있다고 성경은 분명히 말씀합니다.

어느 가정에 다섯 명의 아이를 둔 아버지가 있었습니다. 어느 날 퇴근길에 장난감 하나를 선물로 사왔습니다. 그런데 "이거 누구 줄까?"라고 물으면 아이들이 전부 다 자기 달라고 할 것 같았습니다. 그래서 아버지가 이렇게 말했다고 합니다. "누가 엄마 말씀을 가장 잘 듣니? 엄마의 뜻을 잘 알고 순종하는 사람에게 이걸 줘야겠다." 그랬더니 아이들이 아빠 눈치를 보면서 아무 말도 못하는 겁니다. 그러다가 이렇게 한 목소리로 외치더랍니다. "아빠 가지세요."

하나님께서는 하나님의 뜻에 순종하는 자녀에게, 하나님의 뜻 안에 있는 자녀에게 천국의 삶을 주시고, 천국의 지혜와 평강을 주십니다. 그것을 기뻐하고 자랑하는 사람이 하나님의 자녀입니다. 이것을 항상 기억해야 합니다.

＊

오늘 본문에 하나님의 말씀이 선포되고 있습니다. '좁은 문으로 들어가라.' 바로 이것입니다. 예수님의 잠언입니다. 누구나 기억할 수 있는 쉬운 잠언을 통해서 하나님의 뜻과 메시지를 우리에게 가르쳐주고 있습니다. 이 쉬운 잠언을 기억하면서 그 메시지를 듣고 그 안에서 살아가라는 것입니다. 그래서 오늘 이 본문의 위치가 아주 중요합니다. 예수님께서 산상설교를 하셨습니다. 산상수훈의 말씀을 주셨습니다. 팔복을 선언하셨습니다. 그리고 그 진리 안에서 살아가는 사람은 이러이러해야 한다는 적용의 말씀을 주셨습니다. 왜요? 진리는 항상 실천되어야 하는데 자꾸 잊어버리기 때문입니다. '좁은 문으로 들어가라.' 곧 그리스도인의 삶에 대한 말씀입니다.

그런데 여기에 문제가 있습니다. 이것이 복 받은 그리스도인, 하나님의 자녀가 살아가는 삶의 원리임에도 불구하고 이 말씀이 항상 우리에게 걸림돌이 됩니다. 어떤 사람이 혹이 여짜오되 주여 구원을 받는 자가 적으니이까 그들에게 이르시되 좁은 문으로 들어가기를 힘쓰라. 내가 너희에게 이르노니 들어가기를 구하여도 못하는 자가 많으리라."

누가 예수님께 "구원받은 자의 수가 어떻습니까? 적습니까?"라고 물었습니다. 이 질문의 답으로 주시는 말씀입니다. '좁은 문으로 들어가라. 그렇지 않은 사람들이 많다.' 무슨 말씀입니까? 구원받은 사람의 수가 적다는 것입니다. 주여 주여 하는 사람은 많아도 실제로 구원받은 사람은 적다는 것이 하나님의 말씀입니다. 그런고로 좁은 문으로 들어가라는 것입니다.

복음과 하나님의 나라

복음은 하나님 나라에 대한 선포입니다. 이것이 하나님의 뜻입니다. 이 세상을 변화시키고 개혁시키고 개선하는 것이 복음이 아닙니다. 그런고로 하나님의 뜻을 아는 사람, 그 뜻에 순종하는 사람이 가장 조심해야 될 것 몇 가지가 있는데, 그 가운데 하나가 세속주의입니다. 이 세상을 본받고, 이 세상에서 유명하기를 힘쓰고, 이 세상에서 성공하고, 이 세상과 동화되는 것은 전혀 하나님의 뜻이 아닙니다. 그것은 자기 뜻에 지나지 않습니다. 물질주의적인 삶 또한 하나님의 뜻이 아닙니다. 민족주의도 아닙니다. 아무리 역사에 남을 애국자라고 해도 그것이 답은 아닙니다. 이념도 아닙니다.

복음은 하나님 나라입니다. 하나님의 뜻을 이루고자 하나님께서 하나님 나라를 세우고 계십니다. 그러므로 이 좁은 문은 하나님의 뜻입니다. 이 좁은 문은 예수 그리스도를 말씀합니다. 하나님의 뜻이 예수 그리스도 안에 나타났으므로 오직 그만을 통하여 구원받을 수 있습니다. 아무리 세상에 수많은 종교가 있다 해도 오직 예수님을 통해서만 구원받을 수 있습니다. 요즈음에는 심지어 기독교에서조차 타종교에도 구원의 가능성이 있다고들 말하는데 다 잘못된 얘기입니다.

성경은 말씀합니다. '주여 주여 하다가 구원받은 자가 없다.' 좁은 문입니다. 오직 예수 그리스도 안에서 구원받습니다. 그래서 오늘 본문은 이 좁은 문을 찾는 사람이 적다고 말씀합니다. 깊이 생각해야 합니다. 아직도 신앙생활하고 예배를 드리면서도 내 소원만큼은 하나님께서 반드시 이루어주셔야 된다고, 우선은 내 뜻을 이루어주셔야 된다고 여긴다면 다시 생각해야 합니다. 그런 마음만으로 이 자리에 있다면 그건 종교생활일 뿐 진정한 신앙생활이 아닙니다. 전혀 아닙니다. 우리 모두는 하나님의 뜻에 내 뜻을 일치시켜나가는 삶을 살아가야 합니다. 이것이 올바른 신앙생활입니다. 그러므로 먼저 하나님의 뜻을 분별해야 합니다.

*

기독교의 절대적 진리는 오직 믿음으로 구원받는다는 것입니다. 그런데 무엇을 믿는 것입니까? 한시도 놓치면 안 됩니다. 오직 하나님의 뜻을 믿는 것입니다. 하나님의 뜻대로 됨을 믿는 것이 온전한 믿음이요, 그 믿음으로 구원받는 것입니다. 그런데 이것이 쉽습니까, 어렵습니까? 아주 어렵습니다. 우리는 날마다 일상의 삶을 통해 깨닫습니다. 왜요? 인간의 욕망 때문입니다. 내 소원 때문입니다. 내 뜻 때문입니다. 죄의 본성 때문입니다. 오직 하나님의 뜻이 이루어짐을 기뻐하는 사람만이 바른 믿음을 가진 하나님의 사람입니다. 그 믿음으로 구원받습니다.

성경은 믿음의 조상을 아브라함이라고 말씀합니다. 그의 믿음이, 그 믿음의 삶이 쉽습니까, 어렵습니까? 어느 날 갑자기 하나님께서 그를 택하시고 복을 주셨습니다. 그리고 말씀하셨습니다. "고향을 떠나라." 어디로 가야 할지, 무슨 일이 일어날지, 언제 말씀하시는 그 목적지에 도착하게 될지 아무 말씀도 없으셨습니다. 그냥 떠나라고 하십니다. 그 말씀만 믿고 떠나는 것이 쉬운 일입니까? 어려운 일입니까? 결단코 어려운 일 일 것입니다.

그때부터 아브라함은 수많은 역경을 겪었습니다. 그때마다 그는 하나님의 뜻이 어디 있는가를 물으며 믿음으로 선택했습니다. 그것이 쉬운 일입니까, 어려운 일입니까? 어려운 일입니다. 거저 되는 일이 아닙니다. 인간의 힘으로는 불가능한 일입니다. 하나님께서 은혜를 주시고, 믿게 해주셔야 비로소 가능한 일입니다.

하나님께서는 그에게 사랑하는 독자 이삭을 주셨는데, 어느 날 느닷없이 그 소중한 아들을 제물로 바치라고 하셨습니다. 창세기 22장에 나오는 이야기입니다. 가장 소중한 것입니다. 그 소중한 아들을 바치는 것이 쉬운 일입니까, 어려운 일입니까? 하나님의 뜻인 줄 알면서도 믿기 어렵고, 믿고 살기도 어려운 것입니다.

마르틴 루터(Martin Luther)는 성경말씀을 통해서 이야기합니다. '오직 믿음으로 구원받는다. 어떤 제도도 어떤 관습도 어떤 전통도 아니다.' 그를 하나님께서 쓰시어 종교개혁을 일으키시지 않습니까? 그도 고백합니다. '믿음으로 구원을 얻는다는 말은 행함으로 구원을 얻는다는 말보다 더 어려운 것이다.' 이것을 분명히 알아야 합니다. 왜요? 하나님께서는 온전한 믿음을 원하십니다. 백 퍼센트 온전한 믿음이어야 됩니다.

'하나님의 뜻대로 하옵소서. 아무리 내 소원과 내 원하는 바가 있지만, 그것조차도 하나님께 맡기고, 하나님의 뜻대로 되어지기 원합니다.'라고 고백하는 것이 믿음입니다. '하나님께서는 전지전능하신 분이요, 모든 것이 합력하여 선을 이루게 하시는 분이요, 궁극을 아시는 분이니 하나님의 뜻대로 하옵소서'라고 기뻐하는 것이 믿음입니다. 얼마나 어려운 일입니까? 그래서 믿음은 하나님께서 주신 선물이라고 하지 않습니까? 우리 안에 죄가 있는 한, 육신의 욕망이 있는 한 절대 불가능한 일입니다. 그런데 그것을 가능케 하시는 분이 하나님이십니다. 그것을 아는 것이 온전한 믿음입니다. 그 믿음으로 복을 받습니다.

좁은 문의 특징

성도 여러분은 이런 믿음으로 하루하루를 살아갑니까? 좁은 문은 생명의 문이요, 천국의 문입니다. 하나님께서는 이 천국의 문, 생명의 문을 우리에게 허락하십니다. 이것이 복음입니다. 이 좁은 문은 성공하는 문이 아닙니다. 만사형통하는 문도 아닙니다. 내 소원, 내 뜻이 이루어지는 문은 더더욱 아닙니다. 그러나 이 좁은 문은 열린 문입니다. 좁지만 항상 열려 있습니다. 닫힌 문이 아닙니다.

그러나 중요한 것은 때가 있다는 것입니다. 이 문이 닫히면 열 자가 없습니다. 그 시간은 항상 현재적입니다. 하나님의 말씀이 선포되고 들리고 내게 임할 때 그것을 믿어야지, '다음에 믿지 뭐. 시간도 있는데, 뭐 내년쯤부터 믿어볼까? 한 10년 뒤에 잘 믿으면 안 될까?'라고 하면 안 됩니다. 그렇듯 내 마음대로 되면 얼마나 좋겠습니까? 그러니 닫힌 문을 열 자가 없습니다.

또한 이 문은 좁은 문이라서 한 사람씩밖에는 못 들어갑니다. 오직 자기 믿음으로 구원받고 하나님 나라에 가는 것입니다. 가끔 이러는 분들이 있습니다. "예수 믿고 구원받으세요. 교회 나오세요."라고 하면, "제 아내가 열심히 다니는데요. 우리 자녀들은 다 다녀요."라고 대답하는 분이 있습니다. 어떤 분은 증조부까지 팝니다. 자기 할아버지가 장로님이고 목사 slaq라고 합니다. 그러나 그게 무슨 상관이 있습니까? 아무 상관이 없습니다. 나와는 아무 상관이 없습니다. 내 믿음으로 나 하나가 구원받는 것입니다. 누가 도와줄 수가 없습니다. 그래서 좁은 문입니다.

더욱이 이 좁은 문으로는 나의 소유, 명예, 인기, 권력, 성공, 그 어느 것도 가지고 들어갈 수 없습니다. 오직 믿음으로만 들어갈 수 있습니다. 그래서 믿음의 최고봉은 신뢰입니다. 정말 백 퍼센트 믿는 것입니다. 날마다 하나님의 말씀이 많이 선포됩니까? 주일마다 하나님의 말씀을 듣고 믿고 그대로 되기를 바랍니다. 그대로 믿어야 됩니다. 그 믿어짐을 통하여 신뢰하는 것입니다. 신뢰는 우리의 몫입니다. 믿고 살아가는 그 신뢰는 우리 믿음의 선택입니다. 그 사람이 복 있는 사람입니다.

오늘 본문은 말씀합니다. '좁은 문으로 들어가라.' 누가복음에서는 '좁은 문으로 들어가기를 힘쓰라.'라고 말씀합니다. 무슨 말씀입니까? 한 번에 저절로 되는 것이 아닙니다. 선택입니다. 내 믿음의 선택입니다. 하나님께서는 좁은 문이 무엇인지를 알려주십니다. 그리고 말씀을 들려주십니다. 그 문으로 날마다 들어가는 것은 내 믿음의 선택입니다. 우리 몫입니다.

더욱이 그것은 반복되고 훈련되는 것입니다. 한번 했다고 저절로 되는 것이 아닙니다. 그래서 인격적인 문입니다. 이 좁은 문으로 들어가기를 힘쓰는 삶이 영적인 삶입니다.

*

20세기에 가장 존경받는 신학자인 본회퍼(Dietrich Bonhoeffer)는 1939년 미국의 뉴욕 항에서 배를 타고 고국인 독일로 떠납니다. 그때 독일에는 히틀러 정권이 들어서서 세계대전을 일으키려 하고 또 극단적인 민족주의와 이념에 빠져서 국민들에게 '히틀러 만세'를 외치게 했으며 또한 유대인들을 마구 학살하고 있는데도 독일교회는 침묵하고 있었습니다. 그리스도인들도 거기에 따라가고 있었습니다. 그래서 본회퍼는 교회를 일깨우기 위해서, 하나님의 은혜와 진리를 바르게 선포하기 위해서 독일로 간 것입니다. 그때 그는 유명한 말을 남깁니다. "왜 독일교회가, 독일의 그리스도인들이 이처럼 무력하게 침묵하고 있는가? 그것은 오늘날 그리스도의 제자들이 하나님의 뜻을 성취하는 데 따르는 대가를 치르기를 거절하고 있기 때문이다."

큰 문만 바라봅니다. 저절로 되는 것만 생각합니다. 결국 이 일로 그는 투옥되고 사형언도를 받습니다. 미국교회가 이 인재를, 이 하나님의 사람을 아낌으로 구출해내려고 힘써 기도하고, 여러 가지로 구출전략을 세움니다. 그런데 그는 미국교회에 이런 편지를 남깁니다. "나는 내가 독일에 돌아온 것을 조금도 후회하지 않고 힘차게 일하고 있습니다. 그리고 내가 여기서 해야 할 일이 무엇인가를 분명히 알고 있습니다." 그는 결국 39세의 나이에 교수대에서 처형됩니다.

미국에서 그냥 살아도 되는 일이었습니다. 미국에 남아서 그냥 기도만 해도 됩니다. 그러나 이 사건을 놓고 그는 하나님의 뜻을 물었고, 그에게 하나님의 뜻이 임했습니다. 그야말로 좁은 문입니다. 그러나 믿음으로 그 길을 갑니다.

그리스도인은 항상 좁은 문을 선택합니다. 믿음 안에서 어디에 하나님의 뜻이 있을까를 묻고, 그 뜻을 알고, 그 문을 향해서 가는 사람이 하나님의 사람입니다. 그래서 본회퍼의 유명한 말이 있습니다. "오늘 이 시대에 값싼 은혜가 너무나 많다. 값싼 믿음도 많다." 가장 고귀한 은혜의 가치를 모릅니다. '아멘!' 하고 끝입니다. 이제 모든 것이 내 뜻대로 되었고, 내 소원도 이루어졌지만 그건 진정한 복을 받은 것이라 할 수 없습니다. 그것은 큰 문이요 넓은 길입니다. 이것은 사단의 역사입니다. 성경에 나타난 수많은 하나님의 사람들, 순교자들은 항상 하나님의 뜻을 묻고, 그 은혜에 따라 좁은 문을 믿음으로 지속적으로 선택한 것일 뿐 하나님의 뜻이 아닌 길로 나아간 것이 아닙니다.

좁은 길의 특징

오늘 본문은 '좁은 문'이 있을 뿐만 아니라, '좁은 길'이 있다고 말씀합니다. 점점 더 어려워집니다. 14절은 말씀합니다. "생명으로 인도하는 문은 좁고 길이 협착하여 찾는 이가 적음이라." 문만 좁은 것이 아닙니다. 들어가서 보니 길은 더욱 좁다고 말씀합니다.

예전에 신학교 다닐 때는 문을 비록 좁지만 그러나 그 안에 들어가면 길은 넓다는 메시지로 많이 들었고, 저도 한때는 그렇게 생각했습니다. 왜냐하면, 하나님의 뜻이니까요. 오직 예수 그리스도를 통해서만 천국에 들어가니까요. 그런데 그것은 내가 의인일 때의 이야기입니다. 누가 의인입니까? 우리는 항상 구원받은 죄인으로 살아갈 뿐입니다. 그래서 항상 길은 좁습니다. 분명 성경은 말씀합니다. '길이 좁다.' 이것이 크리스천의 삶입니다.

그래서 믿음으로 사는 일이 어렵습니다. 하나님께서 말씀하십니다. "원수를 사랑하라." 쉽습니까? 아니죠. 당연히 사랑해야 할 사람도 지금 사랑하지 못할 판인데, 원수를 사랑하라니요? 그런데 이것이 하나님의 뜻입니다. 내 앞에 원수가 있거든 하나님의 말씀을 기억하고, 그 말씀에 순종하면서 사랑해야 됩니다. 하나님의 영은 우리를 사랑하도록 인도하십니다. 이것이 하나님의 뜻이 이루어지는 것입니다.

그러나 내 앞에 원수가 있음에도 불구하고 끝까지 무시하고 미워하고 간다면 넓은 길로 가는 것입니다. '그 구원받은 수가 적으니라.' 성경은 말씀하고 있지 않습니까? '오른뺨을 때리거든 왼뺨을 대라.' 이것 역시 쉬운 일입니까? 성경은 말씀합니다. '길이 좁다. 아니 더 좁다. 계속 좁을 것이다.'

그러나 여기에 놀라운 역사가 나타납니다. 그 길만이 승리의 길이요, 그 길을 통해서 세상이 줄 수 없는 기쁨을 누립니다. 신령한 세계를 봅니다. 더 구체적으로 하나님의 역사가 내게 임함을 압니다. 하나님의 소명을 확신합니다. 하나님의 뜻이 분별되기 시작합니다. 진실로 예수 그리스도 안에서 새사람의 삶을 살아가게 됩니다.

*

어느 가정에 할머니가 혼자 살았는데, 현관에 항상 모자하나를 놓고 지내다가 초인종이 울리면 그 모자를 쓰고 손님을 맞이했다고 합니다. 그래서 찾아온 사람이 마음에 들면 "내가 방금 들어왔는데, 어떻게 이 시간에 왔소? 빨리 들어오시오." 하면서 방으로 인도하고, 만약 마음에 안 들면 "내가 지금 나가려던 참인데, 미안하게 됐소." 하면서 돌려보냈다는 것입니다. 지혜로운 것 같지만, 이 또한 넓은 길입니다. 이런 모습은 결코 하나님의 뜻이라 보기 힘든 그런 삶 아닙니까?

우리 그리스도인의 삶은 오로지 하나님의 뜻 안에서 합력하여 선을 이루는 것입니다. 그리고 그 삶을 통해서 복을 받습니다. 하나님의 뜻을 이룹니다. 이것은 완전히 다른 차원의 삶입니다. 그리스도인만의 삶입니다. 종교인의 삶도 아니고, 도덕윤리의 삶도 아닙니다. 견줄 수가 없습니다. 다른 차원의 삶입니다. 금욕주의의 삶도 아니고, 공로주의도 아닙니다. 단지 무엇을 하지 않은 이유로 해서 천당에 갈 사람은 아무도 없습니다. 그래서 예수님께서는 외식하는 자가 매우 가증하다 하셨습니다. 그 진노하시는 대상이 바리새인이었습니다. 종교지도자들이었습니다. 스스로는 구원받았다고 믿는데 예수님께서는 그들을 가증스럽게 여기셨습니다.

이 사람들이 자꾸 넓은 길로 인도했습니다. 좁은 문, 좁은 길을 무시했습니다. 하나님의 뜻을 거역했습니다. 바리새인들은 기도도 많이 했고 선행도 많이 했습니다. 그런데 꼭 사람 많은 데 가서 큰소리로 했습니다. 길거리로 나가서 했습니다. 선행을 해도 사람 눈에 띄게 했습니다. 다른 사람들이 모두 다 알게 했습니다. 예수님께서 말씀하셨습니다. '기도는 은밀하게 하라. 은밀하신 하나님께서 은밀하게 갚으시리라.'

선행이란 오른손이 하는 것을 왼손이 모르게 하는 것입니다. 이것이 좁은 길입니다. 이런 것들은 믿음이 없으면 할 수 없습니다. 오늘날도 보면 교회가 온통 기도한다고 광장으로 뛰어나가고, 선행을 신문에 냅니다. 이런 모습이 너무도 많습니다. 이것은 넓은 문으로, 넓은 길로 가는 것입니다.

좁은 길은 오직 십자가입니다. 십자가의 도를 생각하고 능력을 아는 사람은 좁은 문과 길의 의미를 항상 인식하며 살아갈 수 있습니다. 그런데 이 십자가의 도를 따라가면 세상은 또한 믿음이 약한 사람은 뭐라고 그럴까요? '미련하네. 어리석네.' 할 것입니다. 더 나아가서는 비난하고, 조롱하고, 오해하고, 때로는 죽이기까지 할 것입니다. 그러나 십자가의 길만이 좁은 길입니다.

이단이라는 것, 쉽게 생각하십시오. 넓은 문을 말하고, 넓은 길을 말하는 것이 이단입니다. 십자가 없는 영광과 번영을 말하고, 무조건 예수 믿기만 하면 만사형통이라고 말하는 것이 이단입니다. 예수님께서는 말씀하십니다. '그리스도인은 팔복을 받은 사람이요, 신령한 복을 받은 사람이다.' 크리스천의 삶은 항상 좁은 길이요, 좁은 문입니다. 거기에 하나님의 지혜와 능력이 나타납니다. 좁은 문, 좁은 길이 하나님의 뜻입니다. 이것만이 천국 가는 길이요, 하나님을 만나는 길이요, 하나님께로부터 복 받는 길이요, 하나님의 뜻을 이루는 길입니다.

좁은 문으로 들어가는 그리스도인

하나님의 아들이신 예수님께서 겟세마네 동산에서 기도하셨습니다. 믿음으로 기도하셨습니다. 그분조차도 피땀 흘려가며 기도하셨습니다. 왜요? 그만큼 믿음으로 사는 것이 어렵기 때문입니다. 십자가의 길을 놓고 고민하셨습니다. 그리고 믿음으로 선택하셨습니다. "내 뜻대로 마옵시고" 지금 내 뜻이 문제거든요. 아무리 하나님께 영광 돌리는 내 뜻이 있다 할지라도, 이 내 뜻이 문제입니다. "아버지의 뜻대로 하옵소서." 그 좁은 길 위에 승리가 있는 것 아닙니까? 하나님께서 영광을 받으시고, 그 영광을 예수 그리스도께 돌려주십니다. 참된 기쁨과 만족과 감사와 의미의 충만이 있지 않습니까? 오직 기독교만이, 복음만이, 진리만이 좁은 길, 좁은 문을 선포하고 증거합니다. 그리스도인은 이 말씀의 증인으로 오늘을 살아갑니다.

하나님의 사람 사도 바울은 이 믿음의 길, 이 하늘의 지혜를 발견하고 이렇게 고백합니다. 갈라디아서 2장 20절 말씀입니다. "내가 그리스도와 함께 십자가에 못 박혔나니 그런즉 이제는 내가 사는 것이 아니요, 오직 내 안에 그리스도께서 사시는 것이라." 좁은 문으로 들어간 사람은 오직 그 안에 예수 그리스도께서 계시고, 그분의 영이 함께하시어 좁은 길을 선택하며, 하나님의 뜻을 분별하고, 그 뜻 안에서 감사하고 만족하며 하나님께 영광을 돌리게 됩니다.

*

성도 여러분은 좁은 문으로 들어가라는 이 말씀에 순종하며 하루하루를 살아가십니까? 좁은 문, 좁은 길이 하나님의 뜻임을 확신하고 신뢰하며 성령의 인도하심을 따라 오직 믿음으로 날마다 선택하며 하나님의 길로 나아가고 있습니까? 좁은 문, 좁은 길만이 하나님께 영광을 돌리는 길이요, 예수 그리스도의 마음과 생각과 사고방식으로 살아가는 그 믿음의 선택이야말로 승리의 길입니다. 오늘도 하나님께서 성경을 통해서 우리에게 말씀하십니다. '좁은 길로 들어가라. 좁은 문으로 들어가라. 그 길만이 영생의 길이요, 천국 가는 길이요, 복 받는 길이요, 하나님과 동행하는 길이요, 하나님의 뜻이 이루어지는 길이니라.'

기 도

전지전능하신 은혜의 하나님. 오직 하나님의 은혜와 지혜로 우리로 하나님의 자녀
가 되게 하시고, 우리에게 온전한 믿음을 주시어 좁은 문의 비밀을 알며, 영생의 길
을 찾고 기뻐하며, 그 길로 나아가게 하심을 진심으로 감사드립니다. 우리 안에 죄의
욕망이, 사단의 역사가 있어 항상 큰 문만을 꿈꾸며 넓은 길로 나아가는, 그런 십자
가 없는 세상의 번영과 성공과 승리만을 꿈꾸나, 항상 말씀 앞에서 성령의 역사로 좁
은 길과 좁은 문을 믿음으로 선택하여 하나님께 영광을 돌리게 하심을 진심으로 감
사드립니다. 오직 하나님의 뜻이 우리 안에 이루어져 이 세상에 권세있는 사람으로,
주 안에서 만족하고 감사하는 사람으로 살아갈 수 있도록 항상 지켜주시옵소서. 우
리 주 예수 그리스도의 이름으로 간절히 기도드리옵나이다. 아멘.

9장_ 눈은 눈으로, 이는 이로

또 눈은 눈으로, 이는 이로 갚으라 하였다는 것을 너희가 들었으나 나는 너희에게 이르노니
악한 자를 대적하지 말라 누구든지 네 오른편 뺨을 치거든 왼편도 돌려대며 (마태복음 5: 38~39)

인도에서 전해 내려오는 이야기입니다. 어느 지방에서 네 사람의 상인이 돈을 똑같이 투자하여 구입한 목화를 큰 창고에 쌓아놓았습니다. 그런데 쥐가 많아서 자꾸 목화가 상했습니다. 그래 네 상인은 이번에도 똑같이 돈을 내어 고양이 한 마리를 샀습니다. 그리고 서로 약속하기를 각자 그 고양이의 다리 하나씩을 책임지기로 했습니다. 얼마 뒤 고양이가 왼쪽 앞다리에 부상을 입었습니다. 그래 그 다리를 책임진 주인이 정성껏 기름 묻은 붕대를 감아 치료해주었습니다.

하루는 그 고양이가 창고의 난로 옆에 있었는데 어쩌다 그만 그 기름 묻은 붕대에 불이 붙었습니다. 고양이는 뜨거워서 펄쩍펄쩍 뛰면서 막 돌아다닙니다. 그 바람에 거기 쌓여 있던 목화에 불이 옮겨 붙어 목화가 전부 타버렸습니다. 그래서 나머지 세 상인이 고양이의 부상 난 다리를 치료해준 그 상인에게 요구합니다. "그 붕대 감은 다리 때문에 이렇게 되었으니 당신이 다 배상해야 해." 그리고 그 상인을 법원에 고소했습니다.

이에 재판관은 이렇게 판결했다고 합니다. "붕대를 감은 다리에 불이 붙었을 때 나머지 세 다리가 움직였기 때문에 목화더미로 불이 옮겨 붙은 것이다. 그러니 나머지 세 다리의 주인이 배상해야 한다." 참 지혜로운 판단이요 판결입니다. 바른 판단을 하려면 올바른 분별력을 지니고 있어야 합니다. 여러분은 그런 분별력을 가지고 오늘 이 세상을 살아갑니까?

*

교인들을 상대로 사기를 쳤다가 경찰에 잡힌 사람이 있었답니다. 간혹 그런 사람이 있더라고요. 그런데 그런 사람일수록 오랫동안 교회를 다녀서 인간관계도 좋고, 다른 교인들에게서 성실하다는 평판을 듣는 경우가 많습니다. 그래 목사님이 안타까운 마음에 감옥에 있는 그에게 면회를 갔습니다. 그리고 말했습니다. "아니, 당신을 그렇게 믿어주는 사람을 어떻게 속일 수 있습니까? 어떻게 그런 분들에게 거짓말을 합니까?"

그랬더니 그가 이렇게 대답하더랍니다. "목사님, 가만히 생각해보세요. 저를 믿어주지 않는 사람을 제가 어떻게 속일 수 있겠습니까?" 결국은 믿어주었기 때문에 속임을 당한 것입니다. 스스로 분별력을 가지고 살아야 합니다. 무엇을 믿고, 무엇을 믿지 말아야 하는가에 대한 궁극적인 책임은 자기 자신에게 달려 있습니다.

하나님의 뜻 분별하기

이 세상은 분명 험악한 세상입니다. 모든 종교가, 모든 인류가 그렇게 말합니다. 정말 험악한 세상입니다. 성경은 한마디로 말씀합니다. 하나님의 말씀입니다. '패역한 세상이다.' 죄 많은 세상입니다. 모두가 죄인입니다. 하나님이 없다고 하고 하나님의 말씀이 진리임을 믿지 않는 세상이기 때문에 하나님께서 그렇게 말씀하십니다. 더욱 비극적인 것은 그 하나님의 말씀을 믿으면서도 그 진리를 왜곡시킵니다. 남용하고 도용합니다. 자기 유익을 위해서 그렇게 합니다. 그러나 결국 자기도 망치고 남도 망칩니다. 오늘 이 시대는 그런 세상입니다.

그리스도인이란 하나님의 뜻을 기뻐하고 찬송하고, 하나님의 뜻대로 되기를 소원하며 살아가는 사람입니다. 거기에 그리스도인의 행복과 기쁨과 미래가 있습니다. 그래서 예수님께서는 그 본을 겟세마네 동산에서 보여주시지 않습니까? "내 뜻대로 마옵시고 아버지의 뜻대로 하옵소서." 이것이 참된 기도입니다. 우리가 기도하는 대상은 전지전능하신 하나님이십니다. 아무리 내 소원이 있어도 그것을 하나님께 맡깁니다. 아버지와 자녀의 관계로 맡깁니다. 그리고 신뢰합니다. '아버지의 뜻대로 하옵소서.' 그가 진정한 하나님의 사람입니다.

*

그런데 그러자면 먼저 하나님의 뜻을 분별할 수 있는 능력이 있어야 됩니다. 그 뜻을 분별치 못하면 맹목적인 신앙, 하나님을 우상화하는 잘못된 신앙생활을 하게 됩니다. 성경은 분명히 말씀합니다. 로마서 12장 2절은 말씀합니다. "너희는", 다시 말해 그리스도인을 가리킵니다. "이 세대를 본받지 말고 오직 마음을 새롭게 함으로 변화를 받아 하나님의 선하시고 기뻐하시고 온전하신 뜻이 무엇인지 분별하도록 하라."

이것이 먼저입니다. 하나님의 뜻을 분별해야 됩니다. 이 세상을 본받지 말고, 그 뜻을 믿고, 그 뜻에 순종하고, 그 뜻을 소망하고, 그 뜻을 갈망하며 살아가는 사람이 하나님의 사람입니다. 그가 복 있는 사람이요, 하나님과 동행하는 사람입니다. 그런사람만이 오늘 이 시대에 하나님의 뜻대로 살아갈 수 있습니다.

하나님의 말씀에 대한 오해

오늘 본문에는 "눈은 눈으로, 이는 이로"라는 유명한 말씀이 있습니다. 이것은 출애굽기 21장 24절, 레위기 24장 20절, 신명기 19장 21절에도 있는 말씀으로, 하나님께서 주신 말씀입니다. 이 말씀이 세상에 아주 유명해졌습니다. 널리 계속 인용되고 있습니다.

SBS TV에서 방영했던 '자이언트'라는 드라마가 있었습니다. 그 드라마의 한 장면에서도 이 말씀이 나오더라고요. 주인공이 말합니다. "눈은 눈으로, 이는 이로!" 복수하겠다는 것이지요. 이것이 정의라는 것입니다. 자신의 복수를 정당화하는 말입니다.

그런데 그 사람은 예수 안 믿으니까 그렇다 치고, 심지어 그리스도인조차도 그렇게 생각하는 사람이 많습니다. 이 말씀을 복수를 정당화하는 하나님의 말씀으로 받아들입니다. 그러나 전혀 그렇지 않습니다. 잘못된 것입니다. 그렇게 생각한다면 마치 바리새인과 같은 신앙생활을 하는 사람입니다.

쉽게 생각해보십시오. 하나님께서 하나님의 자녀에게 "그래, 네가 복수해라."라고 이 복수의 원리를 말씀으로 주실 리가 있겠습니까? 성경 전체에서 하나님께서는 '내가 재판관이다. 내가 심판한다. 나를 믿으라.'고 계시하십니다. 그런데도 멋대로 해석하며 진리를 남용하고 왜곡합니다.

*

예수님께서는 이 본문을 이렇게 해석하십니다. 오늘 본문 말씀입니다.

'또 눈은 눈으로 이는 이로 갚으라 하였다는 것을 너희가 들었으나, 어떻게 네 멋대로 이렇게 해석하며 살아가느냐? 그런 뜻이 아니다. 너희에게 이르노니 이 말씀은 이런 뜻이다. 악한 자를 대적하지 말라. 누구든지 네 오른뺨을 치거든 왼편을 돌려대라.' 정반대 해석입니다. 이렇듯 정반대의 해석을 하며 살아가는 대표적인 사람이 바리새인입니다. 그들을 향하여 예수님께서 '독사의 자식'이라고 저주하셨습니다. 위선자들이라고 하시며 심판하십니다. 왜요? 하나님의 말씀을 소유하고, 그것을 바르게 해석하고 전해야 될 책임이 있는 하나님의 자녀가 이 말씀을 왜곡하고, 남용하고, 도용하기 때문입니다. 자기도 망칠 뿐 아니라 남도 망치기 때문이지요. 얼마나 하나님 보시기에 악합니까? 이 하나님의 마음을 분명히 기억해야 합니다.

또 그리스도인들 가운데에는, 신지어 신학자들이나 목회자들까지도 이 말씀을 두고 '구약과 신약은 다르다'고 생각하는 분들이 있습니다. 그것은 구약 때의 말씀이고 예수 그리스도의 시대에는 다르다는 것입니다. 이것도 문제입니다. 잠시 생각을 돌려보십시오. 하나님께서 주신 말씀입니다. 하나님께서 구약시대에는 그러셨다가 신약시대에는 바꾸시는 변덕스러운 분이십니까? 아닙니다. 오직 한 분이신 창조주이시며, 역사의 주인이신 하나님께서 하신 말씀입니다. 불변하고 영원한 것입니다. 구약과 신약이 다르다는 것은 불신앙의 극치입니다. 진리는 하나님께로부터 나옵니다. 하나님의 말씀 안에 숨어 있습니다. 오직 한 분이신 하나님께서 주십니다.

진리를 분별해야 합니다

여기서 우리는 하나를 생각해야 합니다. 모든 진리는 하나의 시스템을 이루는 하나의 체계입니다. 왜요? 한 분이신 하나님께서 주셨기 때문입니다. 그 말씀이 하나님의 뜻입니다. 하나님의 의도, 하나님의 마음, 하나님의 정신을 그 말씀 안에서 발견해야 합니다. 이것이 진리입니다.

그러므로 말씀에 대한 해석, 말씀에 대한 재해석이 중요합니다. 오늘날 유대교나 이슬람은 성경을 제멋대로 해석해서 타종교가 된 것입니다. 가톨릭도 그렇습니다. 말씀의 재해석이 가장 중요합니다. 문자가 중요한 것이 아닙니다. 영적 해석을 내려야 됩니다. 항상 영적이고 내적입니다. 얼마나 이 진리를 똑똑히 암기하고 있는지, 얼마나 많이 배웠는지, 어떤 학위를 갖고 있는지는 하나도 중요하지 않습니다. 중요한 것은 얼마나 그 말씀의 바른 의미를 깨닫고, 그 말씀 안에서 하나님의 음성을 들었느냐, 하나님의 뜻을 분별하느냐 하는 것입니다. 그 뜻대로 살아가는 것이 참된 믿음입니다.

*

오늘날은 반쪽 진리가 많습니다. 진리는 100%가 되어만 하는 것입니다. 순도 100%만이 진리입니다. 하나님의 말씀이기 때문입니다. 그런데 50%, 60%, 70%, 80%, 90%, 99%짜리들이 굉장히 많습니다. 진리에 가까운 것들입니다. 모든 종교에는 참 진리에 근접한 좋은 말씀들이 많습니다. 그러나 진리는 아닙니다. 100%가 아니기 때문입니다. 이것을 똑똑히 분별해야 합니다.

기독교 안에도 지금 반쪽짜리 복음이 많습니다. 가짜복음입니다. 100%가 아니면 다 가짜입니다. 제일 위험한 것은 99%짜리입니다. 가장 많은 것은 반쪽짜리입니다. 이 가짜인 반쪽이 사람을 더욱 열광시킵니다. 사람들을 더 기쁘게 합니다. 아주 코드가 맞습니다. 내 소원과 말씀이 일치합니다. 이런 것은 누구의 잘못입니까? 분별해야할 각자에게 잘못이 있는 것이겠지만 특별히 성도된 우리는 스스로 분별해야 됩니다.

복음은 하나님 나라의 복음입니다. 이 세상의 복음이 아닙니다. 그 복음으로 우리는 구원받습니다. 어디로부터요? 세상으로부터 구원받습니다. 하나님의 심판으로부터 구원받습니다. 그 복음은 이 세상을 변혁하고 개혁하고 안정되게 하고 번영하게 합니다. 성공되게 하는 것이 아닙니다. 그런 것은 없습니다. 십자가가 무엇을 말합니까? 하나님의 아들이 이 땅에 오셔서 십자가에 돌아가셨다는데, 그를 따르고 믿는 자들이 순교했다는데, 이 험악한 세상에서 무슨 세상의 번영을 말하는 것이겠습니까?

하나님의 뜻과 의도

오늘 본문은 말씀합니다. "눈은 눈으로, 이는 이로(38절)" 하나님께서 주신 말씀입니다. 그 문자 안에 하나님의 깊은 마음, 정신, 의도가 있음을 깨달아야 됩니다. 거기에 하나님의 뜻이 있습니다. 적어도 세 가지를 기억해야 합니다.

첫째는, 이 말씀을 주신 분이 하나님이시라는 것입니다. 하나님께서 이렇게 하시겠다는 것입니다. 이 말씀대로 '눈에는 눈, 이에는 이'라는 것입니다. 하나님께서는 죄를 미워하시고 심판하십니다. 진노의 하나님이십니다. 특별히 구약성경에 가득히 기록되어 있습니다. 그런고로 누구든지 죄가 하나 있으면, 아무리 그 죄가 작은 것이라해도 하나님 앞에 구원받지 못합니다. 죄를 심판하시기 때문입니다. 그래서 지옥이 있습니다.

이 세상에서 아무리 유명하고 성공해도 지옥에 갑니다. '죄가 있어서 그 죄대로 갚으시리라. 눈에는 눈, 이에는 이.'

그렇다면 어떻게 해야 구원받습니까? 하나님께서 구원의 길을 열어주셨습니다. 유일한 길이신 예수 그리스도를 믿는 자마다 마음으로 믿고 입으로 시인하는 자마다 구원을 받으리라고 성경이 기록하고 있지 않습니까? 공평의 하나님을 말씀합니다. '그 죗값을 바로 치른다. 죄의 값은 사망이다.' 성경은 분명히 계시하고 있습니다.

*

둘째는, 하나님께서 지금 악을 제거하시고 우리로 자제하도록 이 말씀을 주셨다는 것입니다. 세상은 악한 사회입니다. 그때나 지금이나 범죄자가 많습니다. 악한 데가 많습니다. 그 악을 제어하기 위해서입니다. 그래서 가해자가 이 말씀 '눈은 눈으로, 이는 이로'를 생각하고 악을 행하기를 조심하는 것입니다. 그렇게 나한테 돌아올 테니까요. 피해자도 너무나 분노해서 되갚고 복수하고 싶을 테니까요. 그러니 '눈에는 눈, 이에는 이' 이 이상은 안 된다는 것입니다.

하지만 인간의 마음은 어떻습니까? 내가 사랑의 상처를 받거나 신뢰가 깨지면 아예 상대를 죽이고 싶지 않습니까? 그런데 정확히 그 만큼만이 아니라 그 몇 배로 보복하고 싶은 마음이 우리 인간의 본성에 있습니다. 그래서 그 악을 제거하기 위하여 하나님께서 '눈은 눈으로, 이는 이로'라는 말씀을 주신 것입니다.

특별히 우리가 기억해야 할 것은 이것입니다. 이 말씀은 모세에게 율법으로 주셨습니다. 재판관에게 주신 것이지, 개인에게 주신 말씀이 아닙니다. 다시 말해서 개인적인 복수, 개인적인 보복을 위해서 쓰여질 말씀 또한 아닙니다. 억울한 일을 당하고 피해를 본 사람이 이제 하나님 앞에 나아옵니다. 하나님의 법에 호소합니다. 그럴 때 그 재판관인 모세가 하나님의 뜻을 따라 '눈은 눈으로, 이는 이로'라고 재판하라고 주셨습니다. 개인적인 보복이나 복수가 전혀 아닙니다. 이것을 분명히 기억해야 합니다.

인간의 마음과 책임

이런 이야기가 있습니다. 어느 부부가 드라이브를 하고 가다가 사소한 말다툼을 했습니다. 원래 사람은 사소한 데 목숨을 거는 존재입니다. 둘은 서로 기분이 아주 나빠졌습니다. 그래 아무 말도 안하고 가는데, 남편이 옆을 보니 개 한 마리가 지나갑니다. 그걸 보고 남편이 아내한테 빈정대며 말합니다. "여보, 저기 당신 친척 지나가네. 인사 좀 하지 그래?" 아내가 순간적으로 화가 났습니다. 그래 큰소리로 개한테 정말 인사를 합니다. "안녕하세요, 시아주버님?"

이것이 인간의 마음입니다. 우리의 본성에 이런 것이 있습니다. 그러나 그 끝이 무엇입니까? 싸움이요 불화입니다. 그냥 망합니다. 그래서 그렇게 하지 말라고 주신 것이 '눈에는 눈, 이에는 이'입니다. 개인적인 것이 아닙니다. 하나님의 법에 호소하는 것입니다.

*

예를 들어보겠습니다. 얼마 전에 천안함 사건이 있었습니다. 세상의 논리대로 하자면 어떻게 되겠습니까? '눈에는 눈, 이에는 이'의 본뜻을 왜곡하면 바로 전쟁 납니다. 다 파괴됩니다. 하나님의 말씀은 내 필요에 따라서 이렇게 저렇게 마음대로 적용해도 되는 것이 아닙니다. 항상 일관성이 있어야 합니다. 하나님의 뜻은 왔다 갔다 하지 않습니다. 그런데도 불구하고 하나님의 사람이, 하나님의 백성이, 하나님의 율법을 받은 사람이, 오늘날 소위 그리스도인들이 자기의 유익을 위하여 먼저 하나님의 말씀을 왜곡합니다. 남용하고 도용합니다. 예수님 말씀하십니다. "나는 너희에게 이르노니 악한 자를 대적지 말라. 누구든지 네 오른편 뺨을 치거든 왼편도 돌려대며(39절)" 이것이 메시지입니다.

"악한 자를 대적하지 말라." 우리가 이 험악한 세상에서 이런 일들을 수없이 만나지 않습니까? 그러니 말씀으로 하나님께서 '눈에는 눈, 이에는 이'라는 말씀을 주신 것입니다. 개인적으로 복수하고 보복하지 말라는 것입니다. 그런데도 계속해서 이 말씀을 왜곡하고 남용하고 도용합니다. 누구 책임입니까? 누구 잘못으로 이런 것입니까? 성경 전체의 수많은 진리가 왜 오늘 이렇게 왜곡되게 전해지고 믿어지는 것입니까? 누구 책임입니까? 종교지도자의 책임입니까? 목사 책임입니까? 나를 전도한 자의 책임입니까? 누구 책임입니까? 하나님께서 각자의 책임을 물으실 것입니다.

그러나 가장 중요한 것은 자신의 책임입니다. 자신이 분별력이 없어서입니다. 그리스도인 안에는 성령께서 계십니다. 성령께서 분별력을 주십니다. 영적 분별력을 가지고 다시 생각해야 하는데, 자기 유익을 따라 그러지 못합니다. 이것을 분명히 기억해야 합니다.

악한 자를 대적하지 말라

역사를 살펴보면 대문호 셰익스피어(William Shakespeare)는 이 말씀을 바로 이해했던 것 같습니다. 그의 작품 「베니스의 상인」은 영화로도 만들어져 호평을 받은 바가 있는데, 거기에 이런 장면이 나옵니다. 베니스의 상인 안토니오는 덕망 높은 사람입니다. 자기 친구가 어려운 일을 당하자

대신 빚을 얻어줍니다. 나중에 자기 배가 들어오면 갚기로 합니다.

그런데 하필이면 그 돈을 빌려줄 사람이 유대인인 악덕 고리대금업자 샤일록 밖에 없습니다. 그는 평소 안토니오를 시기하고 질투하던 사람입니다. 마침 기회다 싶어 그는 음모를 꾸밉니다. 돈을 빌려주되 만일 약조한 기한 안에 못 갚으면 대신 안토니오의 살 1파운드를 자기가 갖겠다고 한 것입니다. 죽이겠다는 것이지요. 어처구니없는 조건이지만, 사정이 급하다 보니 안토니오는 하는 수 없이 그 계약서에 서명을 합니다.

그런데 결국 기한 안에 돈을 못 갚게 되었습니다. 샤일록은 계약서를 증거로 안토니오를 법원에 고소합니다. 이때 그가 하는 말이 바로 '눈엔 눈으로, 이엔 이로'입니다. 계약대로 하자는 것입니다. 자기한테 피해를 입혔으므로 안토니오가 보상을 해야 한다는 것입니다. 그야말로 '눈에는 눈, 이에는 이'입니다. 이제 안토니오는 자기 살 1파운드를 제공해야 할 처지가 되었습니다. 꼼짝없이 걸려들었습니다.

그런데 재판관이 지혜로운 판결을 내립니다. "맞다. 눈에는 눈, 이에는 이다. 그러니 딱 살 1파운드만 떼고 피는 가져가지 마라." 어떻게 피를 한 방울도 흘리지 않고 살만 떼어 가져갈 수 있겠습니까? 결국 샤일록의 보복은 수포로 돌아갑니다. 이것이 고유한 정신입니다. 개인적인 보복, 복수를 제어하기 위하여 하나님께서 주신 말씀입니다.

*

그래 예수님께서 더 강하게 잠언을 통하여 이 말씀을 알아들으라고 이렇게 말씀하십니다. "누구든지 네 오른편 뺨을 치거든 왼편도 돌려대며(39절)" 이 또한 유명한 잠언 아닙니까? 그리스도인을 향하여 세상 사람들이 많이 써먹는 말씀입니다. '오른뺨을 때리면 왼뺨을 대라고 그랬는데 왜 안대는 거야?' 이렇게 윽박지릅니다. 뺨을 맞는다는 것은 모욕이요 모독입니다. 억울합니다. 누구나 즉각적으로 분노합니다. 할 수만 있다면 한 대 때리고 싶습니다. 내가 힘만 더 있으면 한 대가 아니라 아예 다섯 대쯤 연이어 때리고 싶고, 더 힘이 있다면 아예 팔이나 다리 중 하나라도 분질러놓고 싶은 것이 인간의 마음입니다. 분노입니다.

그런데 이것을 하지 말라는 것입니다. '다른 뺨을 돌려대라.' 그러니까 악한 자를 대적하지 말라고 주신 말씀입니다. 그런데도 이 말씀조차 문자 그대로 해석합니다. 성경은 절대 문자 그대로 해석하면 안 됩니다. 먼저 영적이고 내적인 말씀을 얻어야 됩니다. 지금 악한 사람이 선한 사람의 뺨을 때렸습니다. 거기다 대고 '이쪽도 때려라. 이쪽도 때려봐.'라고 하면 뭐라고 그러겠습니까? 아예 죽이려고 들 것입니다. 악을 제어하는 것이 아니라 오히려 더 화가 나게 만듭니다. 이건 잘못 아닙니까?

전혀 그런 말이 아닙니다. 세상 사람은 그리스도인을 향해 이 말씀을 인용하면서 '무조건 참아야 된다. 무조건 손해 봐야 한다. 너는 아무것도 하면 안 된다.'고 놀립니다. 무식해서 그렇습니다. 그래서 이 말씀의 본을 예수님께서 보여주셨습니다. 요한복음 18장에서, 예수님께서는 십자가에 사형을 받으시려고 대제사장의 집에 끌려가셨습니다. 거기서 대제사장에게 한마디 하셨고 그러자 뺨을 맞으셨습니다. "이 말씀을 하시매 곁에 섰던 아랫 사람 하나가 손으로 예수를 쳐 이르되 네가 대제사장에게 이같이 대답하느냐 하니(22절)"

그 때 예수님께서는 이렇게 말씀하셨습니다. "예수께서 대답하시되 내가 말을 잘못하였으면 그 잘못한 것을 증언하라. 바른 말을 하였으면 네가 어찌하여 나를 치느냐 하시더라(23절)." 예수님께서도 '이쪽도 때려봐라.'라고 하지 않으셨습니다. 그런 말씀이 아닙니다. '네가 어찌 나를 치느냐?' 이것은 개인적인 분노가 아닙니다. 악을 억제하기 위해서 분명히 하나님의 법에 고소하는 것입니다. '율법을 생각해봐라. 바른말을 했으면 어찌 네가 이렇게 하느냐? 회개해야 되지 않느냐? 내가 잘못했으면 네가 말해봐라. 아니면 네가 어찌 이러느냐? 하나님의 법에 위배되지 않느냐?' 바로 그 뜻이 '오른뺨을 맞거든 왼뺨을 돌려대라.'입니다. 메시지를 알아야 됩니다. 하나님의 뜻입니다.

하나님의 은혜와 진리 안에서 다시 생각해야

오늘날 이 세상 각 나라에는 법이 있습니다. 다 같지는 않지만 충분하지 않습니다. 온전하지 않습니다. 그러나 성경은 분명 말씀합니다. '모든 권력과 권세를 하나님께서 허락하셨다.' 악한 왕도, 지혜로운 왕도 결국 하나님께서 허락하신 것입니다. 모든 법에는 하나님께서 주신 권위가 있습니다. 실제로 대다수의 법은 충분하지 않지만, 악을 제어합니다. 제거합니다. 억제하기 위해서 주신 것입니다.

오늘날 그리스도인이 피해를 보고 고소를 하면 '어찌 그리스도인이 그러할까 하겠지만 염려치 마십시오. 단 개인적인 복수나 보복으로 그리하지는 마십시오. 그 죗값이 자신에게 돌아옵니다. 그러나 악을 억제하고 제어하기 위해서, 하나님의 공의를 세우기 위해서는 고소하십시오. 이것이 오늘날 하나님의 뜻대로 그리스도인이 살아가는 지혜입니다.

*

그리스도인은 하나님의 은혜와 진리 안에서 다시 생각해야 합니다. 성령께서 항상 일하십니다. 이 말씀을 항상 기억하십시오. 어떤 사건에서든, 어떤 일에서든 항상 은혜와 진리 안에서 하나님의 뜻이 무엇일까를 다시 생각해야 됩니다. 그 시작과 과정과 끝을 다 성령께서 인도하시도록 해야 합니다.

그 시작 자체를 성령으로 다시 생각해야 합니다. 세상 사람들은 성령이 없으므로 다시 생각하지 않습니다. 그러나 그리스도인만은 비록 부족하고 죄 많은 자기 본성 안에서 다시 생각합니다. 그 가운데 은혜와 진리 안에서 하나님의 의도, 하나님의 중심, 하나님의 마음을 깨닫게 됩니다. 하나님의 뜻을 분별하게 됩니다. 그 영적 분별력을 가지고 하나님의 뜻을 믿습니다. 순종합니다. 그래서 그 뜻이 이루어지면 기뻐하고, 뜻이 이루어지지 않으면 애통해해야 합니다. 지금 하나님의 뜻이 이루어져가고 있는데 자기는 죽겠다고 울고, 뜻이 이루어지지 않는데 자기 소원 들어주셨다고 기뻐한다면 그게 무슨 그리스도인의 모습입니까?

그리스도인은 하나님의 뜻대로 소원하며 그 뜻 안에 살아가는 사람입니다. 그래서 마태복음 7장 21절에서 예수님이 말씀하십니다. 너무나 중요한 말씀입니다. "나더러 주여 주여 하는 자마다 천국에 다 들어갈 것이 아니요 다만 하늘에 계신 내 아버지의 뜻대로 행하는 자라야 들어가리라." 뜻을 분별해야 됩니다. 왜요? 험악한 세상입니다. 우리에겐 말씀이 있고, 성령의 역사가 있습니다. 분별하여 믿고, 그 뜻을 이루어나가는 삶을 살아가야 합니다.

변함없는 하나님의 은혜와 진리

곽선희 목사님께서 북한이 처음 열렸을 때 그들을 돕고자 평양에 가신 적이 있었습니다. 그런데 그들은 마음을 닫았고 그래서 이렇게 반문했습니다. "우리가 조사해보니까 당신 아버지를 우리가 처형했는데, 어떻게 해서 당신들이 우리를 돕고자 합니까? 우리가 원수인데 어떻게 당신이 우리를 돕고자 합니까? 도대체 이해가 안 갑니다."

그래 목사님께서는 이렇게 말씀하셨답니다. "네 말 맞다. 내 안에 적개심도 있고, 미움도 있고, 보복하고자 하는 마음도 있으나, 그 끝이 뭐냐? 다투고 싸우고 전쟁 나고 멸망하는 것 밖에 더 있느냐? 그러나 나는 이 자리에 하나님의 사람으로 왔다. 목사로 왔다. 내가 하나님과 원수 되었을 때, 죄인 되었을 때 하나님께서 그 아들을 보내주시어 십자가에 내어주셨다. 그 십자가의 사랑을 믿고 그리스도인이 되었고, 하나님의 자녀가 되었다. 그래서 그 사랑에 이끌려 하나님의 사랑을 증거하려고 여기에 왔다. 내가 뭘 도우면 되느냐?" 그러자 그들이 마음을 열더랍니다.

*

하나님의 은혜와 진리는 영원하고 불변합니다. 그 안에 하나님의 뜻이 있습니다. 그 안에 능력이 있습니다. 그리스도인은 그 뜻대로 되기를 신뢰하며 기도하고, 그 뜻을 분별하며 오늘을 살아가는 사람입니다. 하나님의 은혜와 진리 안에서 성령의 인도하심을 받아 다시 생각해야 합니다. 영적 분별력을 받아서 하나님의 뜻을 분별하고, 뜻을 믿고 순종하며 그 뜻대로 되기를 갈망하면서 살아갈 때 하나님께서 영광을 받으십니다. 그 삶 위에 하나님의 의와 평강과 희락이 충만하게 나타납니다. 이것이 이 험악한 세상에서 그리스도인이 믿음으로 승리하는 하나님의 길입니다.

기 도

전지전능하신 은혜의 하나님, 오늘도 주의 자녀를 주의 전으로 부르시며 성령 충만한 역사 가운데 우리에게 하나님의 뜻을 분별하는 지혜를 허락해주심을 진심으로 감사드립니다. 오직 하나님의 말씀이 영원한 진리요, 이 세상 또한 하나님의 뜻대로 되어가고 있음을 우리는 믿습니다. 우리의 소원과 우리의 목적과 이 모든 것이 오직 하나님의 뜻 안에 있음을 갈망하며 그대로 되어지기를 바라오니 이 험악한 세상에서 하나님의 뜻을 분별하며, 그 뜻 안에서 살아가는 모든 주의 자녀 될 수 있도록 우리를 깨워주시고 항상 주의 길로 인도하여주시옵소서. 우리 주 예수 그리스도의 이름으로 간절히 기도드리옵나이다. 아멘.

10장_ 남보다 더하는 것이 무엇이냐

또 네 이웃을 사랑하고 네 원수를 미워하라 하였다는 것을 너희가 들었으나
나는 너희에게 이르노니 너희 원수를 사랑하며 너희를 박해하는 자를 위하여 기도하라
이같이 한즉 하늘에 계신 너희 아버지의 아들이 되리니 이는 하나님이 그 해를
악인과 선인에게 비추시며 비를 의로운 자와 불의한 자에게 내려주심이라
너희가 너희를 사랑하는 자를 사랑하면 무슨 상이 있으리요 세리도 이같이 아니하느냐
또 너희가 너희 형제에게만 문안하면 남보다 더하는 것이 무엇이냐 이방인들도 이같이 아니하느냐
그러므로 하늘에 계신 너희 아버지의 온전하심과 같이 너희도 온전하라 (마태복음 5: 43~48)

세계적인 과학자 아인슈타인(Albert Einstein)이 열여섯 살 때 겪은 일입니다. 어느 날 호숫가에 낚시를 하러 가던 중에 그의 아버지가 그에게 이야기 하나를 들려주었습니다. 그런데 이 이야기가 그의 일생을 바꾸는 아주 중요한 계기가 되었습니다. 내용은 이렇습니다.

아인슈타인의 아버지가 이웃에 사는 잭이라는 아저씨와 함께 어느 날 남부에 있는 한 공장에 가서 굴뚝청소 일을 하게 되었습니다. 큰 사다리를 걸쳐놓고 잭이 먼저 올라갔고, 아버지가 그 뒤를 따라 올라가서 함께 굴뚝을 깨끗이 청소했습니다. 그런데 두 사람이 일을 끝내고 내려왔을 때 잭의 얼굴은 시커먼 재로 온통 뒤범벅이 되어 있었는데, 아인슈타인 아버지의 얼굴은 신기하게도 깨끗했습니다.

문제는 그 다음입니다. 잭의 얼굴을 본 아인슈타인의 아버지는 급히 근처의 호숫가로 달려가 깨끗하게 자기 얼굴과 온몸을 씻었습니다. 자기도 잭과 같이 더러운 모습이라고 생각했기 때문입니다. 하지만 잭은 그렇게 하지 않았습니다. 왜냐하면 아인슈타인 아버지의 깨끗한 얼굴을 보고 자기도 괜찮은 줄 알았던 것입니다. 그래서 그는 호숫가에서 손만 씻었습니다. 사람들은 이 두 사람의 각기 다른 행동을 보고 크게 웃었습니다.

이 이야기에 아인슈타인 부자(父子)도 크게 웃었습니다. 아버지는 이렇게 말합니다. "아들아, 그 누구도 너의 거울이 될 수는 없단다. 오직 너 자신만이 스스로의 거울이 될 수 있어. 명심하렴. 다른 사람을 거울삼으면 자신을 바보나 천재로 착각하는 함정에 빠질 수 있단다."

참으로 지혜로운 교훈입니다. 그리스도인의 거울은 누구입니까? 세상 사람들의 거울은 자신일 수 있습니다. 이것이 지혜입니다. 그러나 그리스도인은 그 이상이어야 합니다. 오직 예수 그리스도만이 거울입니다. 예수 그리스도 안에서 새사람이 되었고, 예수 그리스도 안에서 거듭난 하나님의 자녀가 되었기 때문입니다. 이것을 항상 기억해야 합니다.

그리스도인은 오직 하나님의 말씀으로 판단 받습니다

이 세상에는 선한 사람, 훌륭한 사람이 많습니다. 도덕적으로, 윤리적으로 아주 본이 되는 훌륭한 사람들이 역사적으로도, 오늘 이 시대에도 많이 있습니다. 특별히 종교인들 가운데 그런 사람이 많습니다. 불교에도 마찬가지입니다. 얼마나 훌륭한 스님들이 많습니까? 이슬람에도 많습니다. 힌두교에도 많습니다. 20세기의 대표적인 인물이 간디 아닙니까? 얼마나 훌륭한 사람입니까?

그러나 분명히 기억하십시오. 그는 하나님의 자녀는 아닙니다. 천국에는 못 들어갑니다. 오늘 마태복음 5장 20절에서 예수님이 말씀하십니다. "내가 너희에게 이르노니 너희 의가 서기관과 바리새인보다 더 낫지 못하면 결코 천국에 들어가지 못하리라."

*

그 당시 바리새인과 서기관은 성경을 깊이 연구하던 사람입니다. 항상 기도하고 금식하던 사람입니다. 애국심이 높고 민족주의 의식이 강했던 사람입니다. 선행을 많이 베푼 사람입니다. 도덕적으로, 윤리적으로 거의 흠이 없는 사람입니다. 그러나 예수님께서는 말씀하십니다. '저들의 의보다 더 낫지 아니하면 천국에 못 들어가리라.' 결국 그들은 천국에 못 들어갑니다. 하나님의 자녀가 아니라는 것입니다. '그 이상이어야 천국에 들어가리라.' 깊이 생각하십시오.

거듭난 그리스도인은 오직 하나님의 말씀인 진리 안에서 판단을 받고, 영향을 받는 사람들입니다. 물론 이 세상의 지식과 사상과 어떤 사건에도 영향을 좀 받기는 하지만, 그것은 잠시잠깐입니다. 그 마지막 결정은 오직 하나님께 있습니다. 하나님의 은혜와 진리 안에서 판단을 받고, 영향을 받는 사람만이 그리스도인입니다. 차원이 다른 삶을 살아갑니다. 생각도, 목적도, 동기도, 소원도, 삶의 사고방식도 다 다릅니다.

그리스도인에게는 진리가 항상 먼저입니다

선행은 참 좋은 것입니다. 꼭 해야 될 일입니다. 그러나 그리스도인은 오른손이 하는 일을 왼손이 모르게 해야 합니다. 하나님께서 그렇게 하라고 말씀하셨기 때문입니다. 익명적 헌신입니다. 하지만 세상 사람들은 오른손이 하는 것을 왼손이 알게 합니다. 스스로 그것을 즐깁니다. 게다가 남들도 그것을 알게끔 만듭니다. 이것은 하나님과 아무 상관이 없습니다. 자기의 유익을 원하는 것일 뿐입니다. 인류복지를 위한 선행일 뿐입니다. 하나님의 자녀가 아니기 때문입니다.

여기에 기독교와 교회와 그리스도인의 타락과 비극이 있습니다. 오늘날 교회가 선행을 신문에 내곤 합니다. 얼마 전에는 태안반도에서 좋은 일을 하면서 기자를 다 불러놓고 인터뷰하고 사진 찍는 것을 보았습니다. 이것은 기독교가 아닙니다.

진리가 먼저입니까, 선행이 먼저입니까? 항상 진리가 먼저입니다. 진리 안에서 선을 행해야 합니다. 이것이 참 교회의 모습입니다. 진리가 먼저입니까, 화해나 연합이 먼저입니까? 항상 기독교인은 진리가 먼저입니다. 진리가 먼저입니까, 이데올로기가 먼저입니까? 자유냐 보수냐의 문제가 아닙니다. 기독교인은 항상 진리가 먼저입니다. 이것이 거듭난 그리스도인의 삶입니다.

*

죽음에 대해서도 마찬가지입니다. 그리스도인이 죽음에 직면하고 죽음 앞에 있을 때 근심과 걱정도 있지만, 결국은 찬송합니다. 하나님께 맡깁니다. 그리고 생각합니다. 평생 소망했던 일이 이루어지는 시간입니다. 하나님께로 가는 시간입니다. 하나님 나라의 영광에 참여하는 시간입니다. 기대감이 있습니다.

그러나 불신자들은 허무합니다. 그것으로 끝이거든요. 허탄한 것입니다. 절망도 있고 고통도 있습니다. 더욱이 성경말씀대로 하나님께로 가면 절대 안 되는 것입니다. 그러니 얼마나 두렵겠습니까? 죽은 다음에 하나님께서 안 계셔야 그나마 살아남겠는데, 그냥 끝나겠는데, 하나님께서 만일 계시다면 지옥 아닙니까? 그것도 영원한 지옥입니다. 그러니 얼마나 두렵 겠습니까? 이처럼 그리스도인은 완전히 다른 차원의 삶을 살아갑니다.

거듭난 그리스도인은 오직 하나님의 진리 안에서 판단 받고, 영향 받 으며 살아갑니다. 차원이 다른 삶을 살아가는 것입니다. 오늘본문에서 예 수님 말씀하십니다. 하나님의 자녀에게 주시는 말씀입니다. "남보다 더 하 는 것이 무엇이냐(47절)." 그 이상이어야 된다는 것입니다. '그 이상의 다른 차원의 삶을 살아야 되는 것 아니냐? 이것이 마땅하지 않으냐? 남보다 더 한 것이 무엇이냐?'

만일 남보다 더한 삶, 이 세상 사람보다 더한 삶 또한 일반종교보다 더 한 삶, 더 나은 삶을 살지 못한다면 심각한 문제가 있습니다. 거듭나지 않 았거나, 아니면 거듭났지만 잘못된 신앙생활을 하고 있는 것입니다. 성도 여러분은 어떤 사람입니까?

그리스도인은 달라야 합니다

한 성직자가 멀리 여행을 갔다가 고향으로 돌아오는 길에 기차역에서 한 성도를 만났습니다. 그래 반가워하면서 "고향에 아무 일 없었습니까?" 하고 물으니, 그 성도가 말했습니다. "큰일이 있었습니다. 큰 회오리바람 이 지나갔습니다. 그래서 저희 집이 싹 날아갔습니다."

마침 그 성도는 신앙생활을 아주 잘못하고 있던 사람이었습니다. 그걸 알고 있었던 이 성직자는 속으로 이때다 싶어 그 성도에게 이렇게 몰인정 한 이야기를 했습니다. "그거 놀랄 일 아닙니다. 당연한 일입니다. 제가 평 소에 말씀드렸잖아요. 신앙생활 잘하시라고요. 똑 바로 하라고요. 벌 받은 겁니다."

그랬더니 그 성도가 한마디 덧붙입니다. "그런데 신부님, 신부님 집도 날아갔는데요." 그러자 그 성직자가 깜짝 놀라면서 잠시 멈칫하다가 이렇게 말하더랍니다. "아, 역시 주님의 뜻은 인간이 헤아릴 수 없군요." 주님의 뜻 안에서 모든 상황, 모든 인간이 동시에 판단 받고, 영향 받습니다.

*

오늘 본문을 통해서 예수님께서는 특별히 이웃사랑에 관한 메시지를 주십니다. 46절과 47절의 말씀입니다. "너희가 너희를 사랑하는 자를 사랑하면 무슨 상이 있으리요 세리도 이같이 아니하느냐 또 너희가 너희 형제에게만 문안하면 남보다 더하는 것이 무엇이냐 이방인들도 이같이 아니하느냐."

그 당시 제일 나쁘고 악한 사람들이라면 단연 매국노인 세리였습니다. 하나님을 믿지 않는 그들도 자기들 좋아하는 사람을 사랑하고 끼리끼리 잘 지내는데, 지금 하나님의 백성이라고 하는 사람이 그 이상이 아니라면 도대체 어떻게 하나님의 자녀라고 할 수 있겠느냐는 말씀입니다.

오늘도 마찬가지입니다. 어느 악인이 자기들 끼리끼리 잘 지내지 못합니까? 오히려 악한 사람들이 의리는 더 좋습니다. 그러니 그리스도인으로서, 하나님의 자녀로서 그들보다 더 나은 것이 무엇이냐는 것입니다. 그리고 주신 말씀이 이것입니다. '원수를 사랑하라. 위하여 기도하라.' 하나님 말씀입니다. 성도 여러분은 이 말씀을 얼마나 믿고, 얼마나 삶에서 실천하며 살아갑니까? 이것이 문제입니다.

원수사랑은 그리스도인의 삶의 시작입니다

'원수를 사랑하라.' 얼마나 거북한 말씀입니까? 원수가 있어보면 압니다. 참으로 거북하고 심각한 일입니다. 그러다 보니 스스로 그리스도인인데도 불구하고 이 말씀을 믿지 않습니다. 불편하기 때문입니다. 더 나아가 불가능한 일입니다. 그러니 어떻게 그럴 수 있느냐 반문하며 믿지를 않습니다. 그러나 하나님께서는 이를 가능케 하십니다. 그러니 그렇게 하지 않는 것은, 그것을 믿지 않는 것은 불신앙입니다.

또 어떤 사람은 '이것은 사랑의 극치다. 사랑의 끝이다.'라고 하면서, 그러니 '앞으로 먼 훗날 그렇게 되겠지.'라고 이 일을 유보합니다. 스스로 삶을 정당화합니다. 이 또한 불신앙입니다. '원수를 사랑하라.' 이것은 하나님의 말씀입니다. 세상 사람은 안 지켜도 그리스도인은 이 하나님의 말씀을 항상 듣고 삶에서 실천해야 됩니다. 그래야 거듭난 그리스도인입니다. 특별히 '원수를 사랑하라.'는 것은 사랑의 극치를 뜻하는 말씀이 아닙니다. 사랑의 끝이 아닙니다. 항상 기억하십시오. 거듭난 그리스도인의 삶의 시작이요 본질입니다. 이것을 분명히 알아야 합니다.

*

로마서 5장은 이렇게 말씀합니다. "우리가 아직 연약할 때에 기약대로 그리스도께서 경건하지 않은 자를 위하여 죽으셨도다(6절)." "우리가 아직 죄인 되었을 때에 그리스도께서 우리를 위하여 죽으심으로 하나님께서 우리에 대한 자기의 사랑을 확증하셨느니라(8절)." '너희가 아직 연약하였을 때, 죄인 되었을 때, 원수 되었을 때 하나님의 아들 그리스도께서 십자가에 못 박혀 죽으셨느니라. 그 십자가 안에서 하나님의 사랑을 확증하셨느니라. 십자가로 하나님과 원수들이 화목하게 되었느니라.'

우리가 하나님과 원수 되었을 때, 하나님의 진노 아래 있으며 하나님을 거역할 때 하나님께서 십자가에 죽으심으로, 하나님의 그 사랑으로 그리고 그 사랑을 믿음으로, 거저 주시는 은혜로 우리는 하나님의 자녀가 되었습니다. 그러니 하나님께서 말씀하십니다. "원수를 사랑하는 것이 마땅하지 아니하냐?" 이 하나님의 십자가 사랑을 모르는 사람은 도저히 지킬 수 없습니다. 불가능합니다. 그러나 거듭난 그리스도인에게 삶의 시작은 십자가 하나님의 사랑입니다. 그 사랑을 원수들에게 증거하라는 것입니다. 내 사랑을 주라는 것이 아니라, 하나님의 사랑을 나타냄이 마땅하다는 것입니다.

*

기독교 진리에는 항상 두 가지 관점이 있습니다. 소극적 진술이 있고, 적극적 진술이 있습니다. 소극적인 것은 세상이 악하기 때문입니다. 우리가 죄인이기 때문입니다. 그래서 항상 이런 모습으로 전해집니다. '하지 마라.' 대표적인 것이 십계명입니다. 율법입니다. 그러나 그 계명 안에 깊은 하나님의 의도와 마음과 뜻이 나타나 있습니다.

그리고 적극적인 것이 있습니다. '무엇을 행하라.' 악인에 대하여, 원수에 대하여 소극적 진술은 이것입니다. '눈에는 눈 이에는 이' 하나님께서는 항상 이렇게 심판하신다는 것입니다. 즉 우리 안에 죄의 본성을 억제하기 위해서 주신 말씀이요, 더 나아가 이것은 개인에게 주신 말씀이 아닙니다. 하나님의 의에, 법에 고소하라는 것입니다. 소극적인 것입니다. 꼭 필요한 것입니다.

그러나 적극적인 진술은 오늘 본문 말씀입니다. '원수를 사랑하라.' 이것이 복음입니다. 무시하라는 것이 아닙니다. 냉담하라는 것도 아닙니다. '원수를 사랑하라.' 하나님의 말씀입니다.

원수사랑이 거듭난 그리스도인의 삶입니다

저는 '원수'하면 꼭 생각나는 재미있는 이야기가 있습니다. 오래전에 TV에 나왔던 이야기입니다. 제 기억에 진행자는 서세원 씨로, 70세 넘은 분들을 모아놓고 이야기를 나누는 프로그램인데, 진행자가 한 노부부에게 이렇게 물었습니다. "평생 함께 살아온 관계를 뭐라고 합니까?" 사회자가 기대한 정답은 '천생연분'이었습니다. 제가 그 모습을 지금도 생생히 기억하는데, 웬 할머니가 손을 번쩍 들더니 "웬수!" 하더라고요.

그러자 사회자가 다시 물었습니다. "네 글자로 말씀하세요. 두 글자가 아닙니다." 그렇게 다시 기회를 주니 "평생 웬수!"라고 대답했습니다. 원수도 아닌 평생원수입니다. 그 장면이 너무나 생생히 기억납니다. 세상의 이야기입니다.

그러나 분명한 것은 '원수를 사랑하라'는 말씀 안에만 화해가 있고, 평안이 있고, 화평이 있고, 행복이 있고, 승리가 있습니다. 이것이 이루어지지 않으면 항상 가정에서나, 사회에서나, 국가 간에나 다툼이 있고, 원망이 있고, 증오가 있고, 폭력이 있고, 전쟁이 있고, 망하는 것만 남습니다. 너무나 자명하지 않습니까?

누구나 원수가 있습니다. 원수 같은 사람이 있습니다. 초등학생도 있습니다. 문제는 이 문제를 어떻게 해결하느냐 하는 것입니다. 하나님의 자녀로서 이 세상을 살아가는 동안에 이 문제를 어떻게 대처하고 극복하느냐가 중요합니다.

*

목사인 제게는 세 부류의 원수가 있습니다. 첫째원수는 교회 안팎에서 교회를 훼방하고 비난하고 파괴하려는 사람입니다. 정말 손보고 싶은데,

그러면 안 될 것 같아서 참습니다. 화가 나지요. 원수입니다.

그런데 이보다 더 큰 원수는 진리를 왜곡되게 선포하는 부류들입니다. 정말 분노할 수 밖에 없습니다. 예수님도 마찬가지입니다. 그래서 오늘 본문에 그런 사건이 나타납니다. "네 이웃을 사랑하고 네 원수를 미워하라 하였다는 것을 너희가 들었으나(43절)" 무슨 상황이냐 하면, 그 당시 예수님께서 오셨을 때 유대인들이 대제사장과 바리새인과 서기관들이 성경말씀을 이렇게 가르쳤습니다. 항상 교회에서 이렇게 말씀을 들었습니다. 진리를 왜곡해서 들었습니다. '원수를 미워하라.' 그래서 정말 유대인은 원수를 미워했습니다. 이방인을 개로 여겼습니다.

그러나 성경을 찾아보십시오. 구약성경 어느 한 구절에도 그런 말씀이 있지를 않습니다. 자기 멋대로 해석했습니다. 왜요? 성경을 보니 하나님께서 소돔과 고모라를 멸망시키셨습니다. 악인을 진멸하셨습니다. 거기다가 가나안 땅을 들어가니까 악인을 다 죽이라고 하나님께서 말씀하셨습니다. 이것은 하나님의 심판입니다.

그런데 하나님께서 말씀하시지도 않았는데 이제 자기 멋대로 계속 원수를 심판하고 미워했습니다. 이렇게 수백 년을 가면서 하나님의 진리를 땅에 떨어뜨렸습니다. 진리를 왜곡시켰습니다. 이런 부류들을 보면 분노할 수 밖에 없습니다. 오늘날도 가장 유명하다는 분들이 여기에 많이 속해 있습니다. 반쪽 복음입니다. 온통 세상의 복음입니다. 하나님 나라의 복음이 없습니다. 예수님께서는 처음부터 끝까지 하나님 나라의 복음을 전하셨는데, 무슨 세상의 개혁을 전하느냐 하는 것입니다. 이런 모습에 저는 분노하게 됩니다.

세 번째가 더 문제입니다. 이것은 죽이고 싶습니다. 이 세 부류의 원수가 제 안에 있습니다. 제 안에 있는 죄의 본성이요, 허물과 죄입니다. 항상 누구에게나 있습니다. 어떻게 하면 좋습니까? 손봐야 됩니까? 분질러야 됩니까? 죽여야 됩니까? 다시 한 번 깊이 생각해보십시오.

*

먼저 자기 자신 안에 있는 죄의 본성, 죄의 허물을 생각해보십시오. 우리가 어떻게 다스립니까? 그것을 미워하지만 매일 그걸 붙들고 살 수는 없지 않습니까? 그러기에 하나님께 기도합니다. '하나님, 저 좀 고쳐주세요. 버려야 될 것 버리고, 끊어야 할 것 끊게 해주세요. 하나님, 불쌍히 여겨주세요.' 이렇게 기도하지 않습니까? 그리고 하나님께서 주신 은혜, 하나님께서 주신 소망을 붙들고 삽니다.

항상 이런 원수들과 씨름하면 아무것도 못합니다. 은혜고 뭐고 없습니다. 언제나 진리를 왜곡하는 사람, 교회를 훼방하는 사람을 생각하면 모든 일을 그만두고 싶습니다. 아무것도 하고 싶지 않습니다. 여기에 사단의 역사가 있습니다. 그래서 주께서 말씀하십니다. '원수를 사랑하라. 네 몸과 같이 네 이웃을 사랑하라.' 우리 자신이 가장 큰 원수인 자신을 다스리는 것처럼, 돌보는 것처럼 그 원수를 대하라, 취급하라는 것입니다. 이것이 원수를 사랑하는 지혜입니다. 그러지 아니하고서는 하나님의 은혜에 감사하고 찬송하며 하나님의 뜻대로 살아갈 수도 없습니다. 전혀 없습니다. 성경을 통째로 외워도 하나님의 말씀이 들리지 않습니다. 원수를 사랑해야만 하나님의 사람으로 날마다 거듭날 수 있습니다. 그래서 이것이 시작이라는 것입니다.

'사랑하는 것'과 '좋아하는 것'을 구분해야 합니다

이 원수를 사랑하기 위해서는 사랑하는 것(Love)과 좋아하는 것(Like)을 분별할 필요가 있습니다. 제가 연구 많이 했습니다. '좋아한다(Like)'는 것은 항상 개인적입니다. 내가 좋아하고 싫어하고를 내 마음대로 할 수 있습니다. 이것은 감정입니다. 항상 변합니다. 10년이 지나니까 원수가 친구 되고, 친구가 원수 되더라고요. 이것은 항상 개인적인 것입니다.

그러나 '사랑한다(Love)'는 것은 항상 이성적 차원의 것이요, 의지적 차원의 것입니다. 감성을 넘어섭니다. 이것은 진리의 차원에서 생각해야 됩니다. 이것은 불변합니다. 그래서 예수님 말씀하니다. '원수를 사랑하라.' 좋아하라고 그랬다가는 큰일 나는 것입니다. 원수를 좋아하라는 것이 아닙니다. 좋아할 수 없습니다. 어떻게 원수를 좋아합니까? 그러나 원수를 사랑할 수는 있습니다. 하나님께서 말씀하시므로 사랑한다고 생각하고 그냥 사랑하십시오. 그러다보면 나중에 조금씩 좋아지더라고요. 불쌍히 여기게 되더라고요. 하나님께 완전히 맡기게 됩니다.

*

하나님께서도 죄인을 좋아하지 않으십니다. 죄를 미워하십니다. 죄를 심판하십니다. 그러니까 죄인을 좋아하지 않으십니다. 그러나 죄인을 사랑하십니다. 끝까지 사랑하십니다. 예수님께서도 대제사장이나 바리새인들을 좋아하지 않으셨습니다. 이것이 인간의 본성입니다. 하나님께서 주신 하나님의 마음입니다. 죄인을 절대 좋아할 수 없습니다. 그러나 사랑하십시오. 끝까지 사랑하십시오.

예수님께서는 십자가에서 죽으시면서 까지도 그들을 위해 기도하셨습니다. "저들의 죄를 저에게 돌리지 마소서. 저들을 사하소서." 이렇게 하라는 것입니다. 좋아할 수는 없지만, 하나님의 사람은 사랑해야 됩니다. 왜요? 하나님께서 말씀하셨기 때문입니다. '원수를 사랑하라.' 하나님의 말씀입니다.

더욱이 우리가 하나님과 죄인되었을 때, 원수 되었을 때 십자가에 나타난 하나님의 사랑으로 하나님의 자녀가 되었습니다. 할 말이 없습니다. 그러니 원수를 향하여 사랑하고 하나님의 사랑을 증거하는 것이 마땅하지 않겠습니까?

모든 인류를 사랑하시는 하나님

오늘 본문 45절에서 예수님께서는 특별히 그와 같이 말씀하십니다. "이같이 한즉 하늘에 계신 너희 아버지의 아들이 되리니" 원수 사랑이 하나님의 아들 됨의 시작입니다. "이는 하나님이 그 해를 악인과 선인에게 비추게 하시며 비를 의로운 자와 불의한 자에게 내려주심이라." 여기에 오묘한 하나님의 지혜, 영적 원리가 있습니다. 해와 비를 하나님의 자녀에게만 주시는 것이 아니지 않습니까? 모든 사람에게 주십니다.

무슨 말씀입니까? 악인도, 죄인도, 원수도 하나님께서 계속해서 돌봐주십니다. 왜요? 자녀니까요. 부모입장에서는 자녀가 많으면 나쁜 자식도 있고 착한 자식도 있고, 여러 가지입니다. 그러나 나쁜 자식을 더 좋아할 수는 없습니다. 더 좋아하는 자녀가 있을 수 있겠지요. 그러나 동일하게 사랑합니다. 어떻게 보면 그 나쁜 자녀를 더 사랑합니다. '저거 어디 가서 굶지나 않나, 어디 가서 매 맞지나 않나, 감옥가지 않나?' 이렇게 더욱 근심하게 되고 사랑합니다.

하나님께서 모든 인류를 이렇게 사랑하십니다. 악인까지도 그 자유와 번영을 생각하시고, 복지와 유익을 생각하십니다. 오늘도 이렇게 역사하십니다. 그러므로 하나님 아버지의 마음으로 이와 같이 하는 것이 하나님의 자녀로서 마땅하다는 것입니다. 심판은 오직 하나님께 있습니다. 성경은 수없이 이것을 강조합니다. 인간에게 있는 것이, 내게 있는 것이 아닙니다. 하나님께 맡기는 것입니다. 우리는 원수를 사랑함을 통해서 하나님의 뜻을 이룹니다.

*

미국독립전쟁 중에 있었던 실화입니다. 너무나 유명한 사건입니다. 피터 밀러 목사님이라고 있었는데 아주 신실하고 존경받는 분이었습니다. 주변사람들이 다 그분을 좋아했습니다. 그런데 딱 한 사람, 항상 그런 사람들이 있게 마련인데, 마이클 위트만이라는 사람이 이 목사님을 미워하여 막 비난을 했습니다. 심지어 목사님만 비난하는 것이 아니라 동네사람들을 모두 다 비난했습니다.

그러던 중에 그가 모반죄로 잡혀서 사형선고를 받게 되었습니다. 그러니까 사람들은 당연하다고 생각했지만, 거듭난 하나님의 사람인 피터 밀러 목사님은 근심했습니다. 그리고 그를 위하여 기도하기 시작했습니다.

마침내 어려운 결정을 내리고 조지 워싱턴 대통령에게 탄원을 하러 가기로 했습니다. 그러자면 말을 타고 가야 되는데, 전쟁 중이라 말들이 다 징집되고 없었습니다. 결국 그는 그 먼 필라델피아까지 걸어서 갔습니다. 그리고 대통령을 만나 호소했습니다. "그를 사면해주십시오."

하지만 조지 워싱턴은 냉정하게 거절했습니다. "절대 안 됩니다. 당신의 친구라 할지라도 안 됩니다." 그랬더니 목사님이 이렇게 말했습니다. "친구라니요? 저의 원수입니다. 저희 마을사람들, 그 교인들에게 다 물어보세요. 평생원수입니다."

워싱턴이 그 말을 듣고 깜짝 놀랐습니다. "그럼 당신은 친구가 아니라 원수의 생명을 구원해주기 위해서 그 멀리서 여기까지 걸어왔단 말이오?" 대통령은 심각하게 생각하고 나서 이렇게 말했습니다. "당신의 그 태도는 나로 하여금 이 사건을 다른 시각으로 보게 만드는군요. 좋습니다. 저는 당신의 그 원수를 당신의 뜻에 따라 방면하겠습니다."

이 소식을 마이클 위트만이 들었습니다. 자기가 사형당하는 것을 구경하러 온 줄 알았는데, 그 먼 길을 걸어서 자기를 사면해달라고 탄원하러 왔다는 것을 알았습니다. 그러니 얼마나 감사했겠습니까? 크게 놀랐다고 합니다. 여기에 화평이 있고, 화해가 있고, 용서가 있고, 의가 있고, 하나님께 영광 돌림이 있습니다. 이것뿐입니다.

북한을 생각해보십시오. 북한정부가 전쟁을 일으킬지도 모르고, 그보다 더한 일을 할지도 모릅니다. 원수는 분명 원수입니다. 어떡하면 되겠습니까? 그리스도인만이 답을 압니다. 그 답을 행할 수 있는 사람도 그리스도인뿐입니다. 사랑밖에 없습니다. '원수를 사랑하라.' 거기에만 화평과 의와 평강의 역사, 하나님께서 개입하시는 역사가 있습니다. 주고받는 거래가 아닙니다. 사랑하는 것, 그 외에는 답이 없습니다. 그리스도인은 십자가에 나타난 하나님의 사랑으로, 내가 원수 되었을 때 그 사랑으로 하나님의 자녀가 되었습니다. 그 사랑을 증거 해야 할 특권과 책임을 갖고 있습니다.

*

하나님의 사람 스데반이 돌에 맞아 죽었습니다. 하나님의 진리를 선포하다가 돌로 맞아 죽었습니다. 그러나 그는 오히려 그들을 위해서 기도했습니다. "저들의 죄를 저에게 돌리지 마소서." 원수사랑은 불가능한 것이 아닙니다. 십자가의 사랑을 알고, 말씀과 성령의 역사로 충만하면 항상 가능합니다. 실현 가능합니다. 그를 통해서 하나님께서 영광 받으십니다.

거듭난 그리스도인은, 진정한 하나님의 자녀의 시작은 '원수를 사랑하라'는 이 말씀에 순종하며 실천함으로부터 시작됩니다. 거기에 평안과 평강과 화평과 의의 역사가 나타납니다. 오늘도 하나님께서 하나님의 자녀에게 말씀하십니다. "남보다 더하는 것이 무엇이냐? 원수를 사랑하라. 위하여 기도하라."

기 도

전지전능하신 은혜의 하나님. 오직 하나님의 거룩한 사랑과 은혜 안에서 하나님의 자녀 되었지만, 온전한 믿음이 없어서 하나님만을 신뢰하지 못하고, 말씀에 순종하지 못하여 나를 미워한다고 함께 미워하고, 나를 비난한다고 함께 비난하며, 나를 핍박한다고 보복하려는 마음으로 살아가는 어리석은 죄인을 용서하여주시옵소서. 원수를 사랑함이 하나님 자녀의 삶의 시작이요 본질임을 깨닫고 이 말씀 안에서 오직 성령의 역사에 순종하여 진정한 화평의 역사, 의의 역사를 나타내며 하나님께 영광 돌리는 온전한 하나님의 사람의 삶을 살도록 우리를 지켜주시옵소서. 우리 주 예수 그리스도의 이름으로 간절히 기도드리옵나이다. 아멘.

11장_ 승리의 비결

구하라 그리하면 너희에게 주실 것이요 찾으라 그리하면 찾아낼 것이요 문을 두드리라
그리하면 너희에게 열릴 것이니 구하는 이마다 받을 것이요 찾는 이가 찾아낼 것이요 두드리는
이에게는 열릴 것이니라 너희 중에 누가 아들이 떡을 달라 하는데 돌을 주며 생선을 달라 하는데
뱀을 줄 사람이 있겠느냐 너희가 악한 자라도 좋은 것으로 자식에게 줄줄 알거든 하물며
하늘에 계신 너희 아버지께서 구하는 자에게 좋은 것으로 주시지 않겠느냐 (마태복음 7: 7~11)

현재 미국에서 가장 신뢰받는 기독교 연구소 소장이자 이단과 사이비종교 전문가인 행크 헤네그래프(Hank Hanegraaff) 소장의 「바벨탑에 갇힌 복음」 (Christianity in Crisis)이라는 저서가 있습니다. 이 책에서 그는 승리하는 그리스도인의 삶의 비결은 기본으로 돌아가는 것임을 강조하며, 그 다섯 가지를 ABCDE로 소개합니다.

첫째로, A는 Amen입니다. 이것은 '진정으로, 진심으로(Truly)'라는 의미입니다. 우리가 하나님의 말씀을 들으면서 응답할 때 기도의 마지막은 언제나 '아멘'입니다. 그러나 그 깊은 의미는 이것입니다. '하나님의 뜻대로 하옵소서.' 진심으로 하나님의 뜻대로 되기를 간절히 소원합니다. 이것이 '아멘'입니다. '내 뜻대로, 우리 뜻대로 마옵시고 하나님의 뜻대로 하옵소서.' 이 '아멘'의 신앙으로 돌아가야 믿음으로 승리할 수 있습니다.

둘째로, B는 Bible입니다. 성경은 하나님의 말씀입니다. 성경의 권위는 하나님의 권위입니다. 어떤 제도나 세상 또는 전통으로 돌아가는 것이 아니라 하나님의 말씀으로 돌아가는 것이 진정한 그리스도인의 삶입니다.

셋째로, C는 Church입니다. 교회는 만민의 기도하는 집이요, 그리스도의 몸이요, 하나님의 전입니다. 오늘날 교회가 교육기관이나 구제기관, 또는 선교기관이나 전도기관과 같이 자꾸 다른 모습으로 소개되는데, 전혀 아닙니다. 본래 교회의 모습으로 돌아가야 됩니다. 교인은 그 교회의 '책임 있는 성원(Responsible Members)'입니다. 책임 있는 신도입니다. 그 소속으로 돌아가야 됩니다.

넷째로, D는 Defense입니다. 기독교 신앙을 방어하고 수호해야 합니다. 이 세상은 계속해서 진리를 흔듭니다. 기독교 신앙을 세속화시킵니다. 이것을 지키고 수호해야 할 사람이 그리스도인입니다.

다섯째로, E는 Essentials입니다. 기독교의 본질로 돌아가야 합니다. 성경의 진리로 돌아가야 됩니다. 화합이 먼저가 아니고, 화평이 먼저가 아니고, 번영이 먼저가 아닙니다. 성공도 건강도 먼저가 아닙니다. 진리가 먼저입니다. 성경의 교리로 돌아가야 합니다.

그리스도인의 두 가지 승리

종교개혁은 이신칭의(以信稱義)라는 성경교리를 믿음으로써 시작된 움직임입니다. 이것을 분명히 기억해야 합니다. 거듭난 하나님의 자녀가 이 세상을 살면서 목표로 삼고 추구해야 할 것은 성공이 아니라, 승리입니다. 행복이 아니라, 거룩입니다. 성공이나 행복은 내 뜻이 이루어지고 내가 만족하는 것입니다. 그러나 승리나 거룩은 하나님의 뜻이 이루어지는 것입니다. 하나님께서는 반드시 하나님의 뜻을 이루시고 난 뒤에 그 덤으로 고백과 성공과 행복을 주십니다. 분명 하나님의 자녀는 이 세상에서 두 가지 승리를 이루어야 합니다.

첫째가, 최후승리입니다. 최후심판대에서 하나님께로부터 "충성되다! 잘하였도다!"라고 칭찬받아 천국에 가야 됩니다. 반드시 가야 됩니다. 영원한 삶이 약속되어 있는데 지옥에 갈 수는 없습니다. 하나님과 함께 그 영광에 동참해야 합니다.

둘째는, 종말론적 승리입니다. 현재적 삶의 승리라고 할 수 있습니다. 최후의 승리를 준비하는 현재적 승리입니다. 소극적으로는, 죄와 악에서부터 벗어나야 됩니다. 적극적으로는, 하나님의 뜻이 내 삶을 통해서 이루어져야 됩니다. 예수님의 십자가는 종말론적이고 현재적인 승리입니다. 세상이 볼 때는 실패요 무능력이요 처벌이요 죽음입니다. 그러나 분명 그 것은 죄와 악을 이기는 하나님의 길이요, 현재적으로 하나님 아들의 승리 입니다. 우리는 그것을 믿습니다. 부활은 최후승리를 이룬 것입니다.

어떻게 이 험악한 세상에서 최후승리를 약속받고, 그 믿음 안에서 종 말론적이고 현재적인 승리를 이룰 수 있습니까? 어떻게 예수님과 같은 승리의 삶을 살아갈 수 있습니까? 그 답이 오늘 본문입니다. 너무도 유명한 말씀입니다. 성공과 행복의 비결로 주신 말씀이 전혀 아닙니다. 그리스도 인의 삶의 승리의 비결, 그 답으로 주신 말씀입니다.

'구하라(Ask). 찾으라(Search). 두드리라(Knock). 그러면 얻을 것이다. 응 답될 것이다.' 하나님의 자녀에게만 주시는 약속입니다. 절대약속입니다. 이 말씀처럼 유쾌하고 신나는 말씀이 성경에 그렇게 많지 않습니다. '구하 는 자마다 얻을 것이요. 찾는 자마다 찾을 것이요. 두드리는 자마다 열릴 것이다.' 굉장한 말씀입니다.

그러나 이 말씀에는 깊은 메시지가 있습니다. 예수님께서는 지금 같은 의미를 계속 반복하고 계십니다. 더욱 더 강한 표현으로 그 메시지를 주고 계십니다. 우리에게 하나님의 절대 약속의 확신을 주고 계십니다.

*

이런 우스운 이야기가 있습니다. 만사를 질질 끌면서 해야 할 일들을 뒤로 미루는 어떤 목회자가 있었답니다. 설교준비도 그렇듯 뒤로 미루는 습관이 있었던 것 같습니다. 그러면서 항상 자신을 위로했습니다. '하나님, 메시지를 주세요. 성령님, 메시지를 주세요. 주실 줄 믿습니다.' 그러면서 스스로 위안을 받았습니다.

드디어 주일이 되었습니다. 그는 설교하러 강대상에 서서 크게 기도했답니다. '성령님, 이제 주시면 됩니다. 말씀을 주세요.' 그때 하늘에서 큰 소리가 들리더랍니다. "교인들 앞에 전혀 설교준비를 안했다고 고백하거라."

구하고, 찾고, 두드린다고 되는 것이 아닙니다. 일주일 내내 그 마음, 그 약속을 믿고, 말씀을 연구하며 묵상하고, 영적 씨름을 해야 됩니다. 그러지 않으면 말씀을 받지 못합니다. 이 메시지의 의미를 잘 생각해야 합니다.

메시지에 대한 오해

오늘날 이 유명하고 유쾌한 말씀이 가장 왜곡되고, 가장 남용되고 있습니다. '구하라. 반드시 얻을 것이다.' 이렇게 말하면서 그러므로 긍정적인 마음으로 살아야 한다고 합니다. 하지만 이 본문에 담긴 것은 그런 메시지가 아닙니다. 이건 복음도 아닙니다.

더 나쁜 것은 믿음이 문제라는 것입니다. 하나님께서는 '구하면 얻을 것이요. 찾기만 하면 찾을 것이요'라고 말씀하셨으니, 문제는 믿음이라는 것입니다. 믿음만 가지면 된다고 하면서 꿈은 이루어진다고 해석합니다. 그러나 그것은 잘못된 해석입니다. 하나님의 뜻이 이루어져야지 꿈이 이루어지면 안 됩니다. 그래서 우리로 하여금 잘못된 기대와 열망을 갖게 합니다. 이것은 큰 죄악입니다.

야고보서 4장 2절과 3절은 말씀합니다. 하나님의 말씀입니다. "너희가 얻지 못함은 구하지 아니하기 때문이요 구하여도 받지 못함은 정욕으로 쓰려고 잘못 구하기 때문이라." 하나님 앞에 구하지 않는 것은 하나님을 부인하는 행위입니다. 무시하는 것입니다. 하지만 하나님 앞에 잘못 구하는 것은 하나님을 모욕하는 일입니다. 이것을 분별해야 합니다.

*

문제는 메시지입니다. 말씀을 통해서, 진리를 통해서 그 말씀과 진리를 주신 분의 마음, 그 의도와 본래의 생각을 들어야 됩니다. 얻어야 됩니다. 오직 말씀과 성령의 역사로만 메시지가 들리고, 말씀은 재해석됩니다. 오늘 이 귀한 말씀 앞에 우리가 가장 먼저 생각하고 들어야 될 메시지는 이것입니다. '무엇을 구하는가?' 이것이 가장 본질적인 문제입니다.

오늘 이 시대의 가장 큰 비극이 무엇입니까? 나 자신의 가장 큰 문제가 무엇입니까? 그것은 바로 무엇이 가장 궁핍하고, 절실하고, 절대 필요한지를 모르는 것입니다. 그 무지가 불행이요 비극입니다. 그러니 구하는 것마다 세상풍조에 따라 구합니다. 남이 가지면 나도 가져야 됩니다. 때로는 자기의 유혹의 욕심을 따라 구합니다. 그러다보니 오직 성공, 번영, 건강, 인기, 돈에만 매이게 됩니다. 성경은 분명 그것을 죄라고 말씀합니다.

그러면 무엇을 구해야 합니까? 답은 성경으로부터 배워야 됩니다. 하나님의 말씀으로부터 배워야 됩니다. 하나님의 사람들로부터 배워야 됩니다. 성경에는 믿음의 조상 아브라함으로부터 모세, 다윗, 솔로몬과 같은 위대한 하나님의 사람들이 있습니다. 선지자, 사도들도 있습니다. 그런데 그들은 단 한 사람도 자신의 성공과 행복을 구하지 않았습니다. 그들은 하나님의 뜻을 구했습니다. 그 뜻대로 살기를 구했습니다. 뜻이 이루어지기를 구했습니다. 그리고 덤으로 성공적인 삶을 살았습니다. 행복한 삶을 살았습니다. 이 하나님의 지혜와 방법을 분명히 기억해야 합니다.

메시지의 중요성

오늘날 미국이나 유럽에서는 교인들이 교회를 떠나고 있습니다. 이것이 큰 문제로 화두가 되고 있습니다. 한국에도 그런 현상이 나타나고 있습니다. 특히 젊은 사람들이 교회를 떠난다고 합니다. 그 이유가 무엇입니까?

먼저는 자신들의 기대와 소망이 잘못되어서 그렇습니다. 그들이 구하는 성공과 행복을 세상은 더 빨리 줍니다. 가짜 약속이지만, 항상 그쪽이 더 빠를 것 같은 생각이 듭니다. 세상의 기준으로 보기에 성공한 사람이 얼마나 많습니까? 행복하게 보이는 사람이 얼마나 많습니까? TV만 보아도 우리는 알 수 있습니다. 그 기대가 문제입니다.

둘째로, 우리가 생각해야 할 것은 교회가 헛된 약속을 했다는 것입니다. 성공과 행복을 약속했습니다. 그러나 사실 10년, 20년을 살아봐도 그런 것이 별로 느껴지지 않습니다. 세상이 언제나 우리보다 더 빠른 것 같습니다. 교회는 성공과 승리를, 성공과 행복을 약속한 적이 한 번도 없습니다. 교회는 승리를 약속했고, 거룩한 삶을 약속했습니다. 그들에게 기쁨과 행복을 주신다고 했을 뿐, 그것이 먼저는 아닙니다.

특별히 오늘 본문은 산상수훈 설교 안에 있습니다. 이 성경을 해석할 때 가장 중요한 우선순위가 바로 이것입니다. 지금 예수님께서 산상수훈 설교를 하시면서 그 중에 주신 말씀입니다. 거기에 그 메시지의 의미가 있습니다. 예수님께서 말씀하십니다. '심령이 가난한 자는 복이 있다. 애통하는 자는 복이 있다. 온유한 자는 복이 있다. 의에 주리고 목마른 자는 복이 있다. 긍휼히 여기는 자는 복이 있다. 마음이 청결한 자는 복이 있다. 화평케 하는 자는 복이 있다. 의를 위하여 박해를 받는 자는 복이 있다. 거듭난 자의 마음은 거듭난 자의 존재는 이와 같다.'

이처럼 굉장한 말씀과 신령한 지혜를 주셨는데, 우리는 어떻게 이렇게 살 수 있을까요? 불가능한 것 아닙니까? 이 험악한 세상에서 나 같은 죄인이 어떻게 이 말씀대로 살아갈 수 있습니까? 하나님께 여쭈어보십시오. 답이 오늘 본문 말씀입니다. '내게 구하라. 내게 자꾸 두드리라.' 하나님께서 하나님의 말씀대로 살아가는 지혜와 능력을 주시겠다고 약속하십니다.

*

오늘 본문 바로 앞에서도 '비판하지 마라. 하나님께 비판 받느니라'라고 티와 들보의 비유를 통해서 우리로 기억하게 하셨습니다. '네 눈의 들보를 먼저 보아라.' 하지만 인간의 본성이 이렇게 안 되지 않습니까? 어떻게 한결 같이 이렇게 살아갈 수 있습니까? 그래서 하나님께서 답을 주십니다. '내게 구하고 찾고 두드리라. 그 지혜와 능력을 주마.' 분명 하나님의 뜻이 내 안에서 이루어지는 것은 불가능입니다. 그러나 그것을 가능케 하시는 분이 하나님이십니다. 절대 이루지 못할 약속을 우리에게 하라고 말씀하시지 않습니다.

'너희는 세상의 빛이다. 소금이다.' 얼마나 굉장한 은총입니까? 그런데 어떻게 그렇게 살아갈 수 있습니까? 여러분은 고민하십니까? 고민이 없으면 아예 그리스도인이 아니지요. 그러면 어떻게 그렇게 살아갈 수 있습니까? 하나님께 여쭈어야지요. 그래서 오늘 본문에서 우리에게 주시는 답입니다. '구하라, 찾으라. 두드리라. 지혜와 능력을 내가 주마.' 하나님의 뜻을 분별하고, 그 뜻이 내 안에 이루어지기를 갈망하는 사람에게 주시는 하나님의 절대약속입니다.

기도에 있어서의 태도

더 나아가 이 말씀은 '어떤 태도로 살아야 하느냐? 도대체 하나님께 어떻게 구하여야 하느냐?'에 대한 것입니다. '믿음의 인내와 끈기를 가지고 구하라.' 하나님께서 말씀하시는 것입니다. 그래서 '구하라. 찾으라. 두드리라.'고 반복해서 더욱 강한 표현을 쓰십니다. '이와 같이 내게 구하라.' 왜냐하면 이것은 단번에 이루어지지 않기 때문입니다. 한 번 세게 기도한다고, 40일이나 100일 금식기도 한다고 하나님의 능력이 임하지 않습니다. 한 번 임하고 그 다음에 떠납니다. 계속해서 공급받아야 됩니다. 하나님께서는 항상 인격적으로 역사하십니다. 그래서 '구하고 찾고 두드리라. 끈기를 가지고 믿음의 인내로 이와 같이 하라.'고 말씀하십니다.

인디언은 기도하면 반드시 비가 온다고 합니다. 왜일까요? 비올 때까지 기도하기 때문입니다. 본문은 그 끈기를 말하는 것입니다. 왜요? 우리는 하나님께서 살아계시고 반드시 그 말씀을 이루신다고 믿습니다. 그 믿음으로 인내와 끈기를 가지고 하나님께 구하라는 것입니다. 바로 그런 말씀입니다.

*

특별히 이 말씀은 누가복음 11장에서도 동일하게 주십니다. 함께 주시는 비유가 있습니다. 벗에 대한 비유입니다. '어느 날 밤, 네 벗이 네 집 문을 두드리면서 떡 세 덩이를 달라고 한다. 내 친구가 여행 중에 돌아왔는데 줄 것이 없다고 그것을 달라고 그 야밤에 귀찮게 한다. 그러면 너희는 안 주겠느냐? 줄 것 아니냐? 친구 때문이기도 하지만, 더 중요한 것은 그의 강청함 때문에라도 줄 것이다. 그와 같이 믿음의 끈기를 가지고 하나님께 구하라.' 이것이 메시지입니다.

예수님을 보십시오. 성경을 보면 예수님께서는 12제자를 택하실 때 밤새도록 기도하셨습니다. 믿음의 인내를 보여주셨습니다. 또한 예수님께서는 십자가를 지실 때 피땀 흘려 겟세마네 동산에서 밤새도록 기도하셨습니다. 믿음의 끈기를 가지고 하나님의 뜻을 구하셨습니다. 그래서 이미 그 기도로 승리하시고 십자가를 지실 수 있었던 것입니다.

기도에 있어서의 대상: 하나님

또한 우리는 주시는 분이 누구이신지 알아야 됩니다. 우리가 기본적으로 생각할 때 '전지전능하신 창조주 하나님'이지만, 그 이상이어야 됩니다. 정말 중생한 하나님의 자녀는 '하나님 아버지'께 구합니다. 그래서 오늘 본문 9절과 10절에서 이렇게 말씀하십니다. "너희 중에 누가 아들이 떡을 달라 하면 돌을 주며 생선을 달라 하면 뱀을 줄 사람이 있겠느냐." 없지요. 왜요? 아버지시니까요. 지금 그 말씀을 하시는 것입니다. '창조주시요 역사의 주인이시며 전지전능하신 하나님께서 너희 아버지시다. 이를 인식하고 구하라.' 그것을 깨우쳐주십니다.

어떻게 해야 아버지와 자녀의 관계가 됩니까? 답은 하나입니다. 중생(Born Again)해야 됩니다. 새사람이 되어야 합니다. 거듭나야 됩니다. 그 밖에 어떤 방법도 안 됩니다. 오직 성령께서만 하실 수 있습니다. 아직 그 확

신이 없다면 기도해야 됩니다. 갈망해야 됩니다. '새사람 되게 하소서. 하나님 자녀 되게 하소서.'

*

예수님께서 성육신하시고 십자가를 지신 목적이 여기에 있습니다. 하나님과 바른 관계를 맺게 하시기 위해서, 아버지와 자녀의 관계 회복을 위해 이 땅에 오셨습니다. 그 길이 십자가입니다. 그러므로 이제 하나님의 자녀는, 거듭난 하나님의 사람은 아버지를 인식하며, 마치 아들이 아버지에게 구하는 것처럼 그런 믿음의 확신으로 구하라고 말씀하십니다. 그런 아버지 하나님을 향한 확신이 없으면 그 기도 헛것입니다. 그래서 예수님께서 말씀하시지 않습니까? '하늘에 계신 우리 아버지께 기도하라.' 그 메시지를 분명히 기억해야 합니다.

기도에 있어서의 믿음

더욱더 중요한 메시지는 이것입니다. 하나님께서는 좋은 것을 주십니다. 이것을 다 설명할 길이 없는데, 원어로 보면 '선한 것, 가장 좋은 것 (Good Thing)'을 주십니다. 그래서 예수님께서는 오늘 본문 11절에서 이렇게 말씀하십니다. "너희가 악한 자라도 좋은 것으로 자식에게 줄줄 알거든" 아무리 나쁜 부모도 자기 자식한테는 좋은 것을 주고 싶어 합니다. "하물며 하늘에 계신 너희 아버지께서 구하는 자에게 좋은 것으로 주시지 않겠느냐." 기억해야 합니다.

가정에서 어린 자녀가 너무나 좋아하는 어떤 특정한 음식이 있어 자꾸 그것만 달라고 합니다. 많이 달라고 합니다. 이때 그대로 주는 부모가 있습니까? 그렇다면 그는 부모가 아닙니다. 왜요? 그렇게 무조건 주는 것은 옳은 일이 아니기 때문입니다. 적절하게 주어야 합니다. 감당할 수 있을 만큼만 주어야 합니다. 질적으로, 양적으로 적절하게 그러면서 더 좋은 것을 지속적으로 여러 가지를 함께 고루고루 줍니다. 좋은 습관을 만들고, 좋은 성품을 만들고, 절제를 배우게 하고, 부모 말씀에 순종하게 하고, 좋은 것으로 줍니다.

그러니 하나님께서 자녀에게 좋은 것을 주시는 것이 마땅하지 않습니까? 우리 인간은 죄인입니다. 구원받고 하나님의 자녀가 되었으나, 우리는 끝까지 구원받은 죄인입니다. 한마디로 우리 안에는 죄의 본성, 온갖 탐심이 여전히 있습니다. 우리는 완전하지 않습니다. 우리 자녀에 대해서는, 부모가 좋은 것이 무엇인지 분별할 수 있지만, 역사 앞에서는, 하나님 앞에서는 분별하기가 어렵습니다.

그러나 하나님께서는 거룩하시고 선하시고 완전하신 하나님이십니다. 그분이 아십니다. 그분이 주십니다. 가장 좋은 것을 주십니다. 누구에게 주실까요? 하나님의 자녀에게 주십니다. 그 믿음이 있어야 됩니다. 그래서 예수님께서 기도하시며 본을 보여주셨습니다. '내 뜻대로 마옵시고 아버지의 뜻대로 하옵소서.' 왜요? 가장 좋은 것을 그분이 아시고 그분이 주시니까요. 그래서 예수님은 믿음으로 십자가를 지러 나가십니다.

우리는 살면서 역경도, 시련도, 고통도, 실패도 다 경험합니다. 수많은 경험을 합니다. 믿지 않는 사람은 모르겠습니다. 그러나 적어도 거듭난 하나님의 자녀는 분명히 알아야 합니다. 이것이 좋은 것입니까, 나쁜 것입니까?

*

제 얘기를 간단히 몇 가지만 해드리겠습니다. 저는 30대 중반까지 사업을 했습니다. 중생하지 못했을 때입니다. 그리고 실패했습니다. 참으로 고통스러웠습니다. 그러나 분명히 중생한 뒤에는 계속해서 압니다. 그 과정도 좋은 것이었습니다. 여러분은 자신의 문제를 어떻게 생각합니까?

그 뒤에 하나님의 부르심을 받고 신학공부를 하는데, 저는 미국에서 공부를 시작하려고 했습니다. 그래서 좀 더 정직하게 바르게 하려고 한국에 들어왔다가, 비자문제가 제대로 안 풀려서 필리핀으로 갔습니다. 그리고 수년간 그곳에서 공부를 했습니다. 참으로 이해가 안 갔습니다. 그러나 이제는 분명히 압니다. 그것도 좋은 것이었습니다. 가장 좋은 것을 주신 것이었습니다.

더욱이 여러분은 분명히 알아야 합니다. 예수소망교회 창립할 때, 이 일을 계획하고 시작할 때 수많은 핍박과 박해와 별의별 얘기가 다 있었습니다. 계획보다 2년이 더 지체되어 버렸습니다. 포기 직전까지 수없이 갔습니다. 제가 얼마나 괴로웠겠습니까? 정말 다 포기해버릴까도 생각했습니다. 그러나 이제는 분명히 알지 않습니까? 그것도 가장 좋은 것이었습니다.

여러분 인생도 그렇습니다. 분명 하나님의 자녀에게 하나님께서는 가장 좋은 것을 주십니다. 육신의 부모도 자녀에게 가장 좋은 것을 주려고 생각하고 지혜를 구하는데, 하물며 선하신 하나님 아버지께서 그렇지 않으시다면 믿지 말아야지요. 우리는 그 하나님께, 가장 좋은 것을 주시는 그 하나님께 기도하는 것입니다. 그래서 하나님께서 말씀하십니다. '구하라. 찾으라. 두드리라. 하나님 아버지께 구하라. 가장 좋은 것을 주시는 하나님께. 여기에 승리의 비결이 있다.'

승리의 비결: 하나님 아버지에 대한 믿음

누가복음 11장에서는 '가장 좋은 것이 무엇인가? 성령이다.'라고 구체적으로 계시해주고 있습니다. 그 좋은 것들 가운데 가장 좋은 것은 성령 하나님이십니다. 하나님의 자녀에게 성령 하나님을 주셨습니다. 그 하나님께서 우리가 하나님의 자녀임을 확증하시고, 거듭남이 무엇인지 알게 하시고, 성경진리를 분별하게 하시고, 하나님의 뜻을 알게 하시며, 하나님께서 주신 은사를 감당케 하시고, 참회하게 하십니다. 그래서 우리는 죄용서의 은총에 기뻐하며 날마다 변해되어가는 것을 느끼게 됩니다. 항상 좋은 것을 주시는 하나님께서 믿음의 인내를 갖게 만드십니다. 그리고 하나님 앞에 구하고 찾고 두드리도록 우리를 변화시켜 가십니다. 이 얼마나 놀라운 일입니까?

'기도의 아버지'라 불리는 조지 뮐러(George Muller) 목사님은 너무나 유명한 분입니다. 유명한 사건들이 많습니다. 그분에게 평생 다섯 명의 믿지 않는 친구가 있었는데, 그들을 위해서 52년간을 기도했습니다. 그래서 그분이 목회할 동안에 세 사람이 구원받는데, 나머지 두 사람은 은퇴할 때까지 안 돌아왔습니다.

이제 병들어 임종하기 직전에 다시 주변 분에게 부탁해서 마지막 설교를 혼신을 다해서 했습니다. 그때 한 명의 친구가 와서 설교를 듣고는 구원받았습니다. 그러나 아직도 남은 한 명의 친구는 안 돌아왔습니다. 결국 그는 임종하고 천국에 갔습니다.

그런데 그 장례식에서 마지막 친구가 구원받게 됩니다. 그리고 그 마지막으로 구원받은 친구가 전국을 순회하면서 이렇게 증거합니다. "조지 뮐러의 기도는 다 응답되었습니다. 그리고 저는 그 최후의 응답입니다. 당신의 모든 기도가 다 응답됩니다. 하나님 아버지께서 가장 좋은 것을 좋은 때에 주십니다." 이것이 거듭난 그리스도인의 확신이요 믿음입니다.

*

    믿음의 조상 아브라함은 갈 바를 알지 못하고 고향을 떠납니다. 미지의 세계, 새로운 미래를 향해서 나아갑니다. 그러나 그는 행복했습니다. 기뻤습니다. 성공적인 삶을 살았습니다. 그리고 마침내 믿음의 조상이 되었습니다. 특별히 승리했습니다. 어떻게 그럴 수 있었습니까? 그도 우리와 똑같은 사람입니다. 그 답은 하나입니다. 하나님 아버지를 믿었기 때문입니다. "가라!" 하시니 갔습니다. 그 말씀 안에서 가장 좋은 것을 주시리라고 확신했습니다. 그리고 하나님께 구하고 찾고 두드렸습니다. 하나님께서 그때마다 때를 따라 주시는 은혜로, 믿음으로 승리하도록 아브라함의 인생을 만들어 가셨습니다. 그래서 오늘도 주께서 하나님의 자녀에게 말씀하십니다. '아버지 하나님께 구하고 찾고 두드려라. 이것이 승리의 길이다.'

기 도

전지전능하신 은혜의 하나님. 하나님의 초월적인 지혜와 사랑과 은혜 안에서 하나님의 자녀가 되었지만, 하나님 아버지를 바르게 인식하지 못하여 원망과 불평 중에, 불신앙 중에 살아가는 어리석은 죄인을 용서하여주시옵소서. 오늘도 사랑하는 자녀에게 하나님 아버지께서 가장 좋은 것을 주심을 믿고, 그 아버지께 구하고 찾고 두드리며 믿음으로 승리하는 모든 주의 권속 되게 우리를 긍휼히 여겨주시옵소서. 우리 주 예수 그리스도의 이름으로 간절히 기도드리옵나이다. 아멘.

12장_ 보물을 하늘에 쌓아두라

너희를 위하여 보물을 땅에 쌓아 두지 말라 거기는 좀과 동록이 해하며 도적이
구멍을 뚫고 도둑질하느니라 오직 너희를 위하여 보물을 하늘에 쌓아 두라
거기는 좀이나 동록이 해하지 못하며 도둑이 구멍을 뚫지도 못하고 도적질도 못하느니라
네 보물 있는 그 곳에는 네 마음도 있느니라 (마태복음 6:19~21)

어니스트 새클턴(Earnest H. Shackelton)은 1907년에 남극탐험을 목표로 첫
탐험대를 구성한 영국의 탐험가입니다. 이 탐험여행에 대해서 그는 남다
른 기대가 있었지만, 시간이 흐를수록 상황은 점점 더 비참하게 전개되어
갔습니다. 영하의 날씨에 찬바람은 가히 살인적이었고, 육체는 누적된 피
로로 고통스러웠습니다. 한 걸음 한 걸음 앞으로 나아가는 것 자체에 엄청
난 노력과 집중력이 요구되었습니다.

결국 새클턴 일행은 그 탐험을 포기하기로 합니다. 남극점을 불과 97
마일 남겨놓은 지점이었습니다. 그 절망적인 상태에서 그들은 이제 귀환
이나마 안전하게 마쳐야 했고, 그러기 위해서는 짐을 줄여야만 했습니다.
그래 많은 짐들을 버리는 가운데 새클턴은 우연히 자기 동료들이 무엇을
남기고 무엇을 버리는지를 살펴보게 되었습니다.

그들이 가장 먼저 포기한 것은 바로 돈이었습니다. 그 다음이 음식물

입니다. 그렇게 버려나가다가 마지막 순간까지 소중하게 간직한 것 하나가 있었습니다. 그것은 바로 사랑하는 사람들의 사진과 그들이 보내준 편지였습니다. 그리고 소중한 사람들을 다시 볼 수 있다는 희망과 믿음이 그들을 끝까지 붙잡아주었습니다. 결국 그들은 한 사람도 빠짐없이 무사히 귀환할 수 있게 되었습니다. 이 놀라운 역사적 사건이 우리에게 주는 교훈이 귀합니다.

의사결정의 두 가지 모델

스탠포드 대학교의 정치학 교수인 제임스 마치(James March)는 사람들이 어떠한 선택을 하고자 할 때 대개 두 가지 기본적인 의사결정 모델 가운데 하나를 따른다고 말합니다.

첫째는 '결과 모델'입니다. 사람들은 어떤 결정을 내릴 때 가능한 옵션들의 비용과 편익을 모두 따져본 뒤 만족을 최대화할 수 있는 방향으로 선택을 하게 된다는 것입니다. 한마디로 더욱 나은 경제적 보상이 주어지는 방향으로 선택을 한다는 것이지요.

둘째는 '정체성 모델'입니다. 사람들은 어떤 결정을 할 때 항상 스스로에게 다음과 같은 세 가지 질문을 한다고 합니다. '나는 누구인가?' '이것은 어떤 종류의 상황인가?' '나와 비슷한 다른 사람들은 이 상황에서 어떻게 행동할까?' 여기서 비용과 편익 계산은 완전히 빠집니다. 더 많은 경제적 보상 같은 것은 없습니다. 단지 자신의 정체성에 의존해서 선택을 합니다. 내가 하는 오늘의 선택은 내 미래요, 내 운명이기 때문입니다. 거듭난 하나님의 자녀로서 성도 여러분은 무엇을 선택하며, 무엇을 소망하며 오늘을 살아갑니까?

*

인생이라는 것을 조금은 초연한 관점에서 한 번 생각해보십시오. 인생은 한계상황 안에서 주어진 시간만을 살아가는 것입니다. 자기가 부모를 선택해서 태어날 수 없고, 지역도 선택할 수 없습니다. 그렇게 던져진 상황에서 주어진 시간만 살다가 죽는 것입니다. 그것이 인생입니다. 역사적 관점에서 보아야 합니다. 짧은 시간입니다. 찰나적인 인생 뿐입니다. 역사는 길지만, 인생은 조그마한 점과 같습니다. 이것을 항상 기억해야 합니다.

영원하신 하나님과 두 가지 인생

성경을 보면 하나님께서 스스로 이렇게 계시하셨습니다. "나는 아브라함과 이삭과 야곱의 하나님이라." 수없이 반복되는 계시의 말씀입니다. '아브라함과 이삭과 야곱의 하나님' 무엇을 말하는 것입니까? 하나님께서 거듭난 하나님의 사람과 직접 관계하시며, 그들을 아시고, 하나님의 길로 인도하셨다는 것입니다. 그들은 하나님과 절대적 관계 안에서 순종하며 살았습니다. 그러나 동시에 그들은 다 죽었습니다. 아브라함도, 이삭도, 야곱도, 그 후손들도 다 태어나서 죽고, 태어나서 죽고, 태어나고 죽었습니다.

그러나 하나님께서는 영원하십니다. 아브라함, 이삭, 야곱을 넘어서 동일한 한 분이 계속 영원하십니다. 이 많은 믿음의 선진들, 그 사람들의 업적과 공로와 생각과 소망은 다 없어졌습니다. 소멸되었습니다. 남는 것은 하나님께서 영원하시고, 하나님의 뜻이 이루어진다는 것입니다. 성경 전체에서 그것을 말씀하고 있습니다.

특별히 구약을 보십시오. 수많은 사람들이 태어나서 죽고, 태어나서

죽고, 태어나서 죽고 한 그것뿐입니다. 그러나 하나님께서는 계속 살아계십니다. 그리고 그들을 통하여 하나님의 뜻을 이루고 계십니다. 그런고로 거듭난 그리스도인은 하나님 앞에서, 하나님과 절대적 관계 안에서 오늘을 살아갑니다. 하나님만이 영원하시고, 하나님의 뜻만이 영원하기에 하나님께 영광 돌리는 삶을 스스로 선택하며 살아가게 됩니다. 거듭난 하나님의 사람은 항상 종말론적 인생관을 가지고 살아갑니다. 다시 말해 하나님 안에서 살고, 하나님과 함께 살고, 하나님을 향하여 살아갑니다. 이것이 영생 지향적 삶입니다.

*

오늘 본문에 두 가지 인생이 계시되고 있습니다. 예수님께서 분별하신 두 가지 인생입니다. 하나는 나의 보물을 세상에 쌓는 인생이고 또 하나는 나의 보물을 천국에 쌓는 인생입니다. 이 둘 가운데 하나밖에 없습니다. 우리는 이 둘 가운데 하나의 삶을 살아갑니다. 어느 누구도 제3, 제4의 삶을 살아가는 사람은 없습니다. 땅에 보물을 쌓느냐 아니면 하늘에 보물을 쌓느냐, 이 둘 중 하나를 선택하며 살아가야 합니다. 거듭난 하나님의 자녀는 마땅히 자신의 보물을 하늘에 쌓으며 살아갑니다. 그것이 옳고, 그것이 행복하고, 그것이 의미 충만한 삶임을 알기 때문입니다.

더 나아가 이것은 하나님의 명령인 까닭입니다. 하나님의 강력한 뜻이기 때문입니다. 하나님의 자녀는 하늘에 보물을 쌓으며 오늘을 살아갑니다. 이 간단한 잠언이 엄청나게 큰 인생의 그림을 줍니다. 이것은 어떤 한 기도에 대한, 한 문제에 대한 답으로 주신 말씀이 아닙니다. 산상수훈을 통해서 팔복을 말씀하시고, 거듭난 하나님의 자녀는 이 세상에서 이런 세계관을 가지고, 이런 보편적 원리에서 세상을 산다는 것입니다. 그래서 잠언으로 평생 하늘에 보화를 쌓는 인생을 살라는 말씀과 함께 우리에게 가야 할 길을 제시해주십니다.

나의 보물은 무엇입니까?

오늘 본문에는 보물이라는 말씀이 많이 나옵니다. 보물이 무엇입니까? 나의 보물은 무엇입니까? 어떤 사람에게는 그 보물이 돈일 수 있습니다. 어떤 사람에게는 가족일 수 있습니다. 어떤 사람에게는 지식일 수 있습니다. 그런가하면 어떤 사람에게는 인기요, 명예요, 건강일 수 있습니다. 그런가하면 어떤 사람에게는 권력이요, 선행이요, 나아가서 자기 자신일 수 있습니다. 가난한 사람이나 부한 사람이나, 병든 사람이나 건강한 사람이나, 분명 각자에게 모두 자신만의 보물이 있습니다. 그래서 그것으로 인하여서 기뻐하고 만족합니다. 그것이 없으면, 그것이 이루어지지 못하면 슬퍼하고 불행하다고 생각합니다. 그것으로 인하여 성공적인 삶을 살았다고 스스로 자족하고, 행복감을 느끼기도 합니다.

여러분의 보물은 무엇입니까? 아직 모르겠다면 이렇게 생각해보십시오. 일상생활에서 오늘 내가 가장 많이 생각한 것, 바로 그것이 나의 보물입니다. 오늘 내가 가장 많이 생각한 것이 무엇입니까? 더 나아가 내가 가장 많은 열정과 시간과 물질을 투자한 것이 무엇입니까? 그것이 나의 보물입니다. 그렇지 않고서야 그토록 많은 시간과 물질을 투자하고, 그토록 많은 생각을 할 수 있었겠습니까? 나의 보물이 무엇인가를 솔직히 하나님 앞에서 인정해야 합니다.

이런 것을 심리학 용어로 '욕구(desire)'라고 합니다. 열망이요, 갈망입니다. 이것은 인간본성의 문제입니다. 이 자체에는 큰 문제가 없습니다. 분명한 것은 내가 지금 무엇을 나의 가장 큰 보물로 알고, 그렇게 생각하고 시간을 쓰는가 하는 것입니다. 이것을 분명히 인정하는 것이 중요합니다.

*

어떤 벼락부자가 자기 서재를 호화찬란하게 꾸몄습니다. 돈으로 할 수 있는 모든 장식물들로 꾸며놓았습니다. 골동품과 미술품을 비롯하여 수많은 값진 것들로 잘 꾸며놨습니다. 그러니 이제 다른 사람들에게 보여줘야 할 것 아닙니까? 그래 친한 친구를 초대해서 그 서재를 보여주며 자랑했습니다. 그리고 아주 점잖고 겸손하게 이렇게 물었답니다. "어떤가? 자네 생각은 어때? 이 안에 불필요한 게 있나? 있다면 말해주게. 내가 즉시 처리하겠네."

그랬더니 그 친구가 이렇게 말했습니다. "아, 너무 훌륭하네. 정말 좋은 작품이야. 그런데 딱 하나가 문제로군. 이것만 없으면 괜찮을 것 같네." 그래서 그것이 뭐냐고 물었더니, 친구가 이렇게 답하더랍니다. "바로 자네."

문제는 그 사람의 마음과 태도와 가치관과 삶의 사고방식입니다. 오늘 본문에서 가장 힘주어 강조하는 것이 바로 이것입니다. 보물 자체에는 문제가 없습니다. 그 보물이 어디에 있느냐가 문제입니다. 땅에 있느냐 하늘에 있느냐, 세상에 있느냐 천국에 있느냐, 이것이 가장 중차대한 문제입니다.

이 세상에서 하나님의 사람으로 살기

성경에는 '땅'이나 '세상'이라는 표현이 많이 나옵니다. 이렇게 인식해야 됩니다. 첫째는 눈에 보이는 세계, 죄와 죄악과 허물이 많은 세계, 인간 세계요 물질세계입니다. 그러나 더 나아가 영적인 차원에서 문제가 되는 것은 하나님 없는 세계입니다. 오늘 이 세상 어디에 하나님 있는 신정정치가 있습니까? 그런고로 하나님 없는 세계관, 하나님 없는 지식, 하나님 없는 가치관, 하나님 없는 삶의 방식들, 그 모든 것을 통틀어 성경은 '세상'이라 '땅'이라 말씀합니다.

이 세상에서 하나님의 자녀로, 거듭난 사람으로 살아가는 것이 쉽습니까, 어렵습니까? 이 일이 쉽다고 생각한다면 그는 아직 거듭나지 못한 사람입니다. 자기 본성대로 그저 살아간다면 쉽게 여겨질지 모르지만 하나님의 자녀로 살아가는 것은 어려운 일입니다. 엄청나게 어려운 일입니다. 거저 되는 것이 아닙니다.

예수님을 보십시오. 하나님의 아들인 예수님도 마찬가지로 이 세상을 사는 일이 엄청나게 힘드셨습니다. 수많은 핍박과 고난과 수모를 겪으셨습니다. 그리고 결국에는 십자가에 못 박혀 돌아가셨습니다. 그 많은 선행을 하시고, 좋은 말씀을 해주시고, 사랑을 베푸셨지만, 하나님의 사람으로 이 세상을 살아가는 것은 어려운 일입니다. 그래서 에베소서 6장 11절은 이렇게 말씀합니다. "마귀의 궤계를 능히 대적하기 위하여 하나님의 전신갑주를 입으라." '하나님의 자녀들이여 하나님의 전신갑주를 취하라.' 그렇지 않으면 이 세상에서 하나님의 자녀로 살아가기가 어렵습니다.

*

이것은 단지 인간관계의 문제가 아닙니다. 그 위에 있는 정치적인 문제요, 제도적인 문제요, 더 나아가 사악한 사단의 영적인 문제입니다. 이것을 성경은 우리에게 분명히 알려주고 있습니다. 그래서 예수님께서 먼저 소극적인 진술로 '이 세상을 살면서 하나님의 자녀는 이러이러하지 마라.'고 말씀하셨습니다. 우리가 뭔가 잘못한 자녀에게 제일 먼저 하는 말이 이것입니다. "하지 마." 그래서 하나님께서도 똑같이 말씀하십니다. 알아듣기 쉽게 하시는 말씀입니다. "이것 먼저 하지 마." 큰 그림을 주십니다. 명령입니다. "보물을 땅에 쌓아두지 말라."

이것을 잘못 이해하면 마치 산속에 들어가서 수도원에 살라는 말씀처럼 느껴질 수도 있지만, 그런 말씀이 아닙니다. 산속에 들어가는 것은 고상한 일이 아닙니다. 신앙생활 잘못하는 것입니다. 그것은 종교생활입니다. 하나님의 사람은 세상 안에서 빛과 소금이 되어야 한다는 그런 말씀이지, 산속에 들어가라는 말씀이 아닙니다. 똑똑히 분별해야 합니다. 나의 보물을 소유하는 인생을 살지 말라는 것입니다. 그것을 축적하는 삶을 살지 말라는 것입니다. 문자 그대로 '쌓지 말라'는 것입니다. 그것에 집착하며 살지 말라는 것입니다. 마치 행복한 것처럼, 기쁨이 넘치는 것처럼 속지 말라는 것입니다.

세계적인 재벌 록펠러는 하나님의 사람입니다. 수많은 선행을 베풀었습니다. 유명한 일화가 있습니다. 한 기자가 그에게 물었습니다. "얼마나 더 있으면, 얼마나 더 가지면 만족하시겠습니까?" 그랬더니 그가 유명한 답을 했습니다. "Some more! 조금만 더 가지면, 조금만 더 가지면!" 이것이 끝없는 탐심, 소유 중심의 삶입니다. 소유를 축적하는 삶을 지향하지 말라는 것입니다. 소유의 노예되지 말 것을 경고하는 말씀입니다.

'하지 말라'와 '하라'

이런 우스운 이야기가 있습니다. 천 원짜리 지폐와 만 원짜리 지폐가 만나서 서로의 근황을 물었답니다. 만 원짜리 지폐가 이렇게 막 자랑을 했습니다. "나는 백화점도 가봤고, 유람선도 타봤고, 호텔도 가봤고, 골프장도 가봤고, 좋은 데는 다 가봤어. 너무너무 행복해. 너는 어디 가봤냐?" 그랬더니 천 원짜리 지폐가 기가 죽어서 말했습니다. "나는 그런 데 못 가봤는데." "그럼 어디 가봤냐?" "나는 늘 교회, 절, 성당만 다니다가 왔어." 다는 아니지만 대부분 그런 것이 현실 아닙니까?

초대 교부 이레니우스(Irenaeus)가 아주 중요한 격언을 남겼습니다. "유대인도 십일조를 바쳤는데, 하물며 소유의 일체를 주를 위하여 바쳐야 할 은혜를 받고 사는 성도가 십일조를 기쁨으로 바치지 않는다면 이것은 확실히 모순이다." 우리는 예수 그리스도를 주님으로 고백합니다. 그리고 생명의 주인이시요, 삶의 주인이시며 내 모든 은사와 소유의 주인이시라고 고백합니다. 이것이 거듭난 그리스도인, 하나님의 자녀의 신앙고백인데, 그까짓 십일조도 못 냅니까? 낸다 해도 꼭 보상을 기대하며 내는 마음이라면 그것은 모순입니다. 이런 소유 중심의 축적된 삶을 살지 말라는 것이 주님 말씀입니다. '보물을 땅에 쌓아 두지 말라.'

그러면서 적극적인, 반드시 해야 할 말씀을 주십니다. "하라!"의 명령입니다. 그것이 바로 보물을 하늘에 쌓아두라는 말씀입니다. 복음입니다. '자신의 보물을 하늘에 쌓아두라.' 무슨 말씀입니까? 간단하게 생각하십시오. 나에게 있는 보물들을 사용하라는 것입니다. 하나님의 뜻을 위하여, 하나님의 영광을 위하여, 이웃 사랑을 위하여 사용하라는 것입니다. 이 말씀은 부자에게, 지식인에게, 성공한 사람에게 주신 말씀이 아닙니다. 이것은 거듭난 그리스도인에게 주신 말씀입니다. 병들었든 건강하든, 가난하든 부자든, 모든 거듭난 사람에게 주신 말씀입니다.

*

누구에게나 주어진 분복이 있습니다. 그 가정에서 태어났고, 그에게 주어진 분복이 있습니다. 시간과 소유의 분복이 있습니다. 그런데 그 분복을 넘지 못합니다. 아무리 내가 노력해도 하나님께서 허락하신 범위를 벗어나지는 못합니다. 벗어나는 사람은 하나님의 자녀가 아닙니다. 그 분복들, 주어진 복들이 있습니다. 은사들이 있습니다. 하나님께서 주신 이 은사들은 축복이요, 동시에 기회입니다.

더 중요한 것은 사명입니다. 왜 나에게 그것을 주셨느냐 하는 것입니다. 이런 상황에서 하나님의 창조적 목적을 이루고자 하십니다. 그것을 사용하라는 것입니다. 거듭난 사람은 모두 그것을 사용해야 합니다. 이것이 천국의 보화를 쌓는 삶입니다. 이 결정적인 말씀을 지지하는 비유가 마태복음 25장에 나옵니다. 양과 염소의 비유입니다.

여기에서는 최후심판의 절대적 기준을 말씀하고 있습니다. 하나님께서 말씀하십니다. "너희가 여기 내 형제 중에 지극히 작은 자 하나에게 한 것이 곧 내게 한 것이니라(40절)." 천국의 양에게 주신 말씀입니다. 동시에 이런 말씀도 하십니다. "이 지극히 작은 자 하나에게 하지 아니한 것이 곧 내게 하지 아니한 것이니라(45절)." 지옥의 염소에게 주신 말씀입니다. 거듭난 사람은 누구든, 그 상황이 어떻든 간에 그 안에서 주어진 은사에 감사하며, 하나님의 뜻을 이루기 위하여 그것들을 사용하라는 것입니다.

종말론적 신앙관의 특징

그런고로 거듭난 사람의 신앙의 삶은 항상 종말론적 신앙생활입니다. 종말론적 신앙관이 있어야 됩니다. 하나님 안에서, 하나님 앞에서, 하나님을 향하여 살아갑니다. 그 안에서 결단하며 살아갑니다. 그래서 오늘 본문은 이렇게 말씀합니다. "네 보물 있는 그 곳에는 네 마음도 있느니라(21절)." 유명한 말씀입니다. 중요한 것은 보물이 아닙니다. '네 보물이 있는 그곳'이 중요합니다. 그곳이 아직 땅이요 세상이라면 그는 거듭나지 못한 사람입니다. 아니, 잘못 신앙생활 하는 사람입니다. 그곳이 천국이어야 됩니다. 하나님 나라여야 됩니다. 그리스도인은 천국 시민권을 가진 사람입니다. 천국을 지향하는 삶을 살아갑니다. 거기에 진정한 의미의 삶이 약속되어 있습니다.

어떻게 해야 천국을 지향하는, 천국의 보화를 쌓는 삶을 살아갈 수 있습니까? 어떻게 이 말씀에 전적으로 순종할 수 있습니까? 결코 쉬운 일이 아닙니다. 그러나 불가능한 일이 아닙니다. 거듭나지 못한 사람에게는 불가능입니다. 그러나 거듭난 하나님의 자녀에게는 항상 가능합니다.

가장 먼저 생각해야 될 것이 '내가 누구인가?' 하는 것입니다. 자신의 정체성을 회복하고 확신해야 합니다. 거듭난 그리스도인은 하나님의 자녀입니다. 하나님과 부모와 자녀의 관계입니다. 그런고로 그 아버지 하나님 앞에서 하나님을 인식하며, 하나님의 말씀 안에서 살아가게 됩니다. 이것은 성령의 도우심 없이는 안 되는 일입니다. 성령만이 내가 누구인지를 날마다 확신시켜 주십니다. 성령께서는 우리 안에서 내가 하나님의 자녀임을, 아무리 어렵고 힘든 상황에서도 내가 하나님의 자녀임을 깨우쳐주십니다. 그 안에서 바른 선택을 할 수 있습니다.

*

그 다음은 하나님의 자녀로서 인생의 목적을 하나님께 영광 돌리는 데 두어야 합니다. 자기 영광이 아니지 않습니까? 하나님의 자녀만 하나님께 영광 돌리며 살아갑니다. 예수님의 인생은 짧았습니다. 공생애가 3년 밖에 안됩니다. 그 삶 전체를 이해하려면 그 삶의 목적이 어디에 있는가를 보아야 됩니다. 예수님은 하나님께 영광 돌리는 삶을 항상 먼저 생각했습니다. 사람을 불쌍히 여기고 이 세상을 사랑했으나, 그것은 두 번째입니다.

그렇지 않았다면 예수님께서 그 당시 교육, 정치, 사회를 비롯한 모든 문제를 해결하고 가셨어야 됩니다. 최소한 그 악한 노예제도만이라도 없애셨어야 됩니다. 그러나 손도 안대셨습니다. 항상 먼저 생각하셨던 것은 자신한테 주어진 삶 안에서, 그 시간 안에서, 그 능력 안에서 하나님의 뜻을 이루시는 것이었습니다. 하나님의 뜻을 이루시기 위해서 그 모든 것을 다 사용하시고 십자가에 죽으셨습니다. 모든 하나님의 사람이 하나님께 영광 돌리는 삶을 살았고, 살고 있습니다.

*

그리고 세 번째, 자신의 생각과 삶의 방식을 하나님의 말씀 안에서 완전히 바꾸어야 됩니다. 저절로 되는 것이 아닙니다. 배워야 됩니다. 진리를 가까이하고, 말씀을 묵상하며 삶에 적용해야 됩니다. 거듭난 그리스도인은 주일마다 하나님 앞에 나아와 예배드리고 하나님의 말씀을 듣습니다. 그 주일의 본문 말씀 중에서도 나에게 주신 그 메시지를 일주일 내내 생각하고 반복하며 삶에 적용해보십시오. 최소한 어느 순간 나도 모르게 하나님의 뜻을 분별하며, 하나님의 진리가 생각나며, 나를 자꾸 이끌어갈 것입니다. 삶의 사고방식이 예수 그리스도 안에서 변화된 것입니다.

특별히 오늘 본문에서 강조하는 말씀이 이것입니다. '너를 위하라.' "너희를 위하여" 하나님을 위하여도 아니고, 다른 그 누구를 위하여도 아닙니다. 너 자신을 위하여 그렇게 하라는 것입니다. 우리가 예수 믿기 전에는, 아니, 오늘날 세상에 거듭나지 않은 사람은 다 자신을 위하여 땅에 보화를 쌓고 살아갑니다. 다 그렇지 않습니까? 더는 속지 마십시오. 허탄합니다. 허황됩니다. 도대체 몇 프로나 성공합니까? 그 사람은 과연 그렇게 행복하다고 합니까? 끊임없이 속는 것입니다.

이것이 바로 소유 중심의 삶이요, 세상 중심의 삶이요, 땅에 보화를 쌓는 삶입니다. 허탄한 것입니다. 그냥 망하는 인생이요, 멸망하는 것입니다. 끝은 지옥입니다. 피해갈 길도 없습니다. 그런고로 하나님의 말씀 안

에서 다시 생각해야 합니다. '하늘에 보화를 쌓아라. 그것이 영생의 길이
요 복의 길이다.'

보물을 하늘에 쌓는 사람

어느 날 하나님께서 믿음의 조상 아브라함에게 고향을 떠나라고 하셨
습니다. 그는 갈 바를 알지 못한 채 그대로 순종하여 떠났습니다. 아브라
함은 물질을 구하지 않았습니다. 그런데도 성경에 보면 아브라함은 큰 부
자로 살았습니다. 구하지 않은 것을 주신 것입니다.

하지만 그의 보물은 물질이 아니었습니다. 베풀기를 잘하고, 대접하기
를 잘했습니다. 조카 롯이 원하면 다 나눠주었습니다. 분명 그에게 보물은
물질이 아니었습니다. 그런 그에게도, 누구에게나 있는 보물이 있었습니
다. 바로 아들, 이삭이었습니다. 사랑하는 가족인 아들, 이삭이 그의 보물
이었습니다. 누구보다 이삭은 그의 나이 백 살에 낳은 아들입니다. 너무나
오래 기다려 낳은 아들이니 얼마나 애지중지했겠습니까?

그래 하나님께서 그를 시험하십니다. "아들을 바쳐라." 설명이 없었습
니다. 그냥 "제단에 바치라."고 하셨습니다. 죽이라는 얘기입니다. "제물
로 바쳐라." 아브라함이 얼마나 고민했겠습니까? 그러나 종말론적 인생을
산 아브라함이기에 하나님의 뜻에 순종했습니다. 그것이 먼저입니다. 그
가 정말로 아들을 제단에 올려놓고 죽이려 할 때 하나님께서 막으셨습니
다. "이제 됐다."

그리고 주시는 복의 선언이 있었습니다. 창세기 22장 16절에서 18절까
지의 말씀입니다. "내가 나를 가리켜 맹세하노니 네가 이같이 행하여 네
독자를 아끼지 아니하였은즉 내가 네게 큰 복을 주고 네 씨로 크게 번성하

여 하늘의 별과 같고 바닷가의 모래와 같게 하리니 네 씨가 그 대적의 성문을 차지하리라. 또 네 씨로 말미암아 천하 만민이 복을 받으리니 이는 네가 나의 말을 준행하였음이니라." 하나님께서 주신 모든 은사를 천국에 쌓는 삶을 살았기에 구하지 아니한 복을 받으며, 그 은혜에 응답하며 믿음의 조상이 된 아브라함입니다.

*

예수님께서 이 본문에 이어서 주시는 말씀이 그 유명한 마태복음 6장 33절입니다. "너희는 먼저 그의 나라와 그의 의를 구하라. 그리하면 이 모든 것을 너희에게 더하시리라." 내게 주어진 삶 안에서 내 보물을, 내 은사를 하늘에 쌓은 사람이 거듭난 하나님의 사람이요, 하나님과 동행하는 사람입니다. 하나님께서 그를 통하여 하나님의 뜻을 이루십니다.

그래서 오늘 주께서 말씀하십니다. 거듭난 하나님의 자녀에게 말씀하십니다. 아니, 명령하십니다. '너희 보물을 땅에 쌓지 마라. 허탄한 인생이다. 멸망의 길이다. 대신 너희 보물을 하늘에 쌓아라. 하늘의 영광을 위하여 사용해라. 내가 너와 함께 하리라. 믿음의 조상 아브라함과 함께한 것처럼 그에게 약속한 복을 네게 주마.' 오늘도 말씀하십니다. 나의 보물을 하늘에 쌓는 삶을 우리는 살아야 합니다.

기 도

전지전능하신 은혜의 하나님. 하나님의 놀라운 주권적 선택과 경륜 안에서 오직 믿음으로 하나님의 자녀되게 하시고, 천국시민권을 가진 사람으로 이 땅에 살도록 우리를 택하셨지만, 아직도 온전한 믿음이 없어 나에게 주어진 모든 은사와 그 보물을 땅에 쌓으며, 그것이 마치 의미의 삶이요, 행복의 삶이요, 영생의 삶인 것처럼 착각하며 속고 사는 미련한 인생을 용서하여 주시옵소서. 하늘에 보화를 쌓는 삶으로 하나님의 뜻에 순종하며, 믿음의 조상 아브라함에게 베푸신 은총을 받아 삼위일체 하나님의 증인으로, 이 위대한 말씀의 증인으로 이 시대에 권세있는 삶을 살도록 우리를 지켜주시옵소서. 우리 주 예수 그리스도의 이름으로 간절히 기도드리옵나이다. 아멘.

13장_ 새와 꽃을 생각하며 보라

그러므로 내가 너희에게 이르노니 목숨을 위하여 무엇을 먹을까 무엇을 마실까
몸을 위하여 무엇을 입을까 염려하지 말라 목숨이 음식보다 중하지 아니하며 몸이 의복보다
중하지 아니하냐 공중의 새를 보라 심지도 않고 거두지도 않고 창고에 모아들이지도 아니하되
너희 하늘 아버지께서 기르시나니 너희는 이것들보다 귀하지 아니하냐 너희 중에 누가
염려함으로 그 키를 한 자라도 더할 수 있겠느냐 또 너희가 어찌 의복을 위하여 염려하느냐
들의 백합화가 어떻게 자라는가 생각하여 보라 수고도 아니하고 길쌈도 아니하느니라 그러나
내가 너희에게 말하노니 솔로몬의 모든 영광으로도 입은 것이 이 꽃 하나만 같지 못하였느니라
오늘 있다가 내일 아궁이에 던지우는 들풀도 하나님이 이렇게 입히시거든
하물며 너희일까보냐 믿음이 작은 자들아 (마태복음 6: 25~30)

저명한 심리학자인 메도우(Mary Meadow)와 케오(Richard Kahoe)는 『*Psychology of Religion*』이라는 저서에서 불안의 유형을 다음과 같이 네 가지로 분류하여 설명합니다.

첫째는, 정상적인 불안, 곧 실제적인 불안입니다. 이것은 외부환경으로부터 오는 불안이며, 현실적인 위협에 직면할 때 느끼는 불안으로 공포나 두려움의 감정을 갖게 됩니다.

둘째는, 신경증적 불안입니다. 이것은 현실을 왜곡하게 되고, 현실에서 도피하려는 부정적 감정으로부터 생겨나는 신경증적 공포로서 비정상

적 형태의 불안을 뜻합니다.

셋째는, 도덕적 불안입니다. 이는 자기 자신에 대한 부정적인 반응으로, 일종의 죄의식입니다. 이것을 가리켜 '양심의 불안'이라고 말합니다.

넷째는, 존재론적 불안입니다. 자기 자신의 모습을 되돌아볼 수 있는 자아 성찰적 능력을 수행할 때 생기는 불안을 뜻합니다. 운명과 죽음에 대한 불안, 허무와 결핍과 의미상실에 대한 불안입니다.

모든 인간은 이 네 가지 종류의 불안을 공유하고 있습니다. 이 사실을 인정하고 인식하며 살아야 합니다. 이것이야말로 인간실존의 불안이기 때문입니다.

염려는 죽음에 이르는 병입니다

로마 초대황제인 아우구스투스의 이런 일화가 있습니다. 그의 신하들 가운데 한 사람이 죽었습니다. 그런데 알고 보니 엄청난 빚을 지고 살았습니다. 그 사실을 아무도 몰랐습니다. 결국 사후에 그의 모든 재산이 경매에 나와야 했습니다. 빚을 갚기 위해서입니다. 그때 놀랍게도 황제가 경매장에 나타나서 물건 한 가지를 사고 싶다고 말했습니다.

사람들이 놀라서 황제에게 물었습니다. "무엇을 원하십니까?" "나는 그 사람의 베개를 사고 싶네." "베개라니요? 왜 그러십니까?" 황제가 대답했습니다. "내가 요즘 불면증에 시달리고 있는데, 그 베개가 무척 잠이 잘 오나 봐. 그 엄청난 빚을 지고도 밤에 그걸 베고 그는 잠을 잘 잤다고 하지 않나."

*

마음에 평안이 없으면, 마음에 평강이 없으면 아무것도 아닙니다. 아무리 많은 지식과 재산을 소유한 환경에서 살더라도 마음의 평강이 없으면 불안합니다. 마음의 평강이 없으면 사람은 결핍과 불만족과 원망과 불평, 더 나아가 무의미한 삶과 허무를 경험합니다.

그러다보면 그것을 채우기 위해서 뭔가에 열심히 몰두하여 자기 뜻을 이루려고 노력합니다. 그것을 가리켜 성경은 '탐심'이라고 말씀합니다. 온갖 탐심 속에서 그것을 채우고 싶은 것입니다. 그러나 끝없는 악순환의 연속입니다. 그 삶 자체가 불행이고 비극이라는 사실을 항상 기억해야 합니다.

그래서 예수님께서 말씀하십니다. '너희 중에 누가 염려함으로 그 키를 한자라도 더할 수 있겠느냐?' 무슨 말씀입니까? 그렇게 할 수 없다는 것입니다. 그 염려 자체가 무가치하고 무용지물인데, 왜 그것을 생각하지 못하고 거기에 끌려가느냐는 말씀입니다. 염려 그 자체로는 문제를 해결할 수 없습니다. 염려 그 자체로는 우리가 건강해지지도 않습니다. 아니, 인간의 수명을 단축시킬 뿐입니다.

*

메이요 클리닉(Mayo Clinic)의 공동 설립자인 찰스 메이어(Charles Mayo) 박사는 염려가 순환기계와 심장 내분기계는 물론이고, 전체 신경계통에 심각한 영향을 미친다는 연구결과를 내놓았습니다. 그는 '아메리칸 머큐리'라는 의학저널에서 과로 때문에 죽은 사람을 본 적은 없지만, 염려로 인해서 죽은 사람은 무척이나 많이 보았답니다. 왜요? 과로의 원인이 염려이기 때문입니다. 근심이기 때문입니다.

염려 때문에 죽음에 이를 수는 있어도 결코 수명을 늘릴 수는 없습니다. 염려 자체가 모든 질병의 원인인데도 사람들은 염려와 근심을 안고 살아갑니다. 불행한 인생입니다. 한마디로 염려와 근심은 파괴적입니다. 전혀 생산적이지 못합니다. 염려와 근심은 먼저 자기 자신을 파괴합니다. 항상 그렇습니다. 그것부터 시작하는 것입니다. 그런데도 염려와 근심 속에 살아갑니다.

염려는 하나님과의 관계를 파괴합니다

더욱 중요한 점은 염려와 근심은 하나님과의 관계를 파괴합니다. 이 영적 지식을 분명히 기억해야 합니다. 사단의 목적은 염려 자체에 있지 않습니다. 그것을 수단으로 삼아 사람을 쓰러뜨리는 것이 진짜 목적입니다. 결국 인간과 하나님과의 관계를 단절시키는 것이 사단의 궁극적인 목적입니다. 하나님이 계시지 않는다고 하고, 믿어봐야 아무 소용이 없다고 하여 인간을 불신앙 가운데 살아가게 하는 것이 바로 사단의 역사입니다. 이 염려와 근심이 사단의 주된 도구라는 것을 인식할 필요가 있습니다.

하나님의 사람 찰스 스펄전은 이렇게 말했습니다. "근심과 염려는 내일의 슬픔을 비우지 못하고, 다만 오늘의 힘을 빼앗아갈 뿐이다." 그래서 예수님께서는 이렇게 말씀하셨습니다. '염려하지 말라.' 한 번 말씀하시는 것이 아닙니다. 반복해서 말씀하십니다. '너희는 염려하지 말라.' 이것은 예수님의 명령이요, 경고입니다. 염려하다가 하나님과도 거리가 멀어지고, 자기도 모르는 사이에 불신앙의 세계로 빠지고 맙니다.

*

그러므로 하나님의 자녀는 염려하지 말아야 한다고 반복해서 말씀하십니다. 다른 곳에서 여러 번 말씀하십니다. 특별히 요한복음 14장 1절에서도 예수님께서는 최후의 만찬을 마치시고, 마지막 설교를 하시면서 말씀하셨습니다. "너희는 마음에 근심하지 말라. 하나님을 믿으니 또 나를 믿으라." '너희는 근심하지 말라, 염려하지 말라.' 염려하고 근심하는 것, 그 자체만으로 얼마나 무서운 결과를 초래하는 것인지를 우리가 모르기 때문입니다. 그 위험성에 대한 경고입니다. 염려하고 근심하는 것이 그리스도인다운 삶이 아님을 깨우쳐주십니다.

문제는 이것입니다. 우리는 왜 염려하며 살아갑니까? 왜 근심할 수 밖에 없습니까? 수많은 학자들이 이 문제에 대해서 진술하고 또 방안을 내놓습니다마는, 다 약간의 유익이 있을 뿐입니다.

염려는 땅에 보물을 쌓을 때 생겨납니다

그리스도인은 신앙생활의 시작과 시금석을 항상 하나님과 하나님 말씀 안에서 삼아야 합니다. 날마다 모든 문제에 대한 원인과 답을 하나님의 말씀 안에서 찾고, 그 말씀을 삶에 적용해야 합니다. 이것이 출발점입니다. 그래야 하나님의 은총이 임합니다. 왜 근심하느냐? 왜 염려하느냐? 그 답이 오늘 본문에 있습니다. 19절에서 21절까지입니다. "보물을 땅에 쌓아두지 말라(19절)."

하지만 인간은 땅에 보물을 쌓으면서 삽니다. 그래서 염려가 있습니다. 하늘에 보물을 쌓은 사람은 염려가 없습니다. 우리가 삶에서 경험하고 있지 않습니까? 땅에 보물을 쌓을 때는 항상 근심과 염려가 같이 따라다닙니다. 또한 24절은 말씀합니다. "너희가 하나님과 재물을 겸하여 섬기지 못하느니라." 하나님과 재물을 겸하여 섬길 때 염려와 근심은 항상 따라다닙니다. 약도 소용없습니다. 무슨 짓을 해도 안 됩니다. 계속 따라다닙니다. 두 마음으로 두 주인을 섬기기 때문입니다. 그러나 하나님만을 섬길 때 염려는 사라집니다. 그 원인을 알아야 문제를 고칠 수 있습니다.

이 염려와 근심의 궁극적인 원인은 믿음의 문제입니다. 잘못된 믿음으로 자꾸 땅에 보물을 쌓고, 두 주인을 섬기고, 하나님과 재물을 겸하여 섬깁니다. 따라서 염려와 근심이 떠나지 않습니다. 잠시잠깐 거기에서 벗어날 때가 있습니다. 그것은 하나님만을 바라보고 신령한 세계를 생각하며 하늘에 보물을 쌓을 때입니다.

그래서 주께서 이 믿음의 문제를 지적하시면서 오늘 본문 25절에서 이렇게 말씀하십니다. "목숨을 위하여 무엇을 먹을까 무엇을 마실까 몸을 위하여 무엇을 입을까 염려하지 말라. 목숨이 음식보다 중하지 아니하며 몸이 의복보다 중하지 아니하냐." '믿음이 작은 자들아, 염려하지 마라.' 믿음의 문제라는 것입니다. 작은 믿음의 문제입니다. 작은 믿음을 지녔기에 염려하는 것 아닙니까?

그러나 하나님께서 이 말씀을 통해서 주시는 메시지는 믿음이 없다는 것이 아닙니다. 믿음이 없는 것과 작은 믿음은 천지차이입니다. 믿음이 없는 사람은 아예 구원을 받지 못합니다. 그러나 믿음이 작아도 그 믿음으로, 그 믿음의 질로 하나님의 자녀는 될 수 있습니다. 오늘 주신 말씀은 믿음의 자녀에게 주시는 것입니다. 하나님의 사람에게 주시는 것입니다. 그래서 오늘 본문은 하늘에 계신 아버지께서 하나님을 아버지로 부르는 자녀에게 주신 말씀입니다. 산상수훈의 복을 받은 자녀에게 주신 말씀입니다.

왜 이것이 중요한가 하면, 하나님을 믿지 않는 사람들 곧 불신자는 염려와 근심에서 절대 떠날 수 없기 때문입니다. 어떤 방법으로도 벗어날 수 없습니다. 그래서 불교에서도 마지막은 인생허무입니다. 끊어버릴 수 없습니다. 허무합니다. 그러다보니 항상 불안, 염려와 근심, 결핍과 불만족뿐입니다. 그래서 그것을 채우고자 하는, 온갖 소원을 이루고자 하는 탐심 속에 살아가게 됩니다. 그러나 거듭난 하나님의 사람은 차원이 다릅니다.

예수님께서 말씀하십니다. "염려하지 마라. 근심하지 않는 삶을 살아라." 여기서 작은 믿음이라는 것이 무엇입니까? 여기에 메시지가 있습니다.

작은 믿음이란 무엇입니까?

그러면 작은 믿음은 무엇입니까? 성경 전체로 보면 이것입니다. 분명 작은 믿음의 사람도 창조주 하나님께서 역사의 주인이시라는 사실은 믿습니다. 하지만 그 하나님의 구원의 역사를 단지 영혼구원에만 초점을 맞춥니다. 단지 죄 사함 용입니다. 나머지 삶은 별개라는 것입니다. 죄 사함을 받으려면, 천당에 가려면 하나님의 구원의 역사를 믿어야 하는데, 나머지 일상의 삶에서 이것은 더는 필요 없다는 것입니다. 내 세상 지식과 세상에서 말하는 것을 따라가야 성공하고 행복하다고 믿습니다. 편협한 믿음이요, 작은 믿음입니다.

그런데도 이런 믿음의 사람이 얼마나 많습니까? 이 작은 믿음의 사람에게는 복음이 단지 천국 가기 위한 것일 뿐입니다. 이 세상은 별개라고 생각합니다. 그러면 어떤 결과가 나오겠습니까? 하나님의 말씀을 믿습니다. 그만한 믿음은 있습니다. 믿고 싶습니다. 하지만 그 말씀을 하루하루 살아가면서 삶에 적용하지를 않습니다. 주일마다 하나님의 말씀을 듣습니다. 그 말씀대로 살기로 서원합니다. 그러나 예배를 마치고 나간 지 한 시간만 지나면 잊어버립니다. 삶의 현장에 처하면 그때 들은 메시지와는 전연 별개의 삶을 살아갑니다. 그 말씀은 일주일동안 내가 먹고 살 양식인데도, 그 말씀을 생각하고 묵상하며, 그 말씀이 내 안에 이루어지기를 소원하고 적용시켜야 하는데, 그래야 지혜와 능력이 임하는데, 이 사람에게 예배와 말씀은 그냥 암기과목일 뿐입니다. 천국시험 볼 때 쓰려는 시험용이라는 것입니다. 나머지는 별개로 삽니다. 작은 믿음의 사람입니다. 스스로 불행을 자초하는 염려와 근심 속에 살아가는 사람입니다.

*

거듭난 하나님의 사람은 큰 믿음을 지니고 살아야 합니다. 하나님의 기대는 큰 믿음이지 작은 믿음이 아닙니다. 큰 믿음이란 하나님의 구원의 역사가 삶 전체에 영향을 미치는 것입니다. 성경을 보십시오. 창조로부터 종말까지 역사 전체에 영향을 미치고 하나님의 사람 전체에 영향을 끼치는데, 어찌 예수 믿고 천당 가는 것에만 영향을 미치고 끝이란 말입니까? 모든 삶의 과정에 그리고 그 자손에게까지 모든 삶에 영향을 미칩니다. 이 것을 믿고 살아가는 것입니다.

그러니 말씀을 구할 수 밖에 없고, 들은 말씀을 실천할 수 밖에 없지요. 그 실천된 말씀을 통해서 구하지 아니한 복도 받습니다. 하나님의 다음 단계가 예비되어 있다는 것을 압니다. 또한 하나님 나라의 복음은 사후세계의 천국용이 아니라, 오늘 이 시대에, 이 세상에 임하는 것임도 압니다. 그 백성으로 오늘을 살아가는 것임을 믿습니다. 창조주시요 역사의 주인이신 하나님의 그 계시 그대로를 영접하며 살아가는 믿음입니다. 위대한 믿음이요, 큰 믿음입니다.

믿음의 눈을 떠야 합니다

하나님의 사람 존 맥아더(John Macarthur) 목사님의 「자족연습」(*Anxious for Nothing*)이라는 책에 나오는 이야기 하나를 소개합니다. 제2차 세계대전 때 배 한 척이 바다를 지나가다가 미사일에 맞았습니다. 그래서 배에 타고 있던 사람이 다 죽었습니다. 그 와중에 어쩌다 선교사님 한 분이 살아남아 바다 위에 표류하고 있었습니다. 참 어려운 시간이었습니다. 다행히 그 근처를 지나가던 화물선이 그 선교사님을 구해주었습니다. 그 화물선의 선원들이 선교사님에게 선실에 들어가서 편히 좀 쉬시라고 권했습니다. 선교사님이 그동안 얼마나 두렵고 떨렸겠습니까?

쉬셔야 한다고 했는데, 그런데 선교사님은 쉴 수가 없었습니다. 자고 싶은데 잠이 오지를 않았습니다. 공포가 지속되었기 때문입니다. 끔찍한 기억이 지워지지 않았습니다. 살아날 기약도 없이 물에 떠다니던 순간들이 떠오르고, 전쟁에서 죽어나간 수많은 사람의 목소리가 들려왔습니다. 그 현실 앞에 선교사님은 도저히 눈을 붙일 수가 없었습니다. 마음에 평안이 없었습니다.

그는 기도했고 그리고 다시 생각하게 되었습니다. '내가 선교사인데, 내가 하나님의 사람인데, 이러면 안 되지.' 하는 깨달음과 기도 끝에 그는 하나님의 평강을 누리고, 편안하게 안식을 취할 수 있었다고 합니다. 그때의 경험을 그는 이렇게 기록했습니다.

"나는 하나님께 기도했습니다. 그때 하나님께서 내게 시편 121편의 말씀을 떠오르게 해주셨습니다. "나의 도움이 천지를 지으신 여호와에게서로다. 여호와께서 너로 실족지 않게 하시며 너를 지키시는 자가 졸지 아니하시리로다. 이스라엘을 지키시는 자는 졸지도 아니하고 주무시지도 아니하시리로다.""

그래서 이 말씀을 믿음으로 다시 생각하며 이렇게 기도했답니다. "주님, 오늘밤 저까지 깨어 있을 필요가 있을까요? 주님께서 지켜주신다면 제가 감사히 눈을 붙이겠습니다." 그리고 나서야 평안히 잠을 잘 수 있었다고 합니다.

하나님의 구원의 역사는 하나님의 자녀를 향한 모든 삶 전체에 영향을 미칩니다. 큰 믿음이란 하나님과 하나님 앞에서 새롭게 출발하는 것입니다. 다시 생각하는 것입니다. 믿음의 눈으로 다시 바라보고, 믿음의 생각으로 다시 생각하는 것입니다. 그 사람이 복 있는 사람입니다. 그는 하나님만을 신뢰하며, 하나님의 은총을 증거하며 살아가게 됩니다. 그래서 예수님께서 말씀하십니다. '염려하지 마라. 이것은 큰 믿음의 사람의 삶이 아니다. 하나님의 복을 누려라. 영혼구원 받았다고 조그만 믿음 갖고 끌려다니지 말고, 믿음 안에서 다시 생각해라.'

예수님께서도 이 땅에 인간의 몸으로 오셨습니다. 배고픔을 경험하셨고, 많은 슬픔, 큰 고통을 당하셨습니다. 인간실존의 불안을 안고 사셨습니다. 그분이 믿음으로 이기신 비결을 오늘 주십니다. 가장 큰 원리를 우리에게 주십니다. 이 염려를 이기는 비결은 믿음의 눈을 뜨는 것입니다. 다시 보고 믿음의 생각으로 다시 생각해야 됩니다. 여기에 성령의 역사가 있습니다.

성령 하나님께서는 진리의 영으로 인격적 역사를 이루십니다. 그래서 하나님의 사람에게 믿음의 눈을 뜨게 하시고, 믿음으로 다시 생각할 수 있도록 지속적으로 인도하십니다. 그런데 잘못된 신앙생활 하는 사람은 예를 들어, 하나님께 기도하고 성령께 의탁하지만 실상 아무것도 하지 않습니다. 그냥 그 자리에 가만히 있으면서 열매 맺기를 기다립니다. 이것은 잘못된 신앙입니다. 기복신앙입니다. 불신앙입니다. 또한 하나님을 우상화하는 것입니다.

큰 믿음의 사람

큰 믿음의 사람은 하나님께 기도합니다. 기도 중에 하나님의 뜻을 분별합니다. 말씀 안에서 다시 생각합니다. 믿음의 생각으로 다시 바라봅니다. 믿음의 눈으로 바라봅니다. 거기에 답이 있습니다. 즉각적으로 염려는 없어집니다. 그래서 예수님께서 염려하지 말라고 말씀하시면서 25절에서 이렇게 말씀하십니다. "내가 너희에게 이르노니 목숨을 위하여 무엇을 먹을까 무엇을 마실까 몸을 위하여 무엇을 입을까 염려하지 말라 목숨이 음식보다 중하지 아니하며 몸이 의복보다 중하지 아니하냐."

이 메시지를 잘 알아들어야 합니다. '무엇을 먹을까, 마실까, 입을까.' 문자 그대로 먹을 것, 마실 것, 입을 것이 중요하다는 뜻이 아닙니다. 그것은 삶의 본질에 속하는 문제가 아닙니다. 삶의 본질과 전체에 대해서 말씀하십니다. 어떻게 하면 성공할까, 어떻게 하면 행복할까, 어떻게 하면 건강할까? 삶의 본질과 전체를 생각함에 있어서 이런 것을 논하지 말라는 것입니다. 이것으로 염려하지 말라는 것입니다.

다시 말해 생각하지 말라는 것이 아닙니다. 염려하지 말라, 근심하지 말라는 것입니다. 왜요? '목숨과 몸이 더 중요하지 않느냐? 그런 것들보다 더 중요한 것이 있지 않느냐?' 이것을 생각하라는 것입니다. 생명을 주신 분이 누구인지를 기억하라는 것입니다. 생명을 주신 분은 하나님이십니다. 불신자는 안 믿습니다. 그러나 그리스도인은 믿습니다. 생명은 하나님께서 주십니다. 하나님의 선물입니다.

*

이제 생각해보십시오. 생명을 주신 이가 그 생명을 유지하기 위해서 필요한 것들을 주시지 않겠습니까? 하나님이 그렇게 나쁜 분이십니까? 아닙니다. 그런데도 왜 생각을 못하느냐는 것입니다. '왜 현실에 눈이 어두워 더 중요한 것을 생각하지 못하고, 생명을 주신 하나님께서 그 생명을 책임지시고 함께하시는데 왜 믿음이 없어서 염려하여 자기 분복도 못 누리고 불신앙 가운데 결핍과 불만족의 삶을 살아가느냐? 믿음이 작은 자들아!' 예수님의 말씀입니다.

하나님의 자녀, 곧 거듭난 그리스도인은 하나님께서 책임지십니다. 하나님의 약속입니다. 그것을 믿고 우리는 신앙생활을 합니다. 하나님을 기뻐하는데, 어떻게 영혼구원, 천국 하나만 붙들고 전혀 다르게 살아간단 말입니까? 이것이 믿음이 작은 사람입니다. '생명을 주신 이가, 새 생명을 주신 이가, 새 사람을 만드신 이가 너를 책임지시지 않겠느냐? 그것이 더 중요한 문제가 아니냐?' 이것을 다시 생각하라는 것입니다.

로마서 8장 32절은 말씀합니다. 하나님 말씀입니다. "자기 아들을 아끼지 아니하시고 우리 모든 사람을 위하여 내주신 이가 어찌 그 아들과 함께 모든 것을 우리에게 주시지 아니하겠느냐." 이거 부도수표 아닙니다. 하나님 말씀입니다. '십자가에 그 아들을 내어주신 이가, 피 흘림으로 모든 죄를 사하시고 새 생명을 주신 이가 어찌하여 아들과 함께 모든 것을 주지 아니하시겠느냐?' 문제는 작은 믿음 때문입니다. '큰 믿음을 가져라. 살아계신 하나님을 믿고 그 앞에서 살아가라. 믿음으로 다시 생각해라. 다시 봐라.' 그러면 염려와 근심은 즉각적으로 사라집니다.

그러면서도 이것을 잊지 않도록 예수님께서 이중 장치를 하십니다. 그리고 절대 못 잊어버리도록, 항상 쉽게 기억하도록 잠언을 주십니다. 예수님의 은총입니다. 그래서 말씀하십니다. '공중의 새를 보아라. 들에 핀 꽃을 보아라. 새와 꽃을 생각하여 보아라.' 불신자들은 아무리 생각해도 답이 없습니다. 그리고 하나님의 사람은 어떻게 생각해야 하는지를 가르쳐 주십니다.

믿음으로 생각하고 보아야 합니다

오늘 본문 26절은 말씀합니다. "공중의 새를 보라. 심지도 않고 거두지도 않고 창고에 모아들이지도 아니하되 너희 천부께서 기르시나니 너희는 이것들보다 귀하지 아니하냐." 한낱 새들도 하나님께서 기르시는데, 하물며 하나님의 사람이 그와 비교될 수 있겠습니까? 당연히 기르시고, 하나님께서 보호하시고 인도하신다는 말씀이지요.

이 세상에는 법이라는 것이 있습니다. 나라 법 말고, 법칙이나 원리라는 것이 있습니다. 세상질서라는 것이 있습니다. 우주를 생각해보십시오. 태양을 중심으로 지구가 돕니다. 태양을 중심으로 수많은 행성들이 돕니다. 거기에는 질서가 있습니다. 자기 멋대로 돌면 다 부딪쳐서 파괴됩니다. 참으로 신비합니다. 규칙적인 질서가 우주의 법입니다. 이 자연에도 자연의 법이 있습니다.

저는 지구가 도는 것을 생각할 때마다 너무나 신기합니다. 이해가 안 갑니다. 그렇게 빨리 도는데도 느껴지지 않으니 말이죠. 더욱이 뱅글뱅글 도는데도 넘어지지 않습니다. 이렇게 서 있지 않습니까? 이 질서는 모두 하나님께서 만드셨습니다. 자꾸 잊어버려서 그렇지, 하나님의 자녀는 분명 이것을 알고 있습니다. 자연에도 질서가 있습니다. 하나님의 일반섭리입니다. 하나님께서 정하셨습니다. 모든 피조물이 그 질서 안에서 생명을 유지합니다. 이것을 생각하라는 것입니다. 하물며 하나님이 자신의 생명을 주신 거듭난 하나님의 자녀와 비교될 수 있느냐 하는 것입니다.

*

더 나아가 꽃을 보라고 오늘 본문 28절에서 말씀하십니다. "너희가 어찌 의복을 위하여 염려하느냐. 들의 백합화가 어떻게 자라는가 생각하여 보라. 수고도 아니하고 길쌈도 아니 하느니라." 새는 그래도 먹이를 찾아 돌아다니기라도 합니다만 이 꽃들은 가만히 있는데도 잘 살아갑니다. 이렇게 한낱 영혼 없는 생명도 지키십니다. 그래서 오늘 본문 30절은 말씀합니다. "오늘 있다가 내일 아궁이에 던지우는 들풀도 하나님이 이렇게 입히시거든 하물며 너희일까보냐." 그런 존재도 하나님께서 보호하고 기르시는데, 하나님의 생명을 주신 사람을 하나님께서 그냥 내버려두시겠느냐는 것입니다.

믿음으로 생각해야 합니다. 십자가를 보면서, 그 사랑에 감격하면서도 염려는 지속됩니다. 은혜 속에서 살아가면서도 그렇습니다. 작은 믿음입니다. '큰 믿음을 가져라. 새와 꽃을 보아라. 하나님의 창조질서를 보아라. 우주의 섭리를 보아라. 영혼을 가진 하나님의 자녀를, 중생한 하나님의 자녀를 어찌 하나님께서 보호 인도하지 않으시겠느냐? 이것을 생각하라는 것입니다. 믿음으로 생각하라는 것입니다. 그러니 믿지 않는 사람은 새를 아무리 보아도, 꽃을 보아도 그냥 허무할 뿐입니다.

그러나 믿음의 눈으로 보면 하나님의 지혜를 알고, 창조주 하나님을 알며, 그의 사랑을 사건으로 체험하게 됩니다. 하나님의 자녀의 근심은 '오직 하나님의 뜻이 무엇일까? 어떻게 해야 하나님의 뜻을 분별할 수 있을까? 그리고 그 하나님의 뜻을 어떻게 이룰 수 있을까?' 하는 것에만 있어야 합니다. 이것은 거룩한 근심입니다.

거듭난 사람은 믿음의 눈으로 봅니다

위대한 선교사였던 데이비드 리빙스턴(David Livingstone)이 1856년, 영국에 있을 때 큰 위험을 겪었습니다. 선교사역 중에 아프리카의 한 야생지

역을 지나는데, 하필이면 음부루마라고 하는 그 지역 원주민 추장이 리빙스턴을 죽이려고 기다리고 있었습니다. 리빙스턴은 너무나 두려워 거기서 하나님께 기도했습니다. 그리고 응답을 받았습니다. 항상 가장 소중히 여겼던 마태복음 28장 18절에서 20절까지의 말씀입니다. 그 중에서도 특별히 20절 말씀입니다. "볼지어다. 내가 세상 끝날까지 너희와 항상 함께 있으리라."

거듭난 그리스도인에게만 주신 말씀입니다. 그 말씀을 믿은 순간 믿음으로 다시 생각했습니다. 그리고 그날 일기를 적었습니다. "1856년 1월 14일. 가장 권위 있고 신성한 이 말씀은 불안의 종식을 의미한다. 죽음이 온다 해도 나는 몰래 횡단하지 않겠다. 나는 지금 평안하다. 하나님 감사합니다."

'기도의 아버지' 조지 뮬러가 말합니다. '염려의 시작은 신앙의 끝이다. 그러나 신앙의 시작은 염려의 끝이다.' 모든 하나님의 사람은, 권세 있고 복 있는 사람은 이 말씀을 붙들고 믿음의 눈으로 새를 보고 꽃을 보며 염려와 근심을 떨쳐버리고, 하나님의 지혜와 능력으로 승리합니다.

*

하나님의 사람은 큰 믿음을 가져야 합니다. 창조주 하나님, 역사의 주인이신 하나님을 아버지로 부르는 사람이기 때문입니다. 그 하나님께서 큰 믿음을 가진 사람을 보호하시고 인도하시며, 그에게 하나님의 평강을 주십니다. 각자에게 주어진 분복이 있습니다. 하나님의 자녀는 그 분복을 누림이 마땅합니다. 큰 믿음을 가진 사람은 먼저 하나님 나라와 그 의를 구합니다. 항상 먼저 구할 것을 먼저 구합니다. 하나님의 뜻을 따라서 구합니다. 그렇게 살아가는 중에 믿음의 응답이 옵니다. 하나님께서 용기도 주시고, 지혜도 주시고, 평강도 주시고, 능력도 주십니다. 염려와 근심이 우리 안에서 사라집니다. 주께서 말씀하십니다. '믿음의 눈을 떠라. 믿음의 생각으로 다시 생각하라. 새와 꽃을 생각하여보라.' 하나님의 말씀입니다.

기 도

전지전능하신 은혜의 하나님, 하나님의 초월적 구원의 역사 가운데 오직 믿음으로 하나님의 자녀가 된 우리가 아직도 작은 믿음의 소유자로 살아, 내게 주신 하나님의 분복을 누리지 못하며, 하나님의 무한한 은총을 축소시키며, 구원과 이 세상의 삶을 별개로 여기며, 불안에 떨며, 근심과 염려 중에 원망과 결핍과 무의미의 삶을 반복하는 어리석은 인생을 주여 용서하여 주시옵소서. 이 시간 주께 간절히 간구하오니, 여기 모인 주의 사람들에게 큰 믿음을 허락하여 주시옵소서. 주께서 인간의 몸으로 오시어 그 모든 염려와 그 엄청난 열악한 환경과 박해와 핍박을 믿음으로 이긴 것처럼, 큰 믿음으로 믿음의 눈을 떠서 바라보며 다시 생각하여 창조주 하나님, 역사의 주인이신 하나님을 느끼고 아바 아버지로 고백하며, 하나님의 뜻을 따라 권세있는 삶을 회복토록 우리를 붙들어 주시옵소서. 우리 주 예수 그리스도 이름으로 간절히 기도드리옵나이다. 아멘.

14장_반석 위냐, 모래 위냐?

그러므로 누구든지 나의 이 말을 듣고 행하는 자는
그 집을 반석 위에 지은 지혜로운 사람 같으리니 비가 내리고 창수가 나고 바람이 불어
그 집에 부딪치되 무너지지 아니하나니 이는 주추를 반석 위에 놓은 까닭이요 나의 이 말을 듣고
행하지 아니하는 자는 그 집을 모래 위에 지은 어리석은 사람 같으리니 비가 내리고 창수가 나고
바람이 불어 그 집에 부딪치매 무너져 그 무너짐이 심하니라 (마태복음7: 24~27)

미국의 건축가 프랑크 로이드 라이트의 유명한 실화가 있습니다. 지진이 자주 발생하던 도쿄에 큰 호텔이 세워졌습니다. 이 호텔의 신축공사를 맡은 사람이 건축가 라이트였습니다. 그는 지진에도 무너지지 않는 안전한 건물을 짓겠다고 장담했습니다. 그러나 많은 사람이 조소와 야유를 보냈습니다. "강진에 버틸 건물은 없다. 불가능한 일에 애쓰지 마라."

그럼에도 불구하고 그는 주도면밀한 건축계획을 세우고, 특수한 공법으로 설계계획을 세워서 기초공사를 시작했습니다. 무려 2년이나 걸렸습니다. 돈도 두 배나 많이 들었습니다. 그러니 수많은 비난이 이어졌습니다. 아까운 돈을 낭비한다고들 말했습니다.

이런 많은 사건 속에서도 4년에 걸쳐서 건물을 완공하게 됩니다. 문제는 건물이 완공된 뒤에도 이 라이트의 마음과 그의 헌신을 인정해주는 사

람이 없었다는 것입니다. 그러던 중 몇 년 뒤에 도쿄에 사상 최악의 지진이 발생했습니다. 모든 건물들이 나무토막처럼 맥없이 무너졌습니다. 하지만 그 비참한 폐허 가운데서 무너지지 않고 우뚝 서 있는 건물이 하나 있었습니다. 바로 라이트가 건축한 호텔이었습니다. 그 뒤로 이 라이트라는 인물은 일본 건축계의 신화처럼 오늘까지 기억되고 있습니다.

종말론적 하나님의 말씀

오늘 본문에 나타난 간단한 예수님의 말씀, 비유로 주어진 이 말씀은 성경에서 가장 엄숙한 말씀입니다. 최후의 경고로 주신 말씀입니다. 저도 주님의 뜻을 따라 엄숙하게 설교할 수 밖에 없습니다. 항상 묵상하고 기억해야 할 말씀입니다. 오늘 본문 말씀은 산상수훈의 결론입니다. 그 유명한 하나님의 복음을 예수님께서 간결하게 요약하신 마태복음 5장과 6장 그리고 7장, 이 전체의 최종 결론입니다. 이 이야기를 통해서 그 전체의 말씀을 상기하도록 예수님께서 주신 귀한 복음입니다.

또한 이 말씀은 '그러므로'로 시작합니다. 다시 말해서 바로 이 직전의 말씀인 마태복음 7장 21절에서 23절까지의 적용입니다. 더 구체적인 확실한 메시지를 누구나 기억할 수 있는 이야기를 통해서 말씀해주시는 것입니다. 7장 21절에서 23절까지는 이렇게 말씀합니다. "나더러 주여 주여 하는 자마다 다 천국에 들어갈 것이 아니요 다만 하늘에 계신 내 아버지의 뜻대로 행하는 자라야 들어가리라. 그 날에 많은 사람이 나더러 이르되 주여 주여 우리가 주의 이름으로 선지자 노릇 하며 주의 이름으로 귀신을 쫓아 내며 주의 이름으로 많은 권능을 행하지 아니하였나이까 하리니 그 때에 내가 그들에게 밝히 말하되 내가 너희를 도무지 알지 못하니 불법을 행하는 자들아 내게서 떠나가라 하리라."

*

이 종말론적 말씀에 대한 최종적 진술이 오늘 본문 말씀입니다. 하나님의 현재적 심판, 더 나아가 종말적 심판에 대한 단 하나의 단순한 이 비유가 하나님의 계시의 말씀입니다. 특별히 이 말씀은 오늘 본문을 통해서 들으신 것처럼 스스로 그리스도라 칭하는 모든 기독교인들에게 주신 말씀입니다. 우리 자신에게 주신 말씀입니다.

하나님께서는 창조주시요, 역사의 주인이시며 심판주이십니다. 하나님께서는 하나님의 말씀대로, 성경말씀대로 역사하십니다. 복을 주실 때도 말씀대로 주시고, 심판하실 때도 말씀대로 하십니다. 한낱 죄인이 그 하나님의 기준을 안다는 것, 놀라운 소식입니다. 그 자체가 복음입니다. 성경의 사건들은 그 모든 것을 우리에게 증거해주고 있습니다.

오늘도 하나님께서는 말씀대로 역사하십니다. 오직 그리스도인만이 하나님의 말씀을 미리 앞서 알고 살아갑니다. 그래서 거듭난 그리스도인은 모든 사건을 특별히 자기 자신에 관하여, 세상에 관하여 항상 말씀 안에서, 말씀을 통해서 비춰봅니다. 자신의 운명, 자신의 미래, 자신의 가능성, 자신의 정직, 자신의 진실, 자신의 모든 것을 세상이 인정해주는 것이 아닙니다. 오직 하나님의 말씀 안에서 말씀에 비추어 바라봅니다.

지혜로운 사람은 그 날을 준비합니다

누가복음 12장에는 어리석은 부자의 비유가 기록되어 있습니다. 큰 부자가 엄청나게 많은 돈을 벌었습니다. 큰 소출을 얻었습니다. 그것을 더 큰 창고에 쌓아놓고 잡니다. 그리고 말합니다. "내가 편안히 쉬고, 앞으로 즐거워할 것이다." 하나님께서 말씀하십니다. "이 어리석은 자야. 네 영혼을 오늘 취하면 그것이 누구 것이 되겠느냐?" '이 어리석은 사람아.' 이 사람이 잘못한 것이 무엇입니까? 하나님 앞에서 그 종말에 대해 도무지 생각하지 않았습니다. 하나님을 만날 그날을 준비하는 삶을 전혀 살지 않았습니다. 그 사람이 어리석은 사람입니다. 멸망하는 사람입니다.

이런 우스운 이야기가 있습니다. 어떤 어머니가 아들에게 이렇게 물었습니다. "아들아, 지혜로운 여자와 살면 3대가 행복하다. 착한 여자와 살면 30년간 행복하다. 예쁜 여자랑 살면 3년간 행복하다. 잘 생각해봐라. 너, 어떡하겠느냐?"

이 아들이 깊이 생각한 뒤에 이렇게 대답했습니다. "예쁜 여자랑 살겠어요." "어째서 그러니?" 아들이 말했습니다. "3년마다 바꾸면 되잖아요."

좋은 얘기지요. 그러나 하나님 앞에서 도무지 생각하지 않았습니다. 하나님을 만날 그날을 전혀 생각하지 않았습니다. 그래서 이 사람은 미련한 사람이요, 어리석은 사람입니다. 그러나 지혜로운 사람은 하나님 앞에서 생각하고, 하나님의 그 날을 준비하는 삶을 오늘도 살아갑니다. 그 사람이 거듭난 그리스도인입니다.

*

오늘 본문에는 두 사람, 두 집이 기록되어 있습니다. '반석 위냐 모래 위냐', 이것 빼고는 이 두 사람과 두 집은 차이점이 거의 없습니다. 깊이 통찰하지 않으면 절대 발견하지 못합니다. 똑같은 집을 세웠고, 그 집을 세우기 위해서 열심히 살았던 사람입니다. 이 점을 깊이 생각해야 합니다. 더욱이 모래 위냐, 반석 위냐 하는 문제는 기초에 대한 것입니다. 보이지도 않습니다. 눈에 보이지 않습니다. 그래서 분별하기가 어렵습니다. 그런데 그 결과는 정반대입니다. 모래 위는 왕창 무너집니다. 지옥 갑니다. 반면에 반석 위는 굳건합니다. 천당 갑니다. 정반대인데도 구분이 안 됩니다.

오늘 본문에서 생각해보십시오. '주여 주여 하는 자마다' 교회 다니는 모든 사람은 다 '주여 주여' 합니다. 저나 여러분이나, 유대인이나, 다 '주여 주여' 할 것 아닙니까? 그런데 예수님께서 분명히 말씀하셨습니다. '불법을 행하는 자들아, 난 너희를 도무지 모른다.' 엄청난 선언입니다. 구별이 잘 안되지만 그러나 분명 구별해야 됩니다.

'주여 주여' 하는 사람들은 다 기본적으로 '하나님의 영광을 위하여' 운운하며 이 말을 입에 달고 삽니다. 자기 자신이나 주변을 보십시오. 그 다음에는 하나님의 뜻대로 되기를 바라고, 어떤 사람은 정말 천국을 지향하며 살고 그만한 믿음도 있다고 얘기하고 또 어떤 사람은 하나님을 위해서 열심히 삽니다. 그런데 분명 예수님께서는 '그중에 난 너희들을 알지 못한다. 아무리 주여 주여 해도 너희들은 불법을 행한다.' 라고 판단하십니다.

더욱이 이들은 선행과 능력을 많이 행합니다. 아무 선도 행하지 않으면 차라리 쉽게 보겠는데, 오늘 본문을 보면 이들이 주의 이름으로 선지자 노릇을 합니다. 또 주의 이름으로 귀신까지 쫓습니다. 또 주의 이름으로 많은 권능을 행했습니다. 이쯤 되면 구별이 안 됩니다. 교회 안에서도 세상에서도 안 됩니다. 안 된다는 것을 깨달아야 됩니다. 그것이 오늘 본문에 주신 첫번째 메시지입니다.

스스로 분별해야 합니다

가룟 유다, 겟세마네 동산의 사건 이전에는 그를 전혀 몰랐습니다. 아무도 몰랐습니다. 성만찬 중에도 예수님만 아시고 아무도 몰랐습니다. 왜요? 함께 고생했으니까요. 함께 헌신했으니까요. 함께 핍박받았으니까요. 능력으로 귀신을 쫓았습니다. 예수님의 제자라고 다 알고 있었습니다. 아무도 몰랐습니다. 이처럼 구별하기 어려운 것입니다.

자기 자신에게도 속지 마십시오. 남은 물론이고 자기 자신에게도 속지 마십시오. 까딱하면 자기가 자기에게 속습니다. 가야바와 바리새인은 그 당시 종교지도자로 하나님께 영광을 돌리기 위해서 정말로 애쓰던 사람들이었습니다. 수많은 전도도 했고, 수많은 헌금을 냈고, 성경을 연구했고, 복음을 전도했습니다. 정말 많이 했습니다. 물론 끼리끼리, 유대인끼리, 민족끼리 했지만, 그래도 하긴 했던 사람들입니다. 게다가 그들은 애국자입니다. '이 민족을 위하여 한 사람 죽는 게 낫지 않느냐?' 정말 나라와 민족을 위하고, 하나님께 영광을 돌리던 사람입니다. 우리는 너무 쉽게 결론을 생각하고 있습니다. 그런 현장에 오늘 우리가 살아갑니다.

*

이제 생각해보십시오. 신문을 비롯한 방송 매체를 통해서 또는 교회 안에서나 밖에서나 정말 하나님의 사람인지 아닌지를 무엇으로 분별합니까? 나 자신이 정말 하나님의 사람인지 아닌지 무엇으로 분별합니까? 그러나 종말은 확실히 다릅니다. 적어도 최후의 심판에서는 지옥과 천당으로 갈라집니다. 현재적으로 그런 일이 종종 나타나지만, 종말적으로는 완전 극과 극입니다.

당시 가야바나 빌라도, 세계를 지배하던 시저 그들은 모두 다 승리자요 성공자였습니다. 다 그들을 부러워했습니다. 그러나 성경을 놓고, 말씀을 놓고 보십시오. 그들은 패배자입니다. 지옥에 있습니다. 그러나 현실에서는 구별이 안됩갑니다. 그러나 예수님께서 말씀하십니다. 구별해야 된다는 것입니다. 먼저 자신을 통해서 구별해야 됩니다.

두 집과 두 사람의 분명한 차이는 오늘 본문에서처럼 '반석 위냐 모래 위냐', 이것이 다릅니다. 그런데 이것도 오늘 본문처럼 비바람이 일고 창수가 나매, 다시 말해서 시련과 고통과 고난과 역경이 있어야만 반석 위인지 모래 위인지 구별이 됩니다. 이 때도 기억해야 합니다. 그리고 분명히 말씀하십니다. 정확하게 말씀하십니다.

종말론적 심판의 메시지: 순종하느냐 불순종하느냐

'나의 이 말을 듣고 행하는 자는 반석 위에 세운 집이고, 나의 이 말을 듣고 행하지 않는 사람은 모래 위에 지은 집이다.' 하나님의 최종 심판입니다. 현재적, 종말적 심판을 말씀하고 계십니다. 여기에는 두 가지 메시지가 우리에게 주어집니다. 반드시 기억해야 될 메시지입니다. 첫째는, 순종하느냐 불순종하느냐, 이것이 중요합니다. 말씀을 듣고 실천하느냐 안 하느냐, 이것이 시금석입니다.

영국의 유명한 시인이자 화가인 윌리엄 블레이크(William Blake)에게 어떤 남자가 와서 이렇게 물었습니다. "선생님처럼, 아니 선생님보다 더 위대한 예술가가 되려면 어떻게 해야 합니까?" 블레이크는 그에게 친절하게 답해줍니다. "많이 생각하십시오. 깊이 생각하세요. 창의력을 키워야 합니다."

한 달 뒤에 그 부인이 와서 이렇게 따졌습니다. "선생님을 만나고 나서 매일 침대에서, 방안에서 깊이 생각만 하고 아무것도 하지 않는데, 큰일 났습니다." 블레이크는 이렇게 말했답니다. "제가 깜박 잊고 말하지 않은 것이 있는데, 행동하지 않는 사람의 생각은 휴지조각과 같다는 것입니다." 모든 사람이 동의하는 말씀 아닙니까? 행동하지 않는 생각은 휴지조각과 같습니다.

이런 이야기가 있습니다. 어느 철학자와 도둑이 감옥에 갔는데, 어느 날 어두컴컴한 밤에 함께 탈옥하기로 했습니다. 그래서 슬금슬금 나와서 창을 넘어 지붕을 걸어가는데, 도둑이 앞장섰다가 그만 실수를 해서 기왓장을 떨어뜨렸습니다. 밑에서 "누구냐?"하고 교도관이 소리를 지르니까 "야옹" 하고 위기를 모면했습니다.

그런데 철학자도 가다가 또 똑같은 실수를 했습니다. 더 큰소리로 "누구냐?" 하니까, "나는 고양이요." 했다가 잡혀갔다고 합니다. 아는 것과 실천하는 것 사이에는 엄청난 차이가 있습니다.

*

성경을 통해서 성경이 무엇을 말씀합니까? 예수님께서는 두 가지를 말씀하십니다. 모든 그리스도인은 적어도 두 가지 말씀을 압니다. '전심으로 하나님을 사랑하라. 이것이 먼저다. 몸과 마음과 뜻을 다하여 하나님을 경외하고 하나님을 사랑하라.' 다 깨달았습니다. 옳습니다. '아멘!' 합니다. 얼마나 실천하며 살아갑니까? 얼마나 이것을 실천하지 못함을 날마다 회개하며 살아갑니까? 얼마나 이 말씀대로 되기를 지혜와 능력을 구하며 살아갑니까? 이것이 문제입니다.

두 번째 계명은 '네 이웃을 네 몸과 같이 사랑하라.'입니다. 모든 그리스도인은 '아멘!' 합니다. 그러나 중요한 것은 얼마나 실천하며 살아가느냐 하는 것입니다. 예수님께서 말씀하십니다. '듣고 행하지 않는 사람은 모래 위에 지은 집이다. 구원받지 못한다. 스스로 자칭 그리스도인이라 말하지 마라.'

우리는 다 지킬 수 없습니다. 그러나 지키고자 하는 갈망 속에 살아갑니다. 그 말씀이 나에게 이루어지기를 소망하면서 말이죠. 그러나 내 능력으로 안 되니까, '하나님의 능력을 좀 주세요.'라고 구하며 살아갑니다. 산상수훈을 통하여 예수님께서 말씀하십니다. '하나님과 재물을 겸하여 섬길 수 없느니라.' 우리는 '그 말씀이 옳습니다.' 하면서 예배 중에 인정하고 '아멘!' 하고 돌아섭니다. 이제 삶 속에서 얼마나 그 말씀이 내 삶을 통해서 실천되고 있습니까? 이것이 문제라는 것입니다. 야고보서 2장 26절은 말씀합니다. "행함이 없는 믿음은 죽은 것이니라."

'반석 위냐 모래 위냐'는 내가 정하는 것이 아닙니다. 내 친구가 정하는 것도 아니요, 세상이 정하는 것도 아닙니다. 그 누가 정하는 것이 아닙니다. 절대 아닙니다. 하나님께서 정하십니다. 이미 말씀하셨습니다. 하나님께서는 하나님의 판단대로, 말씀대로 역사하십니다. 오직 하나님의 말씀 안에서 듣고 행하는 사람이 지혜로운 사람이요, 복 있는 사람이요, 복받은 사람이요, 하나님께 영광 돌리는 사람입니다.

종말론적 심판의 메시지: 하나님의 말씀의 뜻을 들어야

두 번째 메시지는 이것입니다. 첫 번째와는 비교도 안 되게 더욱 중요합니다. 항상 이것이 먼저 되어야 합니다. 그것은 '나의 이 말을 듣고'입니다. '나의 이 말' 이렇게 말씀하셨을 때 예수님께서는 직접적으로 무엇을 뜻하시는 것입니까? '산상수훈'입니다. 5장과 6장 그리고 7장의 산상수훈을 말씀하십니다. '나의 이 말을 듣고'

더 나아가 무엇을 말씀하십니까? '하나님의 뜻'입니다. 하나님의 뜻대로 행해야 됩니다. 그것이 '반석 위에 세운 집'입니다. 하나님의 뜻과 상관

없는 선행들, 수많은 헌신들은 아무 소용이 없습니다. 산상수훈과 관계없는 선행들은 아무 상관이 없습니다. 선지자 노릇, 귀신 축출, 능력을 행하는 것, 이 모든 것들은 그 자체로는 의미가 없습니다. 그가 목회자든 선지자든 누구든 상관없습니다. 이것이 하나님의 말씀입니다.

우리 자신을 생각해보십시오. 선교하고 구제하고 봉사하고 나름대로 많이 수고하는 분들은 많습니다. 중요한 것은 하나님의 뜻대로 인가 아닌가 하는 것입니다. 이것을 항상 생각해야 됩니다. 아니면 아무 상관이 없습니다. 가야바나 바리새인들은 평생 하나님께 영광 돌리려고 수많은 시간을 보낸 사람들입니다. 그러나 하나님의 뜻이 없었습니다. 하나님의 뜻을 거역했습니다. 그러기에 열심히 살아도 모래 위에 집을 짓고 멸망하는 것입니다.

*

오늘날 우리 주변에도 예수 믿지 않는 사람들 가운데, 많은 종교인들 가운데 좋은 사람들이 많이 있습니다. 훌륭한 분들도 많이 있습니다. 그런데 중요한 것은 내 생각, 그들의 생각이 아니라 하나님의 생각입니다. 하나님의 뜻대로 인가 아닌가 중요합니다. 이것을 기억해야 합니다. 한마디로 모래 위에 지은 집은 깊이 통찰하면 결국 자기를 위한 삶인 것입니다. 오직 자기를 기쁘게 한 것입니다. 자기 유익을 위한 것입니다.

돈이나 명예를 버렸어도 결국 자기를 기쁘게 한 것입니다. 많은 선행을 행하는 사람들은 그렇게 하지 않으면 자기가 못 견딥니다. 좀 더 못한 수준의 사람은 돈과 명예와 권력을 위해서 합니다. 하지만 순수한 마음으로 해도 결국은 자기가 기뻐서 합니다. 하나님께서 보시는 것은 오직 하나님의 뜻입니다.

결국 자기를 위해서 살아가는 사람은 기독교인을 놓고 보면 공통점이 하나 있습니다. 성경을 부분 부분으로 봅니다. 요즘말로 하면 띄엄띄엄 봅니다. 선택적으로 봅니다. 성경 전체를 통해서 하나님의 마음, 하나님의 뜻과 그 의도를 받아들여야 되는데, 부분적으로 자기가 좋아하는 것만 봅니다.

하지만 그렇게 해서는 백날을 보아도 소용없습니다. 마귀도 성경을 인용합니다. 전체를 보아야 합니다. 삼위일체 하나님의 구원의 역사, 그 전체를 보고서 이야기해야 됩니다. 성경을 다 볼 필요 없습니다. 본다고 다 알 수도 없습니다. 그러나 전체의 메시지는 항상 기억해야 됩니다.

말씀과 성령의 역사 안에서 살아가야 합니다

교회는 '만민의 기도하는 집'입니다. 하나님께서도 그렇게 말씀하시고, 예수님께서도 말씀하셨습니다. 가장 큰 본질입니다. 하나님의 은혜와 진리가 충만히 나타나는 곳이 교회입니다. 그래서 경건이 있고, 경외가 있습니다. 이것이 본질입니다. 이 하나님의 뜻이 없으면 아무리 선행을 하고, 교제를 하고, 축하를 하고, 축제를 하고, 봉사와 선교를 해도 한갓 울리는 꽹과리일 뿐입니다. 아무 소용이 없습니다. 왜요? 성경을 보되 전체를 보지 않고 일부분만 보고 이야기하는 것이기 때문입니다.

예를 들면, '오직 의인은 믿음으로 살리라.'라는 말씀이 있습니다. 이것은 모든 기독교인이 알고 있는 말씀입니다. 그런데 딱 이것 하나만 쥐어들고 다닙니다. 로마서 1장 16절과 17절과 그 뒤의 18절부터 3장 20절까지 또 다른 내용이 가득 있습니다. 수십 배는 될 만큼 하나님의 진노에 관한 얘기가 많이 있는데, 그것은 보지도 않습니다. 이쪽은 불편한 것입니다. 한쪽만 좋은 것입니다. 그 마음이 이미 자기를 위한 것입니다.

요한복음 3장 16절은 말씀합니다. "하나님이 세상을 이처럼 사랑하사 독생자를 주셨으니 이는 그를 믿는 자마다 멸망하지 않고 영생을 얻게 하려 하심이니라." 그 안에 들어 있는 메시지를 보지 않습니다. 멸망은 보지를 않고 오직 이것만 붙듭니다. 이어서 계속 읽어 내려가면 예수님께서 '하나님의 진노가 임하리라. 영생을 받지 못한 사람은 하나님의 진노에 멸망하리라.' 하고 분명히 말씀하시는데, 이것은 보고 싶지도 않습니다. 항상 자기가 보고 싶은 것만 듣고 외우고 다닙니다. 모두 자기를 위한 것입니다. 하나님을 위하여 하나님의 뜻, 하나님의 마음을 읽어야 됩니다. 그래야 하나님의 뜻대로 살아가는 삶을 살 수 있습니다.

로마서 12장 2절에 유명한 말씀이 있습니다. 1절은 영적 예배자에 관한 말씀입니다. 오직 믿음으로 의롭게 된 사람은 영적 예배를 드립니다. 그들의 삶이 어떤가요? 한마디로 말씀하십니다. '하나님의 뜻을 분별하도록 하라.' 그래서 2절 말씀이 이것입니다. "너희는 이 세대를 본받지 말고 오직 마음을 새롭게 함으로 변화를 받아 하나님의 선하시고 기뻐하시고 온전하신 뜻이 무엇인지 분별하도록 하라." 하나님의 뜻을 먼저 분별해야 이루고 말고 할 것 아닙니까? 그것이 먼저입니다.

*

예수님께서 우리에게 보여주신 본을 기억하십시오. 그 유명한 겟세마네 동산에서 무엇을 위해서 기도하신 것입니까? '나의 뜻대로 마옵시고 아버지의 뜻대로 하옵소서.' 이것입니다. 죽음이 두려운 것도 아니요, 고통이 두려운 것도 아닙니다. 이미 죽음을 아셨습니다. 그러나 중요한 것은 지금 이때냐 하는 것입니다. 지금이 피할 시기인가, 도망할 시기인가 아니면 맞닥뜨려야 할 시기인가 하는 것입니다. 더욱이 이 방법, 꼭 십자가여야만 하느냐 하는 것입니다. 그런데 결국은 '하나님의 뜻대로 하옵소서.'

라고 하십니다. 뜻인 줄 알고 나가신 것입니다. 그것이 하나님의 뜻이 아니라면 내 몸을 불사르게 내어줄지라도 아무 소용이 없습니다. 울리는 꽹과리라는 것을 기억해야 합니다.

어떻게 해야 반석 위에 하나님의 뜻대로 집을 지으며 살아갈 수 있습니까? 길은 오직 하나입니다. 다른 지름길은 없습니다. 우리가 이미 아는 것입니다. 날마다 말씀과 성령의 역사 안에서 자신을 체크해나가야 됩니다. 무엇으로요? 말씀으로, 성령을 의존해서 점검해가는 것입니다. 시편 1편 1절과 2절에 유명한 말씀이 있지 않습니까? "복 있는 사람은 … 오직 여호와의 율법을 즐거워하여 그 율법을 주야로 묵상하는 자로다." 날마다 여호와의 말씀을 기뻐하고 묵상해야만 내가 지금 반석 위에 집을 짓고 있는 것인지, 모래 위에 짓고 있는 것인지를 알 수 있습니다. 그 밖에는 길이 없습니다.

그리고 그 하나님의 뜻을 알았거든 그 뜻이 이루어지기를 기도해야 됩니다. 왜요? 내 뜻으로는 안 됩니다. 누구랑 화해하려 해도 그게 쉽게 됩니까? 하나님께서 마음을 움직이셔야 됩니다. 먼저 내 할 일을 하고 기다리는 것입니다. 하나님의 지혜와 능력이 임하기를 구하고 두드리고 찾아야 됩니다.

반석 위에서 살아가는 지혜로운 사람

한 해의 마지막 주일, 모든 날이 다 중요하지만 특별히 이 마지막 주일은 하나님의 말씀으로 나 자신을, 내 운명을, 내 가능성을, 오늘 나의 진실을, 이 모든 것을 점검하기에 가장 좋은 기회입니다. 성도 여러분은 올 한 해 하나님의 뜻 안에서 실천하며 반석 위에 집을 세우고 살아왔습니까? 성공했느냐 실패했느냐, 건강 하냐 건강하지 못하냐의 문제가 아닙니다. 나 스스로 불행하냐 아니면 행복한가도 중요하지 않습니다. 가장 중요한 것은 '하나님의 뜻 안에서 하나님의 뜻을 이루며 살아가느냐'하는 것입니다. 그러면 기쁜 것입니다. 감사한 것입니다. 그러지 못했다면 참회 자복해야 합니다.

주께서 말씀하십니다. '나의 이 말을 듣고 행하는 자가 지혜로운 자다.' 그 산상수훈의 주요 메시지를 들으면서 다시 한 번 깊이 하나님 앞에서 생각해보십시오. '나는 심령이 가난한 사람으로 살았는가? 죄에 대해 애통해 하는 사람으로 살았는가? 나는 온유한 사람으로 살았는가? 나는 의에 주리고 목마른 사람인가? 나는 긍휼히 여기는 사람인가? 나는 마음이 청결한 사람인가? 나는 화평케 하는 사람인가? 나는 의를 위하여 핍박을 기꺼이 받는 삶을 살아가고 있는가? 나는 세상의 빛과 소금의 삶을 지향하며 살아가고 있는가?

나는 사람에게 보이려고 하지 않고 오직 하나님만을 신뢰하며 살아가는가? 나는 오른손이 하는 일을 왼손이 모르게 하며, 익명적 봉사를 하며 살아가는가? 나는 은밀한 중에 하나님께 기도하며, 하나님의 은총을 구하며 살아가는가? 나는 보물을 하늘에 쌓아두며 살아가는가? 나는 먼저 하나님 나라와 그 의를 구하는 삶을 날마다 기도하며 하나님 앞에 살아가는가? 나는 내 눈 속의 들보를 먼저 빼내는 삶을 실천하며 은혜 안에 살아가는가? 나는 세상의 넓은 문을 향하여 방황하지 않고 예수님의 말씀대로 좁은 문으로 들어가기를 힘쓰며 오늘을 살아가는가? 나는 좋은 나무임을 이미 알고, 좋은 열매 맺기를 기도하며 살아가는가?

*

이 사람이 말씀을 듣고 행하는 사람입니다. 이것이 하나님의 말씀입니다. 반석 위에서 살아가는 지혜로운 사람입니다. 오직 그리스도인만이, 진정 거듭난 하나님의 사람만이 하나님 앞에서 복음적인 생각으로 판단하고 회개하고 찬송하며 오늘을 살아갑니다. 하나님을 만날 그날, 언제 올지 모릅니다. 그날을 준비하며 오늘을 살기에 평안하고, 내 안에 참된 하나님의 위로가 있으며, 하나님의 은혜가 충만하여 하나님 나라의 삶을 살아갑니다. 날마다 말씀과 성령의 역사 안에서 신령한 세계를 바라보며, 하나님의 약속을 바라보며 하나님과 동행하는, 하나님께 영광 돌리는 참소망의 삶을 우리는 살아가야 합니다.

기 도

전지전능하신 은혜의 하나님. 하나님의 말씀을 우리에게 주시고, 말씀을 믿고 깨달을 만한 마음도 주시고, 성령의 인 치시어 하나님의 자녀 되게 해주셨건만, 온전한 믿음이 없어 아직도 모래 위에 집을 쌓으며, 은밀하게 자기의 유익을 구하며, 자기를 기쁘게 하는 삶을 살아가며, 스스로 구원받은 사람이라 칭하는 어리석은 죄인들을 불쌍히 여겨주시옵소서. 오직 믿음으로 하나님의 약속을 따라 반석 위에 집을 짓는 지혜로운 사람으로 살도록 우리에게 참회하는 심령을 주시고, 오직 말씀 안에서 자신을 분별하며 하나님의 뜻을 기억하며 이루어나가는 하나님의 뜻대로의 삶을 살도록 우리를 긍휼히 여기사 주의 길로 인도하여주시옵소서. 우리 주 예수 그리스도의 이름으로 간절히 간절히 기도드리옵나이다. 아멘.

15장_오른손이 하는 것을 왼손이 모르게

사람에게 보이려고 그들 앞에서 너희 의를 행하지 않도록 주의하라
그리하지 아니하면 하늘에 계신 너희 아버지께 상을 받지 못하느니라 그러므로 구제할 때에
외식하는 자가 사람에게서 영광을 받으려고 회당과 거리에서 하는 것 같이 너희 앞에
나팔을 불지 말라 진실로 너희에게 이르노니 저희는 자기 상을 이미 받았느니라 너는 구제할 때에
오른손이 하는 것을 왼손이 모르게 하여 네 구제함을 은밀하게 하라
은밀한 중에 보시는 너의 아버지께서 갚으시리라 (마태복음 6:1~4)

영국에서 오래 전에 있었던 실화입니다. 한 귀족 아들이 시골에 갔다가 수영을 하려고 호수에 뛰어들었습니다. 그런데 수영은 커녕 발에 쥐가 나서 죽을 위기에 처했습니다. 그래서 살려달라고 크게 소리를 치니까 지나가던 농부의 아들이 그 소년을 구해주었습니다. 이 사건으로 둘이 아주 친해졌지요. 서로 편지도 주고받으며 우정을 키워나갔습니다.

이 시골 소년이 13살이 되어 초등학교를 졸업할 때, 그때 귀족의 아들이 소년에게 물었습니다. "너, 커서 뭐가 되고 싶니? 장래희망이 뭐야?" 그 시골 소년이 대답했습니다. "의사가 되고 싶어. 그런데 돈이 없어서 공부할 수가 없어. 나는 형제도 많고, 집이 너무 가난해서 더는 공부할 수가 없어. 걱정이 많아." 귀족 아들은 그 아이를 돕고 싶었습니다. 자기 생명을 구해주었으니까요.

그래서 그의 아버지께 이렇게 조릅니다. "그 아이 꼭 좀 공부시켜주세요." 마침내 그의 아버지가 허락하여 그 아이를 런던으로 데려와 공부를 시킵니다. 뒤에 그 아이는 런던 의과대학을 졸업하는데, 그가 바로 포도당구균을 연구하여 페니실린이라는 기적의 약을 만들고 노벨의학상을 받은 알렉산더 플레밍(Alexander Fleming)입니다. 너무도 유명한 사건입니다.

한편 이 귀족 아들은 일찌감치 정계에 입문하여 26세에 국회의원이 됩니다. 그가 바로 윈스턴 처칠(Winston Churchill)입니다. 그런데 처칠이 그만 전쟁 중에 폐렴에 걸려 목숨이 위태롭게 되었습니다. 그 당시 폐렴은 불치병에 가까운 무서운 질병이었습니다. 이 소식을 들은 알렉산더 플레밍이 자신이 만든 페니실린을 처칠에게 급송했고, 그 약으로 말미암아 처칠은 생명을 건지게 됩니다.

이 얼마나 놀라운 사건입니까? 여기에 깊은 메시지가 있습니다. 하나님께서 기뻐하시고 인정하시는 선행은 항상 풍성한 열매를 맺습니다. 이 사실을 오늘 믿고 기억하고 소망하며 살아가는 사람이 복 있는 사람입니다.

바른 동기와 목적이 중요한 이유

한 스님이 유명한 고승을 찾아갔습니다. 그가 무릎을 꿇고 고승에게 물었습니다. "얼마나 수행을 해야 스님과 같이 훌륭한 고승이 될 수 있습니까?" "10년이면 된다." 다시 스님이 물었습니다. "저는 다른 스님보다 더 열심히 수도하고 있습니다. 앞으로도 두 배, 세 배 더 열심히 수행할 것입니다. 그러면 몇 년이 걸리겠습니까?" 여기서 고승은 그의 기대와는 달리 이렇게 대답했습니다. "그러면 20년이 걸리겠구나."

열심과 열정은 아주 중요한 덕목입니다. 그러나 잘못된 열심과 열정은 때로는 최악이 되고 맙니다. 이것을 기억해야 합니다. 열심과 열정의 목적과 동기와 방법이 잘못되면 인생 망칩니다.

독일의 히틀러는 정말 나쁜 지도자였습니다. 그러나 그가 행한 연설이나, 그 연설을 통해 내세웠던 목표에 담긴 그의 정치철학은 잘 알려진 그의 이미지와는 전혀 다릅니다. 그는 네 가지 덕목을 말했습니다. 첫째, 나라를 사랑하라, 곧 애국심 둘째, 역경을 이기는 인내심 셋째, 지도자에 대한 충성심 넷째, 법을 지키는 준법정신 이것들만 보면 그는 참으로 훌륭한 사람입니다. 그래서 지도자가 되었습니다.

그러나 결국 그는 나라를 망치고, 수백만의 사람을 학살하는 폭군이 되고 맙니다. 왜 그렇습니까? 동기와 목적과 방법이 잘못돼서 그렇습니다. 그는 하나님을 사랑하지도 않았고, 하나님을 두려워하지도 않았습니다. 목적이 하나님께 있지도 않았습니다. 은혜가 없었습니다. 방법도 하나님의 뜻이 아니었습니다. 섬김의 자세도 되어 있지 않았습니다. 이 점을 우리는 깊이 생각해야 합니다.

*

오늘날 빌 게이츠(Bill Gates) 만큼 유명한 사람은 없을 것입니다. 세계최고의 부자로 유명하고, 동시에 세계최고의 기부자로 알려진 사람 아닙니까? 참으로 훌륭합니다. 거기에는 이견이 있을 수 없습니다. 그의 선행은 참으로 본받을 만합니다. 그가 어느 날 '창조적 자본주의'라는 것을 주창했습니다. 이것이 미래에 자본주의의 대안이라는 것이지요. 한마디로 자본주의의 부를 가지고 오늘날의 가난과 질병과 빈곤의 문제를 해결해야 한다는 것입니다. 그 책임이 부강한 나라들, 부자인 사람들에게 있다는 것입니다. 그러나 그리스도인은 여기서 한 번 더 생각해야 합니다. 하나님 앞에서 생각해야 됩니다. '그의 목적과 동기와 방법이 하나님의 뜻 안에 있는가?' 아주 중요한 문제입니다.

한 갑부 정치인이 어느 대학의 총장을 찾아가서 물었습니다. "지금까지 이 대학에 가장 많이 낸 기부금이 얼마입니까?" 총장이 "10억 원입니다"라고 대답하니까, 이 정치인이 호기 있게 이렇게 말했답니다. "좋습니다. 제가 20억 원을 지금 낼 테니까, 이제부터 제 이름을 최고의 기부자로 기억해주십시오." 그러면서 그는 그 자리에서 수표를 써서 총장에게 주었습니다. 그때 그가 한마디 더 물었습니다. "그런데 10억 원을 낸 사람이 누구입니까? 궁금하네요." 그 순간 총장은 그가 내민 수표를 탁 채가지고 황급히 일어나 문밖으로 나가면서 이렇게 말하더랍니다. "바로 당신입니다."

자신의 명예, 자신의 유익, 자신의 의를 높이는 선행은 아무것도 아닙니다. 잠깐 기쁘고 마는 것입니다. 전혀 영향을 미치지도 못하고, 열매를 거두지도 못합니다. 그리스도인은 전적으로 다른 차원의 삶을 살아갑니다. 하나님 나라의 백성으로 오늘 이 시대를 살아갑니다. 그래서 하나님 앞에서 생각하고, 하나님의 말씀 안에서 믿음으로 순종하는 삶을 살아가야 합니다. 그 사람이 복 있는 사람입니다.

익명적 헌신과 봉사

오늘 본문에는 유명한 예수님의 잠언이 나옵니다. 세상 사람들도 이 잠언을 다 압니다. '오른손이 하는 것을 왼손이 모르게 하라.' 참으로 많이 인용되는 말씀 아닙니까? '오른손이 하는 것을 왼손이 모르게 하라.' 우리가 구제를 할 때, 다시 말해서 모든 선행과 봉사를 할 때 '오른손이 하는 것을 왼손이 모르게 하라', 곧 은밀하게 하라는 말씀입니다. 익명적 헌신과 봉사를 강조하는 하나님의 말씀입니다.

여기서 생각해보십시오. 여러분은 이 말씀을 하나님의 말씀으로 영접하며, 내게 주신 말씀으로 믿고 살아갑니까? 이것이 문제입니다. 이 말씀은 선택할 수 있는 것이 아닙니다. 반드시 이렇게 해야 됩니다. 하나님의 말씀이니까요. 그 이유 중에 가장 큰 것이 바로 이것, 의에 관한 문제이기 때문입니다. '하나님의 의냐 인간의 의냐, 하나님의 의냐 나의 의냐', 하나님께서 이렇게 보시기 때문입니다.

오늘 본문 1절도 말씀합니다. "사람에게 보이려고 그들 앞에서 너희 의를 행치 않도록 주의하라." 의의 문제이기 때문에 깊이 생각해야 합니다.

*

오늘날 신문을 비롯한 여러 방송 매체를 통해서 많은 기부자들, 선행한 사람들을 보지 않습니까? 그때마다 여러분은 어떻게 생각하십니까? 참 훌륭하지요. 때로는 상당한 금액을 내는 사람도 있는데, 그 중에는 억지로 내는 분도 많을 것 같습니다. 어쩌면 비난받지 않으려는 생각에서 또는 자기 목적을 달성하려는 동기에서 낸 기부금도 있을 것 같습니다. 자발적이든 강제적이든, 선행을 행한 사람이 참 많이 있습니다. '안 하는 것보다는 낫겠지.'라고 대부분의 사람은 생각합니다.

그러나 분명하게 기억하십시오. 하나님의 의가 없다면 자기 의입니다. 자기 의를 높이는 데는 성공했습니다. 칭찬받았습니다. 유명해졌습니다. 덕을 누리고 삽니다. 하지만 거기까지입니다. 그것으로 끝입니다. 하나님 앞에서는 그 자체가 자기 의를 높인 위선입니다.

오늘 본문은 선행에 관한, 구제에 관한 하나님의 방법과 뜻을 우리에게 계시해줍니다. '은밀하게 하라. 오른손이 하는 것을 왼손이 모르게 하라.' 이것이 그리스도인의 삶의 시금석입니다. 오늘 이 세상을 살면서 하나님 나라의 삶은 이러해야 한다고 말씀하시는 것입니다.

'은밀하게 하라'의 의미

"은밀하게 하라." 여기에는 두 가지 뜻이 있습니다. 첫째는, 사람들에게 광고하지 말라는 것입니다. 그들이 알게 하지 말라는 것입니다. 심지어 선행의 대상자도 모르게 하라는 것입니다. 이러는 사람도 있습니다. "저 사람만 빼고 다 모르게 했는데요?" 그것도 안 됩니다. '은밀하게 하라.' 오늘날 많은 구제와 선행을 하는 분들 가운데 이런 말 하는 분들이 많습니다. "다른 사람들도 여기에 동참토록 하기 위해서 알리는 것입니다." 분위기를 띄워 한 사람이라도 더 감동받으면 좋지 않겠느냐는 것이지요.

그러나 이것도 교만입니다. 선행은 선행 자체로 끝나야합니다. 그 동기는 하나 뿐입니다. 사랑하는 마음으로 하는 것뿐입니다. 뭘 주제넘게 하나님께서 하실 일까지 자기가 다 생각합니까? 이것을 생각하십시오. 사단은 악한 일만 주도하는 것이 아닙니다. 선행에 더 날뛰면서 문제를 일으킵니다. 열매 맺지 못하게 합니다. 그래서 주께서 말씀하십니다. '오른손이 하는 것을 왼손이 모르게 하라.'

*

또한 "은밀하게 하라."는 것은 자신도 모르게 하라는 뜻입니다. 내 오른손이 하는 것을 내 왼손이 몰라야 됩니다. 무슨 말씀입니까? 자기도 잊어버려야 됩니다. 아니, 기억나지 않게 해달라고 하나님께 기도해야 됩니다. 그것이 자꾸 기억나면 우쭐거리게 됩니다. 교만해집니다. 어디에 기록하지도 마십시오. 기록은 하나님께서 하실 일입니다. 하나님 나라의 책에 기록될 것입니다. 결국 수많은 시험을 받게 됩니다. 스스로 은근히 즐기고 누리다가, 그러니까 은혜로 시작했다가 율법으로 끝나는 사람을 많이 보게 됩니다. 성경은 그런 얘기들로 가득 차 있습니다. 결국 그와 같은 일을 행하지 않는 사람에 대해서 깔보게 됩니다. 비난합니다. 이 사람은 충분히 할 수 있는 사람인데 이 정도도 하지 않는다고 비난합니다. 그 순간 그것이 바리새인적인 의가 됩니다. 하나님의 의가 전혀 없습니다. 자신이 속는 것입니다. 그것 또한 마귀의 역사입니다.

'나팔을 불지 말라'의 의미

오늘 본문에는 또 다른 잠언의 말씀이 있습니다. "너희 앞에 나팔을 불지 말라(2절)." 타인에게도, 당사자에게도, 자신에게도 나팔을 불지 말라고 합니다. 그 사람이 복 있는 사람이고 하나님께서 동행하시는 사람임을 절대로 잊지 말라고 합니다. 정말 우리는 모두 이 일에 회개해야 합니다. 우리는 신앙생활 하면서 너무나 많은 시험에 빠집니다. 좀 극단적이지만, 정말 그런 사람들이 많습니다. 어떤 책을 받아보면, 그 사람이 어느 대학을 나왔다는 화려한 경력까지는 좋은데, 문제는 '백일금식기도 몇 회', '40일금식기도 몇 회' 같은 것들도 경력이라고 자랑처럼 써놓은 분들이 있습니다. 제 방에도 그런 분의 명함이 있습니다. 도대체 신앙인 맞습니까? 자기 의밖에 없습니다. 참으로 불쌍한 사람입니다.

더욱이 오늘날 우리가 전도를 합니다. 이것은 그리스도인의 마땅한 삶입니다. 그런데 어쩌자고 몇 명 전도했다고 자랑하는데, 요즘에는 만 명은 기본이고, 보통 2만 명도 나오더라고요. 자기 의를 끝까지 높입니다. 나팔 불지 말라고 하시는데, 하나님께 영광을 돌려야 하는데, 오직 자기 영광을 위해서 나팔을 불고 다닙니다.

결국 이런 사람들이 하는 일에는 성령의 역사가 도무지 없습니다. 정말 예수님께서 하신 방법대로 전도하면 다 도망갈 것입니다. 성령의 역사가 아니면 도저히 받아들이기 힘든 것이 전도입니다. 예수 믿지 않으면 지금 지옥 간다고 그러는데, 어디 누가 따라오겠습니까?

그런데 그 얘기는 싹 빼고 예수 믿으면 복 받고, 사업도 잘되고, 건강하고, 자녀문제도 해결된다고 하니 따라오는 것이지요. 그게 무슨 전도입니까? 도무지 말도 안 되는 것을 가지고 난리를 칩니다. 이 모든 것이 '나팔 부는 일'입니다. 이 자체가 기독교의 모습이 아닙니다. 특히 교회가 회개해야 합니다.

*

오늘날 교회마다 왜 이렇게 광고를 많이 합니까? 신문에, 방송에 온통 교회 광고가 가득합니다. 그 돈 갖고 딴 데 쓰면 얼마나 좋습니까? 누가 그렇게 알고 싶어 한다고 이러는지 모르겠습니다. 거기다가 교회 숫자도 얼마나 허수가 많은지 아십니까? 우리나라 종교인의 숫자가 우리나라 인구보다 많습니다. 종교의 각 교단에서 말한 통계수치가 우리나라 전체 인구수보다 많다니까요.

여기서 한 가지 생각해보겠습니다. 나팔 부는 것을 자랑으로 아는 타종교는 그렇다고 치더라도, 문제는 기독교도 마찬가지라는 것입니다. 어떻게 교회가 나팔을 붑니까? 우리 교단도 30퍼센트에서 50퍼센트는 다 과장된 것입니다. 가만히 생각해보면 큰 교회일수록 거짓말을 더 많이 합니다. 그래서 죄가 더 큽니다. 왜 그런지 아십니까? 작은 교회는 자기네 교인 수가 50명, 60명이라고 하면 10명 정도밖에 사기를 안치는 셈인데, 5백 명에서 6백 명 또는 5천 명에서 6천 명, 나아가 5만 명에서 6만 명이라고 하면 그 정도가 어마어마하게 커지는 것입니다. 이게 도대체 뭐 하는 것입니까? 은밀하게 행하라고, 나팔 불지 말라고 말씀하시는데도 기어이 '하나님께 영광'이라고 얘기하면서 크게 떠들어댑니다. 그러기 한갓 종교기관으로 전락해 버리고 마는 것입니다.

그리고 사역도 자랑합니다. 우리 교회가 이런 일을 하고, 저런 일을 한다고 자랑합니다. 그래서 어쨌다는 것입니까? 이 또한 타락한 종교기관의 모습일 뿐입니다.

성령의 인도함을 받는 삶의 특징

성령께서 인도하시고 정말 사랑으로, 목적을 하나님께 두었다면 나팔불지 않습니다. 이 말씀이 항상 그를 주도합니다. 그런데도 일상의 삶에서 '은밀하게 행하라', '오른손이 하는 것을 왼손이 모르게 하라.'고 할 때마다 많은 의문이 듭니다. 꼭 그렇게 해야 합니까? 꼭 그렇게 해야 되느냐는 것입니다. 조금 알리면 안 됩니까? 저 사람 좀 자극시켜서 좋은 일을 하게 만들고 또 그 외에 다른 많은 좋은 이유들이 있는데도 꼭 그렇게 해야만 합니까? 하나님의 대답은 꼭 그렇게 해야 된다는 것입니다. 왜 꼭 그렇게 해야 되는지, 우리의 생각을 분명히 막고 바꾸어놓을 만한 세 가지 답을 주십니다.

첫째, 열매가 없습니다. 상 받을 생각하지 말라는 것입니다. 오늘 본문은 말씀합니다. "너희 아버지께 상을 얻지 못하느니라(1절)." "저희는 자기 상을 이미 받았느니라(2절)." 그러니 그런 짓 하지 말라는 것입니다. 아무리 수많은 이유가 있어도 그것은 시험에 빠지고 유혹에 빠지는 일입니다. 하나님께 복 받지 못한 인생은 허무합니다. 우리가 선행을 하면서 자꾸 마음에 괴로움이 있고, 허무가 있고, 번민이 있고, 갈등이 있는 것은 나팔을 불어서입니다. 오른손이 하는 일을 왼손이 모르게 하면 성령께서 화평을 주시고, 참다운 기쁨을 주십니다. 공로와 업적으로 구원받을 사람은 없습니다. 또 다시 반복하게 됩니다. 그것이 미련입니다. 어리석은 삶입니다. 세상이 아무리 높여도 어리석은 사람입니다. 불신앙의 삶입니다.

*

둘째, 하나님께서 보시기 때문에 그렇게 하면 안 됩니다. 오늘 본문은 말씀합니다. "은밀한 중에 보시는 너희 아버지가 갚으시리라(4절)." 그리스도인의 믿음이 무엇입니까? 하나님께서는 살아계시고, 전지전능하십니다. 모든 것을 보시고 아시고 판단하고 계십니다. 그런데 굳이 왜 나팔을 불어야 됩니까? 그 자체가 불신앙입니다.

정말 하나님께서 모든 것을 다 보시고, 다 아신다면, 그래서 하나님의 뜻대로 판단하신다면 참 믿음의 삶은 은밀하게 선을 행할 수 밖에 없습니다. 그래서 이해가 가지 않지만 용서도 하고, 위해서 기도도 하고, 화평케 하려고 애쓰고, 사랑하는 것입니다. 그러나 하나님께서 보시지 못한다면, 하나님께서 안계시다고 생각하면 내가 손봐야 됩니다. 내가 직접 알리고, 내가 직접 비난도 하고, 내가 직접 고소도 하고, 고발도 하고, 이렇게 되는 것입니다. 하나님께서 보시므로 은밀하게 행해야 합니다.

누가복음 21장에서 예수님께서 말씀하십니다. 부자와 가난한 과부가 헌금을 하는데, 예수님께서 물으십니다. "누가 더 많이 했느냐?" 누가 더 선행을 행했느냐는 것입니다. 부자는 큰돈을 예물로 바쳤습니다. 그런데 성경을 보면 정확하게 표현되어 있습니다. 과부는 가난하기에 자신의 생활비를 바쳤습니다. 예수님의 판단입니다. 하나님의 판단입니다. 가난한 사람의 그 동전 두 닢이 더 크고 하나님께서 기억하신다고 합니다. 무슨 말씀입니까? 하나님께서 보고 계신다는 것입니다. 사람이 보는 것이 아니라 하나님께서 보시므로, 하나님께서 그 중심을 보시므로 그가 더 크다는 것입니다. 그를 인정해주십니다.

좀 더 깊이 생각해보면 과부도 집을 팔아서 그 헌금을 낸 것은 아닙니다. 전 재산을 다 바친 것도 아닙니다. 자기 생활비를 드린 것뿐입니다. 그러나 그 중심에는 정성이 깃들어 있었습니다. 하나님께서는 그것을 전부로 받아주신다는 것입니다. 그 생명, 그 소유, 모든 것을 받은 것처럼 받아주십니다. 얼마나 감사합니까? 이것을 기억해야 합니다. 십일조가 그것입니다. '모든 것이 하나님의 것이다.' 하나님께 감사해서 십일조를 드립니다. 10분의 1밖에 안됩니다. 그러나 하나님께서는 전부를 바친 것으로 여기시고 기뻐하십니다. 그가 복 있는 사람입니다. 하나님께서 보시기에 은밀하게 하나님께 맡깁니다.

*

셋째, 하나님께서 보상하시기 때문입니다. 아마 이것이 가장 큰 이유일 것입니다. 그래서 오늘 본문은 말씀합니다. "은밀한 중에 보시는 너의 아버지가 갚으시리라(4절)." 여러분은 이 말씀 믿고 삽니까? 믿어야 그리스도인입니다. '하나님께서 보시고 갚아주시리라.' 이것이 그리스도인의 믿음이요, 소망입니다. 여기서 벗어나면 아무것도 아닙니다.

은밀하게 행하는 삶의 복

20세기 설교의 황태자로 불리는 스펄전(C. H. Spurgeon) 목사님의 유명한 일화가 있습니다. 목사님 부부가 그 당시 집에서 닭을 키웠습니다. 많은 닭들을 키우니 달걀이 생길 것 아닙니까? 날마다 달걀이 생깁니다. 그런데 목사님은 그것을 남들한테 거저 주지 않고 꼭 돈을 받고 팔았습니다. 유명한 목사님인데도 평생을 돈 받고 달걀을 팔았습니다. 그러니까 나

중에는 사람들이 그걸 두고 자꾸 비난했습니다. "돈밖에 모르는 목사님이다. 어떻게 저 목사님이 저러나? 구두쇠다. 욕심쟁이다."

그런데도 목사님은 아무 변명도 안했습니다. 왜 그러는 것인지 설명도 하지 않았습니다. 좌우지간 그렇게 계속 돈을 받고 달걀을 팔았습니다. 나중에 목사님 부부가 다 돌아가시고 나서야 사람들이 그 이유를 알았답니다. 그 달걀 판 비용으로 어느 가난한 과부 두 사람을 평생 도왔던 것입니다.

왜 입을 다물었겠습니까? 하나님께서 말씀하시므로 그렇게 하신 것이지요. '은밀하게 행하라. 그렇지 않으면 하나님께 복 받지 못한다. 하나님께서 보시고 상 주신다.' 이것을 믿은 것입니다. 그래서 하나님께서 그를 세계 최고의 위대한 설교자로 만드셨습니다.

하나님의 뜻대로 하면 세상에서 비난받을 확률이 높습니다. 은밀하게 하면 사람들이 말합니다. "저 교회는, 저 사람은 아무것도 안 해. 봉사도 안 해." 그래서요? 잊어버리십시오. 하나님께서 보시고, 하나님께서 판단하십니다. 내 중심이 하나님께 있다면, 정직하고 정성스럽게 하나님의 일을 한다면 전혀 문제가 되지 않습니다. 그 사람이 복 있는 사람입니다.

*

마태복음 25장에서 예수님께서는 최후의 심판 때 있을 일을 비유로 말씀하셨습니다. 유명한 양과 염소의 비유입니다. 특별히 양에게, 구원받은 사람에게, 하나님 은혜의 보좌 앞에 있는 사람에게 하신 말씀을 들어보십시오.

"그때에 임금이 그 오른편에 있는 자들에게 이르시되 내 아버지께 복 받을 자들이여 나아와 창세로부터 너희를 위하여 예비된 나라를 상속받으라. 내가 주릴 때에 너희가 먹을 것을 주었고 목마를 때에 마시게 하였고 나그네 되었을 때에 영접하였고 헐벗었을 때에 옷을 입혔고 병들었을 때에 돌보았고 옥에 갇혔을 때에 와서 보았느니라. 이에 의인들이 대답하여 가로되 주여 우리가 어느 때에 주께서 주리신 것을 보고 음식을 대접하였으며 목마르신 것을 보고 마시게 하였나이까 어느 때에 나그네 되신 것을 보고 영접하였으며 헐벗으신 것을 보고 옷 입혔나이까 어느 때에 병드신 것이나 옥에 갇히신 것을 보고 가서 뵈었나이까 하리니 임금이 대답하여 이르시되 내가 진실로 너희에게 이르노니 너희가 여기 내 형제 중에 지극히 작은 자 하나에게 한 것이 곧 내게 한 것이니라 하시고(34절-40절)."

여기서 생각해보십시오. 구원받은 사람이, 복을 받는 사람이, 영생을 누리며 하나님의 영광에 참여하는 사람이 공통적으로 한 말이 무엇이었습니까? "주여 내가 언제 그런 일을 하였나이까? 내가 언제 선행을 했습니까?" 그들만 천당에 가 있습니다. 다 잊어버렸습니다. "내가 언제 주의 일을 하였나이까?" 하나님께서 보시고 갚으십니다.

은밀히 하나님의 의를 구해야 하는 이유

예수님께서도 그 많은 위대한 일을 행하셨지만 항상 숨기셨습니다. 성경을 보십시오. '말하지 말라.' 항상 숨기십니다. 높이면 아예 도망가십니다. 왜요? 하나님의 의를 나타내야 되기 때문입니다. '하나님께 영광'이라고 하다가 그것이 반복되면 자기 의가 드러나고, 거기에 휘말려서 복을 받지 못합니다. 목적과 동기와 방법이 하나님께 있어야 됩니다. 오직 하나님의 의를 나타내고자 하는, 하나님께 영광 돌리려는 목적이어야 합니다.

하나님께서 베푸신 사랑이 너무나 큽니다. 은혜가 큽니다. 말씀의 약속이 큽니다. 그래서 감사해서 그 동기를 가지고 선행을 베풉니다. 하나님의 뜻대로 은밀하게 행해야 됩니다. 오른손이 하는 것을 왼손이 모르게 해야 합니다. 그런 삶을 통하여 하나님께서 영광을 받으십니다. 하나님께서 사건을 일으키십니다. 그 사람의 행위를 통해서 하나님께서 하나님의 뜻을 펼치십니다.

오늘 우리에게 주시는 하나님의 말씀입니다. "너는 구제할 때에 오른손이 하는 것을 왼손이 모르게 하여 네 구제함을 은밀하게 하라. 은밀한 중에 보시는 너희 아버지께서 갚으시리라." 하나님 말씀입니다.

기 도

전지전능하신 은혜의 하나님. 오늘도 하나님의 뜻대로 역사하시며, 이 험악한 세상에 하나님의 은혜와 사랑과 진리를 충만히 나타내시며, 하나님의 말씀의 자녀를 택하시고, 오직 믿음으로 하나님의 자녀 되게 하심을 진심으로 감사드립니다. 주여, 우리의 불신앙과 우리의 불경건을 참회하오니 오직 새 마음으로 하나님의 뜻을 영접하여 목적과 방법과 동기를 하나님께 두고, 은밀한 선행을 통해서 하나님의 영광을 나타내고, 하나님께서 복 주심을 누리며 기뻐하고 소망하며 하나님께 영광 돌리는 삶을 우리 모두가 살아갈 수 있도록 우리를 붙들어주시옵소서. 우리 주 예수 그리스도의 이름으로 간절히 기도드리옵나이다. 아멘.

16장_ 이리 가운데로 보냄 받은 양

보라 내가 너희를 보냄이 양을 이리 가운데로 보냄과 같도다
그러므로 너희는 뱀 같이 지혜롭고 비둘기 같이 순결하라 (마태복음 10: 16)

「탈무드」에 기록된 전설입니다. 하나님께서 처음 새나 짐승을 만드실 때 새에게는 아직 날개가 없었답니다. 하루는 새가 하나님께 찾아와서 적으로부터 자신을 지키는 데 자기는 아무런 무기를 가지고 있지 않다고 호소했습니다. "뱀에게는 독이 있고, 사자에게는 강한 이빨이 있고, 말에게도 강한 말굽이 있는데 저한테는 아무 것도 없습니다. 제가 어떻게 저 자신을 지키며 이 세상을 살아갈 수 있겠습니까?"

좋으신 하나님께서는 새의 호소에 일리가 있다고 생각하시어 새에게 깃털과 날개를 달아주셨습니다. 그런데 얼마 뒤에 새가 다시 와서 호소합니다. "하나님, 이 날개가 오히려 짐이 될 뿐입니다. 날개를 몸에 달고 있기 때문에 그전처럼 빨리 달릴 수가 없습니다."

하나님께서는 어처구니가 없으셨습니다. "어리석은 새야, 네 몸에 달려 있는 날개를 사용하는 방법을 생각해보아라. 네게 두 개의 날개를 달아 준 것은 결코 무거운 짐을 지고 걷게 하기 위해서가 아니다. 그 날개를 써

서 하늘 높이 날아가 적으로부터 피하라고 달아준 것이다."

하나님께서는 하나님의 자녀들에게 신령한 복을 주셨습니다. 성도 여러분은 그 신령한 복을 깨닫고 인식하고 기뻐하고 누리고 증거하며 오늘을 살아갑니까?

나는 누구인가

'나는 누구인가? 내 삶의 존재이유는 무엇인가?'라는 질문에 대한 분명한 답을 알고 살아가는 사람이 복 있는 사람입니다. 만일 자신이 열심히 사는데도 불구하고 자신의 정체성을 알지 못하고 또한 삶의 목적을 인식하지 못하고 있다면 그 생 자체가 허탄한 인생이요 불행이요 비극입니다. 그리스도인은 분명 새로운 신분이며 새로운 목적을 부여받은 이 세상 안에서 하나님께 영광 돌리는 새로운 피조물입니다. 새사람입니다. 이 사실을 기억하고 고백하며 살아가야 합니다.

성경에는 우리가 흠모하는 수많은 위대한 선진들이 나옵니다. 아브라함, 모세, 다윗, 수많은 선지자들, 수많은 사도들, 수많은 하나님의 사람들을 생각해보십시오. 그들에게는 공통점이 있습니다. 그들 모두는 자신의 정체성을 분명히 알았습니다. 하나님께 택함 받은 자녀임을 분명히 알며 살아갔습니다. 그리고 사명주도적인 삶을 살았습니다. 내게 주신 생의 목적을 분명히 알고 이 세상을 살았습니다. 그들 모두가 평범한 사람이었습니다. 그러나 하나님을 만나고, 하나님의 말씀 안에서 완전히 변화된 새사람의 삶을 살았습니다. 성경은 우리에게 이것을 알려주고 있습니다.

오늘 본문에 유명한 잠언이 기록되어 있습니다. "보라 내가 너희를 보냄이 양을 이리 가운데 보냄과 같도다." 예수님의 잠언입니다. 너무나 유명한 말씀 아닙니까? '양을 이리 가운데로 보냈다.' 간단한 말씀이지만, 여기에는 무궁무진하고 신비로운 하나님의 지혜가 나타나 있습니다.

마태복음 10장 전체는 예수님께서 제자를 택하시고 이제 그들을 세상으로 파송하시는 장면이 기록되어 있습니다. 그래서 이 마태복음 10장을 '제자 파송장'이라고 합니다. 그때 예수님께서 많은 말씀을 하시는 중에 이 말씀을 주셨습니다. 이 말씀을 기억하면서 예수님의 말씀을 또다시 묵상하고 그 안에서 자신의 사명을 생각하며 살게 하시고자 주신 말씀입니다.

모든 그리스도인은 하나님께 택함 받고 보냄 받은 사람입니다. 이 말씀은 모든 그리스도인에게 주신 보편적 진리임을 항상 기억해야 합니다. 한마디로 그리스도인이란, 하나님의 자녀란 '이리들 가운데 보냄 받은 양'이라는 말씀입니다.

좀 깊이 생각해보십시오. 도대체가 말이 안 됩니다. 충격적입니다. 비이성적이고 비상식적입니다. 이리들 가운데 양을 보내면 어떡합니까? 보내시려면 사자나 호랑이를 보내서야지, 왜 하필 양입니까? 위험한 모험이요, 위험요소가 너무나 많습니다. 그러나 이것이 하나님의 뜻입니다. 예수님의 말씀입니다. 이 세상 안에서의 그리스도인의 삶이란 '이리 가운데 양'입니다.

'보냄 받음'의 의미

오늘날 보면 예수 믿고 구원받으면 성령 충만한 역사 가운데 만사형통하고, 번영하고, 성공하고, 유력자가 된다는 이런 가짜복음이 충만한데, 그러려면 예수님께서 이렇게 말씀하셨어야 됩니다. '양들 가운데 보내진 이리'라든지, 아니면 '이리 가운데 보내진 사자'라든지요. 이래야 맞는 말이지, 어떻게 '이리 가운데 양'입니까? 정반대입니다. 이것이 복음입니다. 이 안에 깊은 하나님의 지혜와 능력이 숨겨져 있음을 기억해야 합니다.

주께서 말씀하십니다. "I am sending you. 내가 너희를 보낸다. 이 세상으로 보내고 있다." 무슨 말씀입니까? 보냄 받은 사람임을 기억하라는 것입니다. 보낸 분은 예수님이시요 하나님이십니다. 여기에는 두 가지 절대적 메시지가 있습니다.

첫째는, 부르심(Calling)입니다. 하나님께서 하나님의 자녀를 택하신 것입니다. 그때나 지금이나 우리에게 어떤 자격이 있어서가 아닙니다. 절대 아닙니다. 일방적인 택함을 받았습니다. 그것을 부르심이라고 합니다. 부르신 분을 기억하며, 부름 받은 사람으로서의 정체의식을 가지고 이 세상을 살아가는 사람이 하나님의 자녀입니다. 만일 이 소명을 망각하거나 소홀히 여긴다면 그는 하나님의 사람으로 살아갈 수 없습니다. 아무리 발버둥 쳐도 안 됩니다. 첫 시작은 하나님께서 부르신 사건입니다. 이는 사건입니다. 실제사건입니다. 이 일의 증인으로 그리스도인은 살아갑니다.

둘째는, 사명(Mission)입니다. 사명이 주어졌습니다. 부르실 뿐만 아니라, 보내실 때는 사명을 주십니다. 사명 없이 그냥 보내는 법이 어디 있습니까? 오늘도 누가 어떤 사람을 보낸다면 반드시 임무를 줍니다. 미션이 주어졌습니다.

하나님께 선택을 받았고 그리고 사명이 주어졌다는 것을 잊고 살아가는 사람은 하나님의 사람으로 이 시대를 살아갈 수 없습니다. 절대 없습니다. 여기에 문제가 있습니다. 부르심과 사명에 동시에 이끌려 살아가는 사람은 권세있게 살아갑니다. 환경이 어떠하든, 신분이 어떻든 당당하게 살아갑니다. 담대하게 살아갑니다. 성경이 우리에게 이것을 가르쳐줍니다.

*

사도행전을 보면 우리가 잘 아는 예수님의 제자 가운데 하나인 사도 베드로가 등장합니다. 이 베드로는 한마디로 무식한 사람입니다. 어부입니다. 좀 어리석은 면도 있습니다. 그래서 예수님을 부인하고 저주하며 도망갔던 사람입니다. 평범하다는 말조차 좀 아까울 정도의 인물입니다. 그러나 사도행전을 보십시오. 그는 위풍당당합니다. 권세가 있습니다. 담대합니다. 참으로 놀랍습니다. 예수님을 죽인 그 산헤드린 공회 앞에서, 당시 최고 지도자들 앞에서 거침없이 복음을 증거합니다. 그들이 놀랍니다. '아, 저 사람 무식한 사람이었는데 어떻게 저렇게 말을 하지?' 담대하게 변했습니다. 이 권세가 어디에서 나오는 것입니까?

잘 생각하십시오. 돈이 있어서가 아닙니다. 명예도 아닙니다. 성공해서도 아닙니다. 인기가 있어서도 아닙니다. 권력이 있는 것도 아닙니다. 신분이 높은 것도 아닙니다. 오직 하나님께 부름받았고 그에게 사명이 주어졌다는 것, 그것뿐이었습니다. 이것은 모든 그리스도인에게 주어진 것입니다. 그런고로 그리스도인은 당당해야 됩니다. 권세있는 삶을 살아야 됩니다.

오늘 이 시대 그리스도인의 모습 중 가장 큰 문제, 가장 잘못된 모습이 무엇입니까? 도무지 권위가 없습니다. 당당하지 못합니다. 많이 위축돼 있습니다. 그 이유를 가만히 생각해보고 또 물어보면 다 그럴듯합니다. 돈이 없습니다. 좋은 직장이 없습니다. 건강하지 못합니다. 명예가 없습니다. 권력이 없습니다. 인기가 없습니다. 성공하지 못했습니다. 그래서 성공하고 권력있는 사람 앞에 가면 위축됩니다. 자기가 누구인지를 모르는 것입니다. 마치 「탈무드」에 나오는 새와 같습니다. 이것을 회개해야 합니다. 하나님 앞에 철저하게 회개해야 됩니다. 내가 누구인지를 분명히 알고, 삶의 바른 목적의식을 갖고 하루하루를 살아가야 합니다. 거기로부터 하나님의 자녀다운 삶을 살아갈 수 있게 됩니다. 이것을 깨달아야 합니다.

하나님께서 하나님의 자녀를 택하시고 사명을 주시어 세상으로 보내셨습니다. 여기에 역설적인 영적 진리가 있습니다. 이 세상은 분명히 사단에 종속된 악한 세상이라고 성경은 말씀합니다. 우리는 그런 곳에서 살았습니다. 그런데 하나님의 은혜로 말미암아 신분이 변했습니다. 하나님 나라의 백성입니다. 천국시민권을 가진 사람입니다. 그런데 하나님께서 다시 이쪽으로 보내셨습니다. 그리스도인은 이 신분의 변화와 다시 보냄받은 사람으로서의 생의 인식을 갖고 살아야 합니다.

세상과 하나님의 나라

오늘 이 세상을 살아가는 그리스도인의 현재적 삶이 이와 같습니다. 다시 보냄 받은 것입니다. 그래서 예수님께서 말씀하십니다. "이리 가운데로 보내노라." 이리 가운데로 보내는 양과 같습니다. 세상은 이리떼입니다. 이 표현이 지나치다고 생각하지 마십시오. 하나님의 판단입니다. 이리 가운데 보냄 받은 양, 얼마나 험악합니까? 그래서 진실한 그리스도인일수록 오늘도 비난받고 무시당하고 조롱받고 업신여김도 받고, 때로는 핍박도 받습니다. 예외가 없습니다. 하나님의 사람들이나 사도들 모두가 그랬습니다.

세상이 무엇입니까? 우리는 세상 안에서 살지만 세상의 정체성을 너무나 모를 때가 많습니다. 너무나 세상에 휩쓸려 살기 때문입니다. 세상은 항상 하나님 나라와 정반대입니다. 절대 비슷하다고 생각지 마십시오. 비숫한 것은 위선이요, 깊이 보면 완전히 반대입니다. 하나님 말씀과 정반대입니다.

세상과 하나님 나라가 정반대임을 보여주는 가장 대표적인 것이 무엇입니까? 이 세상은 하나님 없는 세상입니다. 더욱이 영적 존재도 인정하지 않고 그 능력도 부인합니다. 성령님도 안 계시지만, 사단도 없습니다. 아예 없습니다. 이것이 세상이 가르치는 가치관이요 지식입니다. 정반대입니다. 더 나아가 하나님의 말씀은 절대 진리가 아니라고 합니다. 영원한 진리가 아니라 상대적 진리일 뿐이요, 하나님께서는 전지전능하지도 않다고 합니다. 모든 것이 정반대입니다.

인간의 정체성도 정반대입니다. 인간은 고작 이성적 존재이고 감성적 존재이며 육체를 가진 존재일 뿐입니다. 그래서 진화된 존재이고 교육으로 끝없이 진보되는 존재라고 합니다. 절대 창조된 존재가 아니라고 합니다. 하나님의 형상을 입은 사람이 온전한 인간인데, 그 진리를 절대적으로 부정합니다. 정반대입니다. 또한 천당과 지옥도 믿지 않습니다. 최후의 심판, 그런 것이 어디 있느냐고 조롱합니다. 반드시 있는 사건이지만 없다고 합니다. 그 안에서 살아가는 것이 세상입니다. 더욱이 하나님 나라, 하나님 나라의 영광, 아무것도 없다고 합니다. 신령한 복도 무시하고 부정하는 것이 세상입니다.

*

하나하나 말하면, 전부 다 반대입니다. 소위 선행도 정반대로 이야기합니다. 세상은 자랑합니다. 드러내야 됩니다. 그러나 성경은 끝까지 숨겨야 된다고 증언합니다. '익명적으로 은밀하게 행하라.' 지도자에 대한 것도 반대로 이야기합니다. 세상의 지도자는 유명해야 됩니다. 자기를 높여야 됩니다. 자기 의를 나타내야 됩니다. 업적을 세워야 됩니다. 그러나 하나님의 지도자는 전혀 그렇지 않습니다. 정반대입니다. 하나님의 의만을 나타내고 자신은 숨고 피합니다.

무엇하나 비슷한 것이 없습니다. 정반대입니다. 하지만 그 가운데 가장 악한 것은 예수 그리스도를 부정하는 것입니다. 구주이신 예수 그리스도를 여러 종교 창시자 중 한 사람이라고 합니다. 절대적인 신앙의 대상인 구주요 구세주임을 무너뜨립니다. 아예 업신여깁니다. 반대하고 있습니다. 하나님의 은혜와 사랑도 반대입니다.

누군가 한 번 좀 생각이 있다는 분에게 복음을 전해보십시오. "예수 믿고 구원받으세요. 그러면 예수 그리스도의 십자가의 은혜로, 그 사랑으로 죄 사함을 받습니다. 여기부터 시작 합니다."라고 이야기하면 금방 나오는 질문이 이것입니다. "말도 안 되는 얘기는 하지도 마세요. 어떻게 그렇게 쉽게 죄 사함을 받아요? 살인자도 받나요? 원수도 받을 수 있는 건가요?" 그런데 하나님께서 그렇게 정하셨습니다. 이것이 하나님의 구원의 방식입니다. 그런데 세상 사람들은 이 진리를 조롱하고 조소하고 비웃고 맙니다. 이것이 세상입니다.

그럼 왜 세상이 이와 같이 된 것입니까? 우리가 사는 세상이 왜 이렇게 되었습니까? 우리가 예수 믿기 전에 알던 세상이 왜 이 모양 이 꼴입니까? 세상은 알지 못합니다. 그러면서 아는 척합니다. 절대 알지 못합니다. 왜요? 성경은 말씀합니다. 사단의 역사 때문입니다. 사단의 존재를 인정하지 않으니까 절대 모르는 것입니다. 사단의 역사로 말미암아 죄와 허물로 타락했습니다. 그래서 하나님의 형상을 잃어버렸습니다. 그래서 이 모양으로 살아갑니다. 원인도 모르고 어떻게 해결해야 될지도 모릅니다. 철저하게 속고 삽니다. 불신자들은 나름대로 하나님은 없다고 확신합니다. 그만큼 속고 있습니다. 이것이 세상입니다.

새 사람의 본성

우리가 잘 아는 믿음의 사람들, 아브라함, 다윗, 모세, 선지자들, 사도들, 수많은 하나님의 사람들이 다 이런 세상을 살았습니다. 한 번도 예외가 없습니다. 과거나 현재나 미래나 똑같은 세상에서 승리했습니다. 믿음으로 승리했습니다. 힘과 권력으로 승리한 것이 아니라, 믿음으로 하나님의 지혜와 능력을 입어 승리했음을 성경이 기록하고 있습니다. 하나님께 영광 돌리는 삶이 무엇인가를 우리에게 가르쳐줍니다. 이것을 직시해야 합니다. 그래서 예수님께서 말씀하십니다. 아주 간략하게 말씀하십니다. "이리 가운데 보냄 받았느니라."

그러나 호랑이같이 이리를 이길 만한 신분으로 보내신 것이 아닙니다. 양으로 보내셨습니다. 양을 이리 가운데 보내셨습니다. 그리스도인은 양으로 새사람이 되었고, 양으로 살다가 양으로 죽는 것입니다. 끝까지 양이어야 됩니다. 그래야 이 세상을 이길 수 있습니다.

제가 간혹 제 아내에게도 묻고, 그냥 농담반 진담반으로 청년들에게도 물어봅니다. "자신이 누구라고 생각하느냐?" 그러면서 동물로 한 번 비유해보라고 합니다. 그러면 어떤 사람은 자기가 곰이라고, 어떤 사람은 여우라고 또 어떤 사람은 늑대라고 대답합니다. 다 맞는 말입니다. 옛사람의 본성으로는 맞습니다. 기질로는 틀림없이 그것이 맞습니다.

*

그러나 새사람의 기질은 오직 하나입니다. 양입니다. 양으로 살다가 양으로 죽어야 하나님께 영광 돌리는 것입니다. 이것이 둔갑하면 안 됩니다. 왜냐하면 양으로 시작했다가 이리를 만나면 이리를 이겨야 되니까 이리가 되어버립니다. 늑대를 만나면 늑대도 되고, 사자를 만나면 사자로 변하고, 때에 따라 염소를 만나면 염소가 되는 것을 지혜라고 생각합니다. 하지만 그것이 망하는 길입니다. 하나님께 욕을 돌리는 것입니다. 양으로 살다가 양으로 끝까지 죽어야 됩니다. 그것이 믿음의 사람들이었습니다. 이것이 하나님의 뜻입니다. 불가능한 것 같지만, 거기에 새로운 가능성이 있습니다. 새로운 미래가 있습니다. 주께서 약속하십니다.

과학자 아인슈타인(Albert Einstein)이 처음 미국을 방문했습니다. 어느날 뉴욕에 갔는데 그곳에서 친구를 만났답니다. 이 친구가 보니 그가 너무 낡은 외투를 입고 있거든요. 그래서 새 옷 좀 사 입으라고 말했습니다. "이 사람아, 여긴 뉴욕이야. 그러고 지내면 어떡해?" 그때 아인슈타인은 말했습니다. "나 아는 사람 하나도 없는데 뭐 어때?" 그리고 껄껄 웃으면서 갔습니다.

몇 년 뒤에 뉴욕 거리에서 그를 다시 만났습니다. 그때는 이미 아인슈타인은 세계적인 사람이 돼 있었습니다. 모르는 사람이 없었습니다. 얼굴을 다 압니다. 그런데 이 친구가 그를 보니까 또 그 낡은 코트를 입고 있는 것이었습니다. 그래서 또 새 옷을 사 입으라고 말하니까 아인슈타인이 유명한 말을 했습니다. "그럴 필요 뭐 있나? 어차피 여기 있는 모든 사람들이 내가 누구인지 다 아는데."

그리스도인은 새사람의 본성과 그 정체성을 가지고 살아갑니다. 양으로 태어나서 양으로 살다가 양으로 죽는 것입니다. 그것뿐입니다. 그럴 때만 빛과 소금의 사명을 감당할 수 있습니다.

보냄 받은 양의 특징

그러면 양의 특성이 무엇입니까? 많은 특성들이 있겠지만, 가장 중요한 우선순위 두 개를 생각하면 첫째는, 순종입니다. 어떤 다른 동물도 양의 순종과 비교할 수 없습니다. 양은 정말 순종하는 동물입니다. 양털 깎는 모습을 본 적 있습니까? 털이 많이 났을 때 그것을 거의 껍질 벗기듯 얇게 싹 벗기는데, 양은 가만히 있습니다. 그냥 얌전히 가만히 있습니다. 존경스럽습니다. 우리는 머리만 좀 깎아도 왔다 갔다 하는데, 양은 가만히 있습니다. 잠잠합니다.

더욱 놀라운 것은 양을 잡을 때입니다. 몽골 같은 데서 손님에게 양을 잡아줄 때 보면 주인이 양을 안고 날카로운 칼로 목을 따서 숨을 끊는데, 그때도 양은 가만히 있습니다. 처음부터 끝까지 가만히 있습니다. 그 모습은 정말 위대합니다.

제가 한때 교회 이름을 지을 때 그 모습을 보고 도살장에 끌려가는 잠잠한 양의 모습을 생각해서 이름을 지으려고 했습니다. 이것이 정말 하나님의 자녀의 모습이거든요. 그 모습에 충격을 받아 '잠양 교회'라고 지으려고 했는데, 발음이 나빠서 포기했습니다. 그러나 그것이 옳습니다. 정말 좋은 모습입니다. 바로 이것이 양의 특성입니다. 새사람의 마음, 오직 순종입니다.

둘째, 양은 연약합니다. 가장 연약한 동물입니다. 그야말로 이빨도 없고, 강한 발톱도 없습니다. 타인을 공격할 수가 없습니다. 가장 연약한 존재입니다. 그래서 목자가 절대 필요합니다. 목자만을 바라봅니다. 목자 없는 그 생은 죽은 목숨과 같습니다. 제가 오래 전에 인도에 갔을 때 보니 도시 한가운데로 양떼가 지나갑니다. 자동차가 지나가는 그 길에서 양들이 목자의 말을 참 잘 듣습니다. 어떤 어린아이가 조그만 회초리를 들고 톡톡 치면서 수백 마리가 되는 양을 인도해 가는 데 정말 잘 쫓아갑니다. 목자만 보고 가는 것입니다. 교통사고 하나 없습니다. 절대 필요성을 느끼는 것입니다. 거기서 벗어나면 그냥 죽습니다.

*

그리스도인의 존재는 양이라고 말합니다. 바로 이런 순종, 자신의 나약함, 내 기질과 능력으로는 사단의 권세를 이길 수 없습니다. 세상의 권세를 쫓아가지 않을 수 없습니다. 그것을 이기기 위해서는 자신의 무가치함과 무능력과 무지함을 고백해야 합니다. 그리고 오직 목자만을 바라보아야 됩니다. 목자가 꼭 필요합니다. 절대 의존할 수 밖에 없습니다. 그래야 이길 수 있습니다. 그래야 승리할 수 있습니다. 그것을 알고 살아가는 사람이 그리스도인입니다.

만일 그런 순종도 없고, 목자를 절대 의존함도 없다면 자기도 모르는 사이에 옛사람으로 돌아갑니다. 이것 우리가 항상 경험하는 것 아닙니까? 그것이 여우든지 곰이든지 야생마든 또다시 옛 기질로 돌아갑니다. 양의 기질이 없습니다. 양의 성품이 없습니다. 그래서 비난받으면 비난하고, 폭력당하면 폭력으로 대항하고, 불이익 당하면 갚으려고 들고, 사랑도 없고 용서도 없습니다. 그냥 고소하고 정죄합니다. 양으로 있다가 둔갑한 사람입니다. 이것은 하나님의 자녀의 모습이 아닙니다. 하나님의 뜻이 아닙니다.

그리고 승리하는 비결을 예수님께서 말씀하십니다. '뱀의 지혜를 얻고 비둘기의 순결함을 배워라.' 이 세상 악한 사람에게 지혜가 많습니다. 얼마나 집요하고 철두철미합니까? 열심을 배워야 됩니다. 그처럼 생각을 열어 세상으로부터 뱀의 지혜를 배워야 됩니다. 그러나 그 마음은 항상 비둘기 같은 순결함과 정결함을 갖고 있어야 됩니다. 왜요? 새사람의 성품이니까요. 그럴 때 하나님의 지혜와 능력으로 승리하게 됩니다.

보냄 받은 양의 능력

저명한 목회자 리 스트로벨(Lee Strobel)의 저서 중에 「하나님의 파격적인 주장」(God Outrageous Claims)이라는 책이 있습니다. 그 책에서 하나님의 능력을 얻는 비결을 제시합니다. 성경적입니다. 먼저 이렇게 말합니다. "하나님의 능력을 받기 위한 것이 뭐 버튼을 누르거나 주문을 좀 외운다고, 세게 기도한다고 되는 게 아니다." 이것이 옳습니다. 여기에는 성경적, 영적 단계가 있는데 그것을 5A로 설명합니다.

첫째는 Admit, '인정하라'는 것입니다. 하나님 없이는 연약한 존재라는 그 사실을 인정해야 됩니다. 내 힘과 내 능력으로 도저히 이 세상을 이길 수가 없습니다. 그래서 자기의 힘과 능력을 벗어던져야 됩니다. 그럴 때 하나님의 능력이 임합니다.

둘째는 Affirm, '확신하라'는 것입니다. 하나님의 능력과 임재를 항상 확신하고 살아가라는 것입니다.

셋째는 Align, '맞추라'는 것입니다. 하나님의 뜻에 당신의 생각을 맞추라는 것입니다. 내 뜻에 하나님의 뜻을 맞추는 것이 아니라, 하나님의 뜻에 내 생각과 소원을 일치시킬 때 하나님의 능력이 임하기 때문입니다.

넷째는 Ask, '필요할 때 하나님의 능력을 구하라.'는 것입니다. 간절히 구해야 됩니다. 두드려야 됩니다. 찾아야 됩니다. 능력의 원천이 하나님께 있음을 신뢰하고 구해야 합니다.

다섯째는 Act, '행동하라'는 것입니다. 하나님께 순종하는 마음으로 행동하라는 것입니다. 믿음은 어떤 것을 그저 믿는 것이 아니라, 바로 믿음과 행위가 결합한 것입니다. 주실 줄 알고 순종하며 실천할 때 현장에서 하나님께서 주십니다.

*

예수님께서는 목자로서 사셨을 뿐 아니라, 양으로서 하나님 앞에서 우리에게 본을 보여주셨습니다. 그래서 구약성경 전체의 예수님의 이미지는 도살장에 끌려가는 양입니다. 잠잠한 양입니다. 우리를 대속할 양입니다. 왜 그런가를 보십시오. 예수님의 생애를 잘 알지만 예수님에게 하나님의 전지전능이 임했습니다. 왜요? 하나님이시니까요. 그래서 병든 자를 일으키시고, 불치병도 낫게 하시고, 바다를 건너시고, 오병이어의 기적을 행하시고, 죽은 자를 살리셨습니다.

그런데 그분이 체포되어 십자가에 달리신 모습은 완전히 도살장에 끌려가는 양입니다. 잠잠한 양입니다. 전혀 자신의 능력을 쓰지 않으십니다. 하나님의 뜻이기 때문입니다. 그 뜻에 순종하고 계신 것이기 때문입니다. 여기에 최후승리의 역사가 나타납니다. 이분을 만왕의 왕으로 높이십니다. 하나님의 영화에 참여시키십니다. 모든 그리스도인에게 약속하신 하나님의 말씀입니다. '양으로 살아야 한다.'

보냄 받은 양의 삶

하나님의 사람 존 번연(John Bunyan)은 영국 침례교의 목회자로 「천로역정」(The Pilgrim's Progress)이라는 책을 쓴 분입니다. 성경 이외에 단일 서적으로는 역사상 가장 널리 팔리고 읽힌 책입니다. 이 책은 감옥에서 쓰여졌습니다. 그는 무려 12년을 갇혀 있었습니다. 자발적으로 잡혀갔습니다. 복음을 증거하지 않으면 당장 풀어준다고 했습니다. 예수님만 부인하면 당장 풀어준다고 했습니다. 그럼 그때만 모면하면 되는 것 아닙니까? 하지만 그는 끝까지 양으로 있었습니다. 그냥 감옥에 있었습니다.

감옥에서 무엇을 했겠습니까? 아무 것도 할 것이 없습니다. 그는 정규 교육을 못 받았습니다. 그래 거기서 공부를 합니다. 그러면서 책을 쓰기 시작하는데 무려 60권을 씁니다. 그가 죽은 지 350년이 넘었건만, 지금까지 그분의 책이 널리 읽힙니다. 하나님의 역사입니다. 양으로 살아가는 하나님의 자녀에게 하나님께서 지혜도, 능력도, 영광도 주십니다.

모든 그리스도인, 거듭난 하나님의 자녀는 이 세상에서 하나님 나라와 복음의 증인으로 선택받았습니다. 사명을 받았습니다. 그 일을 감당하고 자발적인 심령으로 기뻐할 때 그것이 하나님께서 기뻐하시는 일이요, 하나님께 영광 돌리는 일입니다. 그 현장에서 하나님께서는 구하지 아니한 복을 주십니다.

그리스도인은 이 세상의 풍속을 따르라고 부르심을 받은 사람이 아닙니다. 이 세상의 영광과 성공을 추구하라고 새사람으로 만들어진 존재도 아닙니다. 오직 보냄 받은 양으로서 바른 소명의식과 사명감을 가지고 하나님께 영광 돌리도록 새사람 된 존재입니다. 하나님께서 약속하십니다. '두려워하지 마라. 절망하지 마라. 낙심하지 마라. 내가 너와 함께하리라.' 언제든지 우리 안에 계신 성령께서 새 마음을 통해서 하나님의 지혜와 능력을 우리에게 주십니다. 책상에서 되는 것이 아닙니다. 현장에서 주십니다.

*

제가 가장 좋아하는 성경 말씀 가운데 하나가 시편 8편 2절입니다. 저는 목회자로서 이 말씀을 가장 사랑합니다. "주의 대적으로 말미암아 어린 아이들과 젖먹이들의 입으로 권능을 세우심이여 이는 원수들과 보복자들을 잠잠하게 하려 하심이니이다." 하나님을 대적하는 사람을 이기려면 강한 사람을 세우셔야 할터인데도 하나님께서는 절대 그렇게 하지 않으십니다. 그것이 보편적인 진리입니다. 항상 젖먹이와 어린 아이를 쓰십니다.

말씀을 준비하고 선포하는 시간마다, 예배인도 할 때마다 저는 제가 죄인인 것을 잘 압니다. 그러나 하나님의 능력이 나타나야 하기에 다시 한 번 생각합니다. 알량한 박사학위, 경력, 다 잊어버립니다. 그것으로 교인은 만들 수 있어도 거듭난 하나님의 자녀는 절대 못 만듭니다. 이것은 오직 하나님의 능력이 임할 때 가능케 되는 것 아니겠습니까?

양으로 태어나서 양으로 죽고자 하는 그 믿음 위에 하나님께서 함께하십니다. 성령께서 그를 쓰십니다. 하나님께서는 분명 보냄 받은 양과 함께하십니다. 항상 함께하십니다. 하나님의 구원의 역사를 일으키시고, 하나님의 뜻을 이루십니다. 위대한 역사의 동참자로 하나님의 자녀를 세우십니다. 주께서 말씀하십니다. "소명의식을 가지고 사명주도적인 삶으로 이 세상에서 양으로 살다가 양으로 죽어라. 거기에 승리의 비결이 있고, 하나님께 영광 돌리는 삶이 있느니라."

기 도

전지전능하신 은혜의 하나님, 하나님의 초월적 은혜의 선택과 부르심과 함께하심을
통하여 오직 믿음으로 하나님의 자녀 되게 하시고, 신령한 세계를 바라보며 이 세상
에 보냄 받은 사람으로서의 정체의식으로 살도록 우리를 새롭게 하심을 진심으로 감
사드립니다. 내 힘과 능력으로 세상을 이기려 하지 않으며 오직 양의 마음과 신분으
로 목자이신 예수 그리스도만을 바라보고 순종하며, 하나님의 지혜와 능력을 절대
필요로 하는 기도의 사람으로 이 세상에서 하나님 나라를 증거하며, 권세 있는 자녀
된 삶을 회복할 수 있도록 우리를 이 시간 새롭게 하여 주시옵소서. 우리 주 예수 그
리스도의 이름으로 간절히 기도드리옵나이다. 아멘.

17장_새 포도주는 새 부대에

요한의 제자들과 바리새인들이 금식하고 있는지라 사람들이 예수께 와서 말하되
요한의 제자들과 바리새인의 제자들은 금식하는데 어찌하여 당신의 제자들은 금식하지 아니하나
이까 예수께서 그들에게 이르시되 혼인집 손님들이 신랑과 함께 있을 때에 금식할 수 있느냐
신랑과 함께 있을 동안에는 금식할 수 없느니라 그러나 신랑을 빼앗길 날이 이르리니 그 날에는
금식할 것이니라 생베 조각을 낡은 옷에 붙이는 자가 없나니 만일 그렇게 하면 기운 새 것이 낡은
그것을 당기어 해어짐이 더하게 되느니라 새 포도주를 낡은 가죽 부대에 넣는 자가 없나니
만일 그렇게 하면 새 포도주가 부대를 터뜨려 포도주와 부대를 버리게 되리라 오
직 새 포도주는 새 부대에 넣느니라 하시니라 (마가복음 2: 18~22)

저명한 목회자요 신학자인 제임스 패커(James. I. Packer)라는 분이 계십
니다. 이분이 그리스도인과 비그리스도인은 어떻게 다른가라는 글을
'Practical Christiaity'라는 기독교 잡지에 기고한 적이 있습니다. 이 글에서
그는 그 차이점 두 가지를 성경적으로 분명히 제시하고 있습니다.

첫째가, 충성의 대상이 다릅니다. 그리스도인은 오직 예수 그리스도를
구주요, 구세주로 고백하며 충성을 맹세합니다. 다시 말하면 오직 예수 그
리스도의 뜻만이 우리를 지배하고 우리는 그 뜻에 순종하겠다고 약속합니
다. 그분이 우리의 죄를 사하시기 위해 이 땅에 오셔서 우리의 죄를 용서
하시고, 우리를 하나님의 길로 인도하시며 우리의 생을 책임지시고, 우리

를 영화롭게 하시며 보호하시는 것 그리고 그 주님의 구원의 역사를 믿고 확신하기 때문입니다. 그래서 주님께 순종하고 그 뜻에 충성하는 그 길이 기쁘고 감사합니다.

두 번째는, 마음의 변화입니다. 그리스도인 안에는 새로운 마음이 있습니다. 우리가 신앙고백을 함에도 불구하고 새로운 마음의 확신을 갖지 못하고 새로운 마음의 변화의 삶을 살아가지 못한다면 심각한 영적인 문제를 안고 있는 것입니다. 한낱 종교인일 뿐입니다. 이것을 기억해야 합니다.

완전한 변화

우리가 잘 아는 하나님의 사람 아우구스티누스의 일화를 한번 생각해 봅시다. 그는 예수 믿기 전에 아주 방탕한 삶을 살았습니다. 대표적인 예로, 결혼 전에 한 여성과 동거하여 아들까지 낳았습니다. 그러나 그는 예수 믿고 구원받았습니다. 회심했습니다. 새사람이 되었습니다.

어느 날 길을 가는데 술집 여성을 만났습니다. 자기가 잘 가던 단골집 가게에서 일하는 사람이었어요. 그 여인이 가게에 놀러오라고, 보고 싶다고, 그립다고 유혹했습니다. 그때 유명한 말을 남기지 않습니까? "당신이 알던 아우구스티누스는 이미 죽었소. 나는 지금 새사람입니다."

*

성도 여러분, 이와 같은 새사람의 실존의식을 가지고 오늘을 살아가십니까? 아주 중요한 문제입니다. 예수 믿는다는 것이 도대체 무엇입니까? 그리스도인 되었다는 것이 도대체 무엇을 뜻하는 것입니까? 성경에 주어진 답은 이렇습니다. 완전히 변화된 사람입니다. 새사람, 새로운 피조물,

새로운 인생을 살아가는 사람입니다. 그러나 그런 체험도 없고 의식이 없다면 무엇인가 잘못된 것 아닙니까?

이런 유명한 말이 있습니다. '예수 그리스도를 믿는다는 것은 그분의 사고방식과 내면의 태도에 동화되는 것이다.' 정말 예수 그리스도를 믿는 것은 예수님의 마음, 예수님의 생각, 예수님의 지식, 예수님의 능력, 예수님의 사랑, 정말 예수님의 모든 것에 동의하고 그와 같이 되고 싶은 것입니다. 그래서 변화된 삶을 살아갈 수밖에 없습니다. 그리스도인은 분명 세계관이 바뀌고, 가치관이 바뀌고, 인생관이 바뀌고, 역사관이 바뀌고, 삶의 사고방식과 태도가 바뀌고, 모든 것이 변화되어 갑니다.

＊

중요한 것은 이것입니다. 개선되는 게 아닙니다. 부분적 변화도 아닙니다. 완전히 변화됩니다. 소원도, 목적도, 기쁨과 만족도, 행복도 다 변화됩니다. 이슬람 국가에서의 기독교인을 한번 생각해보세요. 오늘까지 그 이슬람 문화권에서 크리스천이 된다는 것은 곧 모든 걸 버린다는 뜻입니다. 추방하고 모든 관계를 단절해요. 아니, 생명의 위협도 느낍니다. 그러나 그렇게 할 수밖에 없습니다. 새로운 관계로, 새로운 시대로, 새로운 삶으로 가기를 소망하기 때문입니다. 완전히 변화된 것입니다. 충성의 대상이 달라졌고 새사람의 마음을 가집니다.

사도행전에 처음 그리스도인이라는 호칭이 나타납니다. 무엇 때문에 그리스도인이라고 부른 것입니까? 딴 사람이기 때문입니다. 완전히 변화된 사람입니다. 환경이 변한 건 아닙니다. 그러나 그들이 지향하는 삶, 고백하는 삶, 목적하는 삶이 변했어요. 세계관이 변했어요. 그래서 그리스도께 속한 사람이라고 부른 것이 그리스도인인데, 그것은 조롱의 호칭이었습니다. 그것이 그리스도인입니다. 분명 그리스도인은 완전 변화된 사람이요, 그러한 삶을 살아갑니다.

새 사람의 삶은 종교생활이 아닙니다

오늘 본문에 오직 새 포도주는 새 부대에 넣는다고 하십니다. 예수님의 말씀입니다. '새 포도주는 새 부대에' 이것은 이 세상에 널리 알려진 유명한 잠언입니다. 예수님의 비유적 잠언입니다. 핵심 메시지는 완전한 변화를 뜻합니다.

유대교를 생각해보세요. 철저하게 종교생활 합니다. 하나님을 경외합니다. 하나님의 택함 받은 백성이라고 믿고 삽니다. 하나님의 말씀을 평생 연구하면서 살아갔습니다. 그런데 정작 하나님이신 예수님께서 오시니까 영접하지 않았습니다. 그뿐만 아니라 십자가에 매달아 죽였습니다. 죽여야 된다고 소리쳤습니다. 복음을 거절했습니다. 하나님 나라의 삶을 거절했습니다. 새 사람의 삶을 거절했습니다.

이처럼 비극적인 종교생활이 어디 있습니까? 이유가 무엇입니까? 종교생활 때문입니다. 하나님을 믿지만 하나님의 백성이 아닌 종교생활을 하고 있었던 것입니다. 그래서 수백 년, 수천 년 된 관습과 제도와 가치관과 문화 전통에 잡혀서 살아갑니다. 새것을 받아들이지 못합니다. 이 잠언의 강조점은 '새롭다'고 하는 바로 여기에 있어요. 새 포도주 새 부대입니다.

*

어느 학교의 교장선생님이 적절한 승진발령을 받지 못해서 불만이 있어 교육감을 찾아가 항의했습니다. "내게는 25년의 경험이 있지 않습니까? 그런데 왜 부당한 인사를 하는 겁니까?" 교육감의 말입니다. "아니오,

바로 그 점에서 당신이 틀린 거요. 당신은 한 해의 경험을 25회나 반복했을 뿐이오."

뜻하는 바가 있습니다. 과거의 사고를 가지고는 새로운 사고를 받아들일 수 없습니다. 이미 있던 위에 그저 하나 얹었을 뿐입니다. 오늘같이 피할 수 없는 변화를 요구하는 시대에 과거의 가치관과 지식을 가지고서는 절대 이 변화의 속도를 따라가지 못합니다. 새로운 21세기를 살아갈 수 없어요. 새 시대의 새 사람이 되려면 익숙한 것, 내가 편안한 것으로부터 결별해야 합니다. 그런 지식, 그런 생활, 그런 사고방식과 패턴을 벗어나야 합니다. 그러지 못하면 끝내 옛사람으로 살아가게 됩니다.

새 포도주는 예수 그리스도입니다

이 비유에 나타난 새 포도주는 예수 그리스도입니다. 완전히 새로운 분입니다. 하나님이시니까요. 유일무이한 인간이신 하나님이십니다. 다시 말해서 예수 그리스도를 믿는 기독교는 이 세상에 수많은 종교 중의 하나가 아닙니다. 유일무이한 새로운 종교입니다. 그것을 몰랐어요. 그래서 유대인은 하나님을 믿는다고 하면서도 하나님의 뜻을 거역하게 됩니다.

오늘 본문 말씀은 그 상황이 18절에 주어집니다. 요한의 제자들과 바리새인의 제자가 금식을 하고 있었습니다. 그런데 가만 보니까 예수님의 제자들이 금식을 안 해요. 이제 시비가 벌어집니다. 왜 예수님의 제자들은 금식하지 않습니까? 왜 이렇게 종교생활 합니까? 지금 이 얘기입니다. 큰 문제가 생겼어요.

금식이라는 것은 하나의 종교적 행위입니다. 모든 종교에 금식이라는 종교행위가 있습니다. 기독교에도 있어요. 유대인은 이 금식을 아주 중요시합니다. 어느 정도냐 하면, 금식하지 않으면 유대종교인이 아닙니다. 반드시 금식을 해야 돼요. 여기서 문제가 발생합니다. 어떤 사람은 자율적으로 하겠지요. 세례 요한의 제자들처럼 경건을 지향하면서 금식합니다. 이것은 좋은 것입니다.

반면에 어떤 사람은 의무적으로 해요. 강압적으로 해요. 이것을 하지 않으면 유대종교인이 아닙니다. 무서워서 합니다. 하나님께 벌받을까봐 합니다. 다수의 국민들이 이렇게 살았습니다. 중요한 건 반드시 금식을 해야 된다는 것입니다.

*

예수님의 대답은 이렇습니다. 먼저 혼인잔치의 비유로 말씀하셨습니다. '혼인잔치에 누가 금식하느냐?' 기쁜 날을 비유로 말씀하시면서 주신 잠언이 '새 포도주는 새 부대에'라는 이 말씀입니다. 그 의미는 예수 그리스도와 함께 있는 한, 예수 그리스도 안에서 살아가는 때는 금식이 필요 없다는 것입니다. 기쁜 날입니다. 축제입니다. 혼인잔치와 같습니다.

성도 여러분, 이것이 기독교입니다. 이것이 그리스도인의 삶입니다. 그래서 그리스도인은 어떠한 상황에서도 감사가 있고, 기쁨이 있고, 만족이 있고, 찬양이 있습니다. 새로운 소망이 있습니다. 왜요? 예수 그리스도께서 나와 함께하시니까요. 그 안에 새로운 존재가 있어요. 우리는 이 점을 항상 기억해야 합니다.

종교개혁을 한번 생각해보시기 바랍니다. 무엇으로부터의 개혁입니까? 가톨릭으로부터의 개혁입니다. 왜요? 기독교가 종교화가 됐어요. 세속화가 됐어요. 그것이 가톨릭입니다. 수많은 제도와 규율과 관습으로 하나님의 뜻을 가린 것입니다. 그래서 하나님께서 종교개혁을 일으키셨습니다. 그리고 종교개혁자들은 외쳤습니다. '오직 성경으로' 이것 하나뿐입니다. 오직 하나님의 말씀으로입니다. 그 외에는 종교화되고 세속화됩니다. 그러므로 수백, 수천 년 전통이라 해도 하나님 말씀 앞에는 바뀌어야 됩니다. 그런데 바꾸지를 못해요. 너무 오래된 전통 때문에 하나님의 말씀을 받아들이지 못해요. 여기서 하나님께서 부흥의 역사를 일으키신 사건이 종교개혁입니다.

새 사람의 삶에는 새 지식이 필요합니다

춘추전국시대의 위나라 혜왕과 방총이라는 신하의 얘기입니다. 왕을 따라 외국에 간 신하가 어느 날 왕을 알현하고 질문을 했습니다. "왕이시여, 어떤 사람이 와서 지금 저 시장에 큰 호랑이 하나가 나타나서 사람을 해치고 있다는 얘기를 하면 그 말을 믿으시겠습니까?" 그랬더니 왕이 "안 믿지. 어떻게 그런 일이 있겠나?"라고 대답했습니다.

"그러면 왕이시여, 또 다른 사람이 와서 똑같이 얘기하면 믿으시겠습니까?" "그럼 좀 의심하겠지." 또다시 물었습니다. "왕이시여, 세 번째 사람이 와서 똑같이 그 얘기를 하면 믿으시겠습니까?" "그럼 믿어야지." 그때 이 신하가 말했습니다. "왕이시여, 제가 이제 타국에 가면 마치 시장에 호랑이가 나타났다는 것처럼 세 사람 이상이 왕을 찾아와서 제게 대한 모함을 할 것입니다. 그때 귀를 기울이지 마십시오."

왕이 신하의 말뜻을 알았어요. 그래서 약속을 했습니다. "어떤 사람이 와서 얘기해도 나는 흔들리지 않는다. 당신을 믿어 줄게." 그런데 실제 방총이라는 신하는 돌아오지 못했습니다. 정말 그가 떠난 후에 수많은 사람들이 와서 시기하니까 왕이 중상모략에 마음이 무너졌기 때문입니다. 결국은 본국으로 돌아오지 못했다는 얘기입니다.

*

　성도 여러분, 아무리 중생하고 하나님의 자녀가 되어도 세상 이야기로 가득차면, 세상 이야기를 한 번 듣고, 두 번 듣고, 세 번 듣고, 반복해서 들으면 망가집니다. 새 사람은 새 지식이 필요합니다. 그것이 성경입니다. 오직 하나님의 말씀으로만 날마다 새로워질 수 있습니다. 그 외에 다른 길이 없어요. 우리의 마음을 하나님께 두어야 합니다. 오직 하나님의 말씀에 두어야 합니다. 그럴 때 새로운 사람으로 새 인생을 살아갈 수 있습니다.

　만일 그렇지 못하면 교회도, 기독교도 더 이상 하나님의 공동체가 아닙니다. 마치 유대교와 가톨릭처럼 또다시 세속화되고 전통화되고 제도화된 종교일 뿐입니다. 여기서 우리는 깊이 회개해야 합니다. 개신교가 종교개혁 이후로 몇 백 년 됐거든요.

　그런데 오늘의 모습은 그 이전의 가톨릭의 모습과 똑같아요. 그것이 어느 교단이든 별다를 게 없습니다. 한참 잘못되었어요. 이것을 분별해야 합니다.

그리스도인은 새 사람입니다

　이런 유명한 말이 있습니다. '하나님과 교제하지 않으면 그 자리에 종교행위가 대신 자리 잡는다.' 이것이 옳습니다. 우리 마음에 하나님의 뜻, 하나님의 말씀이 충만하지 않으면 꼭 다른 것이 자리 잡아요. 그리고 아무리 선한 뜻을 구하고, 선행을 행한다 하더라도 꼭 종교화된 삶으로 영적으로는 하나님을 거역하는 삶을 자기도 모르게 살아간다는 말씀입니다.

　왜 이처럼 하나님의 자녀가 되었음에도 불구하고 또다시 종교화된 그러한 삶을 살아갈 수밖에 없는 것입니까? 그 이유는 하나님의 구원의 역사를 몰라서 그렇습니다. 하나님의 하신 일을 정확히 알지 못해서 그래요. 하나님의 뜻을 분별하지 못해서 그렇습니다. 성경 가득히 그 사건과 그 사건의 계시가 기록되어 있습니다.

*

성도 여러분, 그리스도인은 새 사람입니다. 거듭난 사람입니다. 새 사람 안에 새 마음이 주어졌습니다. 저나 여러분이나 과거, 현재, 미래가 똑같은 모습입니다. 이렇게 늙어갑니다. 그러나 마음은 새로워요. 날마다 새로워져요. 새 마음을 하나님께서 창조하셔서 새 사람입니다. 내 안에 새 마음이 창조되었다는 사실을 인식하고 고백해야 합니다.

분명 우리는 두 마음을 가지고 살아갑니다. 옛 마음이 있어요. 옛 본성이 있어요. 이건 항상 자아를 사랑하라고 그래요. 자기중심입니다. 자기영광입니다. 자기유익에 집착해요. 그러나 그리스도인에게는 또 하나의 마음이 창조되었어요. 새 마음입니다. 이 마음은 삼위일체 하나님만을 생각합니다. 하나님께 영광 돌리고 싶어요. 하나님의 하신 일을 알고 싶어요. 하나님의 지혜를 따라 살고 싶어요. 하나님의 뜻을 분별하며 충성하고 싶어요. 완전히 정반대되는 마음이 우리 안에 있습니다. 이 두 마음이 공존합니다.

그리스도인은 새 마음의 실제와 가치와 능력을 인정하며 다시 생각하며 살아갑니다. 그래서 세상의 가치관, 이전 세계관으로 살아가지 않습니다. 이전의 가친관은 남아 있지만 성령과 말씀의 인도하심에 따라 성경적 가치관, 성경적 세계관을 선택하고 결단하며 살아갑니다. 우리 주변을 보면 잘 아시겠지만 그리스도인임에도 불구하고, 오랜 신앙생활 했음에도 불구하고 아주 중요한 일이 있을 때마다 점집으로 가는 사람 많아요. 결혼 날짜 잡고 사업기일 정하러 갑니다. 이게 얼마나 큰 죄인지 몰라요. 그분은 여러 종교 중에 기독교를 택한 것뿐입니다. 종교생활 하는 것입니다. 엄청난 죄입니다.

더욱이 오랜 신앙생활 하면서도 인생의 목적이 성공에 있어요. 세상에서의 안녕과 번영과 행복과 성공에 있어요. 그러나 성경은 말씀합니다. 새 마음의 사람은 하나님께 영광돌림에 있어요. 하나님나라의 의와 영광을 항상 먼저 구하는 삶을 기뻐하고 선택해야 합니다. 완전히 차원이 다릅니다.

그리스도인은 완전히 다른 삶을 삽니다

금식에 대해서 예수님께서 마태복음 6장 18절에 다시 말씀하십니다. 산상수훈 중에서 말씀하십니다. '사람에게 보이려고 하지 마라. 은밀하게 하라.' 이것이 새 사람의 삶입니다. 새 부대의 삶입니다. 그런데 하루만 금식해도 옆 사람이 다 알아요. 이것은 이미 종교행위입니다.

구제와 선행에 대해서 말씀하셨습니다. 새 사람은 은밀하게 행합니다. 오른손이 하는 것을 왼손이 모르게 해요. 항상 익명적 헌신을 해요. 그러나 어떠한 경우라도 이것을 알리고 남을 자극하기 위해서 한다면 단순한 종교행위에 불과합니다. 어떻게 보면 선한 종교행위일 수 있어요. 그러나 그리스도인에게는 그건 죄입니다. 모든 것이 바뀝니다.

한번 생각해보세요. 물질관도 바뀌어요. 그리스도인은 청지기의 삶을 살아갑니다. 주신 분도 하나님이시요 취하신 분도 하나님이십니다. 모든 것이 하나님의 영광을 위해 쓰임받기에 내게 주어진 것입니다. 완전히 다르지 않습니까? 새 사람입니다. 복에 대한 개념도 바뀌어요. 우리는 이 세상에 있는 복에 크게 기대하지 않아요. 복은 하나님께로부터 옵니다. 하나님께서 그리스도인에게 신령한 복을 이미 주셨어요. 그 복을 누리고 그 복을 증거하는 것을 먼저 생각해야 됩니다.

*

완전히 다른 차원의 삶을 살아갑니다. 새 사람입니다. 역사관도 바뀌어요. 하나님께서 창조하십니다. 하나님께서 역사의 주인이시고 끝이십니다. 비록 세상의 뜻대로 제멋대로 가는 것 같으나, 이러한 혼란 속에서도 하나님의 뜻대로 이 세상에서도 하나님의 뜻은 이루어지고 있습니다. 구속의 역사가 펼쳐지고 있어요.

완전히 다른 역사관을 가지고 살아요. 세계관도 바뀝니다. 이 세상의 중심이 하나님이십니다. 인간이 아닙니다. 인간의 문명이 아닙니다. 완전히 다른 세계관을 갖고 삽니다. 행복관도 바뀌어요. 예수 믿기 전에는 나의 행복이 제일이었습니다. 그것이 인류의 소망입니다. 그러나 중생하고 보니까 아닙니다. 거룩한 삶을 지향하는 것이 하나님의 뜻입니다. 그 삶가운데서 내게 하나님께서 기쁨도 만족도 주십니다.

목표가 달라져요. 종말관도 바뀝니다. 죽으면 끝나는 게 아닙니다. 어떻게 대충 되겠지 하며 살지도 않아요. 확실히 보게 됩니다. 말씀을 통해서 확실히 바라봐요. 우리에게는 하나님을 만날 그날이 있어요. 하나님께서 부르시는 그날 우리 모두는 하나님 앞으로 가야 됩니다. 모든 인류가 하나님 앞에 서야 하고 그리고 그곳에는 심판이 기다리고 있습니다. 천당이냐 지옥이냐, 영원한 삶이냐 아니냐의 결정이 주어집니다. 완전히 모든 것이 변화됩니다. 그것을 인식하며 느끼며 누리며 감사하며 증거하며 살아가는 사람이 하나님의 사람입니다.

그리스도인은 예수 그리스도 안에서 새 사람이 되었어요. 예수 그리스도와 함께 연합됐다는 말입니다. 그래서 새로운 가치관, 새로운 물질관, 새로운 세계관, 새로운 진리관을 갖습니다. 모든 것이 하나님나라의 새로운 것으로 새롭게 확신하며 오늘을 살아갑니다.

그리스도인은 말씀 안에서 변화되어 갑니다

레오나르도 다빈치를 기억하실 것입니다. 그의 유명한 일화가 있지 않습니까? 오랜 고생 끝에 그의 명작 「최후의 만찬」을 다 그렸어요. 가까운 친구에게 평가를 부탁하는데 척 보더니 깜짝 놀라요. 너무 잘 그렸다는 것입니다. 그러면서 그가 하는 첫마디가 예수님께서 들고 계신 그 술잔이 진짜 같다는 것입니다. 너무 아름답다는 것입니다.

그 말에 다빈치는 즉석에서 붓으로 지워버렸다고 합니다. 그러면서 그가 한 말입니다. "이 그림에서, 내 작품에선 오직 그리스도의 영광만이 나타나야 돼." 새 사람은 예수 그리스도 안에서 오직 삼위일체 하나님을 바라보며 그 안에서 매일매일 변화돼갑니다. 사도 바울의 유명한 간증을 들어보세요. 빌립보서 3장에서 말씀합니다. 예수 믿기 전에, 회심하기 전에 있던 내 모든 지식과 재물과 권세와 신분 이런 모든 것을 배설물로 여긴다고 합니다.

왜 그렇습니까? 예수 그리스도 안에서 새 사람 된 것입니다. 예수 그리스도 안에서 새 소망을 가졌어요. 예수 그리스도 안에서 새 지식을 가졌어요. 예수 그리스도 안에서 새 운명과 새 영화를 바라봐요. 그것과 비교하니까 배설물인 것입니다. 우리도 마찬가지입니다. 하나님의 약속, 하나님의 하신 일을 바르게 기억하고 인식한다면 언제든지 내가 가장 소중하게 여기던 것은 배설물입니다. 새로운 삶을 살아갑니다.

그리스도인은 잘 아시는 것처럼 원수까지 사랑합니다. 새로운 대인관계를 가져요. 그 이유는 하나님께서 살아계시고 또한 그 하나님의 말씀이기 때문입니다. 그리고 오히려 애통하는 마음으로 용서가 안 되니까 용서하려고 애쓰면서 기도해요. 그리고 결국은 그를 위해 복을 빌고 용서하게 됩니다. 완전히 새 사람이 된 것 아닙니까?

그런데 원수는 원수고 친구는 친구라는 식으로 살아간다면 그는 아직도 옛 사람입니다. 그 삶으로는 하나님께 욕을 돌려요. 기독교가 욕을 먹어요. 나 하나의 삶의 잘못된 선택으로 하나님의 영광을 가리게 됩니다.

*

성도 여러분, 새 사람의 새 삶은 오늘 시작되는 것입니다. 분명 하나님께서 그리스도인 안에 새 마음을 창조하셨어요. 그러나 새 인생이 단번에 완성되는 건 아닙니다. 절대 아닙니다. 이건 평생을 걸쳐서 변화되어야 됩니다. 먼저 할 수 있는 것부터, 가장 중요한 것부터, 하나님 나라와 그 의를 구하는 것부터 시작해서 하나씩하나씩 말씀 안에서 변화되어갑니다. 평생 새롭게 변화되어갑니다. 이것이 하나님의 구원의 역사입니다. 하나님께서 완성하실 것입니다.

여기서 우리의 용기가 필요합니다. 옛것을 버려야 하기 때문입니다. 여기에 인내가 필요합니다. 평생이 걸리기 때문입니다. 여기에 열정이 필요합니다. 새로운 약속에 대한 열정입니다. 이 안에서 하나님의 동역자로 하나님의 구원의 역사의 중심에 있게 됩니다. 예수님께서 말씀하십니다. '새 포도주는 새 부대에 넣느니라.' 이 안에 계시의 말씀이 있습니다. 하나님께서는 새 마음을 창조하시고 새 인생을 우리에게 기대하십니다. 오직 하나님을 전심으로 사랑하며 하나님의 뜻이 하나님의 사람을 통하여 이루어지기를 오늘도 기대하십니다.

기 도

전지전능하신 은혜의 하나님. 하나님의 초월적 능력과 지혜와 은혜 안에서 우리를 하나님의 자녀 되게 하심을 진심으로 감사드립니다. 그러나 여전히 내 안에 새 마음이 주어진 줄도 모르고, 새 지식으로 새로운 삶의 사고방식으로 채워가지 못하여 옛 사람의 본성에 이끌리어 끝없이 방황하며 유혹받으며 또다시 세상의 노예로 죄와 타협하며 살아가는 미련한 죄인을 용서하여주옵소서. 새 사람 된 존재의식으로 하나님이 행하셨고 하실 일을 주의 말씀과 성령의 역사에 따라 바라보며, 날마다 새롭게 지어져가는 자신의 모습에 대한 복음의 증인으로, 하나님 나라의 증인으로 하나님께 영광 돌리는 삶을 살아갈 수 있도록 우리를 새롭게 하여주옵소서. 우리 주 예수 그리스도의 이름으로 간절히 기도드리옵나이다. 아멘.

18장_자기를 부인하라

또 무리에게 이르시되 아무든지 나를 따라오려거든 자기를 부인하고
날마다 제 십자가를 지고 나를 따를 것이니라 누구든지 제 목숨을 구원하고자 하면 잃을 것이요
누구든지 나를 위하여 제 목숨을 잃으면 구원하리라 사람이 만일 온 천하를 얻고도 자기를 잃든지
빼앗기든지 하면 무엇이 유익하리요 누구든지 나와 내 말을 부끄러워하면 인자도 자기와 아버지와
거룩한 천사들의 영광으로 올 때에 그 사람을 부끄러워하리라 내가 참으로 너희에게 이르노니
여기 서 있는 사람 중에 죽기 전에 하나님의 나라를 볼 자들도 있느니라 (누가복음 9: 23~27)

어느 수도원에서 있었던 일입니다. 나이 많은 한 수도사가 정원에서 흙을
고르고 있었습니다. 그때 그 수도원에 갓 들어온 젊은 수도사에게 그 노
수도사가 이렇게 말했습니다. "이 단단한 흙 위에 물을 좀 부어주게나."

그 노 수도사의 말대로 후배 수도사가 물을 붓는데, 흙이 단단해서 물
이 자꾸 옆으로 새나갔습니다. 그러자 노 수도사가 옆에 있던 망치를 가지
고 흙을 깨기 시작했습니다. 그리고 나서 후배 수도사더러 거기에 다시 물
을 부으라고 했습니다. 그렇게 물을 부으니까, 이번에는 물이 흙에 잘 스
며들고 흙이 물 가운데서 뭉쳐지지 시작했습니다.

노 수도사가 이렇게 말했습니다. "이제야 흙 속에 물이 잘 스며드는구
먼. 여기에 씨를 뿌린다면 잘 자라 꽃을 피우고 열매를 맺을 것이네. 우리
역시 이처럼 깨어져야 하나님께서 거기에 물을 주시고, 그럴 때 씨가 떨어

지고 꽃이 피어 열매 맺을 수 있는 것이네. 우리 수도사들은 이것을 '깨어
짐의 영성'이라고 얘기한다네." 깊이 생각해보시기 바랍니다.

자기 부인을 말하지 않는 전도

하나님의 사람 월터 챈트리(Walter J. Chantry) 목사님이 쓴 「자기부인」
(*The Shadow of The Cross*)이라는 유명한 책이 있습니다. 본 교회 교인들은 이
책을 꼭 한 번 정독했으면 합니다. 이 책의 논지는 다음과 같습니다. 하나
님 나라에 들어갈 수 있는 길은 오직 하나뿐인데, 좁은 문입니다. 그 문은
오직 예수 그리스도입니다.

문제는 여기서부터 시작됩니다. 자기의 자아가 커지면 커질수록 그 좁
은 문을 통과할 수 없습니다. 오직 예수 그리스도 안에서 자아가 말살되
고, 자아가 부서지고, 자기가 부인되어야만 좁은 문으로 들어갈 수 있습니
다. 바로 이것을 지적하고 있습니다. 그러면서 십자가를 진다는 것이 무엇
인가를 묻습니다. 그리고 답합니다. '그것은 곧 자기를 부인하는 것이다.
저 예수님의 십자가 사건을 바라보아라.'

그런데 그 십자가 안에는 예수님 자신의 뜻이 전혀 있지 않습니다. 오
직 하나님의 뜻만이 계시되어 있습니다. '자신을 부인하고 십자가를 진다
는 것은 보편적인 하나님의 요구다. 어느 누구도 면제받은 사람은 없다.'
특별한 사람에게만 주어진 것이 아닙니다. 그리스도인은 더더욱 면제가
안 됩니다. 그렇게 되지 않으면 하나님 나라에 들어갈 수 없습니다.

*

오늘 현대의 전도에서 가장 큰 맹점이 여기에 있다고 그는 경고합니

다. 자기를 부인하는 것, 십자가를 지는 것을 망각하고는 이 말을 할 수가 없습니다. 무시해버리게 됩니다. 그냥 예수 믿으면 구원받고, 예수 믿으면 형통하고 복 받는다는 것은 가짜복음이라고 지적합니다. 그리고 또한 성숙을 말합니다. 성숙이란 더 많은 자기부인을 요구하게 됩니다. 자기가 부인되면서 점점 커지는 것입니다. 하나님의 뜻에 순종하게 됩니다. 한마디로 십자가의 그림자로 덮여져야 하는 것이 진정한 영적 성숙입니다.

'오늘날 많은 교인들이 자신의 문제와 고통을 해결하기 위해서 목회자를 찾아와 상담을 하면서 새로운 길, 새로운 비결을 알려달라고 하지만, 그런 것은 없다. 성경에는 없다. 오직 자기부인을 통해서 십자가의 길을 가는 것뿐이다. 성경에는 쉬운 복음, 또 다른 복음은 없다. 존재하지 않는다.' 참으로 전적으로 동의하게 되는 성경적 지혜입니다.

자기 부인 없는 영적생활은 없습니다

어느 가정에서 부인이 뭔가를 사려고만 하면 남편이 그것이 없으면 당장 죽는지 좀 생각해보고 사라고 참견했습니다. 어느 날 또 부인이 뭘 사려고 하니까 남편이 또 "그것 없으면 당장 죽는지 생각해보자."고 했습니다. 아내가 화가 났고 그래서 반격했습니다. "그럼 당신은 그 돈 없으면 지금 당장 죽는지 좀 생각해봐."

그렇지 않습니까? 그리스도인은 자기부인 없이는 영적인 삶을 살아갈 수 없습니다. 자기부인 없이는 십자가의 길을 갈 수 없습니다. 자기부인 없는 삶은 날마다 세상의 길로 또다시 전락하고, 육적인 삶으로 전락할 뿐입니다. 하나님 나라의 삶을 살아갈 수 없으며, 하나님께 영광을 돌릴 수 없다는 사실을 항상 기억해야 합니다.

오늘 본문에서 예수님께서는 분명하게 말씀하십니다. "또 무리에게 이르시되 아무든지 나를 따라오려거든 자기를 부인하고 날마다 제 십자가를 지고 나를 좇을 것이니라(23절)." 이것은 항상 기억하고 묵상하며 증거하고 삶에서 실천해야 할 말씀입니다. 여기에 세 가지 말씀이 주어집니다. '자기를 부인하고', '날마다 자기 십자가를 지고', '나를 따르라.' 그러나 이것은 하나의 메시지를 강조하고 반복하여 명확하게 함으로 적극적으로 말씀하려는 것입니다. 목적은 예수님을 따르는 것인데, 그러기 위해서는 자기 십자가를 날마다 져야 되고, 자기를 부인해야 됩니다.

여기에는 영적인 우선순위가 있습니다. 죄인인 우리가 반드시 지켜야 할 우선순위가 이것입니다. 자기를 부인해야 됩니다. 이것이 먼저입니다. 그렇지 않으면 나한테 주어진 십자가를 질 수 없습니다. 거절하거나 무시하게 됩니다. 망각합니다. 더 나아가 예수님을 따라갈 수 없습니다. 결국 천국에 가지 못합니다.

*

오늘 이 말씀은 20절로 거슬러 올라가 생각해야 합니다. 예수님께서 제자들에게 물으셨습니다. "너희는 나를 누구라 하느냐?" 베드로가 대답했습니다. "주는 살아계신 하나님의 아들이로소이다." 유명한 신앙고백입니다. 그때 예수님께서 "그런데 앞으로 얼마 안 있어서 내가 수난을 당하고, 고통을 당하고, 십자가를 지고 죽음을 당할 것이다."라고 수난예고를 하셨습니다. 그때 베드로가 말했습니다. "주님, 그런 일이 있어서는 안 됩니다. 결코 주님께 그런 일은 없을 것입니다."

그러자 예수님께서 말씀하셨습니다. "사단아 물러가라. 네가 사람의 일을 생각하고 하나님의 일을 생각하지 않는도다." 그러면서 주시는 말씀입니다. "자기를 부인하라." 자기를 부인하지 않았기 때문에 지금 하나님의 일을 생각하지 않는 것입니다.

베드로의 입장에서 생각해보십시오. 우리가 베드로라면 당연히 베드로같이 말할 것입니다. 내가 모시는 주님이신데, 어떻게 이 의로우신 분이 악인들 손에 잡혀 고초를 당하시고 십자가를 지신다는 말입니까? 막아야지요. 그런데 바로 그것이 사단의 일입니다. 하나님의 일을 생각하지 않는 것입니다. 자기부인의 삶이 없이는 하나님의 뜻을 분별할 수 없다는 것을 기억해야 합니다.

자기 자신에 대한 집착에서 벗어나야 합니다

그리스도인은 거듭난 하나님의 사람입니다. 거듭남의 역사를 통해서 새 사람 된 하나님의 자녀입니다. 그 마음에 하나님의 뜻을 생각하고, 하나님께 영광 돌리는 삶을 선택하고, 하나님 나라를 갈망합니다. 그 마음에 자신의 뜻이 없습니다. 세상의 번영과 성공이 없습니다. 인간의 영광이 자리잡고 있지 않습니다.

세상 사람들 곧 불신자들의 마음과 생각과 사랑의 대상이 무엇입니까? 우리가 예수 믿기 전을 한 번 생각해보십시오. 자기 자신입니다. 모든 것이 자기 자신입니다. 내가 만족해야 되고, 내가 기뻐야 되고, 내가 즐거워야 되고, 내가 성공해야 되고, 내 뜻이 성취되어야 합니다. 그렇지 않으면 불행이요 비극입니다. 항상 자신이 우상입니다.

오늘날 현대인은 어디에 가장 많은 시간과 물질을 투자합니까? 자기 자신입니다. 자아실현, 자기개발에 가장 많은 것을 쏟아 붓습니다. 엄청난 책들과 프로그램들이 시중에 나와 있습니다. 그런 것들이 슬며시 교회 안에도 많이 자리 잡고 있습니다. 행복과 성공을 위해서는 자기개발이 필수적입니다. 이런 말이 설득력이 있습니다. 그러나 여기에 큰 함정이 있습니다.

*

스테파니 포브스라는 여성신학자는 이렇게 말합니다. "자기개발의 메시지는 인간이 스스로 삶의 만족을 추구해야 한다는 암시가 깔려 있다. 이것은 분명 비성경적이요, 사단의 역사다." 그러면서 그는 자기개발 운동의 여섯 가지 거짓말을 다음과 같이 지적합니다.

첫째, 나는 나 자신에게 속해 있다. 둘째, 나는 행복하고 만족스러운 삶을 살 권리가 있다. 셋째, 나는 위대해지려고 태어났다. 넷째, 내가 원하는 만큼 성공할 수 있다. 다섯째, 자긍심을 가져야 한다. 여섯째, 긍정적인 자기암시가 꼭 필요하다. 긍정적인 사고가 당신의 인생을 좌우한다. 다 좋은 말입니다. 그러나 여기에는 하나님의 뜻이 없습니다. 하나님 나라가 없습니다. 하나님께 영광 돌리는 메시지도 없습니다. 이것을 기억해야 합니다.

그리스도인은 오직 믿음으로 구원받습니다. 오직 믿음으로 하나님의 자녀가 됩니다. 믿음으로 하나님의 복을 받고, 하나님의 복의 증인으로 주와 동행하는 삶을 살아갑니다. 여기서 믿음이란 무엇입니까? 하나님께서 행하신 일입니다. 하나님의 뜻입니다. 하나님의 주권적 통치입니다. 하나님의 은혜와 능력이 나타나는 것입니다. 그것을 믿는 것입니다. 여기에 자아실현이나 자기개발, 자기의 소원이나 야망은 전혀 자리 잡고 있지 않습니다.

종교개혁이 바로 여기에 있습니다. 마르틴 루터(Martin Luther)의 신학을 한마디로 '십자가의 신학'이라고 말합니다. 십자가의 메시지에 이끌려 복을 받는 것입니다. 십자가의 도를 따라가며 하나님께 영광 돌리는 것입니다. 오직 믿음으로 구원받고 하나님의 사람이 됩니다. 이것이 종교개혁입니다. 여기에 자신과 세상은 전혀 나타나 있지 않습니다.

구원에 이르는 믿음은 자아성취가 아닙니다

「바벨탑에 갇힌 복음」(*Christianity in Crisis*)이라는 유명한 책을 여러 차례 소개한 적이 있습니다. 이 책의 전제, 논지는 '믿음운동'이라는 것입니다. 언뜻 생각하면 '아, 이거 기독교 운동이구나!'라고 생각할지 모르지만, 전혀 아닙니다. 이것은 잘못된 복음이요, 사단의 역사입니다. 그런데 이 믿음운동이라는 것이 미국교회뿐만 아니라 한국교회에도 만연되어 있습니다. 이 책에서는 대표적인 믿음운동의 사람으로 조엘 오스틴을 지적합니다. 부와 번영 신학의 대표자입니다. 그러나 알고 보면 이 조엘 오스틴도 한국에서 배워갔습니다. 한국 대형교회의 수많은 목회자가 같은 범주에 있습니다.

여기서 깊이 생각해야 합니다. 이 조엘 오스틴이 특별히 유명하게 된 계기들 가운데 하나가 「긍정의 힘」(*Your Best Life Now*)이라는 책입니다. 저도 본 적이 있습니다. 수천만 권이 팔렸습니다. 이 책의 전체 논지는 믿음운동의 또 다른 표현일 뿐입니다. 그리스도인은 '긍정의 힘'으로 살아가지 않습니다. 그리스도인은 '믿음의 힘'으로 살아갑니다. 완전히 다른 차원입니다. 이것을 분별해야 합니다.

이 책에도 나오지만, 그의 저서에 나오는 이야기 하나를 소개합니다. 자기가 좀 가난했던 청년시기에 아내랑 같이 길을 지나가다 큰 저택을 보았습니다. 너무도 훌륭한 저택이었는데, 자신이 소유하기에는 불가능했습니다. 자연히 그는 부정적인 생각을 품었습니다. '아, 나는 절대 저런 집을 가질 수 없을 거야.' 그런데 그는 그 순간 바로 회개했습니다. 그리고 이렇게 생각했습니다. '긍정적인 생각을 가져야 하나님께서 주시지.' 긍정적인 생각과 말을 자기에게 계속 했습니다. '하나님께서 저 집을 나한테 주시리라.' 그렇게 항상 밝은 생각을 품었고, 결국 집이 자기 것이 됐다고 합니다.

그의 체험입니다. 다시 말해서 긍정적인 생각과 말을 자신에게 계속 해줘야 된다는 것입니다. 축복해줘야 되고, 그것을 믿음으로써 정말로 그 렇게 된다는 것입니다. 그러나 이것은 반사기입니다. 기독교가 아닙니다. 그러나 이런 메시지가 교회 안에, 기독교 안에 널리 퍼져 있습니다. 그래 서 항상 자신에게 긍정의 암시를 주고 웃고 지내야 한다고 합니다. 굿 스 마일(Good Smile). 좋은 이야기지만, 하나님의 뜻은 결단코 아닙니다.

＊

구원에 이르는 믿음은 자아성취가 아닙니다. 구원에 이르는 믿음은 긍 정적인 생각과 말이 내 안에서 이루어지는 것이 아닙니다. 결코 아닙니다. 구원에 이르는 믿음은 하나님의 주권적 통치가, 하나님의 뜻이, 하나님의 은혜와 능력이 임하고 나타나는 것입니다. 그 믿음의 소망으로 우리는 구 원을 받습니다.

은혜를 생각하십시오. 하나님의 은혜가 무엇입니까? 그 은혜에는 사람 이 행한 것은 아무것도 없습니다. 하나님의 은혜와 능력이 나타난 것입니 다. 그것을 은혜라고 합니다. 하나님의 선물이요, 값없이 받은 것입니다. 그러나 여기서 깊이 생각해야 합니다. 하나님의 고귀하고 풍성한 은혜에 는 하나님의 뜻이 나타남과 동시에 하나님의 뜻이 요구된다는 사실을 기 억해야 합니다.

하나님의 뜻은 자기 부인과 함께 합니다

출애굽 사건을 생각해보십시오. 이스라엘 백성이 430년의 노예생활에서 출애굽을 하는 엄청난 은혜와 능력을 체험했습니다. 값없이 주어졌습니다. 하나님의 뜻이 나타났습니다. 동시에 하나님께서 요구하셨습니다. 그 백성에게, 은혜 받은 백성에게 하나님의 뜻 안에서 하나님께 영광 돌리는 삶을 살것을 강력하게 요구하셨습니다.

그러나 이 백성은 거절했습니다. 계속 원망과 불평을 했습니다. 자기 뜻이 이루어지지 않는다고 투덜대다가 결국에는 다 죽었습니다. 그러다 광야 40년의 생활을 보내고서야 하나님의 뜻을 구하며 가나안땅에 들어갔습니다.

십자가를 생각해보십시오. 우리 모두는 십자가의 은혜로, 믿음으로 구원받았습니다. 우리가 행한 일이 아무것도 없습니다. 그야말로 하나님의 지혜와 능력과 사랑이 충만히 십자가에 나타났습니다. 공짜로 주어졌습니다. 하나님의 뜻이 은혜에 나타났습니다. 동시에 그 십자가의 은혜로 구원받은 자녀에게 하나님께서 강력하게 요구하십니다. '하나님의 뜻대로 살아라. 그것이 복의 길이요 영생의 길이다.'

하지만 잘못된 믿음을 갖게 되면 자칫 '은혜 따로, 하나님의 뜻 따로'가 됩니다. 이것은 함께하는 것입니다. 별개가 아닙니다. 주께서 말씀하십니다. '자기를 부인하고 날마다 자기 십자가를 지고 나를 따르라.' 이것이 천국으로 나아가는 길이요, 하나님과 동행하는 삶이라고 말씀하십니다.

*

자아라는 것은 모든 인식과 행동의 주체입니다. 모든 인간에게 있습니다. 이 자아가 커지면 커질수록 이기적인 사람이 됩니다. 편협한 사람이 됩니다. 자기는 기쁘고 즐거운데 교만한 사람이 됩니다.

더 한심한 것은 이 자아가 커지면 커질수록 작은 부분밖에 보지 못합니다. 전체를 보지 못합니다. 자아가 커지면 커질수록 하나님이 안보입니다. 하나님이 가볍게 여겨집니다. 이웃은 더욱더 안보입니다. 자아가 작아져야 이웃이 보입니다. 이웃의 고통이 보입니다. 하나님이 보이기 시작합니다. 이것을 항상 기억해야 합니다.

애국이란 무엇입니까? 오늘날 애국을 많이들 말하지만, 애국은 '자아가 죽는 것'입니다. 자기가 부인되는 것이 애국입니다. 그런데 자기 뜻, 자기실현, 자아가 끝까지 자기를 쥐고 있습니다. 그러면서 애국한다고 말들을 많이 합니다. 하지만 개인적으로, 집단적으로 온통 싸움판 아닙니까?

진정한 애국은 자기를 부인하는 것입니다. 참 신앙인의 애국은 하나님을 경외하고 이웃을 내 몸과 같이 사랑하라는 하나님의 뜻이 이 땅에 임하는 것입니다. 이 백성이 하나님의 백성이 되는 것입니다. 하나님께서 구원받은 하나님의 자녀에게 강력히 요구하십니다. 이중계명입니다. '마음과 정성과 뜻을 다하여 하나님을 사랑하라. 그리고 네 이웃을 네 몸과 같이 사랑하라.' 하나님의 강력한 요구사항입니다. 이 이중계명이 이루어지는 곳에, 이 하나님의 뜻이 이루어지는 곳에 자신의 자아란 없습니다. 이것은 평생 이루어야 할 일인것입니다.

십자가의 길은 자기 부인의 길입니다

우리가 성령 충만을 구하지만, 단번에 되는 것이 아닙니다. 결코 아닙니다. 그래서 오늘 주님께서 말씀하십니다. "날마다 제 십자가를 지고 나를 좇을 것이니라(23절)." 날마다 되어야 합니다. 평생 죽기까지 자기를 부인하는 삶을 지향할 때 주님의 뜻을 이루게 됩니다.

어느 죄수가 사형집행을 받기 위해서 사형대 위에 서게 되었습니다. 그에게 마지막 소원이 무엇이냐고 간수가 물었답니다. 그랬더니 이 사람이 말하기를 마지막 죽기 전에 와인 반병만 좀 먹고 죽었으면 좋겠다는 것이었습니다. 그래서 그러라고 허락하고 다시 물었답니다. "그런데 화이트 와인을 줄까? 레드 와인을 줄까?" 그랬더니 화이트 와인을 달랍니다. 그이유를 물어봤더니 하는 말이 그 이유인즉슨 레드와인은 다음날 머리가 아프다는 것이었습니다. 지금 당장 죽을 운명인 사형수의 말입니다.

이것이 자아라는 것입니다. 자아는 죽기까지 계속해서 우리를 자아의 노예로 만들어갑니다. 자아를 벗어나야 이웃이 보이고, 나라가 보이고, 하나님의 영광이 보입니다. 십자가란 고통이요, 수치요, 고난이요, 죽음입니다. 십자가는 번영과 성공이 아닙니다. 십자가는 분명 고통이요, 수치요, 고난이요, 죽음입니다. 십자가는 거룩해지는 길이요, 하나님 나라로 가는 길이요, 하나님을 만나는 길이요, 하나님과 동행하는 길입니다.

*

분명 십자가는 하나님의 뜻입니다. 그 십자가 안에 하나님의 지혜와 능력과 사랑이 계시되어 있다고 성경은 계시하고, 우리는 그것을 믿습니다. 오직 십자가를 통해서만 부활에 이르고, 천국 영광에 동참할 수 있습니다. 영원한 삶을 하나님과 함께 살아갈 수 있습니다.

예수님의 겟세마네 동산의 기도를 생각해보십시오. 예수님께서 피땀 흘려 기도하셨습니다. 마지막 순간인데도 불구하고 피땀 흘려 기도하셨습니다. 그리고 "내 뜻대로 마옵시고 아버지의 뜻대로 하옵소서."라고 기도하셨습니다. 이것은 무엇을 말하는 것입니까? 지금 자아와 싸우고 계신 것입니다. 내 뜻이 지금 나를 붙들고 있습니다. 그래서 '이런 길도 있는데, 이것도 하나님께 영광 돌리는 길인데'라고 속으로 끊임없이 영적 투쟁을 하고 있었습니다.

자아가 커지는 것은 사단의 역사입니다. 믿음은 순종입니다. 주께서는 믿음으로 '아버지의 뜻대로 하옵소서.'라고 하시고는 십자가를 지시고 승리하셨습니다. 부활의 영광에 참여하셨습니다. 이 모든 것이 구원받은 하나님의 자녀에게 주신 약속입니다.

자기부인이 사는 길입니다

십자가는 대신 지는 것입니다. 죄를 위하여 사랑의 마음으로 대신 지는 것이 십자가입니다. 여기에 자기 자아는 없습니다. 자신은 없습니다. 자기부인의 길입니다. 성경에 나타난 모든 하나님의 사람들을 기억하십시오. 사도들을 바라보십시오. 특별히 베드로를 생각해보십시오. 예수님께 택함 받은 제자이지만 형편없는 사람이었습니다. 너무 평범한 사람이었습니다. 호언장담만 하고는 쉽게 분노하고, 자신이 한 말을 지키지도 못하고, 예수님을 부인하고 저주하던 사람입니다.

그러나 거듭남의 역사를 통해서 변합니다. 하나님의 사람이 됩니다. 그리고 믿음으로 순종하고, 믿음으로 승리합니다. 어떻게 그렇게 할 수 있었습니까? 비결은 하나입니다. 사도행전 6장 4절은 말씀합니다. "우리는 기도하는 것과 말씀 전하는 것을 전무하리라 하니" 오직 기도와 말씀에 전무할 때 자아를 죽일 수 있습니다.

*

자기부인은 고행도 아니요, 금욕주의도 아닙니다. 오직 기도와 말씀에 전무하는 가운데, 성령의 인도하심 가운데 하나님의 뜻을 분별하고, 하나님의 뜻에 순종할 수 있습니다. 결국 그들은 다 순교합니다. 그러나 그들의 삶을 통하여 하나님께서 역사하십니다. 교회를 일으키셨고, 기독교를 일으키셨고, 하나님 나라의 수많은 증인들을 세우셨습니다. 오늘도 하나님께서는 역사하십니다.

로마서 14장 8절은 말씀합니다. "우리가 살아도 주를 위하여 살고 죽어도 주를 위하여 죽나니 그러므로 사나 죽으나 우리가 주의 것이로다." 모든 신앙인의 고백입니다. 예수 그리스도를 주님이라 부릅니다. 주님을 위하여, 사나 죽으나 주의 뜻 가운데서 살아갑니다. 그 삶에는 자아가 없습니다. 자아는 작아지고 작아지다가 결국 부인됩니다. 그럴 때 온전히 하나님의 뜻을 이룹니다. 고린도전서 1장 18절은 말씀합니다. "십자가의 도가 멸망하는 자들에게는 미련한 것이요 구원을 얻는 우리에게는 하나님의 능력이라."

*

불신자에게 십자가는 고통이요, 부끄러움이요, 수치요, 죽음입니다. 미련한 것입니다. 그러나 구원받은 사람에게 십자가는 하나님의 지혜요, 능력이요, 사랑이 충만한 역사입니다. 하나님의 능력입니다. 십자가를 지는 길은 오직 자기부인의 삶을 지향함을 통해서 날마다 이루어집니다. 자아를 죽이고, 자기를 부인하는 길은 하나님의 뜻에 열정을 가지고 임해야 됩니다. 그리고 기도하는 일과 말씀을 전하는 일에 전무할 때에 성령께서 날마다 새롭게 하십니다. 하나님의 지혜와 능력이 나타납니다. 주께서 오늘도 말씀하십니다. "아무든지 나를 따라오려거든 자기를 부인하고 날마다 제 십자가를 지고 나를 좇을 것이니라(23절)." 하나님의 말씀입니다.

기 도

전지전능하신 은혜의 하나님. 하나님의 초월적 지혜와 능력 안에, 하나님의 능력 안에 자녀로 택함을 받았지만 잘못된 믿음을 가지고 아직도 자아실현을 꿈꾸며 자기개발에 모든 시간과 정력을 낭비하며 허탄한 인생을 살아가는 죄인을 불쌍히 여겨주시옵소서. 오직 주님의 말씀에 순종하며, 자기 부인의 삶을 선택하여 날마다 자신의 십자가를 지며 주님을 따라가 하나님의 지혜와 능력을 체험하는 위대한 하나님 나라의 권세 있는 삶을 살아가는 모든 주의 권속이 되도록 우리를 지켜주시고, 항상 주의 길로 인도하여주시옵소서. 우리 주 예수 그리스도의 이름으로 간절히 기도드리옵나이다. 아멘.

19장_손에 쟁기를 잡은 사람

길 가실 때에 어떤 사람이 여짜오되 어디로 가시든지 나는 따르리이다
예수께서 이르시되 여우도 굴이 있고 공중의 새도 집이 있으되 인자는 머리 둘 곳이 없도다 하시고
또 다른 사람에게 나를 따르라 하시니 그가 이르되 나로 먼저 가서 내 아버지를 장사하게
허락하옵소서 이르시되 죽은 자들로 자기의 죽은 자들을 장사하게 하고 너는 가서
하나님의 나라를 전파하라 하시고 또 다른 사람이 이르되 주여 내가 주를 따르겠나이다마는
나로 먼저 내 가족을 작별하게 허락하소서 예수께서 이르시되 손에 쟁기를 잡고
뒤를 돌아보는 자는 하나님의 나라에 합당하지 아니하니라 하시니라 (누가복음 9: 57~62)

미국의 알래스카를 평생 연구하며 많은 책들을 저술한 제임스 마이크너는 알래스카 전문가입니다. 하지만 알래스카를 실제로 가본 적은 한 번도 없었습니다. 방문계획은 여러 차례 세웠습니다. 그러나 '그 혹독한 추위를 내가 견딜 수 있을까? 얼마나 고생스러울까? 갔다가 만일 나한테 사고라도 나면 내 가족은 어떡하나?' 하는 근심과 염려 때문에 정말로 한 번도 방문하지는 못했습니다.

그렇게 수십 년 세월이 흘러 그가 마침내 80세가 되었습니다. 그때 그는 심장병에 걸렸고 그래서 바이패스 수술을 받게 되었습니다. 그때 그는 생각했습니다. '이렇게 죽을 수는 없다. 이 얼마나 후회스러운 인생이냐? 내가 평생 알래스카를 연구한 사람인데, 거기에 한 번은 가봐야 하는 것

아니냐? 그래서 그는 수술을 받고 회복한 다음 드디어 알래스카를 방문했습니다.

거기서 그는 영하 50도의 혹독한 추위를 경험했고, 그곳에서 사는 에스키모족들과 함께 어울렸습니다. 사냥도 하고, 썰매도 타고, 연어잡이도 했습니다. 그 과정을 통해서 그는 큰 충격을 받았습니다. 참으로 즐거운 시간이었고, 새로운 삶을 배웠고, 새로운 지혜를 얻었습니다. 그는 이렇게 절규했다고 합니다. "왜 젊은 시절에 이런 결단을 하지 못했었는가? 어째서 좀 더 일찍 이런 선택을 하지 못했는가?"

성도 여러분은 지금 무엇을 후회하며 살아갑니까? 아직도 생각만 합니까? 하나님 나라의 복음은 삶에서 실천으로, 삶의 현장에서 능력으로, 지혜로 나타납니다. 신령한 세계를 바라보며 하나님 나라의 삶을 경험할 수 있도록 우리를 인도합니다. 이것을 기억해야 합니다.

그리스도인의 삶: 예수 그리스도를 따라가는 삶

그리스도인이란 누구이며 그리스도인의 삶이란 무엇입니까? 다시 한 번 생각해보십시오. 하나님 나라의 백성이라는 것이 과연 무엇을 의미합니까? 성경적 답은 단순명료합니다. 그것은 '예수 그리스도를 따라가는 삶'입니다. 하나님 나라의 삶을 살아가는 것을 말합니다. 다시 말해서 예수 그리스도 안에서 얼마나 많이 알고 있느냐, 하나님 나라의 지식을 얼마나 많이 가지고 있느냐는 아무 상관이 없습니다. 얼마나 내가 말로 고백했느냐와 별 상관이 없습니다. 내가 얼마나 예수님을 따라가기로 결단했는가와도 별 상관이 없습니다. 교회에 출석하고 직분도 갖고 있는 것, 그 또한 아무 상관이 없습니다. 그가 비록 많은 선행을 행한다하더라도 별 상관이 없습니다.

진정한 그리스도인의 삶이란 예수 그리스도를 따라가는 삶입니다. 하나님 나라의 삶을 살아간다는 것은 예수 그리스도를 따라간다는 것과 동의어입니다. 이것은 서로 별개가 아닙니다. 하나님을 사랑한다고 할 때, 예수님을 사랑한다고 할 때, 하나님께 영광 돌린다고 할 때, 그 삶은 예수님을 따라가는 삶을 말합니다. 하나님의 자녀라는 것은 오직 예수 그리스도 안에서만 가능합니다. 그러나 '하나님을 사랑한다, 하나님께 영광을 돌린다, 나는 하나님의 자녀다'라고 하면서도 도무지 예수님을 따라가는 삶을 살지 않습니다. 그런 삶을 날마다 선택하지 않습니다. 그렇다면 그건 크게 영적으로 병든 삶입니다.

*

어느 날 저명한 두 교수가 심각하게 삶의 의미에 대하여 서로 논의하고 있었습니다. 한 교수가 동료에게 물었답니다. "자네, 헨리라고 알지? 그 청년이 자네의 제자라고 그러는데, 그게 사실이야?" 동료교수가 이렇게 답했습니다. "나도 그 청년을 알아. 내 모든 강의를 수강한 사람이지. 열심히 공부하는 청년이야. 하지만 내 제자는 아냐."

여러분! 스승이 제자를 인정해야 제자지, 자기 혼자 제자라고 제자입니까? 내가 그분에게 배웠다고 제자가 될 수 있을까요? 그것이 무슨 상관이 있겠습니까? 하나님의 자녀가 이와 같습니다.

예수님께서는 그리스도의 제자에 대하여 누가복음 9장 23절에서 분명히 말씀하셨습니다. "또 무리에게 이르시되 아무든지 나를 따라오려거든 자기를 부인하고 날마다 제 십자가를 지고 나를 따를 것이니라." '자신을 부인하고 날마다 십자가를 진다.' 무엇을 위해서요? 예수님을 따라가기 위해서입니다. 그래서 이 과정이 필요합니다. 결국은 예수님을 따르는 삶,

그 인생이 그리스도인의 삶입니다. '나를 따르라(Follow Me)!' 복음서에만 무려 79번이나 반복됩니다. 예수님께서 계속 반복하십니다. 그만큼 중요한 메시지이기 때문입니다.

그리스도인의 삶: 하나님의 은혜에 대한 성도의 응답

영성신학자였던 헨리 나우웬은 우리가 하나님을 위한 공간을 만들기 위한 훈련으로 '희미해지는 훈련(Discipline of Obscurity)'을 해야 한다고 제안합니다. 이 제안에는 세 가지 성경적인 의미가 함축되어 있습니다.

첫째는 Littleness, 작아지는 것입니다. 우리는 항상 큰 자리를 원하고, 큰일을 하고 싶어 하고, 큰 사람이 되기 위해 노력합니다. 그러나 진짜 큰 사람이 되고 싶다면 작아지는 연습을 해야 합니다. 약하고 힘든 사람을 위한 자리에 가보고, 보잘것없어 보이는 일들을 해봐야 합니다.

둘째는 Hiddenness, 숨는 것입니다. 하나님께서는 항상 우리에게 수많은 선물을 주고 계시면서도 티내지 않으십니다. 그러므로 우리도 진정한 영혼의 기쁨을 원한다면 숨는 법을 배워야 합니다.

셋째는 Powerlessness, 약해지는 것입니다. 우리는 성공할수록 사람들을 우리 마음대로 움직일 수 있는 힘을 가진다고 믿습니다. 그리고 그것을 몹시도 즐깁니다. 그러나 사람들을 움직여 나를 섬기게 하는 것보다 내가 남을 섬김으로써 그들을 움직이는 것이 하나님의 리더십입니다.

＊

하나님의 자녀는 하나님의 뜻에 순종하고, 하나님의 방법으로 오늘을 살아가는 사람입니다. '제자도(Discipleship)'의 정의는, '하나님의 은혜에 대한 성도의 응답'입니다. 하나님의 은혜와 능력을 믿는다면 반드시 응답하게 되어있거든요. 그 삶은 바로 예수 그리스도를 따라가는 삶을 의미한다는 것을 기억해야 합니다.

그리스도인은 희생과 고난을 각오해야 합니다

오늘 본문은 제자도에 관하여 예수님께서 주신 말씀입니다. 예수님의 제자란 어떤 삶을 지향해야 하는지 그것을 가르쳐주고 계십니다. 예수님께서는 세 가지 유형을 통해서 하나님 나라에 합당한 삶은 무엇인가를 우리에게 계시해주십니다.

첫째, 희생과 고난을 각오해야 합니다. 하나님께 영광 돌리는 삶에는 희생과 고통과 고난이 반드시 따릅니다. 오늘날 성령 충만하면 고통과 고난이 없고, 예수 믿으면 만사형통하다고만 합니다. 하지만 이것은 종교일 뿐 절대로 기독교가 아닙니다. 그가 누구든, 그가 아무리 십자가를 목에 걸고 다닌다 한들 이것은 사단의 역사입니다. 성령 충만하다고 번영하고, 성공하고, 건강하고, 유명해지는 것 아닙니다. 복은 하나님께서 주시지만, 그것은 복음이 아닙니다.

누가복음 9장에는 우리가 잘 아는 오병이어의 기적이 나옵니다. 물고기 2마리와 떡 5개로 5천 명이나 되는 남자들을 다 먹이고도 무려 12광주리가 남았습니다. 또한 예수님께서 귀신을 쫓아내는 이적도 나타내십니다. 이것을 본 무리들입니다. 그러니 무슨 생각을 하겠습니까? 오직 하나입니다. 능력 가진 사람을 따라가는 것입니다. 그래야 내 소원도 이루고, 나라가 부강해질 것입니다. 해방될 것입니다. 번영할 것입니다. 그 생각이 머릿속에 꽉 차 있습니다.

그들 가운데 한 사람이 예수님께로 와서 정말 용기있게 아룁니다. "어디로 가시든지 내가 따르리이다." 하지만 예수님께서는 거절하십니다. 왜 그러셨겠습니까? 그 마음을 보셨기 때문입니다. 열정은 있었지만 잘못된 열정일 뿐이었습니다. 그 안에는 자기 꿈을 이루고자 하는 소원 밖에 없었습니다. 하나님의 뜻이 없었습니다. 희생과 고통을 감수하려는 마음이 없었습니다. 그냥 번영과 성공만 바라보았습니다.

그래서 예수님께서는 58절에서 이렇게 말씀하십니다. "예수께서 가라사대 여우도 굴이 있고 공중의 새도 집이 있으되 인자는 머리 둘 곳이 없도다 하시고" '네가 능력을 보았느냐? 그런데 내가 머리 둘 곳이 없다.' 희생과 고통과 고난을 지금 예고하고 계십니다.

*

오늘날 참 감사한 것은 우리 대한민국의 많은 젊은 사람들이 목회와 선교에 소망을 품고 하나님의 일을 하고자 결단하고 있다는 사실입니다. 저도 많은 청년들과 상담한 적이 있습니다. 참 재미있는 사실은 저를 만나고 가면 대부분 마음을 바꾼다는 것입니다. 상식적으로 목사인 저를 만나고 나면 더 많은 젊은이들이 목회자와 선교사가 되기로 지원해야 할 텐데, 거꾸로 대부분 그 길을 가려던 애초의 결심을 포기하더라고요. 왜입니까?

저는 이 말을 항상 해주었거든요. "목회자가 되는 것을 통해 지금 좋은 일 기대하느냐? 더 좋은 사람 되고 싶으냐? 인류에 뭘 크게 기여하고 싶으냐? 꿈 깨라. 네가 생각할 것은 십자가의 길이다. 희생도 있고, 고통도 있고, 비난도 있고, 때로는 죽음도 있을 수 있다. 정말 때를 따라 주시는 하나님의 은혜 가운데 되는 것이지, 그 길에는 세상의 번영과 성공이 약속된 바가 없다. 다시 한 번 깊이 생각해보고 와라." 그러고 나면 대부분 다시 오지 않더라고요.

초대교회는 성령 충만한 교회였습니다. 부흥의 역사와 이적이 나타난 교회였습니다. 하지만 고난을 받고, 핍박을 받고, 나아가 교인들이 감옥에 끌려가서 순교했습니다. 더욱이 A. D. 70년 이스라엘 민족이 망할 때 그들도 함께 엄청난 어려움을 겪었습니다. 가족이 잡혀가고 죽고 그리스도인인데도 재난과 폭력과 전쟁을 함께 겪었습니다. 그러나 그 안에서 그리스도인으로 살아갔습니다. 이것이 다른 점입니다.

제가 미국에서 유학할 때 만났던 한 젊은 부부를 저는 아마 평생 못 잊을 것 같습니다. 30대 의사부부입니다. 한 분은 캐나다, 다른 한 분은 미국에서 의학공부를 해서 의사가 되었습니다. 그러니 오늘의 세상 시각으로 보면 이른 바 성공과 안정은 어느 정도 보장되어 있는 것 아니겠습니까? 그리고 일곱 살 된 딸도 한 명 있었습니다. 그분이 신학교에 석사과정을 밟기 위해서 들어왔습니다.

그래 함께 만나 식사를 하면서 얘기를 들어보니, 몽골에 선교사로 가겠다는 것입니다. 그래 거기에 가면 어떤 일이 있는지 아느냐고 물어보았습니다. 다 알고 있더라고요. 그분은 세상의 성공이나 화려함에는 관심이 없었습니다. 하나님께서 자신을 부르셨고 거기에는 자신만을 향한 소명이 있었다는 것입니다. 참으로 훌륭한 하나님의 사람입니다. 그 사람이 그리스도의 제자입니다.

그리스도인은 우선순위를 정해야 합니다

둘째, 우선순위를 정해야 합니다. 이 결단이 있어야 한다고 우리에게 지시하고 있습니다. 우선순위라는 것이 무엇입니까? 하나를 선택하면 다른 것은 포기하는 것입니다. 유보하는 것입니다. 동시에 함께 취할 수 없습니다. 오늘날 지도력에 대해서 말들을 많이 하는데, 지도력의 가장 큰 덕목이 바로 이것입니다. 우선순위를 바르게 결단하는 사람이 지도자입니다.

이 시대에 지도자가 없다, 지도력이 없다고들 말합니다. 왜 그런 소리가 있는 것입니까? 항상 여론에 끌려 다니고, 인기에 영합하느라고 한 해 전에는 저랬던 것을 한 해 뒤에는 이렇게 바꾸어버리기 때문입니다. 따라서 지도력이 없다고 할 수밖에 없습니다. 지도력이란 미래를 바라볼 줄 알아야 합니다. 아무리 비난이 있어도, 심지어 사람들이 나한테 돌을 던져도 미래를 바라보고 나라와 국민을 위하여 그대로 결단하고 가야 합니다. 그것이 진정한 지도력입니다. 모든 그리스도인에게 요구되는 지도력이란 바로 이런 것을 의미합니다.

한 사람을 예수님께서 택하셨습니다. '너는 나를 따르라.' "또 다른 사람에게 나를 좇으라 하시니 그가 가로되 나로 먼저 가서 내 부친을 장사하게 허락하옵소서." 이 사람은 하나의 조건을 내세웁니다. 먼저 자기가 할 일이 있다는 것입니다. 자기 우선순위가 있다는 것입니다. 그 일을 먼저 하고 나서 예수님을 따르겠다는 것입니다. 이런 선택은 그리스도인의 삶이 아닙니다.

당시의 문화적인 상황을 깊이 알아야 이 말씀을 이해할 수 있습니다. 오늘의 상황에서는 이해가 잘 안 됩니다. 유대교 전통에서 부친의 장례식이란 언제나 최우선의 일이었습니다. 유대교에서는 쉐마를 날마다 암송하고 그 일에 빠짐없이 참석해야 하는데, 부친의 장례식 때만은 예외였습니다. 이것이 「탈무드」의 기록입니다. 그만큼 이 부친의 장례식은 굉장히 중요했습니다.

이 장례에는 두 가지 절차가 있었습니다. 먼저 무덤에 시신을 두었습니다. 그러고 나서 꼬박 한 해 동안을 기다렸습니다. 이 모두가 다 장례기간입니다. 그러고 난 뒤에 썩은 유골을 땅에 묻었습니다. 오늘 본문은 바로 그 기간을 말하는 상황입니다. 요컨대 그 유대전통에 꽉 매여 있었습니다. 좀 더 고상하게 말하면 '「탈무드」냐, 예수님의 말씀이냐' 하는 선택의 기로에 서 있습니다. 그래서 예수님께서 이렇게 말씀하셨습니다. "죽은 자들로 자기의 죽은 자들을 장사하게 하고(60절)" 전통에 사로잡혀 있는 사람은 죽은 사람입니다. 하나님의 말씀에 사로잡힌 사람이 산 사람입니다.

*

무엇이 우선입니까? 그리스도인에게 최우선은 무엇입니까? 예수 그리스도와 그의 말씀입니다. 전통도, 제도도, 관습도, 세상의 그 어떤 일도 아닙니다. 최우선은 예수님과 그의 말씀입니다. 이것을 혼합해도 안 됩니다. 그것은 세속화를 이룰 뿐입니다.

우리가 장로교단에 속해 있는데, 교단과 하나님의 말씀 가운데 무엇이 우선입니까? 이는 비교할 수 있는 것이 아닙니다. 자꾸 이 두 가지를 비교하게 됩니다. 교단이 먼저라고 합니다. 교회제도도 말씀 앞에서는 아무것도 아닙니다. 교회제도가 곧 교회인 것은 아닙니다. 말씀이 있고 성령께서 계셔야 교회입니다. 나머지는 필요하면 쓰고, 없으면 바꾸면 되는 것입니다. 항상 하나님의 말씀이 우선입니다.

율법 전체를 예수님께서 이중계명으로 요약해주셨습니다. '하나님을 전심으로 사랑하고, 네 이웃을 네 몸과 같이 사랑하라.' 그런데 이 두 가지는 동시에 지킬 수 있는 말씀이 못됩니다. 그럴 수 있는 때가 있는가 하면, 둘 가운데 하나를 선택해야 할 때도 있습니다. 무엇이 우선입니까? 하나님을 전심으로 사랑하는 것이 우선입니다. 왜냐하면 하나님을 전심으로 사랑해야만 내 이웃을 내 몸과 같이 사랑할 수 있습니다. 그렇지 않으면 내 이웃을 내 몸과 같이 사랑하는 삶은 아무리 지향해도 불가능합니다. 누구도 그렇게 할 수 없습니다.

　의인은 없으되 한 사람도 없습니다. 불가능합니다. 내 이웃을 내 몸과 같이 사랑하는 길은 오직 하나님을 전심으로 사랑하고, 하나님의 말씀에 순종할 때만 가능합니다. 영적인 질서와 우선순위가 있습니다. 부모를 공경하라는 것은 십계명의 하나입니다. 인간관계의 첫 번째 계명입니다. 으뜸가는 계명입니다. 그런데도 그에 앞서 하나님을 사랑하고, 하나님의 말씀에 순종하는 것이 먼저입니다. 그것이 진정 부모를 사랑하는 것입니다.

그리스도인은 우선순위에 집중해야 합니다

　셋째, 우선순위에 집중해야 합니다. 내가 선택하고 결단했습니다. '이 제부터 정말 하나님 나라의 삶을 살아야지. 예수 그리스도를 좇아야지.' 우선순위를 정했습니다. 하지만 정한 것은 시작이지 삶 자체가 아닙니다. 지속적인 집중이 없다면 아무것도 아닙니다. 공부도 그렇습니다. 공부하겠다고 아무리 결단한들 그것이 곧 공부를 한 것은 아니지 않습니까? 지속적인 집중이 있어야 합니다. 우리가 '하나님의 말씀대로 살아야지. 말씀 안에 거해야지.'라고 언제나 생각만 하고 결단만 한다고 실제로 그렇게 됩니까? 그것은 시작일 뿐입니다. 시간과 정열을 쏟아야 됩니다. 투자해야 됩니다. 그렇지 않으면 말씀과 별 상관 없는 삶을 살게 됩니다.

　그리스도인은 예수 그리스도를 따르는 삶에 집중해야 합니다. 그것 뿐입니다. 예수 그리스도의 마음을 배우고, 생각을 배우고, 삶의 사고방식을 배우고, 그의 소원을 배우고, 그의 뜻을 배우고, 그것을 내 삶에서 하나씩 실천해야 합니다. 그렇지 않으면 예수 그리스도와 아무 상관이 없습니다. 예수 그리스도 밖에서 살아가는 것입니다. 그리스도인은 하나님 나라에 집중합니다. 왜요? 예수님께서 처음부터 끝까지 하나님 나라의 복음을 증거하시고, 하나님 나라의 증인으로 십자가를 지셨기 때문입니다.

구원이라는 것은 세상에서 구원받은 것입니다. 세상과 분리된 것입니다. 신분과 운명이 분리되었습니다. 그리고 우리는 어디로 들어갑니까? 하나님 나라의 백성으로 들어갔습니다. 하나님 나라가 실재합니다. 하나님의 통치와 말씀과 능력이 임하는 관계, 그 관계적 삶이 하나님 나라의 삶입니다. 성경은 분명히 경고하고 예언합니다. 창세기에서부터 요한계시록까지 메시지가 가득 기록되어 있습니다. 세상은 끝없는 혼란과 재난, 전쟁과 폭력과 불평등이 계속해서 존재합니다. 과학기술문명이 아무리 발달해도 이것은 점점 극에 달할 것입니다. 그리고 망할 것입니다.

그러나 하나님 나라는 임했고, 완성될 것입니다. 예수 그리스도와 함께 임하였고, 하나님의 자녀들과 함께 증거되며, 하나님께서 이루실 것입니다. 이것이 성경 전체의 메시지입니다. 우리가 삶으로 경험하고 보고 있지 않습니까? 이 셋째 유형의 사람을 오늘본문 61절은 이렇게 말씀합니다. "또 다른 사람이 가로되 주여 내가 주를 좇겠나이다마는 나로 먼저 내 가족을 작별케 허락하소서."

*

하나님 나라를 전파하라는 명령에 "네!"라고 대답하지만, 주변을 돌아봅니다. 세상일에 관심을 기울입니다. 좋은 일들도 많고, 착한 일들도 많습니다. 그러나 하나님께서는 하나님께 집중하지 못하고 있는 삶을 지적하십니다. 그래서 예수님께서 이런 말씀을 남기십니다. 아주 평생 기억하도록 잠언을 통해서 말씀하십니다. "예수께서 이르시되 손에 쟁기를 잡고 뒤를 돌아보는 자는 하나님 나라에 합당치 아니하니라 하시니라(62절)." 손에 쟁기를 잡은 사람은 다 이것을 기억해야합니다. 유대 농경문화가 한국

농경문화와 유사합니다. 저도 쟁기를 지금껏 못 잡아봤는데, 그래도 충분히 상상할 수 있습니다. 쟁기는 무겁습니다. 한번 상상해보십시오. 앞에 소가 있습니다. 그 소에 쟁기를 얹어 끌고 가 밭을 갈게 합니다. 땅을 뒤집습니다. 그때 뒤에서 누가 그 쟁기를 꼭 잡고 있어야 됩니다. 그렇게 집중하고 있지 않으면 무거운 쟁기가 쓰러집니다. 쟁기를 잡고 있는 사람은 앞만 보아야 됩니다. 목표만 보아야 됩니다. 미래를 보아야 됩니다. 주변이 아닙니다. 과거도 아닙니다. 눈앞에 있는 미래를 보아야 됩니다.

그리스도인은 보이지 않는 세계를 보면서 살아갑니다. 보이는 세상이 아닙니다. 약속을 믿고 살아갑니다. 하나님의 약속의 영광, 그 미래적 영광을 보고 확신하며 오늘 내게 주어진 삶을, 예수 그리스도를 본받아 살아갑니다. 나머지는 하나님께서 하십니다. 우리는 거기까지입니다. 이것을 말씀하고 계십니다.

그리스도인은 믿음으로 '아멘' 합니다

어느 가정에서 있었던 일입니다. 아들 녀석이 아주 게으르고 나태했습니다. 아버지가 일찍 일어나야 된다고, 일찍 일어나야 훌륭한 사람이 되고 성공할 수 있다고 아무리 교훈을 주어도 말을 안 들었습니다. 그래서 한번은 이렇게 물었습니다. "애야, 너 돈 좀 벌고 싶지 않으냐?" "그럼요. 돈 벌고 싶은데요." 아이가 관심을 보였습니다.

그때 아버지가 말했습니다. "아침에 일찍 일어나는 사람이 잃어버린 금 단지를 줍는다는 속담도 있지 않느냐?" 그러자 아들이 이렇게 말했다고 합니다. "그런데 말이죠, 아버지 그 금 단지를 잃어버린 사람은 더 일찍 일어났을 걸요."

아무리 교훈해봐야, 아무리 말씀을 전해봐야 마음이 변화되지 않으면 소용없습니다. 수천수백 가지 이유가 있습니다. 왜요? 가정, 나 자신, 내 미래 등 다양한 우선순위가 있지 않습니까? 그러나 하나님 앞에 서보십시오. 내가 지금 하나님 앞에 있습니다. 하나님의 말씀 앞에 있습니다. 그리스도인에게 주어진 새 마음은 단순한 마음입니다. 이것은 순종하는 마음입니다. 그래서 그리스도인은 항상 하나님의 말씀이 전해질 때 "아멘!" 합니다. 생각하고 "아멘!" 합니까? 말씀이 들리니 그냥 먼저 "아멘!"부터 하는 것입니다. "아멘!"하고 난 다음 생각하는 것입니다. 이것이 단순한 믿음입니다.

우리가 "아멘!" 합니다. 마음 속으로 "아멘!" 합니다. 하나님의 지혜와 능력과 은혜를 사모할 때마다 "아멘!" 합니다. 이 '아멘'은 무엇을 말합니까? 하나님의 말씀이 옳다는 것입니다. 하나님께서 잘하고 계시다는 것입니다. 하나님께서 하신 일을 적극 지지한다는 것입니다. 세상은 반대하고, 세상은 모르고, 나도 별로 마음에 안 들지만 하나님께서 말씀하시므로 당연히 옳습니다. 진정으로 옳습니다. 그것을 공적으로, 개인적으로 선언하는 것입니다.

생각하고가 아니라 믿음으로 "아멘!" 하는 것입니다. 그 마음, 그 단순한 믿음을 갖는 사람은 앞만 바라볼 것입니다. 하나님의 약속만을 바라볼 것입니다. 하나님의 은혜와 능력만을 사모하게 됩니다. 이 아멘적 사고로, 아멘적 신앙으로 살아가는 사람은 항상 순종하는 삶을 삽니다. 아멘은 순종입니다. 예수님께서 요한복음 14장 6절에서 말씀하십니다. "내가 곧 길이요 진리요 생명이니 나로 말미암지 않고는 아버지께로 올 자가 없느니라."

＊

"아멘!" 하는 사람이 그리스도인입니다. 그렇다면 길은 하나입니다.

'주의 길' 밖에 없습니다. 생명도 하나입니다. '주의 생명' 밖에 없습니다. 진리도 하나입니다. '주의 진리'밖에 없습니다. 주의 진리 안에서 주의 진리를 따라 주의 생명을 소유한 사람으로 이것을 증거합니다. 내가 무엇을 하는 것이 아니라, 내 삶의 현주소와 신분과 운명 그리고 가치와 미래를 증거합니다. 나머지는 하나님께서 하십니다. 이 일에 부름 받은 사람이 하나님의 자녀입니다. 손에 쟁기를 잡고 목표가 되는 그 미래만을 바라보면서 현실에 집중합니다. 주변을 돌아보지 않습니다. 과거를 보지 않습니다.

예수님을 생각해보십시오. 오늘 본문의 앞부분인 누가복음 9장 51절에서 예수님께서는 예루살렘에 올라가기로 굳게 결심하셨습니다. 예루살렘에 뭐가 있다고 그렇게 굳게 결심하십니까? 우리가 다 알지 않습니까? 예수님께서도 아십니다. 거기에 가면 십자가가 있습니다. 수치요, 조롱이요, 부끄러움이요, 고통이요, 고난이요, 희생이요, 죽음이 있습니다.

예수님께서도 굳게 결심하셔야 됩니다. 우선순위를 정하시고 집중하셔야 됩니다. 그것이 하나님의 길입니다. 예수님께서는 겟세마네 동산에서 다시 피땀 흘려 굳게 결심하십니다. '내 뜻대로 마옵시고 아버지의 뜻대로 하옵소서.' 하나님의 약속의 영광을 보셨습니다. 하나님의 뜻대로 되는 보이지 않는 세계, 신령한 세계를 믿으셨습니다. 하나님 우편에 약속하신 그 은혜의 보좌의 자리를 보셨습니다. 그래서 기꺼이 참으시며 우선순위에 집중하시고, 순종하시는 삶의 본을 우리에게 보여주셨습니다.

*

우리가 날마다 주를 따르는 삶을 결단하지 않는다면 마귀의 시험에 넘어갈 수밖에 없습니다. 또다시 자기 영광을 위한 삶으로 되돌아가게 마련입니다. 그리스도인의 삶이란 예수 그리스도를 따르는 삶입니다. 추상적인 것이 아니라 실제로 따르는 삶입니다. 날마다 자기 십자가를 지고 나를 따르라는 말씀에 "아멘!" 하고 따라갑니다. 말씀과 성령의 역사 안에서 보이지 않는 세계를 봅니다. 세상이 어떻게 뒤집어지든, 어떤 일이 있든 그 현실 속에서 하나님의 영광을 봅니다. 하나님의 약속을 봅니다.

오늘날과 같이 엄청난 위기의 소식 속에서 믿을 것이 무엇입니까? 과학을 믿겠습니까, 문명을 믿겠습니까? 무엇을 믿는 것입니까? 하나님 뿐입니다. 하나님의 은혜와 능력 뿐입니다. 하나님의 말씀대로 되는 것을 다시 한 번 바라볼 뿐입니다. 하나님 나라의 삶에 순종하며 하나님 나라의 증인으로 살아가는 사람이 복 있는 사람이요, 하나님께 영광 돌리는 삶을 살아가는 것입니다.

기도

전지전능하신 은혜의 하나님. 하나님의 초월적 경륜과 능력과 은혜 안에서 오직 믿음으로 하나님의 자녀 됨을 확신하고 살지만, 여전히 불신앙 가운데서 신령한 세계를 바라보지 못하고, 세상의 삶에 집착하며, 자기 영광을 구하는 미련한 인생을 불쌍히 여기어주시옵소서. 하나님의 자녀가 된 그리스도인의 삶이란 예수 그리스도를 따라가는 날마다의 삶임을 주의 말씀을 통해서 다시 한 번 아멘으로 응답하며, 아멘적 생각과 삶의 결단으로, 하나님 나라의 증인으로 하나님을 영화롭게 하는 삶을 살아갈 수 있도록 우리를 붙들어주시고, 항상 주의 길로 인도하여 주시옵소서. 우리 주 예수 그리스도의 이름으로 간절히 기도드리옵나이다. 아멘.

20장_ 거듭난 사람

그런데 바리새인 중에 니고데모라 하는 사람이 있으니 유대인의 지도자라
그가 밤에 예수께 와서 이르되 랍비여 우리가 당신은 하나님께로서 오신 선생인 줄 아나이다
하나님이 함께 하시지 아니하시면 당신이 행하시는 이 표적을 아무도 할 수 없음이니이다
예수께서 대답하여 이르시되 진실로 진실로 네게 이르노니 사람이 거듭나지 아니하면 하나님의
나라를 볼 수 없느니라 니고데모가 이르되 사람이 늙으면 어떻게 날 수 있사옵나이까
두번째 모태에 들어갔다가 날 수 있사옵나이까 예수께서 대답하시되 진실로 진실로 네게 이르노니
사람이 물과 성령으로 나지 아니하면 하나님의 나라에 들어갈 수 없느니라 육으로 난 것은 육이요
영으로 난 것은 영이니 내가 네게 거듭나야 하겠다 하는 말을 놀랍게 여기지 말라 바람이 임의로
불매 네가 그 소리는 들어도 어디서 와서 어디로 가는지 알지 못하나니
성령으로 난 사람도 다 그러하니라 (요한복음 3:1~8)

오랜 옛날부터 전해 내려오는 인도의 설화입니다. 아미라는 사람이 아들
한테 말했습니다. "저 앞에 있는 큰 나무의 열매를 따와서 쪼개어 보거라."
아들은 아버지의 명대로 열매를 따와서 쪼갰습니다. 아버지가 아들한테
물었습니다. "무엇이 보이니?" "작은 씨가 보여요." 아버지는 다시 말했습
니다. "그 작은 씨를 다시 쪼개어 보거라." 아들은 그 작은 씨를 다시 쪼갰
습니다. 그러자 아버지가 다시 물었습니다. "무엇이 보이니?" "이번에는
아무것도 안보여요." 그때 아미가 아들한테 이렇게 말했다고 합니다. "네
가 아무것도 보이지 않는다고 하는 그곳에서 저 큰 나무가 돋아나온 것이

다. 이것을 항상 기억하고 깊이 생각해라."

생명의 역사는 참으로 신비합니다. 모든 생명의 역사는 그 자체가 이적입니다. 그러나 눈에 보이지는 않습니다. 그럼에도 불구하고 분명한 실제사건입니다. 성도 여러분은 눈에 보이지 않는 힘과 세상과 그 역사에 대해서 얼마나 인식하고 고백하며 오늘을 살아갑니까?

그리스도인은 거듭난 사람입니다

구세군의 창립자인 윌리엄 부스(William Booth)에게 한 신문기자가 이렇게 물었습니다. "다가오는 미래에 이 세상에 닥쳐올 가장 큰 위험이 무엇이라고 생각하십니까?" 당시 윌리엄 부스는 고령으로 임종을 앞두고 있었습니다. 그는 경건한 마음으로 기도하며 신중하게 두 가지 대답을 했습니다.

첫째, 세계가 장차 직면하게 될 가장 큰 위험은 중생 없는 용서를 전하는 철학적 기독교입니다. 교회 밖이 아니라 잘못된 교회, 잘못된 기독교가 가장 큰 문제입니다. 추상적 진리만 전하고 거듭남의 실제, 영적인 역사를 증거하지 않는 것이 병들었다는 증거입니다.

둘째, 그리스도 없는 교회입니다. 분명 수많은 교회가 있고, 목회자가 있고, 교인들이 있지만 온통 제도와 관습과 전통 위에 세워졌습니다. 하나님 나라의 복음이 상실되었습니다. 메시지가 없습니다. 더욱이 현존하시는 그리스도에 대한 확신이 없습니다. 온통 사람의 뜻만 나타나고 있습니다. 이것이 가장 위험한 일이요 비극이라 말하고 있습니다. 오늘날의 기독교와 교회에 나타나는 모습입니다.

그리스도인이란 누구입니까? 성경은 단호하게 말씀합니다. 분명한 계시입니다. 그리스도인은 '거듭난 사람'입니다. 거듭난 사람만이 그리스도인이지, 거듭나지 못했으면 그리스도인이 아닙니다. 그러면 어떻게 거듭남의 일이 이루어집니까? 말씀과 성령의 역사뿐입니다. 분명 눈에 보이지 않는 이적이요 신비이지만, 이것은 구체적인 사건이요 실제사건입니다. 이 일을 믿는 가운데 내 안에 새 생명이 있고, 새 마음이 주어졌고, 새로운 신분과 운명이 있음을 감사하고 인식하며 고백하는 사람이 하나님의 사람입니다.

성도 여러분은 교회의 본질, 교회의 공통점을 무엇이라고 생각하십니까? 내 생각이나 사람들의 생각 또는 세상의 생각은 다양할 수 있지만, 성경은 분명하게 말씀합니다. 그 본질은 거듭남의 역사입니다. 교회는 하나님의 사람이 재창조되는 장소입니다. 거듭남의 역사가 없다면 아무리 훌륭한 건물에 수많은 사람이 있어도 그것은 타락한 종교기관일 뿐입니다.

＊

하나님의 사람 존 맥아더(John MacArthur) 목사님의 저서 중에 「순전함」(The Power of Integrity)라는 책이 있습니다. 이 책에서 그는 구원받은 사람들, 거듭난 사람들이 받는 유익과 영적 은혜에 대해서 네 가지를 진술하고 있습니다. 성경적인 메시지입니다.

첫째는 '그리스도의 의'입니다. 하나님 앞에서 우리를 의롭게 할 그분의 의, 그분의 거룩함, 이것을 소유하고 살아가는 사람이 하나님의 사람입니다.

둘째는 '그리스도의 권능'입니다. 우리는 날마다 죄와 싸워야 됩니다. 죄를 이겨야 됩니다. 그것을 이길 그리스도의 권능을 소유한 사람이 그리스도인입니다.

셋째는 '그리스도와의 교제'입니다. 부활하신 주님, 부활하시어 하나님

우편에 앉아계신 주님, 그분이 함께하시고 그분과 함께 교제를 나누는 그 믿음의 확신을 가지고 살아가는 사람이 그리스도인입니다.

넷째는 '그리스도의 영광'입니다. 이것은 미래와 관련된 것으로, 죄에서 궁극적인 자유를 경험하게 되는 그날을 말합니다. 우리는 그날과 그날의 영광을 갈망하며 살아갑니다. 이것은 거듭난 하나님의 사람에게 허락하신 하나님의 선물입니다.

성도 여러분은 이 놀라운 은혜의 선물을 얼마나 인식하고 누리며 기뻐하고 증거하는 가운데 살아갑니까? 참으로 받아들이기 어려운 하나님의 말씀입니다. 어떻게 보면 불가능한 것 같은 은혜의 선물입니다. 그러나 분명한 것은 거듭난 그리스도인은 이 사실을 알고, 이것을 갈망하며 누리고 고백하며 살아간다는 사실입니다.

거듭난 사람의 관심

오늘 본문은 거듭남, 곧 중생의 역사를 기록하고 있습니다. '다시 태어났다(Born Again)', '중생했다(Regeneration)' 이렇게 표현되는 거듭남, 이것이 얼마나 중요한 사건이요 진리인지를 성경은 계시하고 있습니다. 오늘 본문은 한마디로 이렇게 말씀합니다. '누가 천국에 들어가느냐? 오직 거듭난 사람만이 들어갈 수 있다.' 예수님의 말씀입니다. '누가 하나님의 자녀냐? 누가 그리스도인이냐? 오직 거듭난 사람이다.' 교회에 출석하는 교인입니까? 아닙니다. 저 같은 목회자나 선교사, 신학자입니까? 아닙니다. 세상에서 유명한 사람입니까? 아닙니다. 많은 선행을 베푼 사람입니까? 아닙니다.

공통되는 본질은 '거듭난 사람'입니다. 거듭난 사람만이 하나님의 자녀요, 천국에 들어갈 수 있습니다. 천국의 절대조건이 '거듭난 사람'임을 성경은 계시하고 있습니다. 항상 기억해야 합니다. 이 말씀 안에서 보면 하나님 앞에서 인간은 두 가지 종류밖에 없습니다. 세상에는 여러 종류의 사람이 있지만, 하나님의 사람으로는 두 가지 뿐입니다. 거듭난 사람이냐 아니냐, 천국백성이냐 아니냐, 하나님의 자녀냐 아니냐 오직 이것뿐입니다. 세상을 바라보는 관점이 달라졌습니다. 거듭난 사람의 세계관입니다.

어떤 부인이 손자 둘을 붙잡고 길을 걸어가고 있었는데 친구를 길거리에서 만났습니다. 그 친구가 손자들을 보고 "예쁘네! 몇 살이니?"하고 나이를 물었습니다. 그때 이 부인이 이렇게 대답하더랍니다. "변호사 될 애는 5살이고, 의사 될 애는 7살이야."

거듭난 그리스도인은 오직 '하나님의 자녀냐 아니냐, 거듭났느냐 아니냐'에만 집중하여 관심을 기울일 뿐입니다. 거듭남은 하나님 주도적인 역사입니다. 어떤 인간도, 어떤 세상의 능력과 지혜도 거듭남을 이룰 수 없습니다. 이것은 하나님께로부터 시작됐고, 하나님께서 일으키시는 것입니다. 하나님만이 하실 수 있는 일이요, 하나님 주도적인 역사입니다.

*

이 세상, 특히 오늘날 지금 이 시점에서 세상이 가장 필요로 하는 것이 무엇입니까? 세상이 절대적으로 필요하다는 것이 무엇입니까? 공통점이 있습니다. 안정, 평화, 번영, 건강을 원합니다. 지진과 같은 자연재해는 없었으면 좋겠고, 무서운 질병 같은 것도 없으면 좋겠다고 합니다. 그러나 하나님께서는 어떻게 생각하시느냐 이것이 중요합니다. 문제는 사람입니다. 하나님께서 주신 세상은 그렇지 않았습니다. 너무나 아름다운 세상이었습니다. 이 세상을 망친 것은 사람입니다. 사람이 달라져야 됩니다. 사람이 변화되어야 합니다. 사람이 새사람 되지 않으면 좋은 환경, 좋은 건강과 물질로 더 악한 사람이 됩니다. 더 나쁜 죄를 짓습니다.

이 세상 안에는 재난과 지진과 전쟁과 폭력과 재앙과 수많은 질병들이 계속 있습니다. 그리고 앞으로 점점 더 많아질 것입니다. 그러면 하나님께서 뭐하고 계시는 것입니까? 하나님은 그 안에 같이 계십니다. 그리고 재창조의 역사를 일으키십니다. 하나님의 사람을 만드십니다. 새사람을 만드십니다. 그들을 통해서 하나님 나라를 이루십니다. 거듭남의 역사를 통해서 새사람을 창조하신다는 것을 기억하기 바랍니다.

예수님께서 이 땅에 오셔서 하신 일이 바로 이것입니다. 잘못된 눈으로 보면 가난한 사람을 먹이고, 입히고, 모든 질병을 치유해주시고 한 것만 보이겠지만, 도대체 예수님께서 오셨다가 십자가에 돌아가시고 부활하신 다음에 변한 것이 무엇입니까? 세상이 변했습니까? 아닙니다. 그것은 표적입니다. 예수님께서 하신 일은 하나님 나라의 복음을 전하신 것입니다. 하나님 나라의 백성을 초대하셨습니다. 오직 예수 그리스도 안에서 새사람이 될 수 있고, 천국 시민 될 수 있고, 새로운 종류의 새로운 인간이 될 수 있고 여기서부터 하나님 나라가 시작된다는 것을, 이것이 하나님께서 하신 일임을 선포하십니다. 이것을 분명히 분별하며 기억해야 합니다.

거듭난 사람에 대한 오해

오늘날 이 거듭남에 대하여 너무나 잘못된 오해와 무지 또는 왜곡된 지식을 우리는 많이 경험합니다. 이 자체가 불행이요 비극입니다. 하나님께서 하시고 하나님께서 주도적으로 오늘도 하고 계신 일인데, 이처럼 잘못된 생각을 갖고 있습니다. 어디로부터 비롯된 것입니까? 세상은 이 일에 대해서 애초에 모릅니다. 이 일을 잘못 전하는 것은 교회요, 그리스도인입니다. 기독교입니다. 도대체가 관심이 별로 없습니다. 교회의 본질은 이것뿐인데, 천국 가는 것은 거듭남뿐인데, 여기서 벗어나는 것입니다. 이것이 비극입니다.

적어도 두 가지 왜곡된 이해를 생각할 수 있습니다. 첫째, 이것은 추상적 진리라는 것입니다. 사람이 어떻게 거듭납니까? 니고데모가 말하지 않습니까? '어떻게 어머니 뱃속에 한 번 더 들어갔다 나옵니까?' 그 말이 옳습니다. 그처럼 추상적인 것으로 봅니다. 그러니까 이것은 불가능하다고 생각하고 인간의 사고 안에서 진리를 가감합니다. 그리고 종교화해버리는 것입니다. 기껏해야 사람이 개선되는 것이 전부입니다. 그것은 교육을 통해서, 영적 훈련을 통해서 개선되는 정도에 불과합니다. 이것이 비극입니다. 이는 하나님을 모욕하는 일입니다. 전혀 다른 차원입니다.

둘째, 이 거듭남은 특정한 사람에게만 필요하다는 것입니다. 예를 들어 알코올중독자, 마약중독자, 성중독자 그리고 실패한 사람이나 노숙자, 지식이 없는 사람이나 자존감이 낮은 사람, 열등감 있는 사람, 한마디로 엉망진창으로 망가진 사람에게만 꼭 필요하다는 것입니다. 그리고 나같이 성공한 사람, 지식 있는 사람, 지성 있는 사람, 교양 있는 사람, 명예가 있는 사람, 인격이 있는 사람에게는 필요가 없다는 것입니다. '너희들이 변해서 이 수준만큼 오면 되는 거야.' 이렇게 생각하는 것입니다. 이것은 일반종교의 차원이고 기독교는 전혀 다른 차원입니다.

*

또 실제 간증을 들어보면 그렇습니다. 저나 여러분이나 거듭난 사람의 간증은 '저는 죽었다가 살아났어요.'라고 말할 수 밖에 없습니다. 삶 자체도 그렇지만 무엇보다 중요한 것은 죄와 허물의 굴레 속에서 하나님의 진노 아래 있다가 멸망으로 향하던 사람이 하나님의 자녀 되었습니다. 하지만 우리가 고백하는 순간 사람들은 그 본질적인 내용에는 관심을 가지지 않고 눈에 보이는 모양, 보이는 것에만 집중합니다. 그것을 하나님께서는 이미 아셨을 것 같습니다. '이 진리를 주었을 때 인간들이, 교회가 얼마나 이 메시지를 왜곡할까?'

오늘 본문을 보십시오. 니고데모에게 주신 말씀입니다. 니고데모가 누구입니까? "지도자"(1절)라고 성경은 말씀하고 있습니다. 그는 바리새인입니다. 높은 성경지식을 갖춘 지성인입니다. 요한복음 19장 39절에 보면 부자입니다. 성공하고 높은 도덕적 의와 윤리적 의를 가진 지도자입니다. 그러나 예수님께서는 말씀하십니다. "거듭나야 천국에 들어가리라(3절)." 모든 사람이 거듭나야 된다는 것입니다. 세상에서 조롱받는 사람이나 무식한 사람이나, 고매한 인격으로 추앙받는 사람이나, 모든 사람이 다 하나님 보시기에는 죄인입니다. 다 거듭나야 됩니다. 예외가 없습니다. '천국 가는 사람은 오직 거듭나야 하느니라.' 보편적 진리입니다.

거듭남과 거듭남의 역사

미국의 저명한 목회자인 티모시 켈러(Timothy Keller) 박사는 오늘날 참 드물게 훌륭한 분입니다. 제가 그분의 책을 읽고 관심을 갖게 되었습니다. 맨해튼에서 현재 목회하는 분입니다. 맨해튼이란 어떤 곳입니까? 수백 인종이 한데 몰려 사는, 참으로 예수 믿기 힘든 곳입니다. 그분은 거기서 목회를 잘하고 있습니다. 그래 궁금해서 인터넷을 통하여 그분의 설교를 여러 편 들어보았습니다. 그리고 큰 은혜를 받았습니다. 참 훌륭한 분이라고 생각합니다. 그분이 거듭남에 대하여 강조를 하는데, 성경적으로 세 가지 진술을 하는 것을 제가 들어보았습니다. 거듭남이란 무엇입니까?

첫째, 거듭남은 급진적이고 영적인 평등(Radical spiritual equality)입니다. 초대교회가 모든 교회의 본입니다. 사도행전 2장에 보면 어느 날 성령 충만한 역사 가운데 갑자기 거듭난 사람이 하나님의 백성이 3천 명 넘게 생겼습니다. 그런데 이들이 전부 다 다양한 민족이고, 다양한 사람이고, 다양한 캐릭터인데 스스로 자발적으로 영적 평등을 주장합니다. 신분, 소유, 지식이 전혀 문제가 안 됩니다. 우리는 다 하나고 다 하나님의 자녀일 뿐입니다. 오직 은혜 가운데 만들어진 하나님의 사람일 뿐입니다. 그래서 진리의 공동체, 은혜의 공동체를 이루게 됩니다. 이것이 교회요, 이것이 기독교입니다.

오늘날 교회의 모습을 보십시오. 성공한 사람, 지식 있는 사람, 좀 유명한 사람, 권세 있는 사람이 지식이 없고, 실패했고, 가난하고, 소외당하는 사람을 무시하는 경향이 있지 않습니까? 게다가 그들과 함께 있기를 좀 꺼려하지 않습니까? 왜 이런 일이 있습니까? 나름대로 수많은 그럴듯한 이유를 댑니다. '네가 게을러서, 네가 어쩌고저쩌고.'

하지만 성경은 단언합니다. 하나님이 보시기에는 거듭나지 못해서 그렇습니다. 이것을 회개해야 합니다. 가정에서나 사회에서나 왜 이런 불평등과 부조리가 있습니까? 거듭나지 못해서 그렇습니다. 그러나 거듭남의 역사는 순식간에 갑자기 자발적으로 영적 평등을 이루어나갑니다. 그것을 교회라고 했고, 그들을 그리스도인이라고 부른 것입니다.

*

둘째, 거듭남은 급진적이고 영적인 죽음과 부활(Radical spiritual death and resurrection)입니다. 에베소서 2장 1절은 말씀합니다. "너희의 허물과 죄로 죽었던 너희를 살리셨도다." 예수님께서 행하신 일입니다. 영적으로 죽은 사람을 살리셨습니다. 죽었다 살아난 사람이 그리스도인입니다. 이것을 느끼고 고백하며 살아갑니다. 모든 거듭난 사람의 공통적인 신앙고백입니다. 완전히 새로운 차원의 실존의식입니다. 로마서 6장 4절은 말씀합니다. "그러므로 우리가 그의 죽으심과 합하여 세례를 받음으로 그와 함께 장사되었나니 이는 아버지의 영광으로 말미암아 그리스도를 죽은 자 가운데서 살리심과 같이 우리로 또한 새 생명 가운데서 행하게 하려 함이니라."

예수님께서 십자가에 죽으시고 부활하신 사건이 거듭난 사람에게는 '내가' 죽고 살아난 것입니다. 새 생명을 받은 것입니다. 어찌 이 일을 모른 체하고 살아갈 수 있습니까? 이것이 나의 정체성이요, 신분이요, 운명이요, 가능성이요, 삶의 의미인데 어떻게 이 일을 그냥 막연한 것으로 추상적인 진리로 알며 살아간다는 말입니까?

*

셋째, 이런 놀라운 영적 평등과 영적 죽음과 부활은 오직 예수 그리스도 안에서만 이루어지는 것입니다. 그 어떤 곳에도 어떤 종교에도 이런 일은 없습니다. 예수 그리스도의 유일성입니다. 그럴 때마다 말합니다. 세상이 말하고, 종교도 말하고, 기독교 안에서도 그 말을 합니다. '너무 배타적이다. 그럴 수가 있느냐?' 말 됩니다. 저도 항상 말 된다고 생각합니다.

그러나 거듭남의 역사는 하나님께서 주도적으로 하신 일입니다. 성경을 보십시오. 천국 백성은 오직 거듭난 사람만입니다. 그리스도인이 무슨 딴말을 하겠습니까? 하나님의 말씀에 "아멘!" 하는 사람이 그리스도인입니다. 그 안에 놀라운 하나님의 경륜과 은총이 나타나 있습니다.

*

이 거듭남은 단 한 번, 하나님의 주도적인 역사입니다. '내가 언제 거듭났나? 다시 한 번 경험해야 하는가?라고 묻는 사람이 있는데, 제 성경적 이해로는 직접 쉽게 알 수 없는 비밀이요 신비입니다. 표현할 수 없는 역사입니다. 그래 오늘 본문은 말씀합니다. '마치 바람이 임의로 부는 것과 같다.' 어디로 와서 어디로 가는지 모르겠지만, 중요한 사실이 있습니다. 이것은 발견되는 사실입니다. 실제사건이라는 말씀입니다. 발생한 사건입니다. 바람이 붑니다. 어디서 와서 어디로 가는지 모르는데, 분다는 것은 압니다. 나무가 흔들립니다. 옷이 흔들립니다. 발생한 사건입니다.

성도 여러분은 이 거듭남의 확신을 가지고, 거듭난 사람으로 이 일을 갈망하고 기뻐하고 찬송하며 오늘을 살아갑니까? 이것은 사활을 거는 문제입니다. 오직 말씀과 성령의 역사 안에서만 이해되고 인식되는 것입니다.

거듭남의 표지

그런데 하나님께서 또 하나의 은혜의 방편을 두셨습니다. 거듭남의 표지를 주셨습니다. 알 수 있는, 느낄 수 있는, 내 안에서 내가 분별할 수 있는 두 가지 은혜의 방편을 주셨습니다. 그것이 바로 '회개'와 '믿음'입니다. 그래서 초대교회의 성도, 마태나 삭개오 또는 다른 사람에게는 '거듭나야 한다.'라는 말씀을 안 하셨습니다. 다른 말씀으로 주셨습니다. 알아들을 수 있는 말씀을 주셨는데, 그것이 회개와 믿음입니다.

회개란 뉘우침을 말하는 것이 아닙니다. 아무리 40일, 100일 금식기도를 한들, 평생 산에 가서 회개한들, 그것은 회개가 아닙니다. 그것은 뉘우침일 뿐입니다. 회개는 하나님께로 돌아오는 것입니다. 하나님만이 창조주이시며 역사의 주인이며 살아 역사하시는 그분께로 돌아오는 것입니다. 그동안의 죄와 허물을 회개할 때, 오직 그분만이 내 죄를 용서하실 수 있습니다. 그분만이 살길입니다. 완전히 돌아서는 것입니다.

날마다 회개가 이루어져야 거듭난 사람입니다. 이 세상을 살아가는 동안에는 육신의 본성으로 인하여 죄 가운데 살아갈 수밖에 없습니다. 그러니까 날마다 회개해야 됩니다. 날마다 하나님께로 돌아서야 됩니다. 그렇지 못하면 잠시잠깐, 아니, 부지불식간에 실족하고 맙니다.

믿음은 무엇을 믿느냐가 중요합니다. 믿음의 내용이 문제입니다. 믿음의 본질은 하나님입니다. 하나님께서 살아계시고 오늘도 역사하십니다. 우리는 다 알 수 없지만, 하나님께서는 다 아십니다. 재난과 지진, 폭력과 전쟁, 하나님께서는 다 알고 계십니다. 하나님의 구원의 역사, 하나님의 나라, 하나님의 지혜, 하나님의 은혜, 하나님의 능력, 오직 하나님을 믿는 것입니다. 날마다 이 믿음이 회복되어야 합니다.

어제의 믿음이 오늘과 내일의 믿음이 아닙니다. 거듭난 사람은 항상 회개와 믿음 속에 하루하루를 살아갑니다. 이 거듭남의 역사는 단 한 번의 신기원적인 생명의 역사지만, 이 생명은 날마다 자라나야 됩니다. 성장해야 됩니다. 이것을 영적 변화, 영적 성숙이라고 말합니다. 영적 성장을 해야 됩니다.

*

사도행전 2장 42절을 보면 거듭남의 역사 속에 변화된 그리스도인의 삶을 명확하게 기록하고 있습니다. "그들이 사도의 가르침을 받아 서로 교제하고 떡을 떼며 오로지 기도하기를 힘쓰니라." 거듭난 그리스도인입니다. 힘쓰는 것이 바뀌었습니다. 전심전력하는 것이 바뀌었습니다. 내 안에 거듭남의 역사, 이것이 무엇인지 알고 싶습니다. 오직 말씀으로만, 성령의 역사로만 알 수 있거든요. 이해될 수 있거든요. 하나님의 말씀을 갈망하고, 말씀으로 이해하며 살아갑니다. 성도의 교제를 나누고, 은혜를 베풀고, 기도에 힘씁니다.

갓 태어난 아기를 생각해보십시오. 그 생명, 참으로 신비합니다. 너무나 놀랍습니다. 아무리 과학에서, 의학에서 뭐라고 설명해도 참으로 놀랍니다. 다 설명할 수 없습니다. 보이지 않는 생명이지만, 분명 이것은 이적이요 신비입니다. 동시에 현재적 사건입니다.

여기서 생각해보십시오. 이 생명이 갑자기 자라날 수 있습니까? 그런 일 없습니다. 꿈도 꾸지 마십시오. 또한 이 생명이 저절로 자라납니까? 내버려두면 아기는 죽습니다. 누군가가 보호하고 인도해서 그들을 끌어가야 됩니다. 거듭난 사람의 생명, 영적 생명이 이와 같습니다. 인격적 변화를 이루는 것입니다. 말씀과 성령의 역사 안에서만 자라납니다. 삼위일체 하나님의 은총으로만 자라납니다.

부모는 그의 자녀가 자라나는 모습을 보면 얼마나 기쁩니까? 하나님 아버지의 마음이 이와 같습니다. 이것은 자라나는 생명입니다. 그런데 누가 막고 있습니까? 사단이 막고, 죄가 막고, 허물이 막고, 자신이 막고 있습니다. 이것은 자라나도록 되어 있습니다. 하나님께서 기뻐하십니다. 그 미래적 하나님의 경륜에 거듭난 사람을 통해서 이루신 하나님의 은총이 약속되어 있습니다.

오늘 본문 6절은 말씀합니다. "육으로 난 것은 육이요 영으로 난 것은 영이니" 놀라운 말씀입니다. 성령으로 난 사람만이 하나님의 사람입니다. 성령께서 새 생명을 주셨습니다. 영적 생명을 주셨습니다. 이 영적 생명을 성령께서 자라나게 하십니다. 이 일을 하는 사람이 어떻게 입 다물고 살아갑니까? 논쟁은 못해도 증거는 할 수 있습니다. 나는 비록 같은 죄인이지만, 차원이 다릅니다. '나는 거듭난 사람이다, 지금 자라나고 있는 중이다, 나는 영적인 사람이다, 거듭난 사람이다.' 이렇게 말해야 합니다. 입 다물면 썩고 맙니다. 이것을 시인하고 마음으로 고백할 때 함께 자라납니다.

이것이 하나님의 경륜입니다.

거듭난 사람의 삶

하나님의 사람 성 프란체스코에게 한 제자가 질문했습니다. "선생님은 자신을 어떤 사람으로 생각하십니까?" 그때 그는 이런 대답을 했다고 합니다. "내가 이 세상에서 제일 악한 사람이야." 그 제자가 말했습니다. "선생님, 그런 말씀 하지 마세요. 선생님 같으신 분이 제일 악하다고 하시면 저 같은 사람, 살인자나 범죄자, 거짓 증언하는 사람들은 어떻게 되는 건가요? 그들이 악한 거죠. 선생님의 그 대답은 위선입니다." 그때 성 프란체스코의 유명한 대답을 합니다. "자네가 잘 몰라서 그러네. 만일 내가 받은 은혜를 다른 사람들이 받았다면 그들은 나보다 훨씬 더 좋은 사람이 되었을 것이야. 내가 얼마나 많은 은혜를 받고 사는지 자네는 잘 모르네."

거듭난 사람은 항상 은혜 안에 살고, 은혜를 인식하며 삽니다. 은혜 안에서 새 생명으로 변화된 삶을 인식합니다. 그 은혜가 없으면 나는 아무것도 아닙니다. 그야말로 멸망으로 향하는 진노의 자녀입니다. 그래서 사람을 보며, 세상을 보며, 은혜의 세계를 봅니다. 저들이 그 은혜를 입었다면 더 큰 하나님의 은혜와 그 영광의 증인이 되었을 것임을 생각합니다. 그러므로 항상 경건한 마음으로, 겸손한 사람으로 살아갈 뿐입니다.

*

거듭난 사람은 성령으로 태어난 사람입니다. 모든 그리스도인이 그렇습니다. 하나님께서는 일하고 계십니다. 이런 엄청난 재앙과 재난과 폭력과 전쟁의 사건 안에서도, 이 세상 속에서도 일하고 계십니다. 이 일에 부름 받은 사람이 그리스도인이요, 거듭난 사람입니다. 거듭난 사람은 이 사실을 증거하고 삽니다. '이런 세상이 있다. 하나님께서는 살아계시고, 오늘도 이 일을 이루신다.' 이렇게 고백하는 그들이 은혜의 공동체요, 진리의 공동체요, 교회요, 기독교입니다. 그 삶을 통해서, 그 고백을 통해서 하나님께서는 역사하십니다.

하나님의 영광이 나타납니다. 하나님의 은혜와 능력이 약속되어 있습니다. 천국에 들어갈 수 있는 사람은 오직 거듭난 사람뿐입니다. 예수님께서 이 일을 행하셨습니다. 이 일을 이루고 계십니다. 이것뿐입니다. 하나님 나라의 복음입니다. 십자가의 사랑 안에서 하나님의 실존과 사랑과 능력과 은혜를 체험하고, 믿음으로 영접하여 하나님의 자녀가 됩니다. 그리고 날마다 자기 십자가를 자발적으로 지고 갑니다. 날마다 예수 그리스도를 따라가는 삶을 결단하게 됩니다. 하나님 나라의 삶 그 자체를 통해서 하나님의 영광이 나타날 것입니다.

기 도

전지전능하신 은혜의 하나님, 하나님의 초월적 경륜과 능력과 은혜 안에서 오직 믿음으로 우리로 하나님의 자녀가 되게 하심을 진심으로 감사드립니다. 그러나 불신앙 가운데에 거듭남의 신비와 비밀을 모르는 사람으로, 무시하는 사람으로, 소홀히 여기는 사람으로, 왜곡하는 사람으로, 거절하는 사람으로 의심과 회의 속에 살아가는 어리석은 인생을 주여 불쌍히 여겨주시옵소서. 오직 거듭난 사람만이 하나님의 자녀요 천국백성임을 진리 안에서 성령의 인도하심 속에 믿음으로 확신하며 이 일의 증인으로 이 시대를 살아가 하나님의 동역자로 쓰임 받는 복 있는 사람의 삶을 살아가도록 우리를 지켜주시옵소서. 우리 주 예수 그리스도의 이름으로 간절히 기도드리옵나이다. 아멘.

21장_ 먼저 된 자와 나중 된 자

베드로가 여짜와 가로되 보소서 우리가 모든 것을 버리고 주를 따랐나이다
예수께서 이르시되 내가 진실로 너희에게 이르노니 나와 및 복음을 위하여 집이나 형제나 자매나
어머니나 아버지나 자식이나 전토를 버린 자는 현세에 있어 집과 형제와 자매와 어머니와 자식과
전토를 백배나 받되 핍박을 겸하여 받고 내세에 영생을 받지 못할 자가 없느니라 그러나
먼저 된 자로서 나중 되고 나중 된 자로서 먼저 될 자가 많으니라 (마가복음 10: 28~31)

저명한 신약학 교수이며 역사적 예수 연구 분야의 세계적 권위자인 스콧 맥라이트(Scot McKnight) 박사가 쓴 『The Jesus Creed』라는 책이 있습니다. 제목을 직역하면 「예수신경」인데, 우리나라에는 「예수와 제자들이 매일 암송한 것은 무엇이었을까?」라는 제목으로 출간되었습니다. 모든 그리스도인은 한번쯤 읽어보았으면 하는 좋은 책입니다. 전체 주제는 '예수신경(Jesus Creed)', 바로 그것입니다.

기독교에는 '사도신경'이라는 것이 있습니다. 모든 그리스도인이 사도신경을 고백합니다. 그 말씀의 증인으로 살아갑니다. 그것은 '삼위일체 하나님께서 살아계시고 역사하시며 하나님 나라를 이루신다.'는 고백입니다.

동시에 유대인도 그들만의 신경을 갖고 있습니다. 그것을 '쉐마'라고 합니다. 신명기 6장 4절에서 9절에 근거한 말씀입니다. '하나님께서는 오

직 한 분이시다. 그 하나님을 전심으로 사랑하라. 그리고 그 신앙을 자녀에게 부지런히 가르치라.' 율법의 첫째 되는 계명입니다. 그래서 유대인들은 아침에 일어날 때부터 밤에 잠들기 전까지 하루 종일 이 쉐마를 크게 낭송하고, 그 말씀에 순종하며 현재적 삶을 살았습니다.

예수님께서는 어떠하셨을 것 같습니까? 예수님께서도 유대인이셨습니다. 예수님께서도 하나님의 말씀을 따라 이 쉐마를 날마다 낭송하고 묵상하시며 이 말씀에 이끌려 순종하시는 삶을 사셨을 것입니다. 예수님께서는 이 쉐마에 하나를 더 첨가하셨습니다. 왜요? 하나님이신 예수님이시기 때문입니다. 그것을 바로 '예수신경'이라 부르는 것입니다.

요한복음 13장 34절은 말씀합니다. "새 계명을 너희에게 주노니 서로 사랑하라. 내가 너희를 사랑한 것같이 너희도 서로 사랑하라." 쉐마에 하나를 더 첨가하셨습니다. 다시 말해서 전심으로 하나님을 사랑하고 네 이웃을 네 몸과 같이 사랑하는 것이야말로 율법의 본질이요, 으뜸가는 계명이라고 선언하신 것입니다. 그래서 예수님과 제자들은 항상 이 말씀을 인식하고 고백하며 기뻐하는 가운데 순종하는 삶을 사셨습니다.

*

하나님의 말씀은 부분 부분만을 봐서는 안 됩니다. 전체를 보아야 됩니다. 전체 안에서 부분을 보아야 됩니다. 어느 절 하나라도 전체와 연결된 부분을 보아야 됩니다. 다시 말해서 문자로 보아서는 안 된다는 것입니다. 문자 속에 담긴 하나님의 뜻, 그 마음을 읽어야 합니다. 이것을 '메시지'라고 합니다.

저자는 'Love of Torah'와 'Torah of Love'를 구별합니다. '율법 사랑이냐?' 아니면 '사랑의 율법이냐?' 이 둘은 정반대입니다. 하나님의 뜻은 무엇입니까? 사랑의 율법입니다. '하나님을 사랑하고 이웃을 사랑하라.' 그런데 이들은 율법을 사랑했습니다. 율법의 문자, 율법의 준수에 매였습니다. 결국 하나님의 뜻을 거역하고 불순종했습니다. 그래서 저자는 사마리아인의 비유를 근거로 예수신경을 제시합니다.

*

사마리아인의 비유는 영생에 관한 질문에 대해 하나님과 예수님께서 주시는 답입니다. 강도를 만난 한 불쌍한 사람이 산에서 죽어가고 있었습니다. 그곳을 지나던 대제사장이 그를 보고 그냥 지나갔습니다. 레위인도 그냥 지나갔습니다. 하지만 사마리아인은 그를 긍휼히 여겼습니다. 그렇다면 그들 가운데서 누가 강도 만난 사람의 이웃이냐고 물으셨습니다. '자비를 베푼 자니이다.'

그러면 왜 대제사장과 레위인은 그냥 지나갔을까요? 토라 때문입니다. 분명 토라 율법에는 거룩한 직무를 담당하기 직전에 시체를 만지면 안 된다고 되어 있습니다. 세상일에 관여하면 안 됩니다. 그 율법을 너무나 사랑한 나머지 거기에 매여 결국은 하나님의 뜻을 저버리게 되는 모순에 빠집니다. 바로 이것에 대한 지적입니다.

성경도 마찬가지입니다. 아무리 연구하고 통째로 배워봐야 아무 소용이 없습니다. 하나님의 음성을 들어야 합니다. 하나님의 뜻을 분별해야 합니다. 진리를 깨닫는 것만으로는 부족합니다. 진리는 먼저 깨달음을 통해서 아는 것입니다. 그러나 진리에 속한 사람은 진리에 순종합니다. 진리를 삶에 적용시키며 살아갑니다. 하나님의 말씀에 대한 순종이 없다면, 실천이 없다면 아무 소용이 없습니다. 불신앙 자체입니다.

그러므로 저자는 '하나님을 전심으로 사랑하고 네 이웃을 네 몸과 같이 사랑하라.'는 이 예수신경으로 공동체를 이루고, 이 예수신경으로 살아가는 사람이 하나님의 자녀임을 강조합니다. 참으로 성경적인 메시지입니다.

실행이 답입니다

고대 그리스의 철학자인 소크라테스(Socrates)가 어느 날 제자들에게 이렇게 말했습니다. "오늘 이 시간은 세상에서 가장 쉬운 문제와 세상에서 가장 어려운 문제를 함께 생각해보자." 그러면서 제자들에게 어깨 흔드는 운동을 가르쳐주었습니다. 앞으로 흔들고, 뒤로 흔드는 시범을 보이면서 말했습니다. "이 동작을 하루에 삼백 번씩 해봐라." 그러니까 제자들이 웃으면서 말했습니다. "누가 그걸 못하겠습니까?" 그때 소크라테스가 말했습니다. "웃지 마라. 세상에서 가장 어려운 일은 가장 쉬운 일을 지속하는 일이다. 한 가지 일이라도 지속적으로 잘 해내는 사람이 성공할 수 있다."

한 달 뒤에 어깨운동을 하는 사람은 손들어보라고 하니 90퍼센트가 자랑스럽게 손을 들었습니다. 소크라테스는 그들을 훌륭하다고 칭찬해주었습니다. 두 달 뒤에 또 물어봤습니다. 그랬더니 이번에는 80퍼센트가 손을 들었습니다. 소크라테스는 그들을 또 칭찬해주었습니다.

그리고 1년 뒤에 이 가장 쉬운 운동을 지속적으로 하고 있는 사람은 손들어보라고 물어봤더니 딱 한 사람이 손들더랍니다. 그가 바로 위대한 철학자로 불리는 플라톤(Platon)입니다.

*

하나님의 말씀은 단순합니다. 그 진리는 사건으로 우리에게 모든 문제의 답을 성경을 통해서 주고 있습니다. 그러나 그 진리는 결코 쉽지 않습니다. 하나님의 지혜만큼, 하나님의 능력만큼 깊고 깊습니다. 문제는 얼마나 하나님의 말씀을 그대로 받아들이며 믿음으로 삶에서 실천하는가에 있습니다.

먼저 된 사람이 망칩니다

오늘 본문에는 예수님의 유명한 잠언이 기록되어 있습니다. "그러나 먼저 된 자로서 나중 되고 나중 된 자로서 먼저 될 자가 많으니라(31절)." 예수님의 잠언입니다. 쉽게 설명한 것입니다. 항상 기억하도록 주셨습니다. 그러므로 주의 말씀에 순종하여 이 말씀을 항상 기억하고 묵상하며 이 말씀으로 분별하며 살아가야 합니다. 비록 하나님께 선택된 사람이라 해도 하나님의 뜻을 분별치 못하고, 하나님의 뜻에 순종하지 못하면 사마리아인의 비유에 나타난 대제사장이나 레위인과 같은 사람입니다. 먼저 된 사람이 나중 된 것입니다.

이것은 종말론적 메시지입니다. 먼저 된 사람은 누구입니까? 먼저 된 사람이란 시간적 관점에서 하나님께 먼저 선택받은 사람을 말합니다. 먼저 하나님의 말씀을 들었습니다. 먼저 하나님의 능력을 보았습니다. 먼저 하나님의 선택을 받았습니다. 그들이 먼저 된 사람입니다. 그러나 이 선택이 곧 구원을 뜻하는 것은 아닙니다. 항상 선택과 구원은 별개입니다.

*

가룟 유다를 생각하십시오. 예수님의 열두 제자로 선택된 제자입니다. 그러나 예수님을 팔아넘겼습니다. 유대인을 생각하십시오. 먼저 된 사람입니다. 먼저 선택되었습니다. 그러나 그들이 예수님을 죽였습니다. 예수님의 제자들을 핍박하고, 그리스도인을 핍박하고 죽였습니다. 기독교를 말살하려고 하고 교회를 없애고자 했습니다. 이것이 사도행전의 기록입니다.

오늘도 먼저 된 사람이 기독교를 망칩니다. 그래서 주님께서 말씀하십니다. '먼저 된 자가 나중 되느니라.' 오늘 이 예수님의 잠언은 복음서에 네 번 나옵니다. 네 번이나 기록되었다면 기록되지 않은 말씀은 얼마나 많겠습니까? 그리고 오늘의 말씀은 얼마나 자주 반복된 말씀입니까? 수백 번, 수천 번 예수님께서 하신 말씀입니다. 그만큼 중요합니다. 누가복음 13장, 마태복음 19장, 마태복음 20장 본문에 기록되어 있는데, 공통점이 하나 있습니다. 모두 다 오늘 본문 말씀처럼 결론에 기록되어 있습니다. 주께서 말씀하십니다. 하늘의 지혜를 말씀하십니다. 그리고 결론으로 말씀하십니다. 살아가면서 항상 이 잠언을 기억하면서 주의 말씀을 생각하라는 것입니다. 이 얼마나 중요한 말씀입니까?

본문의 첫 번째 관점: 구원

이 잠언은 세 가지 관점으로 예수님께서 우리에게 주신 말씀입니다. 왜냐하면 오늘 본문과 마태복음 19장은 같은 본문입니다. 거듭난 하나님의 사람은 메시지를 구합니다. 메시지를 갈망하며 메시지에 이끌려 오늘을 살아갑니다. 왜냐하면 하나님께서는 하나님의 뜻으로 역사하시기 때문입니다. 하나님께서는 말씀하시는 하나님이십니다. 오늘도 성경과 성령의 역사로 말씀하십니다. 그 말씀으로 역사하십니다. 구원의 역사를 일으키시고, 지혜와 능력을 주십니다. 그리스도인은 이 일의 증인입니다. 오늘 이 잠언의 메시지가 무엇입니까?

*

첫째 관점은 구원에 관한 것입니다. 최종구원에 관한 메시지입니다. 누가복음 13장에서 예수님께서는 좁은 문에 대하여 말씀하셨습니다. '좁은 문으로 들어가라. 그것만이 하나님 나라에 가는 길이다.' 그리고 맨 마지막 결론에서 오늘 잠언을 말씀하셨습니다. 누가복음 13장 24절입니다. "좁은 문으로 들어가기를 힘쓰라. 내가 너희에게 이르노니 들어가기를 구하여도 못하는 자가 많으리라." 그냥 눈앞에 문이 있다고 들어갈 수 있는 것이 아닙니다. 지정의(知情意)로 힘써야 들어갑니다. 왜요? 이것을 막는 사단의 역사가 너무도 많기 때문입니다.

마태복음 7장도 '주여 주여 하는 자마다 다 들어가는 것이 아니다'라고 기록하고 있습니다. 더 심각한 것은 선지자 노릇하고, 귀신을 축출하고, 많은 권능을 행할지라도 못 들어간다고 합니다. 왜요? 하나님의 뜻을 분별하지 못해서입니다. 하나님의 뜻은 좁은 문으로 들어가는 것인데 자꾸 넓은 문을 바라봅니다. 얼마나 중요한 문제입니까? 좁은 문은 예수 그리스도입니다. 유일한 구세주입니다. 그분과 연합하지 않으면, 그분과 연합하여 살아가지 않는다면, 예수 그리스도 밖에서 자행자지(自行自止) 하면 천국의 영화는 없습니다.

천주교를 보십시오. 오늘날 외형적으로는 굉장하지 않습니까? 그러나 그들은 모든 종교에도, 타종교에도 구원이 있다고 말합니다. 이미 기독교가 아닙니다. 넓은 문으로 갔습니다. 아무리 굉장하면 뭐합니까? 이미 예수 그리스도 밖에 있는데요. 동시에 개신교도 마찬가지입니다. 참 불행하게도 일치, 화해, 단결을 목적으로 함께 대화하고 함께 모이자고 하면서 서로 인정해주는 것입니다. 우리도 구원받고 너희도 구원받자는 것이지요. 뭐 하는 짓입니까? 바보 같은 짓입니다. 하나님을 거역하는 것입니다. 그런 짓 하려면 예수님께서 십자가에 돌아가실 필요가 없었습니다. 좁은 문은 오직 예수 그리스도입니다. 당장 회개하지 않으면 구원에서 벗어나 멸망에 이르게 될 것입니다.

*

먼저 된 사람의 특권이 무엇입니까? 대단한 것이 아닙니다. 먼저 되었다는 것밖에 없습니다. 그러나 그것에 굉장한 의미가 있습니다. 먼저 되었다는 것 자체가 특권입니다. 그러나 그 이상의 특권을 생각하면 망하고 맙니다. 유대인이 그렇습니다. 분명 먼저 된 사람입니다. 선민입니다. 그러나 특권의식에 사로잡혔습니다. 결국 예수 그리스도를 죽이지 않습니까? 하나님께서는 그들을 사용하시려고 선택하셨습니다. 하나님께서 쓰고자 하셨습니다. 그 사람에게, 우리에게 어떤 자격이나 신분, 지식이나 능력이 있어서가 아닙니다. 다른 특권을 생각하면 안 됩니다.

마태복음 21장 31절에서 예수님께서는 예루살렘 성전에서, 그것도 수많은 사람들 앞에서 대제사장과 종교 지도자들, 장로들에게 이렇게 말씀하셨습니다. "내가 진실로 너희에게 이르노니 세리들과 창녀들이 너희보다 먼저 하나님의 나라에 들어가리라."

이 상황을 생각해보십시오. 이 말씀 때문에 죽는 것입니다. 이것은 진리인데, 먼저 된 사람이 분노합니다. 어떻게 그런 일이 있느냐고 합니다. 지금 많은 사람들 앞에서, 성전에서, 대제사장을 향해서, 종교지도자를 향해서 말씀하십니다. '너희들이 가장 천박하게 여기는 소외된 사람이 먼저 하나님 나라에 들어가느니라.' 하지만 그들은 회개하지 않았습니다. 하나님의 말씀을 듣지 않았습니다. 오히려 분노하고 예수님을 죽여 버렸습니다.

*

이런 일은 항상 있습니다. 오늘도 있습니다. 방법만 다를 뿐입니다. 오늘도 우리 가운데서 있을 수 있는 일입니다. 잘못된 신앙생활을 한 사람을 향해서, 그런 종교를 향해서 성경으로 말해보십시오. 예수님같이 이 말씀을 인용해보십시오. 죽이려고 들 것입니다. 분노하더라고요.

성경의 모든 말씀은 그대로 오늘도 이루어집니다. 구원은 오직 믿음으로 받습니다. 오직 믿음으로 구원받습니다. 먼저 된 사람이 구원받는 것이 아닙니다. 선택받았다고 구원받는 것도 아닙니다. 누구나 어떤 의인이든, 죄인이든, 누구나 믿음으로 구원받습니다. 믿음이 없으면 구원받지 못합니다. 현재적 믿음입니다. '과거에 내가 어떻게 생활했는데? 얼마나 큰일을 했는데? 그래서 어쨌단 말입니까? 하나님의 판단입니다. 오늘 구원에 이르는 믿음이 있느냐가 중요합니다.

그리고 그 믿음의 내용은 오직 하나님 나라입니다. 하나님 나라의 복음을 믿음으로써 구원받습니다. 세상의 번영과 안정, 성공과 화해 그리고 일치와 개선과 개혁이 아닙니다. 절대 아닙니다. 이것은 가짜복음입니다. 하나님 나라의 복음을 믿는 사람은 그 즉시 기뻐합니다. 감사합니다. 만족합니다. 하나님을 찬양합니다.

어떻게 이런 일이 있을 수 있습니까? '나 같은 죄인이 하나님 나라 백성이 되다니? 하나님께서 내 이름을 기억하고 계신다니?' 감격합니다. 이 일에 진실로 감사하며, 이 일을 증거하며 살아갑니다. 주께서 말씀하십니다. 참된 믿음이 없다면, 하나님 나라의 복음에 대한 믿음이 없다면 먼저 된 사람이 나중 됩니다.

본문의 두 번째 관점: 은혜의 절대성

두 번째 관점은 은혜의 절대성입니다. 마태복음 20장에서 예수님께서는 포도원 비유를 말씀하신 뒤, 맨 마지막으로 오늘 본문의 잠언을 말씀하셨습니다. 이 포도원 비유는 천국비유입니다. 포도원이 있었습니다. 그런데 주인이 아침 일찍 나가서 품꾼들을 모았습니다. "자, 저기 가서 일하시오." 그리고 그들에게 한 데나리온을 주기로 약속했습니다. 그들은 이 주인에게 너무너무 감사했습니다. 또 10시에, 11시에, 12시에 계속해서 놀고 있는 사람에게 한 데나리온을 주겠다고 했습니다. 다들 너무나 감사해서 그 포도원에 들어갔습니다. 열심히 일했습니다. 그렇게 계속해서 사람들을 들여보내는데, 한 시간 전에도, 십 분 전에도 막 들여보냈습니다. 약속은 똑같았습니다.

이제 시간이 되어서 결산을 했습니다. 주인은 약속대로 모두에게 한 데나리온씩을 주었습니다. 그랬더니 난리가 났습니다. 데모가 일어났습니다. 성경에서는 '분노했더라'고 말씀합니다. 왜요? 먼저 들어온 사람들이 '어떻게 저들과 나를 똑같이 대우합니까?'라고 항의했습니다. 그때 예수님께서 말씀하셨습니다. '먼저 된 자가 나중 되고 나중 된 자가 먼저 될 자가 많으니라.'

무엇을 뜻합니까? 천국은 오직 은혜로 갑니다. 우리가 은혜, 은혜 하지만, 정말 은혜로 갑니다. 하나님의 선물로 말미암아 믿음으로 갑니다. 인간의 어떤 선행과 공로가 거기 들어가면 안 됩니다. 절대 아닙니다. 그런데 이렇게 살지 못하거든요.

*

오늘 현대사회를 보십시오. 가장 중시하는 것이 무엇입니까? 노동하고 시간입니다. 노동과 시간은 돈입니다. 능력입니다. 노동도 어떤 일이냐에 따라서 차별합니다. 얼마나 그 노동에 헌신했는가로 그 사람의 성실을 평가합니다. 의를 평가합니다. 더욱이 노동과 시간, 이 일과 시간의 효율성과 결과로 사람까지 평가합니다. 잘되면 성공한 사람이요, 인격이 있는 사람이요, 명예와 권력도 있는 사람입니다. 실제로 그렇습니다. 이것이 세상입니다.

그러나 하나님 나라는 전혀 아닙니다. 이것이 포도원 비유입니다. 오직 은혜로 됩니다. 나와 하나님의 절대적 관계에서 이루어집니다. 어느 누구도 비교대상이 없습니다. 은혜는 하나님의 주권적인 것이기 때문입니다. 그런데 우리가 잘못 신앙생활 하는 것이 이 비교에서 비롯되는 때가 많습니다. '내가 얼마나 많은 일을 했는데? 얼마나 많은 시간을 쏟았는데?' 이런 생각을 하다가 망가집니다. 그래서 주께서 말씀하십니다. '처음 된 자가 나중 되고, 나중 된 자가 처음 될 자가 많으니라.'

세상의 여론이나 인간의 지식, 뜻과는 아무 관계가 없습니다. 천국은 오직 하나님의 은혜로 됩니다. 그러므로 그리스도인은 어떻게 살아갑니까? 은혜 안에서 구원받은 사람은 오직 은혜를 따라 살아갑니다. 은혜중심으로 살아갑니다. 은혜를 사모하고, 은혜의 가치를 알고, 은혜의 능력을 사모하며, 은혜의 증인으로 살아갑니다. 모든 생각과 판단과 소원이 은혜에 매였습니다. 때를 따라 주신 은혜로 하루하루를 살아갑니다.

*

만일 은혜에서 벗어나면 어떻게 되겠습니까? 자꾸 세상적인 기준으로 따지게 됩니다. 노동 시간, 업적, 공로, 결과 등. 그러나 이것이 아닙니다. 주께서 사랑하라고 말씀하셨습니다. 사랑의 대상이 누구입니까? 모두입니다. 북한의 김정일 씨도 사랑의 대상입니다. 불쌍히 여겨야 됩니다. 이데올로기에 매이면 안 됩니다. 내가 사랑의 대상을 선택한다면 그것은 종교적 삶입니다. 기독교적 삶이 아닙니다. 은혜가 없습니다.

더욱이 용서하라고 말씀하십니다. 용서의 대상이 누구입니까? 모두입니다. 큰 죄인, 작은 죄인, 이런 구분은 없습니다. 우리는 도저히 갚을 수 없는 엄청난 은혜를 받고 살아가기에 그 은혜가 나를 이끌어갈 때 '이 사람은 용서할 죄인, 이 사람은 용서하지 못할 죄인. 저 사람은 죽일 놈' 이런 것은 없습니다. 오직 그리스도인만 이렇게 할 수 있습니다. 왜요? 은혜가 그를 하나님의 자녀로 변화시키기 때문입니다. 만일 이 은혜를 모른다면, 은혜 안에 살아가지 못한다면 주께서 말씀하십니다. '먼저 된 자이지만 나중 되느니라.'

본문의 세 번째 관점: 가치관의 변화

세 번째 관점은 가치관의 변화입니다. 최우선순위의 변화입니다. 오늘 본문과 마태복음 19장에서 이것을 말씀합니다. 17절로부터 생각해야 합니다. 부자 청년이 예수님께 와서 여쭈었습니다. '영생을 어떻게 하면 얻을 수 있겠나이까?' 한마디로 예수님께 와서 '저 어떻게 하면 천국 들어갑니까?'라고 여쭌 것입니다. 그가 스스로 말했습니다. '저 율법 다 지켰습니다.' 그만큼 도덕적, 윤리적 의가 있는 사람입니다.

그러자 예수님께서 이렇게 대답하셨습니다. '네 가진 모든 것을 팔아서 가난한 사람에게 주어라.' 예수님의 전도입니다. 오늘날 이렇게 전도하면 예수 믿을 사람 거의 없을 것입니다. 그러나 예수님께서는 이렇게 말씀하시고 그를 그냥 보내셨습니다. 잡지도 않으셨습니다. 왜요? 성령께서 역사하시면 그는 언젠가 다시 돌아올 것이기 때문입니다. 이것이 메시지입니다. 그러면서 '나를 따르라'고 말씀하셨습니다.

그러나 그는 그렇게 할 수 없었습니다. 너무 소유가 많았습니다. 불신앙입니다. 그냥 돌아갔습니다. 왜요? 문제가 무엇입니까? 가치관이 변화되지 않았기 때문입니다. 세계관이 변화되지 않았기 때문입니다. 비록 율법은 다 지켰지만, 지키려고 애썼지만, 하나님 말씀에는 순종했으나 하나님의 뜻에 순종하지 못했습니다. 이것이 결정적인 요소입니다.

*

세계관은 누구나 지니고 있습니다. 미국사람, 영국사람, 한국사람 등 각 민족마다 지니고 있고 또 각 사람마다 다릅니다. 그 세계관의 중심, 가장 깊은 곳에 있는 것을 문화인류학적으로 가치관이라고 정의합니다. 결국 사람은 가치관에 따라 삽니다. 영생이냐 소유냐, 이 가치관의 결정에서 그는 소유를 택했습니다. 자기 갈 길을 갔습니다. 그러나 거듭난 그리스도인, 누구를 거듭났다고 합니까? 가치관이 변했습니다. 하나님의 것이 최고로 좋습니다. 비교대상이 되지 않습니다. 주의 약속이 좋고, 영생이 좋고, 영화가 좋고, 하나님의 은총이 가장 좋습니다. 그 믿음으로 하루하루를 살아갑니다.

오늘 현대생활을 보십시오. 저나 여러분이나 마찬가지입니다. 소유 중심에서 벗어나기 어렵습니다. 어렵지만 벗어나야 됩니다. 거듭난 사람은 벗어납니다. 아니면, 이 부자청년과 같이 됩니다. 먼저 하나님의 말씀을 들었고, 배웠고, 지켰으나 구원받지 못했습니다. 나중 되고 맙니다. 얼마나 중요한 말씀입니까?

예를 들어 십일조를 생각해보십시오. '하나님께서 모든 것을 주셨다. 하나님의 은총이다'라고 고백하면서도 십분의 일이 아까워서 못내는 사람이 많습니다. 하나님께서 그것으로 무엇을 하시겠습니까? 그 십분의 일을 믿음의 징표로 보십니다. 가치관의 변화로 보십니다. 십분의 일이지만 하나님께서는 전부로, 생명으로 받아주신다고 약속하셨습니다. 그런데 이것이 어렵습니다. 충분히 이해는 가지만, 하나님 앞에서 이해될 문제가 아닙니다. 가치관이 변화되지 않았습니다.

*

오늘 본문 28절에서 베드로는 사도들을 대표해서 예수님께 말씀드렸습니다. "우리가 모든 것을 버리고 주를 따랐나이다." 가정도, 집도, 소유도 다 버리고 예수님을 정말 좇아다니고 있습니다. 그러나 정말 모든 것을 버렸습니까? 외적인 것은 버렸습니다. 소유도 버렸습니다. 그러나 내적인 자기가치관의 변화를 이루지는 못했습니다. 10장 41절은 말씀합니다. "열 제자가 듣고 야고보와 요한에 대하여 화를 내거늘" 37절에서 요한과 야고보가 예수님께 "우리를 하나는 주의 우편에, 하나는 좌편에 앉게 하여 주옵소서."라고 부탁드렸기 때문입니다. 이때 베드로와 다른 제자들이 다 분노했습니다. 아직 시기, 질투, 자기욕심, 자기 꿈, 세속적 욕망으로 꽉 차 있습니다. 율법은 지키지만 하나님의 뜻이 거기에는 없습니다.

그러나 예수님께서는 꾸짖지 않으셨습니다. 그리고 그 사건을 지적하지도 않으셨습니다. 대신 다른 답을 주셨습니다. 동문서답 같지만, 이것이 그 마음에 꽂혔습니다. 오늘 본문 29절은 말씀합니다. "나와 복음을 위하여" 바로 이것입니다. '나와 복음을 위하여 헌신한 사람에게 백배나 갚으리라. 영생을 받지 못할 사람이 없느니라.' 하나님의 보상을 약속하십니다.

그러나 조건이 무엇입니까? 나와 복음을 위하여, 나와 하나님 나라의 복음을 위하여 입니다. 거기다가 다른 것을 섞으면 안 됩니다. 자신을 위하고, 누군가를 위하고, 세상을 위하면서 그런 것들을 섞으면 안 됩니다. 오직 예수 그리스도와 하나님 나라를 위하여 복음의 증인으로 살아가는 사람에게, 헌신하는 사람에게 하나님의 보상이 따른다고 약속하십니다.

나는 먼저 된 사람입니까, 나중 된 사람입니까?

마르틴 루터(Martin Luther)는 종교개혁자입니다. 그분의 설교에서 회심에 세 가지가 있다고 말했습니다. 첫째가 머리의 회심, 둘째가 가슴의 회심, 그리고 마지막 세 번째가 중요합니다. '주머니의 회심'입니다. 지적으로 회심했습니다. 가슴도 회심했습니다. 그러나 소유는 회심하지 못했습니다. 이 부자청년과 같은 것입니다. 우리는 예수님을 구세주로, 구주로 고백합니다. 그 사람이 거듭난 그리스도인입니다. 유일한 구세주가 예수님이십니다. 구주란 모든 것의 주인입니다. 모든 것의 주인이 아니면 '구주'라고 하지 말고 그냥 잠잠하십시오. 구주란 내 생명과 신분과 소유와 지식과 모든 것의 주인이신 예수님을 고백하는 것입니다.

하나님의 사람 링컨이 백악관에서 어느 날 구두를 닦고 있었답니다. 그의 비서가 이것을 보고 너무나 당황해서 이렇게 말했습니다. "어떻게 대통령께서 구두를 닦으십니까?" 그때 링컨이 유명한 말을 남깁니다. "이것 보게. 자기 구두를 자기가 닦아 신는 것이 이상한가? 그러면 내가 남의 구두를 닦아야 돼?"

그리고 링컨은 껄껄 웃으면서 이렇게 말을 이었습니다. "구두 닦는 일을 천한 일로 생각한다면 자네 생각이 잘못된 것이야. 대통령도 하나님 앞에서는 그저 똑같이 사랑받는 자녀일 뿐일세."

*

어느 누구도 하나님의 사랑 없이 하나님의 자녀가 될 수 없습니다. 그것이 먼저입니다. 내가 원하든 원치 않든 세상이 인정하든 인정하지 않든 분명 모든 인류는 십자가에 나타난 거룩한 진노와 거룩한 사랑 앞에 심판받습니다. 또한 이미 받았습니다. 오직 믿음으로 십자가의 거룩한 사랑을 영접한 사람은 하나님의 사람으로 은혜중심의 감사하는 삶을 살아갈 것이고, 그렇지 못한 사람은 하나님의 진노 아래 있습니다. 아무리 세상이 떠들고 데모를 해도 피할 길이 없습니다. 이것이 하나님 나라의 복음이요 진리입니다.

성도 여러분, 나는 누구입니까? 나는 먼저 된 사람입니까, 나중 된 사람입니까? 먼저 된 사람은 오직 이 십자가의 도를 따라 그 사랑과 은혜에 감사하며 은혜 중심의 삶을 살아가야 합니다. 말씀대로 말씀 안에서 살아가야 합니다. 내가 나중 된 사람입니까? 먼저 될 가능성이 많다고 주께서 말씀하십니다. 먼저 된 사람으로 살아가야 합니다. 하나님의 뜻을 분별하며 세상을 본받지 말고 하나님의 영광을 위하여 하나님 나라의 삶을 살아가야 합니다. 오늘도 주께서 주의 말씀과 함께 역사하십니다. 오직 예수 그리스도 안에서 역사하십니다. 모든 그리스도인은 이 일의 증인입니다. 주님의 말씀입니다. '먼저 된 자가 나중 되고 나중 된 자가 먼저 될 자 많으니라.'

기 도

전지전능하신 은혜의 하나님. 주의 초월적 경륜과 능력과 은혜 안에서 오직 믿음으로 하나님의 자녀되게 하심을 진심으로 감사드립니다. 그러나 불신앙 가운데에 주의 말씀을 분별치 못하고, 주의 말씀에 불순종하여 은혜를 떠나 살며, 예수 그리스도 밖에서 자행자지하며 먼저 된 특권을 고집하며, 하나님 나라의 증인으로 살지 못하는 미련한 인생을 용서하여 주시옵소서. 오직 믿음으로 십자가의 도를 따라 살며 하나님 나라의 증인으로 참된 은혜 중심의 삶으로 성령께 순종하며, 하나님께 영광 돌리는 모든 주의 권속이 되도록 항상 함께하여 주시옵소서. 우리 주 예수 그리스도의 이름으로 간절히 기도드리옵나이다. 아멘.

22장_ 많이 받은 자의 사명

베드로가 여짜오되 주께서 이 비유를 우리에게 하심이니이까 모든 사람에게 하심이니이까
주께서 이르시되 지혜 있고 진실한 청지기가 되어 주인에게 그 집 종들을 맡아 때를 따라 양식을
나누어 줄 자가 누구냐 주인이 이를 때에 그 종이 그렇게 하는 것을 보면 그 종은 복이 있으리로다
내가 참으로 너희에게 이르노니 주인이 그 모든 소유를 그에게 맡기리라 만일 그 종이 마음에 생각
하기를 주인이 더디 오리라 하여 남녀종들을 때리며 먹고 마시고 취하게 되면 생각하지 않은 날
알지 못하는 각간에 이 종의 주인이 이르러 엄히 때리고 신실하지 아니한 자의 받는 벌에 처하리니
주인의 뜻을 알고도 준비하지 아니하고 그 뜻대로 행하지 아니한 종은 많이 맞을 것이요
알지 못하고 맞을 일을 행한 종은 적게 맞으리라 무릇 많이 받은 자에게는 많이 요구할 것이요
많이 맡은 자에게는 많이 달라 할 것이니라 (누가복음 12: 41~48)

세계적인 기업인 애플의 CEO인 스티브 잡스(Steven Paul Jobs)는 아이폰과
아이패드의 광풍을 몰고 온 사람입니다. 그가 2005년 미국 스탠포드 대학
교 졸업식에서 연설을 했습니다. 졸업생들 앞에서 불우했던 자신의 성장
과정과 창업의 과정, 좌절 등의 속 깊은 이야기들을 털어놓았습니다. 특히
암 투병이라는 절망의 나락에서 건진 삶에 대한 깨달음을 전했습니다. 그
내용 가운데 일부를 소개합니다.

"17세 때 이런 경구를 읽은 적이 있습니다. '하루하루를 인생의 마지막
날처럼 산다면 당신은 옳은 삶을 살 것이다.' 이 글에 감명 받은 나는 그 후

33년간 매일 아침 거울을 보며 자신에게 묻곤 했습니다. '오늘이 내 인생의 마지막 날이라면 지금 하려고 하는 일을 할 것인가?' 그런데 '아니오' 라는 답이 계속 나온다면 다른 것을 해야 한다는 걸 깨달았습니다. 곧 죽을지도 모른다는 사실을 명심하는 게 인생의 고비마다 중요한 결정을 내리는 데 큰 도움을 줍니다. 외부의 기대, 자부심, 수치와 실패에 대한 두려움 등은 죽음 앞에서 모두 떨어져 나가고 오직 진실로 중요한 것들만이 남기 때문입니다. 죽음을 생각하는 것은 무엇을 잃을지도 모른다는 두려움에서 벗어나는 최고의 방법입니다." 참으로 지혜로운 연설입니다.

그리스도인은 종말론적 세계관을 가지고 오늘을 살아가는 사람입니다. 종말론적 가치관 안에서 옳고 그름을 판단하고 생각하고 선택하며 살아가는 사람입니다. 신약성경에서는 교회란 종말론적 공동체임을 선언하고 있습니다. 그래서 '마라나타 공동체'라고 합니다. 주의 재림을 갈망하는 공동체라는 뜻입니다. 주의 날을 갈망합니다. 다시 말해서 빨리 하나님을 만나기를 기대하며 살아갑니다. 왜 그렇습니까? 자신의 신분이 천국에 있음을 알기 때문입니다. 천국시민권을 가진 사람이기에 본향으로 가고 싶습니다. 고향으로 빨리 가고 싶습니다. 거기에 참 소망이 있고, 기쁨이 있고, 자유가 있음을 믿음으로 확신하기 때문입니다. 성도 여러분은 이런 갈망 속에 오늘을 살아가고 있습니까?

마지막 날을 생각해야 합니다

인도의 성자라 불리는 마하트마 간디(Gandhi)가 어느 날 대형 여객선을 타고 어디론가 가고 있었습니다. 그 배에 타고 있던 다른 많은 사람들이 연예인들의 스캔들을 캐는 것으로 유명한 「스캔들 타임지」라는 신문을 돌려보다가 그것을 간디에게 가져와 이렇게 말했습니다. "이 신문을 좀 평해주세요."

그런데 간디는 그 신문을 묶고 있는 쇠고리를 하나 빼고는 나머지는 도로 돌려주면서 이렇게 말했다고 합니다. "나는 이 신문에서 제일 가치 있는 것만 빼서 가지겠습니다."

나머지는 다 쓰레기라는 것이지요. 하나님 나라의 가치관으로 생각해 보십시오. 오늘도 나한테 들려오는 소식과 정보들 가운데서 무엇이 가장 소중한 일입니까? 그래서 하나님 나라의 백성은 하나님 나라와 그 의를 가장 소중한 것으로, 중요한 것으로 여기며 살아갑니다. 왜요? 하나님께서 가장 소중하게 여기시니까요. 그것이 하나님의 말씀이기 때문입니다.

*

밥 버포드(Bob Buford)라는 유명인이 있습니다. 「하프타임의 고수들」(Finishing Well)이라는 베스트셀러의 저자입니다. 그는 이 책을 저술하기 전에 성공적인 경영인이었습니다. 그런데 어느 날 갑자기 인생이 확 바뀌게 됩니다. 완전히 새로운 삶을 향해서 살아가게 됩니다. 그는 스스로에게 이렇게 말했습니다. "이 삶이야말로 Finishing Well의 삶이다." 인생의 마지막이 영화롭고 성공적이어야 행복한 것이지, 그 마지막이 잘못되면 다 잘못된 것이라는 말입니다.

이런 획기적인 삶의 변화가 오게 된 것은 그에게 두 가지 엄청난 사건이 있었기 때문입니다. 첫 번째가 자신의 외아들이 죽은 사건입니다. 24살 된 훌륭한 청년이었는데, 강에 나가서 수영을 하다가 실종되어 죽었습니다. 시신도 4개월 뒤에나 찾았습니다. 그는 그 기간에 모든 삶의 의욕을 잃었다고 고백합니다. 그럴 것 아닙니까?

그때 그는 그 아들이 써놓은 편지를 발견합니다. 그 사건이 일어나기 1

년 전에 쓴 편지였습니다. 그 서두가 이랬습니다. "아버지가 이 편지를 볼 때면 저는 이미 죽었을 것입니다. 슬퍼하지 마세요. 두려워하지 마세요. 낙망하지 마세요. 저는 천국에 있습니다. 천국에서 만나요, 아버지. 아버지를 천국에서 기다리겠습니다. 그동안 감사했습니다." 참 놀라운 신앙의 청년이었습니다. 이 사건으로 그 사람의 삶이 변하기 시작합니다.

그리고 1년 뒤에 또 다른 사건이 생깁니다. 그는 비행기 추락사고로 목숨을 잃을 뻔합니다. 그 비행기에는 그의 친구 네 명이 타고 있었습니다. 다 함께 그 비행기를 타고 가기로 했는데, 그만 급한 일이 생겨서 그는 그 비행기를 타지 않았습니다. 그런데 바로 그 비행기가 추락해서 거기에 타고 있던 친구들이 다 죽게 됩니다. 그는 엄청난 충격을 받았습니다. 그리고 생각했습니다. '인생이 무엇인가? 인생의 끝이 무엇인가? 무엇이 바른 인생인가?' 그리고 결단했습니다. "그날, 홀연히 오는 그날, 갑자기 오는 그날을 위한 준비의 삶을 사는 것이 진정한 의미의 삶이다. Finishing Well의 삶이다. 하나님을 만날 그날을 준비하는 삶이야말로 최상 최고의 삶이다." 그는 그 일을 위해서 책도 쓰고, 강연도 하면서 오늘도 왕성한 활동을 하고 있습니다.

종말론적 세계관 안에서 사는 그리스도인

종말론적 세계관이라는 것은 먼저 하나님께서 살아 계시고, 하나님의 지혜와 능력이 이 땅에 임하고 있다는 것을 믿고 살아가는 것입니다. 그리고 이 세상은 끝이 있다는 것을 아는 것입니다. 역사의 종말이 있습니다. 대충 굴러가는 것이 아닙니다. 홀연히, 갑자기 그날이 옵니다. 그 의식을 가지고 살아갑니다.

또한 그날 뒤에, 종말 뒤에 영원한 삶이 있습니다. 영생의 삶이 있습니다. 그것을 확신합니다. 그 영원한 삶은 두 가지로 나뉩니다. 분명하게 구별됩니다. 천당과 지옥입니다. 이 사실을 믿고 살아가는 것입니다.

*

그리고 주의 날이 임함을 분명히 확신합니다. 주의 날이란 신구약 전체를 통틀어서 수없이 반복되는 하나님의 말씀입니다. 현재적이며 종말적인 심판입니다. 종말의 주의 날은 최후의 심판을 말합니다. 그날이 있음을 확신하며 살아가는 것입니다. 동시에 현재적으로 임합니다. 개인이나 민족이나 나라를 향하여 하나님의 통치가 강력하게 사건으로 나타납니다. 성경에 가득히 기록되어 있습니다.

그와 같은 불연속성 안에서 하나님께서 역사하십니다. 하나님의 때에 말씀대로 역사하십니다. 이것을 아는 것입니다. 이 종말론적 세계관을 가지고 그 안에서 생각하고 판단하고 선택하는 사람은 복 있는 사람입니다. 그가 하나님 뜻 안에 살아갑니다. 이것을 항상 기억해야 합니다.

종말론적 삶을 사는 그리스도인: 청지기

오늘 본문의 메시지는 종말론적 메시지입니다. 주께서 말씀하십니다. '지혜 있고 진실한 청지기가 되라.' 이것이 그리스도인의, 하나님의 자녀의 삶입니다. 종말론적 세계관을 가진 자는 지혜롭고 진실한 청지기로 오늘을 살아갑니다. 이것을 우리에게 말씀으로, 비유로 계시하고 있습니다.

먼저 청지기를 생각해보십시오. 청지기란 주인이 있다는 것입니다. 나의 주인이 내가 아닙니다. 청지기는 나의 주인이 타자입니다. 그리스도인은 하나님을 믿습니다. 하나님께서 주인이심을 항상 기억하고 인식하며 오늘을 살아갑니다. 동시에 그분이 나를 청지기로 부르셨을 때는 나에게 사명을 주신 것입니다. 책임을 주신 것입니다. 이것을 알고 고백하는 자가 그리스도인입니다.

하나님의 부르심과 선택 없이는 어느 누구도 하나님의 자녀가 될 수 없습니다. 절대로 없습니다. 그 위대한 지도자 모세도 결국은 하나님께서 그를 택하셨습니다. 그 소명사건을 통해서 부르심과 선택이 있음을 믿고 알았기에 위대한 지도자로 살아갈 수 있었습니다. 믿음의 조상 아브라함도 하나님의 부르심과 선택을 알지 못했다면 자기 힘과 노력으로 그런 위대한 인생을 살아갈 수 없었습니다.

모든 그리스도인이 그렇습니다. 하나님의 부르심과 선택이 없었다면 우리는 아무것도 아닙니다. 그냥 종교생활 하는 것으로, 불교나 이슬람이나 다를 것이 하나도 없습니다. 하나님의 부르심과 선택을 믿을 때 거기서부터 비로소 그리스도인입니다. 그 사람이 청지기입니다. 그 의식을 가지고, 그 믿음으로 오늘을 살아가야 합니다.

*

한 소년이 산에서 독수리 알을 주워왔습니다. 집에서 그것을 암탉둥지에 넣었습니다. 암탉이 그 알을 품어 부화시켰습니다. 그래 결국 이 새끼 독수리가 병아리들과 함께 살았습니다. 그런데 어느 날 들쥐 떼가 습격했습니다. 그때 병아리와 닭들이 다 도망가면서 이렇게 기대했습니다. '저 새끼독수리가 들쥐를 좀 쫓아줬으면.' 왜요? 본래 독수리 먹이가 들쥐이기 때문입니다. 그런데 이 독수리는 자기의 강한 발톱이나 날개를 쓸 줄 몰랐습니다. 심지어는 자기도 무서워서 닭들과 함께 도망을 갔습니다. 그 뒤로 독수리는 왕따를 당했습니다. "저 녀석, 먹이만 축내는 바보야."

그러던 어느 날, 독수리가 밖에서 한숨을 쉬면서 창공을 보는데, 마침 참 멋있는 독수리가 하늘 위로 지나가고 있었습니다. 그 모습을 보면서 이렇게 생각했답니다. '아, 정말 멋있는 새로구나. 나도 저런 당당한 독수리가 될 수 있으면 얼마나 좋을까?'

오늘 이렇게 살아가는 사람이 정말 많습니다. 이런 현실 자체가 불행입니다. 스스로 불행한 것입니다. 심지어 스스로 그리스도인이라고 생각하면서도, 구원받은 하나님의 자녀라고 생각하면서도 이런 어리석은 새끼 독수리처럼 살아가는 사람이 너무나 많습니다. 그리스도인은 하나님께서 부르시고 택하신 사람입니다. 시작이 그렇습니다. 주인이 따로 있습니다. 그분이 그 자녀를 책임지시고 함께하십니다. 그 의식이 청지기의 삶입니다. 이것을 항상 기억해야 합니다.

종말론적 삶을 사는 그리스도인: 지혜로운 사람

그리고 지혜 있는 청지기가 되라고 말씀하십니다. 지혜란 간단히 말하면 하나님을 아는 것입니다. 성경은 말씀합니다. "어리석은 자는 말하기를 그 마음에 하나님이 없다 하는도다." 아무리 유식하고, 세상에서 유명해도 하나님을 모르는 사람은 그냥 무식한 인간이라고 생각하면 됩니다. 끝을 모릅니다. 그런 사람이 하는 말이 인생허무요, 인생무상입니다. 한마디로 끝을 몰라서 하는 이야기입니다. 그러니 그들이 생각하기에 인생은 허무한 것입니다. 그러므로 온전한 지혜란 그 하나님의 뜻을 아는 것입니다.

하나님을 믿지만 하나님의 뜻을 모르는 자는 어리석은 자입니다. 유대인을 생각해보세요. 성경의 유대인은 항상 성경을 연구하고 성경말씀대로 율법대로 살려고 한 사람입니다. 그러나 하나님의 뜻을 몰랐습니다. 문자는 외우는데 그 뜻을 몰랐습니다. 그래서 하나님을 죽이게 됩니다. 종교지도자들은 더 한심합니다. 성경을 가르치고 연구하며 살던 사람인데, 그들이 앞장서서 예수님을 십자가에 못 박아 죽이지 않습니까? 이유가 무엇입니까? 하나님의 뜻을 몰랐기 때문입니다. 오늘도 이런 사람들이 정말 많습니다.

*

성도 여러분은 하나님을 알고, 하나님의 뜻을 아십니까? 하나님의 가장 큰 뜻은 예수 그리스도 안에서 하나님 나라를 이루신다는 것입니다. 예수 그리스도 안에서 이 세상을 번영시키고 개혁시키고 개선시키는 것이 아닙니다. 예수 그리스도 안에서 하나님 나라를 이루십니다. 그 나라에 들어가기 위해서는 하나님의 의가 절대적으로 필요합니다. 그 중요성을 모른다면 어찌 그가 하나님 나라 백성이겠습니까? 어찌 하나님의 뜻을 아는 자이겠습니까?

또한 주께서 말씀하십니다. '진실한 청지기가 되라.' 진실이라는 것은 믿음입니다. 그는 하나님의 뜻에 대한 믿음을 가진 사람입니다. 충성된 사람입니다. 우리가 어떤 사람을 두고 진실하다고 할 때는 어떤 일에 충성된 사람을 두고 믿을 만하고 진실하다고 하는 것입니다.

하지만, 오늘날 보면 하나님을 믿는데도 진실은 찾아보기가 힘듭니다. 충성되지 못합니다. 그래서 주께서는 마태복음에서 종말론적 메시지를 주시면서 이렇게 말씀하십니다. '주여, 주여 하는 자마다 다 천국에 갈 것이 아니다. 분명히 들어라. 하나님의 뜻을 실천하는 자만 가느니라. 아무리 이 세상에서 선지자 노릇 하고, 귀신을 쫓아내고, 많은 능력을 행해서 성공인이 되고 유명인이 될지라도 천국에는 못 간다. 하나님의 뜻을 실천하는 자라야 한다. 진실한 자라야 천국에 들어가리라.' 항상 기억하십시오.

분명 이 세상에서 믿지 않는 사람과 그리스도인은 서로 다릅니다. 여러 각도에서 다릅니다. 예를 들어, 세상 사람들은 어떤 선행을 해도, 어떤 관심을 갖고 누구에게 친절을 베풀어도 항상 자신의 감정을 먼저 생각합니다. 그리고 선택적으로 합니다. 자기가 하고 싶은 일을 합니다.

그러나 그리스도인은 다릅니다. 모든 사람에게 사랑과 관심을 가지려고 애씁니다. 기본적으로 그 일을 위해서 노력합니다. 그것이 다릅니다. 자신의 기분, 그 이전에 항상 하나님의 말씀을 생각합니다. 뜻을 생각합니다. 그 뜻이 나를 행동하게 만듭니다. 그 행동함을 통해서 새로운 감정들을 느낍니다. 의미도 느끼고, 기쁨도 느끼고, 새로운 만족을 느낍니다. 그러나 믿지 않는 사람들은 감정에 이끌려서, 자기의 선택에 이끌려서 일을 하며 행동을 합니다. 완전히 다릅니다. 날마다 생각해보십시오. 내가 하는 중요한 결단과 일에 하나님의 말씀이 항상 먼저 있는가? 그 사람이 지금 성령께 인도함을 받는 하나님의 사람입니다.

종말론적 삶을 사는 그리스도인: 하나님의 사랑을 받은 사람

특별히 오늘 본문 48절은 결론으로 말씀합니다. 종말론적 메시지 안에서 얻은 결론입니다. "무릇 많이 받은 자에게는 많이 요구할 것이요 많이 맡은 자에게는 많이 달라 할 것이니라." 이 말씀을 항상 기억하십시오. 저는 너무나 많이 이 말씀을 생각해서인지 그냥 저절로 생각납니다. 시도 때도 없이 생각납니다. 이것이 최후심판의 시금석입니다. '많이 맡은 자에게 많이 달라 할 것이다.'

이 세상에는 많이 받은 자가 있습니다. 항상 우리 주변에 있지 않습니까? 오늘날 70억 인구 가운데서 나는 많이 받은 자입니까, 아닙니까? 분명 많이 받은 자가 있습니다. 그 많이 받은 자에게 사명이 주어졌다는 것입니다. 여기에 하나님의 공평이 있습니다. 이것이 하나님의 정의입니다. 세상 사람은 공의로운 사회를 건설해야 한다고 말하지만, 다 추상적인 이야기입니다. 온전한 공의는 절대로 이루어지지 않습니다. 역사상 단 한 번도 이루어지지 않았고, 깨달았다고 해도 그것을 이루어낼 의지가 사람에게는 없습니다. 공평은 오직 하나님께만 있습니다. 다만 주님의 약속에 따라 주의 날에 완전한 공평이 이루어질 것입니다. 분명 이 세상에는 재능과 물질과 지식과 건강과 권력과 인기를 비롯한 수많은 은사들을 많이 받은 사람이 있습니다.

여러분은 청지기의 의식을 갖고 살아가십니까? 아니라면 불행한 사람입니다. 허탄한 인생입니다. 특별히 중요한 것은 이것이 그리스도인에게 주어진 말씀이라는 사실입니다. 하나님의 자녀는 많이 받았습니다. 예외가 없습니다. 영적인 지식, 영적인 생명, 영적인 길, 영적인 은사를 많이 받았습니다. 풍성하게 받았습니다. 이것을 받지 않고 하나님의 자녀 된 사람은 없습니다.

*

먼저 하나님의 사랑을 많이 받았습니다. 십자가에 나타난 하나님의 사랑, 그 엄청난 사랑을 믿었습니다. 그래서 그리스도인이 되었습니다. 그 믿음으로 불신자들과는 비교가 되지 않습니다. 엄청나게 받았습니다. 많이 받았습니다. 그리고 하나님을 아는 지식에서 많이 받았습니다. 참 진리가 무엇인지 압니다. 내 지식으로 안 것이 아닙니다. 학력이 높아서 안 것도 아닙니다. 분명 이것만이 참 진리임을 압니다. 하나님의 뜻도 알고, 최후의 심판도 알고, 천당과 지옥도 알고, 신령한 세계도 알고, 성령의 세계와 마귀의 세계도 압니다. 많이 압니다. 많이 받았습니다. 더욱이 모든 그리스도인이 아는 성령 하나님께서 계십니다. 엄청난 선물을 받았습니다. 이 풍성한 은혜 없이 그리스도인 된 사람 한 명도 없습니다.

'많이 받은 자에게 많이 달라 할 것이다.' 많이 받은 자에게는 그에 마땅한 삶이 있지 않습니까? 합당한 삶이 있지 않습니까? 그가 지혜로운 청지기, 진실한 청지기입니다. 이 세상에서 가장 악한 사람은 살인죄를 범한 사람이 아닙니다. 좀 더 깊이 생각해보면 다 동의하는 것입니다. 은혜를 망각하고 배반한 사람입니다. 부모님의 은혜와 사랑을 배반하고 망각한 자를 배은망덕한 놈이라고 합니다. 패륜아라고 합니다. 그런데 우리가 하나님의 풍성한 은혜를 받았음을 알고 오늘을 살아가면서 어찌 그 은혜를 망각하고 살아갈 수 있겠습니까?

하나님의 사람 사도 바울은 고린도전서 9장 16절에서 이렇게 고백합니다. "내가 복음을 전할지라도 자랑할 것이 없음은 내가 부득불 할 일임이라. 만일 복음을 전하지 아니하면 내게 화가 있을 것임이로라." 사도 바울은 평생을 고난 받으면서 고통 중에 진정 헌신한 대표적인 하나님의 사람입니다. 그런 그가 말씀합니다. '자랑할 것이 없다.' 왜요? 너무나 많이 받았거든요. 하나님을 알고, 하나님의 지식을 알고, 영의 세계를 알았어요. 그래서 복음을 전하는 일은 부득불 할 일이고 또 복음을 전하지 않으면 화를 당할 것이라고 한 것입니다. 이것이 진실한 청지기의 고백입니다.

특별히 교회에서 직분 있는 사람들은 생각하십시오. 목회자로부터 직분 가진 사람 모두, 이 자리는 명예직이 아닙니다. 하나님께서 주신 사명입니다. 많이 받은 자에게 주신 사명입니다. 그런데 도무지 그 가치를 모릅니다. 하나님의 음성을 들으십시오. '많이 받은 자에게 많이 달라 할 것이다.'

그리스도인에게 물으실 것입니다

모든 그리스도인은 많이 받았습니다. 그리고 사명을 받았습니다. 그리고 더 중요한 것이 있습니다. 능력까지 받았습니다. 그러나 믿지를 않습니다. 신뢰하지를 않습니다. 많이 받았다는 것도 안 믿으니 이미 그리스도인이 아니지요. 사명도 모르고, 능력도 기억하지 못합니다. 그래서 성경을 보면 재미있는 것은 하나님께서 하나님의 사람들을 택하실 때 그들이 꼭 하는 말이 있습니다. '저 그런 일 못합니다.' 이것이 일관된 답입니다. 모세에게 '너희 민족을 구하라!' 하셨을 때 모세는 '하나님, 제가 어떻게 그런 일을 합니까!'라고 거절합니다. 자기 모습을 알았습니다. 80세 먹은 노인에다가 일개 목자에 지나지 않았습니다.

지금 무슨 생각을 하는 것입니까? 자기 힘과 자기 지식과 자기 능력으로 그 일을 해야 되는 줄 알고 자기는 그런 일 못한다고 말한 것입니다. 하나님을 우습게 본 것입니다. 하나님께서는 사명과 함께 능력을 주십니다. 그래서 말씀하십니다. '가라!' 이 강권적인 말씀 앞에 순종하며 그 현장에서 깨닫습니다. 그 현장에서 말씀을 주시고 능력을 주십니다.

오늘도 하나님께서 이와 같이 역사하십니다. 교회를 만들고 처음 시작한 사람은 베드로입니다. 기독교를 태동시킨 사람이 베드로입니다. 하나님께서 그에게 그 일을 주셨습니다. 베드로가 감당할 수 있습니까? 그는 어부입니다. 그런 그가 무슨 능력이 있습니까? 그러나 그는 한 가지를 믿었습니다. 성령 하나님께서 계시고, 예수 그리스도께서 살아 계시고, 하나님께서 통치하신다는 것을 믿었습니다. 현장에서 주시지 않습니까? 그러니까 한평생 깜짝 깜짝 놀라면서 살아갑니다. '하나님께서 함께 하신다.' 그것을 증거 할 수 밖에 없었습니다. 그렇게 미천하고 어리석은 자를 통해서 교회를 세우시고, 하나님 나라를 이루고 계십니다. 오늘도 하나님의 사람들을 통하여 이 일을 계속하고 계십니다.

*

슈바이처(Albert Schweitzer)는 참 유명한 인물입니다. 30세 이전에 3개의 박사학위를 취득했습니다. 그런데 그가 변하게 됩니다. 왜요? 사명을 알았기 때문입니다. 자신이 하나님의 선물을 많이 받았음을 깨달았습니다. 사명의식이 생겼습니다. 그래서 이제 다시 의학공부를 해서 아프리카로 갑니다. 헨리 나우웬은 세계적인 대학의 교수였습니다. 그런데 어느 날 갑자기 조그마한 장애인 공동체로 들어갑니다. 왜요? 사명을 생각했기 때문입니다. 각자에게 주어진 사명이 다릅니다. 그러나 저는 분명히 확신합니다. 이들의 삶을 바꾼 것은 딱 하나입니다. 주의 날입니다. 주의 날이 현재적으로, 미래적으로 임하고 있거든요. 성경이 그것을 우리에게 가르쳐주고, 그것을 고대하고 갈망하는 사람이 그리스도인이요 교회였습니다.

제 간증입니다만, 제가 목사 된 이유도 그것 하나입니다. 죽으려고 딱 생각하니까 하나님 앞에 가야 될 것 같더라고요. 분명 하나님 앞에서 책임져야 될 부분이 있습니다. 많이 받았거든요. 내 삶의 주인이 내가 아니라는 것을 알았습니다. 그 믿음 하나 때문에 목회자가 되었습니다. 그 믿음이 없었다면 하나님께서 살아 계시고 부르시고 주의 날을 통치하신다는 확신이 없었다면 저는 절대 목회자가 되지 않았을 것입니다.

복음은 종말론적인 메시지입니다

복음은 종말론적인 메시지입니다. 당장 오늘 세상의 소원을 들어주고 번영시키고 개선시켜주고 좋은 환경을 만들어 주고 하는 것들이 아닙니다. 복음은 종말론적 메시지입니다. 복음 안에 살아가는 사람은 신분이 바뀌었습니다. 천국이 자기 고향입니다. 본향입니다. 그 시민권을 가졌습니다. 항상 거기로부터 생각합니다. 거기로부터 생각하며 오늘을 살아갑니다. 이것이 복음의 힘입니다. 내 의지가 아니라, 복음이 힘을 줍니다. 복음은 하나님 나라입니다. 이 하나님 나라, 종말적인 것입니다. 이제 우리가 잘해서, 그리스도인이 열심히 해서 이루는 것이 아닙니다. 성경은 분명히 말씀합니다. 우리들이 주기도문을 외울 때도 말하지 않습니까? 이미 이루어졌습니다. 신령한 세계에서 그날이 임함을 기다리는 자가 그리스도인입니다. 그것을 기도하며 살아갑니다. 그 백성으로 그것을 증거하며 오늘을 살아갑니다. 결정된 미래를 향해서 갑니다.

　　　*

십자가는 종말적입니다. 최후의 심판 날 십자가로 판단 받습니다. 십자가의 도를 믿고 순종하는 사람은 구원받을 것이요, 그렇지 못하면 아무리 세상에서 선행을 많이 하고 유명하더라도 지옥에 갑니다. 약속하셨습니다. 그것을 예수님을 통해서 보여주십니다. 은혜로 구원의 길을 보여주십니다. 종말적입니다.

부활은 종말적입니다. 마지막 날에 모든 인류가 부활할 것입니다. 그것을 보게 해주셨습니다. 믿게 하시기 위해서, 증거로 맛보게 하시기 위해서입니다. 그것을 믿는 자가 그리스도인이거든요. 어찌 종말적 세계관을 갖지 않고 오늘을 살아갈 수 있습니까? 복음 자체가 종말적 메시지인데요. 하나님 나라를 믿고, 복음을 믿고, 주의 날을 믿고, 종말적 세계관을 갖고 오늘을 살아가는 자가 복이 있습니다. 그럴 수밖에 없지 않습니까? 하나님께서 그와 함께하시고, 그를 통해서 주의 지혜와 능력이 나타날 것입니다.

기 도

전지전능하신 은혜의 하나님. 하나님의 초월적 지혜와 능력과 사랑 안에서 주의 날을 갈망하며 천국시민권을 가진 자로 확신하며 오늘을 살게 하심을 진심으로 감사드립니다. 그러나 이 세상풍조에 밀리고 끌리어 자기 욕망에 사로잡히고, 주의 역사를 잊어버리고 주의 날을 기대하지 아니하며 종말적 세계관을 저버리고 살아가는 불신앙의 삶을 용서하여주시옵소서. 우리의 소망이요, 기쁨이요, 힘이신 예수 그리스도께서 오늘도 하나님 나라를 이루시고, 그날을 준비하는 삶을 살도록 우리에게 신령한 복을 주시며, 사명을 주시고 능력을 주심을 믿고 아오니, 오직 믿음으로 승리하는 모든 주의 백성 되게 지켜주시옵소서. 우리 주 예수 그리스도의 이름으로 간절히 기도드리옵나이다. 아멘.

23장_사람을 더럽게 하는 것

무리를 다시 불러 이르시되 너희는 다 내 말을 듣고 깨달으라
무엇이든지 밖에서 사람에게로 들어가는 것은 능히 사람을 더럽게 하지 못하되
사람 안에서 나오는 것이 사람을 더럽게 하는 것이니라 하시고 무리를 떠나 집으로 들어가시니
제자들이 그 비유를 묻자온대 예수께서 이르시되 너희도 이렇게 깨달음이 없느냐 무엇이든지
밖에서 들어가는 것이 능히 사람을 더럽게 하지 못함을 알지 못하느냐 이는 마음으로 들어가지
아니하고 배에 들어가 뒤로 나감이라 이러므로 모든 음식물을 깨끗하다 하시니라 또 이르시되
사람에게서 나오는 그것이 사람을 더럽게 하느니라 속에서 곧 사람의 마음에서 나오는 것은
악한 생각 곧 음란과 도둑질과 살인과 간음과 탐욕과 악독과 속임과 음탕과 질투와 비방과 교만과
우매함이니 이 모든 악한 것이 다 속에서 나와서 사람을 더럽게 하느니라 (마가복음 7: 14~23)

세계적인 정신의학자 엘리자베스 퀴블러 로스(Elisabeth Kubler Ross)의 「인
생수업」(*Life Lessons*)이라는 유명한 저서가 있습니다. 이 책에 담긴 그의 체
험담을 소개합니다.

　여러 해 전에 퀴블러 로스 자신이 아주 운 좋게 시카고 의대에서 가장
인기 있는 교수로 뽑혔습니다. 이는 교수들에게 매우 명예로운 일로 알려
져 있습니다. 이 여인이 그 상을 받는다는 발표가 있던 날, 다른 교수들이
보통 때처럼 아주 친절하게 퀴블러 로스를 대했습니다. 하지만 상에 대해
서 언급하는 교수는 한 명도 없었습니다. 그때 이 저자는 그들의 미소 뒤

에서 그들이 말하지 않는 무엇을 느꼈다고 합니다.

저녁때가 되자 아동심리학자인 동료교수가 멋진 꽃다발을 보내왔습니다. 그런데 거기에 꽂힌 카드에는 이런 말이 적혀 있었습니다. '질투가 나서 죽을 지경이지만, 어쨌든 축하합니다.' 그것을 본 순간 퀴블러 로스는 그 카드를 보내온 사람을 믿을 수 있게 되었습니다. 그 진실함, 그 가식 없는 행위, 그 솔직함 때문에 '아, 이 사람만은 내가 신뢰할 수 있겠다'는 확신을 갖게 되었다고 합니다.

덧붙여 퀴블러 로스는 그의 저서에서 이렇게 말했습니다. "진정한 자신과 가까워지려면 자신의 어두운 면과 결점에 대해서도 솔직해져야 합니다." 우리 자신에 대한 진실을 위해서는 먼저 우리가 진정 누구인지를 아는 것이 매우 중요합니다. 성도 여러분은 자신에 대하여, 이웃에 대하여, 세상에 대하여 얼마나 진실하게 오늘을 살아가고 있습니까?

*

어떤 화가가 갤러리 주인에게 물었습니다. "제 그림, 잘 팔립니까?" 그러자 갤러리 주인이 좋은 소식과 나쁜 소식이 있다고 답하며 이렇게 말했습니다. "어떤 손님이 와서 당신 작품이 당신이 죽은 뒤에 값이 올라가는 작품이냐고 묻기에 아마 그럴 것이라고, 나는 그렇게 생각한다고 말했더니 몽땅 다 사갔습니다."

그 소리를 듣고 화가가 말했습니다. "아, 그것은 좋은 소식이군요." 그리고 물었습니다. "그런데 나쁜 소식은 무엇입니까?" 그러자 갤러리 주인이 이렇게 대답했다고 합니다. "그 사람이 바로 당신의 주치의입니다."

죄의식이 사라진 현대인

모든 인간의 마음 깊은 곳에는 이기적인 욕망과 탐심과 탐욕이 존재한다는 것을 항상 인식해야 합니다. 심지어 그리스도인도 그렇습니다. 죄인은 여전히 우리 가운데 있습니다. 육신이 살아 있는 동안에는 우리가 항상 죄의 욕망 가운데 살아갈 수밖에 없습니다. 이것을 인정해야 합니다.

여러분은 오늘 이 시대에, 특별히 현대인에게 가장 큰 문제가 무엇이라고 생각하십니까? 흔히 신문을 비롯한 방송에서는 경제문제, 정치문제, 이데올로기문제, 분열문제, 지도자가 없는 문제라고들 하지만, 진정한 문제는 그것이 아닙니다. 하나님께서는 명확하게 말씀하셨습니다. 바로 죄의 문제입니다. 죄의식이 없기 때문입니다. 죄의 개념을 상실해가고 있는 것이 문제입니다.

오늘날은 죄에 대한 인식이 아예 사라져가고 있는 시대입니다. 오늘날은 예전보다 훨씬 더 좋은 환경에서 학교교육을 받습니다. 그래 많은 지식을 새롭게 배우지만, 죄의 개념은 점점 더 사라져갑니다. 오히려 '하지 말라'는 식의 죄짓기는 더욱 더 잘 배웁니다. 죄의 개념이 없어져가고 있습니다.

오늘 이 시대를 가리켜 자랑스러운 문화를 가졌다고들 얘기하지만, 그 안에는 죄의 개념이 없습니다. 죄의식이 조금도 없습니다. 이것을 볼 수 있어야 합니다.

*

우리가 복음을 전할 때 가장 큰 장벽이 무엇입니까? 종교다원주의 입니까? 아닙니다. 과학지식의 발달이나 수많은 우상들입니까? 아닙니다. 포스트모더니즘도 아닙니다. 예수님께서 이 땅에 오실 때는 그보다 더했습니다. 무엇입니까? 그것은 바로 오늘 이 시대 가운데에 죄의식이 없다는 것입니다. 우리가 복음을 전하는 대상에게, 내가 사랑하는 그들에게 죄의 개념이 없다는 것입니다.

그런데 복음은 죄로부터 구원받는 것입니다. 내 죄를 사함 받고, 하나님의 자녀가 되고, 천국의 영광에 참여하는 것입니다. 그 시작이 자신의 죄를 아는 것인데, 죄에 대한 인식이 아예 없습니다. 이것이 문제입니다. 그러다보니 자꾸 변질된 복음을 전도하게 됩니다. 그것이 바로 세속적 복음입니다. '예수 믿고 구원받으면 잘삽니다. 행복해집니다. 성공합니다. 번영합니다. 병도 낫습니다. 만사가 형통합니다.' 이런 가짜복음들로 교회를 망치고, 기독교를 타락시킵니다. 이것이 오늘의 현실입니다.

절대 진리가 사라진 세상

그러면 왜 이처럼 죄의식이 사라져가는 것입니까? 왜 이 세대에 이처럼 죄의 개념이 없는 것입니까? 우리 안에서도 왜 죄의식이 상실되어가는 것입니까? 성경이 주는 답은 하나입니다. '절대 진리'를 잊어버려서 그렇습니다. 절대 진리를 믿지 않아서 그렇습니다. 절대 진리를 인정하지 않아서 그렇습니다.

모든 것을 상대적 진리로 바꿉니다. 그래서 항상 자기에게 유리하면 진리고, 자기에게 불리하면 진리가 아닙니다. 내가 좋다고 진리가 진리되는 건 아니지 않습니까? 진리가 신자의 존재됨을 평가하고 진리가 세상을 평가하는 것인데, 자신이 진리를 평가하고, 세상이 진리를 평가하려고 듭니다. 어처구니없는 멍청한 짓을 이 세상은, 현대인은 하고 있습니다.

객관적 절대 진리가 사라지고 약해질수록 죄의식은 점점 더 없어집니다. 그 결과 하나님 없이도 잘삽니다. 없어도 괜찮다고 생각합니다. 하나님과 분리된 삶을 살아갑니다. 그리고 판단력을 잃어갑니다. 영적 분별력을 잃어갑니다. 무엇이 옳고 무엇이 그른지, 무엇이 참된 인생의 의미인지를 모르면서 속고 살아갑니다. 이것이 인간의 타락입니다.

오늘의 세상이 그렇지 않습니까? 오늘의 인간이 그렇게 되어가고 있지 않습니까? 아니, 나 자신도 자꾸 그렇게 휩쓸려가고 있지는 않습니까? 그러다보니 이것이 잘 안됩니다. '하나님 나라와 그 의를 먼저 구하라.' 그렇게 살아갈 수 없습니다. 그 이유를 분명히 알아야 합니다.

*

오늘 본문에 예수 그리스도를 통하여 절대 진리가 우리에게 증거되고 있습니다. "이 모든 악한 것이 다 속에서 나와서 사람을 더럽히려 하느니라(23절)." 사람을 더럽게 하는 것이 무엇입니까? 밖의 것이 아닙니다. 외부적 요인이 아닙니다. 그런 것은 약간의 영향은 미치지만, 결정적으로 하나님 보시기에 내 안에 있는 것입니다. 속에 있는 것입니다. 마음의 문제입니다. 생각의 문제입니다. 악한 생각이 그 사람을 더럽힙니다. 타락한 마음이 그 사람을 더럽힙니다. 죄가 그 사람을 더럽힙니다. 그 삶이 불행이고 비극입니다. 이것을 항상 기억해야 합니다.

'더러운 것'과 '더럽히는 것'은 서로 다릅니다. 이것을 구별해야 됩니다. 더러운 것은 피하면 됩니다. 그러나 더럽게 하는 것은 어떻게 할 수가 없습니다. 이것이 내 마음 안에 있고, 내 생각 속에 자리잡고 있습니다. 그러니 꼼짝 못합니다. 어떻게 지워버리지도 못합니다. 여행가도 안 되고, 울부짖어도 안 됩니다. 악한 생각이, 죄의 생각이, 탐욕이, 정욕이 나를 사로잡습니다. 이것이 문제입니다. 그래서 오늘 본문 15절, 16절에서 주님이 말씀하십니다. "무엇이든지 밖에서 사람에게로 들어가는 것은 능히 사람을 더럽게 하지 못하되 사람 안에서 나오는 것이 사람을 더럽게 하는 것이니라."

마음의 문제

오래전 영국에서 있었던 실화입니다. 런던에서 목회하며 빈민사역을 하던 위대한 설교자 스펄전(Charles Spurgeon) 목사님의 명성을 옥스퍼드 지역에 살던 한 미국인 사업가가 들었습니다. 그는 그리스도인이 아니었습니다. 그러나 그는 스펄전 목사님을 존경해서 그분이 하는 사역에 대한 막대한 후원금 지원을 약속한다고 연락했습니다. 그래 스펄전 목사님이 집사 두 분과 함께 기차를 타고 옥스퍼드로 가서 그의 집을 방문했습니다. 그때의 일입니다.

이 부자가 그분들을 초대해놓고 자신이 가장 즐기고 좋아하는 시가를 나눠주었습니다. 그러자 같이 갔던 집사님들이 어떻게 이런 것을 피우느냐고, 우리는 냄새도 못 맡는다고 하면서 거절했습니다. 그런데 목사님은 다르게 반응했습니다. 먼저 "감사합니다"라고 하면서 시가를 받아서 냄새를 맡고는 불을 댕기고 한 모금 빱니다. 그러고는 "이거 참 좋은 시가네요. 감사합니다"라고 하는 것입니다. 그리고 그 집을 나왔습니다.

이제 기차를 타고 런던으로 돌아가는데, 두 집사님이 가만히 있겠습니까? 난리치는 거지요. 막 화를 내며 따집니다. "목사님, 어찌 이러실 수가 있습니까? 집사도 아닌 목사님이, 그것도 침례교 목사님, 그것도 스펄전 목사님이 어찌 시가를 받아 피울 수 있단 말입니까? 어떻게 이렇게 하실 수가 있습니까? 부끄럽지도 않으십니까?" 그때 스펄전 목사님이 조용하게 이렇게 답했답니다. "그래도 셋 중에 한 사람은 그리스도인처럼 굴어야 할 것 아닙니까?"

홀륭한 크리스천이 누구입니까? 술이나 담배를 안하면 홀륭한 크리스천입니까? 살인하지 않으면 홀륭한 크리스천입니까? 도둑질 안하면 홀륭한 크리스천입니까? 홀륭한 목회자는 누구입니까? 주께서 말씀하십니다. '마음이 문제다. 생각, 곧 그 중심의 문제다.' 이것을 항상 분별해야 합니다.

유대인은 하나님께서 택하신 백성입니다. 하나님께서 하나님의 말씀인 율법을 주신 선민입니다. 그들은 그렇게 믿었고 더욱이 이것은 실제사건이었으니 그들은 그런 자부심 속에서 하나님의 자녀라는 인식을 갖고 살았습니다. 그런데 중요한 것은 그들의 삶의 사고방식과 삶의 태도와 그 실천이 하나님의 뜻과는 정반대였습니다. 정반대로 살았습니다. 결국 예수님을 십자가에 못 박아 죽이고, 교회를 핍박하고 말살하려고 했던 것이 성경에 기록되어 있지 않습니까?

이것이 남의 일이 아닙니다. 그들은 사람을 변화시키고, 나 자신이 깨끗해지고, 마음이 거룩해지는 방법을 성경에서 찾았습니다. 그리고 나름대로 이렇게 믿었습니다. 두 가지입니다.

첫째가 율법을 지키는 것입니다. 오늘날 율법 안 지키고, 잊어버리고, 심지어 율법이 무엇인지도 모르고 사는 그리스도인도 많습니다. 그러니 이것을 지키는 것도 대단한 일입니다. 옳은 일입니다. 하지만 율법의 정신을 몰랐습니다. 율법의 목적을 몰랐습니다. 율법을 주신 하나님의 뜻을 몰랐습니다. 그리고 문자적 차원에서만 율법을 지키려 애쓰고 발버둥 치며, 못 지킨 사람을 정죄하고 죄인이라고 막 비난하면서 더욱 나빠졌습니다. 더 악해집니다. 겉보기에는 홀륭한 하나님의 백성 같지만, 그 속은 부패했습니다.

둘째는, 전통과 제도와 관습과 같은 것을 아주 귀중히 여기고, 하나님의 말씀과 같이 여기면서 지키려고 애썼습니다. 모든 종교, 모든 인간은 이 두 가지 범주에 속합니다. 나를 깨끗이 하고, 사람을 깨끗이 하고 거룩하게 하려고 할 때 항상 두 가지 범주에 있습니다. 우선 법을 지켜야 된다고 생각합니다. 틀린 것이 아닙니다. 다음은 전통과 관습과 제도를 잘 지키려고 생각합니다. 그러나 하나님 보시기에는 오히려 정반대의 삶을 살아갈 수 있다는 것을 항상 인정하고 분별해야 합니다.

신앙생활의 시금석: 진리

오늘 본문의 상황은 7장 2절로부터 시작됩니다. 제자들이 음식을 먹을 때 손을 씻지 않고 먹었습니다. 유대인의 법에서는 꼭 손을 씻고 먹어야 합니다. 레위기 11장, 신명기 14장에 기록되어 있습니다. 하나님의 말씀입니다. 동시에 전통으로 지켜온 일입니다. 그러나 예수님의 제자들이 그렇게 하지 않았습니다. 분명히 잘한 일은 아닙니다. 그러나 주께서는 그것을 비난하고 정죄하는 그들이 더 악하다고 말씀하셨습니다. 지금 제자들을 칭찬하시는 것이 아닙니다. 더 악한 것이 무엇인지를 가르쳐주시는 것입니다. 결국 그들은 스스로, 율법의 판단으로 남을 정죄했지만, 자기들이 하나님을 죽였습니다. 하나님을 거역했습니다. 예수님을 십자가에 못 박았습니다. 교회를 말살하려고 했습니다. 아직까지도 믿지 않았습니다. 우리 스스로는 어떻습니까?

베드로는 참 위대한 하나님의 사도입니다. 초대교회를 세운 하나님의 사람입니다. 그러나 사도행전 10장을 보면 먼 훗날 하나님께서 그에게 이방인 고넬료에게 복음을 전하라고 말씀하시는데, 그는 못하겠다고 했습니다. 이렇게 더럽고 추악한 사람에게 어떻게 하나님의 복음을 전하느냐는 것입니다. 또 먼 훗날 그 위대한 사도가 이방인들과 함께 밥을 먹다가 유대인들이 들어오니까 도망갔습니다. 왜 그랬을까요? 유대인들이 그 모습을 비난할까봐 그랬던 것입니다. 아직도 그 마음과 생각이 율법과 전통과 제도와 관습에 얽매어 있었습니다. 온전히 하나님의 뜻과 하나님의 진리 위에 바로 서지 못했습니다. 우리는 항상 우리 안에 악한 생각과 잘못된 삶의 방식이 끝까지, 여전히 있다는 것을 기억해야 합니다. 그래야 새로워 질 수 있습니다.

*

신앙생활의 시금석이 무엇입니까? 성도 여러분은 무엇을 생각하고, 어떻게 생각하고 판단하고 선택합니까? 그 판단과 생각의 근거가 무엇입니까? 진리여야 합니다. 진리가 거울이 되어 나를 보고, 세상을 보고, 이웃을 보아야 합니다. 내 생각을 검토해야 합니다. 오직 진리입니다. 예수 그리스도 안에서 진리에 서 있지 못하다면 하나님께 영광 돌린다고 하면서 하나님의 뜻과는 정반대의 삶을 살아갑니다. 자기도 모르는 가운데 죄가 나를 끌고 갑니다. 잘못된 사고방식이 나를 하나님과 원수 되게 한다는 사실을 기억해야 합니다.

모든 그리스도인은 주일을 성수합니다. 주일을 지킵니다. 이 날은 거룩한 날입니다. 주의 날입니다. 문제는 어떻게 지키느냐 하는 것입니다. 여러분은 어떻게 지킵니까? 교회에 출석하면 지키는 것이고, 교회를 빠지면 못 지키는 것입니까? 이것이 하나님의 뜻입니까? 한 번만 더 생각해도 아닙니다. 전혀 아닙니다. 중요한 것은 하나님의 말씀을 듣느냐 못 듣느냐 하는 것입니다.

이 예배시간은 교양강연 시간이 아닙니다. 더욱이 그 말씀을 통해서 하나님을 만났느냐 못 만났느냐 하는 것은 우리가 목숨을 걸고 헌신해야 할 문제입니다. 이 예배의 자리에 참된 경건이 있다면 그 사람은 주일을 잘 지킨 것입니다. 그런데 그것이 없다면 자기 혼자 멋대로 지킨 것입니다. 이것이 법과 제도에 끌려간 결과입니다. 어느덧 매너리즘에 빠진 것입니다. 온통 형식화되고 세속화되고 외식화된 삶을 나도 모르게 살아가고 있는 것입니다. 이것을 알아야 합니다. 중요한 것은 내적인 것, 영적인 것입니다.

죄의식 없는 삶: 탐욕

최근에 한창 확산되고 있는 우리 대중문화를 생각해보십시오. '한류열풍'이라고 하면서 대단하다고들 합니다. 정말 대단한 것은 대단한 것입니다. 그러나 문제를 똑바로 보아야 합니다. 저는 여러 번 그런 설교를 들었습니다. 근간에도 분당의 어떤 목사님이 기독교 방송에서 설교하는 것을 보고는 깜짝 놀랐습니다. 이런 현상, 한류열풍이 하나님께서 주신 은혜라는 것입니다. 자기가 외국에서 오래 있어보았지만, 이것은 굉장하다는 것입니다.

물론 대단한 것은 사실이지만, 그 안에 진리는 조금도 없음을 알아야 합니다. 물론 한류문화가 대단한 것이지만, 그 안에 하나님께서 계십니까? 죄의식이 있습니까? 죄의 개념이 있습니까? 진리가 있습니까? 전혀 없습니다. 있다면 하나입니다. 하나님 없는 문화이고, 그 문화가 가득 찬 것입니다. 외모지상주의가 그 중심에 있습니다.

한류의 중심에 있는 연예인들을 보십시오. 키도 크고 멋있습니다. 그래서 누가 그러더라고요. 유전자가 다르답니다. 얼굴이 작고, 키도 크고, 멋있습니다. 화려합니다. 하지만 겉모양만 그렇습니다. 내적인 아름다움은 아무것도 없습니다. 영적인 것이 아무것도 없습니다. 이것을 직시해야 합니다. 그런데 오늘날 세상 사람들은 거기에다가 시간과 물질과 열정을 온통 쏟아 붓고 있지 않습니까? 그 영향을 받아서 그리스도인조차도 자꾸 그렇게 됩니다. 하나님의 일에는 엄청나게 인색하면서 얼마나 많이 겉모양에, 외모에 시간을 씁니까? 이미 생각과 삶의 방식이 잘못된 것입니다.

*

인도네시아의 어떤 원주민은 원숭이를 사냥할 때 아주 재미있는 방법을 쓴다고 합니다. 항아리를 사용하는데, 그 항아리는 주둥이가 조그마합니다. 그래서 손에 아무것도 쥐지 않은 빈손이면 그 주둥이 안으로 손을 넣었다 뺐다 할 수 있지만, 손에 무언가를 쥔 채로는 그렇게 못합니다. 그러니까 항아리 안에 들어 있는 것을 손에 쥔 채로는 주둥이 밖으로 손을 빼내지 못합니다.

그래 그 항아리 안에다가 음식물만 넣어놓으면 원숭이를 쉽게 잡을 수 있다고 합니다. 항아리 안에 원숭이가 좋아하는 음식을 넣어놓으면 원숭이가 그걸 끄집어내려고 손을 집어넣습니다. 하지만 손에 그걸 움켜쥐고는 손을 뺄 수 없습니다. 아무리 해도 손이 안 빠집니다. 그래도 원숭이는 손에 쥔 것을 놓지 않습니다. 그 맛있는 것 때문에, 자기가 원하는 것 때문에 주먹을 꼭 쥐고 왔다 갔다 하다가 결국에는 사람한테 잡힙니다.

이것이 탐욕이요, 탐심이요, 정욕이요, 소유욕입니다. 모든 악한 것들입니다. 세상 것들입니다. 자기가 죽는 줄도 모릅니다. 이것이 오늘 세상의 모습입니다. 이것이 죄인의 모습입니다. 죄의식 없는 삶의 모습입니다.

가장 큰 적: 내 마음과 생각

주께서 말씀하십니다. 나의 가장 큰 적은 밖에 있는 것이 아닙니다. 나를 더럽게 하는 것, 나를 망치는 것은 내 안에 있습니다. 내 마음이요, 내 생각입니다. 악한 생각과 죄, 그것이 자신을 더럽게 하고 추하게 합니다. 이것을 깨달아야 합니다. 죄인은 항상 여전히 있습니다.

그래 위대한 사도 바울이 노년에 성령 충만하여 이렇게 고백하지 않습니까? 로마서 7장 21절입니다. "그러므로 내가 한 법을 깨달았노니 곧 선을 행하기 원하는 나에게 악이 함께 있는 것이로다." 정말 하나님의 뜻대로 항상 선을 생각하며, 선을 이루고자 하는 마음이 있습니다. 가득 있습니다. 사도 바울이니까 더욱더 있었겠지요. 성령 충만하니까 더욱더 있었겠지요.

그런데 그 안에 악이 함께 있습니다. 악한 생각이 함께 있습니다. 자기 의가 있습니다. 자기 정욕이 있습니다. 잘못된 사고방식이 있습니다. 같이 가고 있습니다. 이것을 깨닫지 못하면, 이것을 인식하지 못하면 모두 다 마귀에게 넘어가고 맙니다.

*

그러면 어떻게 해야 이 악한 생각을 제거할 수 있습니까? 어떻게 해야 날마다 깨끗하게, 거룩하게 하나님께 가까이 가며 진리 안에서 하나님께 영광 돌리는 삶을 살아갈 수 있습니까? 많은 사람들이 이렇게 생각합니다. '성공하면 될 것이다. 성공하면 신분이 변할 것이다. 삶도 변할 것이다. 그러면 좀 더 인간다운 삶, 좀 더 인격자의 삶을 살아갈 수 있을 것이다.' 천만의 말씀입니다. 그렇게 사는 사람이 없습니다. 간단히 생각하십시오. 성공만 했을 뿐입니다. 속지 마십시오.

또 어떤 사람은 돈이 많으면 될 수 있을 것이라고 생각합니다. 오늘날 특별히 그렇지요. 돈의 영향력이 크지 않습니까? 그럼 환경도 바뀝니다. 정말 돈이 많은 사람들을 보면, 갑자기 돈을 많이 번 사람들을 보면 목소리부터 달라집니다. 입는 옷도 달라집니다. 다 달라집니다. 그러나 또 한 편으로는 밥값도 잘 내고, 좋은 일도 많이 합니다.

이렇듯 뭔가 확실히 달라진 것 같기는 합니다. 그러나 속지 마십시오. 다 드러납니다. 이것을 통해서 자기 약함이, 자기 추함이 드러날 때가 너무나 많습니다. 자신은 알고 있습니다. 한마디로 돈만 많은 것 뿐입니다. 사람은 외적인 변화로, 환경으로 절대 변하지 않습니다. 깨끗해지지 않습니다. 오히려 더 추해집니다. 자기가 속고 사는 것입니다.

*

그런가하면 오늘날 종교, 이 세상의 모든 종교는 이렇게 가르칩니다. 특히 불교는 깨달음을 통해서, 수행을 통해서 참선을 강조합니다. 맞습니다. 부분적으로는 옳습니다. 실제 건강한 불교인들을 보면 사람들은 아주 좋습니다. 그러나 근본적인 변화는 불가능합니다. 적어도 두 가지 이유에서는 안 됩니다. 먼저 죄는 하나님께 짓는 것입니다. 하나님에 대한 인식이 없는데 어떻게 죄의식을 가지겠습니까? 항상 자기는 괜찮은 사람입니다. 죄를 지금 이렇게 꼭꼭 묶어놓고 그냥 가고 있습니다. 자기는 괜찮다고 생각합니다. 하지만 죄 사함의 은총 없이 깨끗해질 수 없습니다.

더 중요한 것은 율법으로, 법을 지킴으로 의로워질 수 있는 사람은 없습니다. 하나님께서 선언하셨습니다. 실제로 우리가 경험하지 않습니까? 아니, 살인하지 않았다고, 간음하지 않았다고, 도적질하지 않았다고 그 사람이 죄없는 괜찮은 사람입니까? 세상은 그렇게 볼 수도 있고, 자기 자신도 그렇게 볼 수 있습니다. 그러나 특별히 하나님의 판단으로는 절대 아닙니다.

또한 이 세상은 교육으로 이것이 된다고 생각합니다. 지식을 통해서 훌륭한 사람, 인격의 사람을 만든다고 생각합니다. 그러나 세상을 보고 역사를 보십시오. 오늘 신문을 비롯한 방송매체를 보십시오. 지식만 많을 뿐입니다. 오히려 지식인이 세상을 망칩니다. 역사를 보십시오. 지식인이 하나님은 없다고 하고, 지식인이 위장술도 가르칩니다. 점잖은 방법도 가르칩니다. 그리고 스스로 속고 살아갑니다. 더 세상을 나쁘게 합니다.

성령의 역사 안에서 날마다 새로워집니다

그러면 어떻게 해야 사람이 깨끗해집니까? 어떻게 날마다 거룩해지며 또 밝은 세상을 바라보며, 그 확신 속에 살아갈 수 있습니까? 길은 하나입니다. 하나님께서 주신 길은 하나입니다. 자꾸 다른 길에서 헤매지 마십시오. 여행 가도 안 되고, 이사를 가도 안 됩니다. 교회를 옮겨 다녀도 안 됩니다. 길은 하나입니다. 예수 그리스도 안에서 거듭나야 됩니다. 예수 그리스도 안에서 하나님께서 하신 일을 믿어야 됩니다. 나의 능력이 아닌 하나님께서 깨끗하게 하시는 방법, 하나님의 자녀 되게 하신 일이 성경에 가득 나타나 있습니다. 그것을 믿어야 됩니다. 완전히 믿고 자꾸 생각하며 살아가야 됩니다. 그러는 중 말씀과 성령의 역사 안에서 날마다 새로워져 갑니다. 날마다 깨끗해져갑니다. 하나님과 동행하는 삶을 누립니다.

*

하나님께서는 죄인과 함께 하지 않으십니다. 의롭다고 여기시는 사람, 거룩해진 사람과 함께 하십니다. 만일 그렇지 못하면 다 실족할 뿐입니다. 그런고로 항상 내 안에 악한 생각이 존재한다는 것을 알아야 합니다. 그것을 느껴야 됩니다. 인식해야 됩니다. 내가 잘못된 사고방식으로, 잘못된 습관으로 오늘을 살아가고 있다는 것을 항상 느껴야 됩니다. 그리고 예수 그리스도 안에서, 진리 안에서 분별해야 됩니다. 진리가 거울입니다. 자기 자신을, 자기 속을 들여다볼 수 있는 것은 진리 밖에 없습니다. 하나님 말씀 밖에 없습니다. 그것이 보이거든 회개해야 됩니다.

세상의 방법이 아니라 기도의 방법이어야 합니다

그리고 하나 더 남았습니다. 기도해야 됩니다. '하나님 저를 도와주소서.' 왜요? 내 힘으로는 안 됩니다. 세상의 방법으로는 안 됩니다. 오직 예수 그리스도 안에서만 가능한 것이고 또 예수 그리스도의 마음으로, 그 지식으로, 그 삶의 사고방식으로 하루하루 살아가야 하는 것이기에 '나를 붙들어 주소서.'라고 기도해야 합니다. 하나님의 지혜와 능력이 아니고는 인간의 힘만으로는 도저히 벗어날 수 없습니다.

누가복음 18장에는 바리새인과 세리가 기도하는 장면이 기록되어 있습니다. 먼저 바리새인을 보십시오. 높은 교육수준의 사람입니다. 적어도 중상층의 삶을 살았습니다. 남을 도울 여유도 있었습니다. 많이 도왔습니다. 십일조도 냈습니다. 구제도 했습니다. 적어도 남이 보기에는 전혀 문제가 없었습니다. 상패도 많이 받았을 것입니다. 그래서 그가 하나님께 기도했습니다. '이렇게 살게 해주셔서 감사합니다. 저 매국노처럼, 저 세리처럼, 저런 창기처럼 살지 않게 해주셔서 감사합니다. 이 모든 것이 하나님의 은혜입니다. 하나님, 영광 받으소서.'

동시에 매국노였던 세리는 이렇게 기도했습니다. '저는 죽일 놈입니다. 하나님, 저는 저의 죄를 압니다. 저를 불쌍히 여겨주세요. 여기서 스스로 벗어날 수가 없습니다. 하나님, 저 좀 불쌍히 여겨주세요.' 이 두 사람이 있었습니다.

예수님께서 물으셨습니다. '누가 더 의로운 사람이냐? 누가 의롭게 함을 받은 사람이냐?' 예수님은 세리이고, 저 매국노라고 하셨습니다. 하나님께서는 중심을 보시기 때문입니다. 그 마음과 생각을 보시기 때문입니다. 거기에서부터 하나님의 역사가 일어나기 때문입니다. 그 생각과 사고방식을 새롭게 함으로 하나님의 영광을 나타내시기 때문입니다. 저쪽은 손볼 데가 없습니다. 자기는 너무나 괜찮은 사람입니다. 이런 사람은 하나님께서도 손보지 못하십니다.

*

오직 하나님의 말씀만이 절대 진리입니다. 이 진리 안에서 생각하는 것입니다. 진리가 거울입니다. 나를 보고, 내 생각을 보고, 내 안의 속을 보고, 이웃을 보고, 세상을 봅니다. 그리고 이 진리를 알게 해주신, 진리를 깨닫게 해주신 하나님께 감사합니다. 감사할 수밖에 없지 않습니까? 내가 누구인지 압니다. 내 가능성과 미래의 모든 것을 진리 안에서 밝히 봅니다. 하나님께서는 진리에 속한 사람과 함께하십니다. '오직 진리에 속한 사람만이 그리스도인이요, 하나님의 자녀다.' 주께서 선포하십니다.

하나님께서는 오늘도 역사하십니다. 진리에 속한 자와 함께 역사하십니다. 그들을 날마다 새롭게 하시고, 그들에게 날마다 새로운 삶의 사고방식을 가르쳐주시고, 새로운 소망과 새로운 지식으로 그들을 새롭게 하십니다. 오늘도 하나님께서는 이렇게 역사하십니다. 진리의 증인으로 살아가는 사람이 복 있는 사람입니다. 그가 언제나 담대하고 권세 있게, 내 안에 주어진 삶의 사건을 통해서 하나님의 지혜와 능력을 선포하며 오늘을 살아가는 사람이기 때문입니다.

기 도

거룩하신 은혜의 하나님. 하나님의 초월적 지혜와 능력 안에서, 예수 그리스도 안에
서 오직 믿음으로 하나님의 자녀가 되었습니다. 그럼에도 불구하고 자신이 누구인지
알지 못하며, 자신의 가능성과 자신의 모습을 바라보지 못하며, 위선적이고 가식적이
고 형식적인 삶으로 기뻐하고 즐거워하는 미련한 인생을 주여 불쌍히 여기어주시옵
소서. 진정 예수 그리스도 안에서 거듭난 자로 진리를 거울삼아 하나님 앞에 회개하
며, 하나님의 뜻을 분별하며, 하나님의 지혜와 능력을 힘입어 오늘을 살기를 바라오
니, 주여, 우리를 새롭게 하여주시옵소서. 날마다 진리 안에서 거듭나며, 거룩해지며,
하나님께 가까이 가는 삶을 체험하며, 위대한 진리의 증인으로 오늘을 살아가는 주
의 사람 되도록 우리를 붙들어주시옵소서. 우리 주 예수 그리스도의 이름으로 간절
히 기도드리옵나이다. 아멘.

24장_ 종이 되어야 하리라

세베대의 아들 야고보와 요한이 주께 나아와 여짜오되
선생님이여 무엇이든지 우리가 구하는 바를 우리에게 하여 주시기를 원하옵나이다 이르시되
너희에게 무엇을 하여 주기를 원하느냐 여짜오되 주의 영광 중에서 우리를 하나는 주의 우편에,
하나는 좌편에 앉게 하여 주옵소서 예수께서 이르시되 너희는 너희가 구하는 것을 알지
못하는도다 내가 마시는 잔을 너희가 마실 수 있으며 내가 받는 세례를 너희가 받을 수 있느냐
그들이 말하되 할 수 있나이다 예수께서 이르시되 너희는 내가 마시는 잔을 마시며 내가 받는
세례를 받으려니와 내 좌우편에 앉는 것은 내가 줄 것이 아니라 누구를 위하여 준비되었든지
그들이 얻을 것이니라 열 제자가 듣고 야고보와 요한에 대하여 화를 내거늘 예수께서 불러다가
이르시되 이방인의 집권자들이 그들을 임의로 주관않을지니아니하니 너희 중에 누구든지 크고자
하는 자는 너희를 섬기는 자가 되고 너희 중에 누구든지 으뜸이 되고자 하는 자는
모든 사람의 종이 되어야 하리라 인자가 온 것은 섬김을 받으려 함이 아니라 도리어 섬기려 하고
자기 목숨을 많은 사람의 대속물로 주려 함이니라 (마가복음 10: 35~45)

마더 테레사(Mother Teresa) 수녀의 일화 하나를 소개합니다. 이 수녀님과 가까이하는 사람은 항상 이 수녀님의 순결한 인격에 큰 감동을 받았다고 합니다. 특히 이분의 시기와 질투 없는 삶에 대해서 큰 도전을 항상 받았습니다. 어느 날 테레사 수녀가 어린아이의 고름을 만지며 치료하고 있을 때 그 자리에 함께 있던 어떤 분이 질문을 던졌습니다. "수녀님, 당신은 잘 사는 사람이나 평안하게 살아가는 사람 또는 높은 지위에 있는 사람을 바

라볼 때 정말 시기심이나 질투심이 생기지 않으십니까? 정말 당신의 이런 삶에 만족하며 오늘을 살아가십니까?" 그때 테레사 수녀가 유명한 대답을 남깁니다. "허리를 굽히고 섬기는 사람에게는 위를 쳐다볼 수 있는 시간이 없습니다."

성도 여러분, 내 인생의 목적, 내 소원이 어디에 있습니까? 섬김을 받는 사람입니까 아니면 섬기는 사람입니까? 하나님 앞에서 진실하게 생각해보기 바랍니다.

모두 다 리더가 되려는 세상

오늘 본문에서 예수님께서는 우리에게 말씀하십니다. "종이 되어야 하리라. 섬기는 사람이 되어야 하리라." 이것은 사도들에게뿐 아니라, 모든 하나님의 자녀인 그리스도인에게 주신 말씀입니다. 여러분은 이 하나님의 말씀에 순종하며 살아갑니까? 아니면, 무시하고 거역하며 오늘을 살아갑니까? 저는 성경 말씀 가운데서 오늘 이 말씀이야말로 가장 무시당하고 조롱받는 말씀이라고 생각합니다. 특별히 교회와 성도들에게 그런 대접을 받습니다.

오늘 이 세상은 분명 무한경쟁시대입니다. 우리 모두 다 잘 알고 있습니다. 나라 간에, 기업 간에, 사회 간에, 공동체 간에, 개인 간에, 다들 무한경쟁 속에서 살아갑니다. 그러다보니 살아남기 위해서 또는 승리자(winner)가 되기 위해서 그리고 자신의 만족과 안정과 기쁨을 위해서 으뜸이 되어야 합니다. 일등이 되어야 합니다. 성공한 사람이 되어야 합니다. 한마디로 섬김을 받는 사람이 되어야 한다는 말입니다. 이것이 세상의 논리입니다.

그러나 조금만 더 생각해보면 1등은 오직 한 명입니다. 그럼 나머지 사람은 무엇입니까? 여러분은 그들의 마음과 삶을 어떻게 평가합니까? 으뜸이 되는 사람은 소수입니다. 지도자는 소수입니다. 그러면 나머지 다수의 사람은 무엇입니까? 세상논리로만 따지면 그들은 낙오자요, 실패자입니다. 이것이 옳습니까? 정말로 잘못된 삶입니다. 그런데도 지금 이 세상은 무한경쟁을 위한 질주에 여념이 없습니다. 섬김을 받는 사람이 되기 위해서 모든 시간과 열정과 물질을 쏟아 붓습니다. 성공을 향하여 나아갑니다. 나도 그렇게 살고 있고, 우리의 자녀에게도 그렇게 살라고 말합니다. 그 삶 자체가 불행이요 비극입니다.

*

오늘 그리스도인으로서 한 번 생각해보십시오. 종 되기를 바라는 소원을 품고 살아가는 사람은 아주 드뭅니다. 모두 다 리더(leader)가 되기를 바랍니다. 지도자가 되기를 원합니다. 오늘날 교회 안에서도 리더십(leadership)이라는 주제에 대하여 많은 관심을 기울입니다. 이 세상은 온통 리더십에 관한 문제를 이야기합니다. 그런데 이 세상의 주장이 아무런 여과 없이 교회 안에 그대로 들어와서 가르쳐지고 있습니다. 또 그것을 사람들은 좋아합니다. 그러니까 서로 망치는 것입니다. 왜요? 이 리더십은 리더를 위한 리더십입니다. 리더가 되기 위한 리더십입니다. 종이 되는 리더십이 아닙니다.

특별히 요즘 기독교서점에 가보면 종의 리더십(servant leadership)에 관한 많은 책들이 나와 있는 것을 볼 수 있습니다. 베스트셀러도 많습니다. 저도 여러 권 읽었습니다. 하지만 분명히 알아야 합니다. 저도 속을 뻔했습니다. 이것은 성경의 말씀과 일치하지 않습니다. 왜요? 종의 리더십을 가지고 말하는 것 같지만, 결국은 리더가 되라는 것이기 때문입니다. 지도

자가 되라는 것입니다. 1등을 하라는 것입니다. 그 리더십을 갖기 위하여
그렇게 살아야 된다는 것입니다. 아주 적당히 하나님의 말씀을 세속화시
킨 것입니다. 엄청난 죄입니다. 그런데도 이 위선이 교회 안에서 교인들에
게 가르쳐지고 또 교인들은 그것을 그대로 받아들입니다.

그러나 성경은 뭐라고 말씀합니까? 하나님께서는 뭐라고 말씀하십니
까? "종이 되어야 하리라." 정반대의 말씀을 하십니다. 그런데도 지금 내
가 알고 있는 지식, 내가 소원하는 바가 하나님의 뜻과 정반대된다는 것을
모릅니다. 이 정도로 영적으로 무지해졌습니다. 그럼에도 회개하지도 않
습니다. 이것이 오늘 우리의 모습입니다.

자기 의를 구하는 섬김과 참 섬김

무디(Dwight Lyman Moody) 목사님은 하나님의 사람입니다. 그는 말합니
다. "하나님께서 우리를 쓰실 수 없을 때는 우리가 작을 때가 아니라 너무
클 때다." 이것이 옳습니다. 성경에 나오는 어떤 하나님의 사람도 그 스스
로 작아질 때 하나님께서 그를 쓰셨지, 스스로 크고자 하는 사람을 하나님
께서는 한 번도 쓰신 적이 없습니다. 단 한 번도 없습니다. 오히려 하나님
의 지혜와 능력을 하나님의 자녀들이 막고 있습니다. 이것을 항상 기억해
야 합니다.

어느 가정에서 어린 꼬마가 아빠에게 이렇게 말했답니다. "아빠, 나는
이 다음에 커서 아빠 같은 사람이 될 거예요." 그 말을 듣고 아빠가 너무나
기분이 좋았습니다. 어깨가 으쓱해졌습니다. 그래 말합니다. "너 정말 효
자다. 그런데 무엇이 그렇게 닮고 싶으냐?" 그랬더니 아들이 대답합니다.
"나 같은 아들을 아들로 둔 거요."

미성숙의 극치입니다. 온통 자아중심입니다. 하나님의 사람에게는 자아가 없습니다. 자아가 점점 작아지고 사라져가야 합니다. 왜요? 하나님의 뜻에 나의 소원이 일치되어가고 있기 때문입니다. 하나님의 말씀에 내 소원과 목적과 욕망을 두기 때문입니다. 그 사람이 하나님께 쓰임 받는 복 있는 사람입니다.

*

저명한 영성신학자인 리처드 포스터(Richard Foster)가 쓴 「영적 훈련과 성장」(Celebration of Discipline)이라는 유명한 책이 있습니다. 이 책에서 그는 종의 마음에 근거를 둔 '참 섬김'과 자기중심적 태도에 근거한 '자기 의를 구하는 섬김'의 특징 아홉 가지를 대조해서 설명합니다.

첫째, 참 섬김은 예수님과의 깊은 교제에서 비롯됩니다. 반면에 자기 의를 구하는 섬김은 주로 인간의 노력으로 이루어집니다.

둘째, 참 섬김은 작은 사역과 큰 사역을 구별하지 않습니다. 반면에 자기 의를 구하는 섬김은 크고 거창한 사역에만 관심을 둡니다.

셋째, 참 섬김은 거룩함을 지향합니다. 그러므로 오직 그분이 인정하신 것만으로 만족합니다. 반면에 자기 의를 구하는 섬김은 외적 보상을 추구하며 인간의 칭찬을 추구합니다.

넷째, 참 섬김은 결과에 연연하지 않습니다. 반면에 자기 의를 구하는 섬김은 결과나 통계에 지대한 관심을 기울입니다.

다섯째, 참 섬김은 사역에 차별을 두지 않습니다. 반면에 자기 의를 구하는 섬김은 섬길 사람을 자신이 가립니다.

여섯째, 참 섬김은 하고 싶은 마음이 있든 없든 필요하다고 생각하면 묵묵히 충실하게 일합니다. 반면에 자기 의를 구하는 섬김은 기분에 좌우됩니다. 섬김이 감정을 통제하기보다는 감정이 섬김을 통제합니다.

일곱째, 참 섬김은 늘 섬기는 태도로 살아갑니다. 반면에 자기 의를 구하는 섬김은 일시적이고 간헐적입니다. 특별한 봉사활동이 수행되고 있는 동안에만 봉사합니다.

여덟째, 참 섬김은 섬김의 응해야 할 때와 거절할 때를 구별합니다. 반면에 자기 의를 구하는 섬김은 분별력이 없습니다.

아홉째, 참 섬김은 공동체를 형성합니다. 반면에 자기 의를 구하는 섬김은 공동체를 파괴합니다. 궁극적으로 자기 의를 구하는 섬김은 개인의 영광을 구하는 데 치우칩니다. 성도 여러분은 어디에 속한 사람입니까?

리더가 되려는 제자들

오늘 본문에는 예수님의 제자들이 리더가 되기 위해서, 으뜸이 되기 위해서, 1등이 되기 위해서 무한경쟁을 벌이는 장면이 그대로 기록되어 있습니다. 하나의 사건입니다. 그들 모두의 마음에는 시기와 질투가 가득했습니다. 다툼과 분노가 가득했습니다. 그것이 기록되어 있습니다. 이런 상황을 야기한 인물은 야고보와 요한입니다. 이들은 형제입니다. 이들이 예수님께 간청했습니다. 그들은 예수 그리스도께서 왕이 되시리라고 기대했습니다. 세속적인 왕을 기대했습니다. 그래서 그들은 자신들을 예수님의 우편과 좌편에 앉게 해달라고 요청했습니다. 정말 자아로 똘똘 뭉쳐 있었습니다. 아마도 입으로는 하나님의 영광을 위한다고 하면서 그걸 구했을 것입니다. 반면에 나머지 열 명은 어떻습니까? 여러분이 그 열 명 가운데 한 사람이라면 어떻겠습니까? 오늘 본문 말씀 그대로 화가 날 것입니다. 분노할 것입니다. '뭐 이런 인간들이 다 있어? 우리가 지금 생사고락을 함께한 시간이 얼만데?'

수가 많지도 않습니다. 열두 명이 전부입니다. 그런데도 이런 상황이 벌어졌습니다. 좀 더 깊이 생각해보면 수많은 무리들이 예수님을 따릅니다. 제자가 되고 싶어 했습니다. 그들은 예수님의 능력을 보았습니다. 예수님의 높으신 지혜를 보았습니다. 그런데 예수님께서는 열두 명만 택하셨습니다. 그 가운데 이 열두 제자가 있는 것입니다. 그러니 나머지 사람들이 얼마나 부러워했겠습니까? 그런데도 정작 이들은 그 열두 명의 한 사람으로 택하신 주님의 은총에 감사하지 못했습니다. 만족이 없었습니다. 왜 그렇습니까? 자기 욕망 때문입니다. 자아의 꿈틀거리는 소원 때문에 온전히 변하지 못했습니다.

*

더욱이 마태복음 9장에는 변화산의 사건이 기록되어 있습니다. 예수님께서는 제자들이 열두 명밖에 안되는데도 그들을 다 데리고 가지 않으셨습니다. 특별한 의도가 있으신 것입니다. 딱 세 명만 데려가셨습니다. 야고보, 요한, 그리고 베드로입니다. 그만큼 그들을 인정하신 것이고, 그 세 사람은 열두 명 가운데서도 특별한 존재였습니다. 그런데도 그들은 만족하지 못했습니다. 끝없는 욕망이 그들 안에 있었습니다.

특히 한 사람은 우편에, 다른 한 사람은 좌편에 앉고 싶어 했습니다. 그러면 베드로는 어떻게 되는 것입니까? 열두 명의 제자들은 이미 알았습니다. 그들 가운데 수석 제자는 베드로입니다. 이제 그들 안에 이런 마음이 있습니다. '내가 1등이 되어야 하고 나머지는 1등이 되면 안 되는 것 아닌가? 내가 으뜸이 되고 나머지는 으뜸이 되면 안 되는 것 아닌가?'

이것이 오늘의 사건입니다. 이것이 인간의 욕망이요 탐심입니다. 우리는 이들을 보면서 '어떻게 저럴 수가 있느냐?'하지만, 모든 인간의 욕망과 탐심을 제자들을 통해서 우리에게 보여주십니다. 그래서 기쁨이 없습니다. 만족이 없습니다. 진정한 감사와 헌신이 없습니다. 끝없는 자기 욕망이 있습니다. 모든 그리스도인은 수많은 사람들 가운데서 자격이 없지만 일방적인 하나님의 은혜와 선택 가운데 믿음으로 하나님의 자녀가 되었습니다. 그런데도 아직 만족이 없습니다. 감사가 없습니다. 헌신이 없습니다. 끝없는 나의 소원과 나의 욕망만이 있습니다. 그것이 하나님의 뜻과 정반대된다는 사실도 모릅니다. 그리고 오늘을 살아갑니다. 우리는 이것을 회개해야 합니다. 이것은 불신앙입니다.

오늘 주께서 그들에게 말씀하십니다. "너희 중에는 그렇지 않을지니" '너희 중에는, 세상이 그런 것을 너희는 알지만, 너희는 그러면 안 된다. 너희는 다르다. 정반대의 삶을 살아야 한다. 그것은 세상이 권하는 것이다. 세상의 논리다. 너희는 하나님의 자녀다. 내 제자다. 너희 중에는 그러면 안 된다.' 간곡히 말씀하십니다.

끝까지 종으로 살아야

제자들도 알고, 우리도 알고, 세상이 다 압니다. 세상에서는 영향력을 발휘하려면 힘이 있어야 됩니다. 권세가 있어야 됩니다. 지위가 있어야 됩니다. 그리고 조직이 있어야 됩니다. 그것을 통해서 영향력을 발휘합니다. 그 당시는 로마라는 제국이 있었습니다. 이 나라의 의미는 역사에서 굉장한 것입니다. 천년제국이었습니다. 힘과 권력과 조직으로 세상을 꽉 묶어놓았습니다. 그런데 역설적이게도 그 안에 평안이 있었고 전쟁은 없었습니다. 안정과 번영이 있었습니다. 로마가 지배하지 않을 때는 부족끼리, 민족끼리 계속해서 싸웠는데 그들을 딱 묶어놓으니까 그 안에서 꼼짝 못한 것입니다.

요즘도 그와 비슷한 경우들이 있습니다. 강대국들이 모든 것을 묶어놓았습니다. 그러니 절박한 상황이 아니고서는 함부로 전쟁할 수도 없습니다. 자칫하면 다 망할 수 있기 때문입니다. 이런 현실의 상황들이 모든 것을 꽉 묶어놓는 것입니다. 힘과 권력으로 묶어놓습니다. 그러나 일시적인 현상입니다. 그 끝은 멸망입니다. 더 큰 혼란, 더 큰 폭력과 전쟁의 역사가 있습니다. 오늘도 그렇습니다.

그래서 예수님께서 말씀하십니다. '너희도 알거니와 그것은 아니다. 적어도 너희는 그래서는 안 된다. 그런 삶의 방식, 태도, 마음으로 살아가서는 안 된다.' 오늘 우리나라의 생활을 생각해볼까요? 한국뿐 아니라 온 세계가 강력한 지도자를 원합니다. 영웅을 원합니다. 무엇을 위해서일까요? 안정과 번영과 평안을 위해서입니다. 결국은 힘과 권력과 강력한 통치와 제도입니다. 결국은 그것이 망한다는 것을 역사가 보여주는데도, 너무나 현실에 급급하다보니 강력한 지도력이 있는 영웅을 그립니다. 모순입니다. 스스로 멸망으로 향하고 있습니다.

주께서는 그러면 안 된다고 하십니다. 그 말씀이 오늘본문 43절, 44절입니다. "너희 중에는 그렇지 아니하니 너희 중에 누구든지 크고자 하는 자는 너희를 섬기는 자가 되고 너희 중에 누구든지 으뜸이 되고자 하는 자는 모든 사람의 종이 되어야 하리라." '종이 되어야 한다. 섬기는 사람이 되어야 한다.' 하나님의 말씀입니다.

*

성도 여러분은 이 말씀을 내게 주신 하나님의 말씀으로 믿습니까? 이 말씀에 순종합니까? 이 말씀에 소원과 목적을 일치시키기로 고민하고 다짐하며 하루하루를 살아갑니까? 그 사람이 복 있는 사람입니다. 변함없는 하나님의 말씀입니다. "종이 되어야 하리라." 여기서 종이라는 것은 과정을 뜻하는 말이 아닙니다. 절대 착각하지 마십시오. 종의 마음을 갖고, 종의 태도를 가지면 결국은 승자가 되고 지도자가 된다는 그런 말씀입니까? 아닙니다. 뻔뻔하고 위선적이게도 이 말씀이 너무나 많이 왜곡되게 선포되고 있습니다. 종은 신분이요 정체성입니다. 끝까지 종입니다. 종으로 살라고 말씀하시는 것입니다.

야고보는 결국 스스로 구하는 바를 알지 못합니다. 그러나 소원대로 첫 순교자가 됩니다. 요한은 90세 넘게 살았습니다. 가장 오래도록 살아남은 사도입니다. 하지만 핍박 가운데 오래 사는 것은 복이 아닙니다. 결국 주어진 삶 가운데 하나님의 영광이 나타나게 됩니다. 성경은 썩어지는 밀알을 말씀합니다. 썩어지는 밀알, 거룩한 씨, 그 모든 것은 한마디로 십자가라고 합니다. 날마다 자기 십자가를 지고, 십자가의 삶을 사는 것, 그것이 진정한 종의 삶입니다. 그가 복이 있다고 성경은 말씀합니다.

*

오늘날 CEO(Chief Executive Officer)라는 개념은 세상의 논리입니다. 충분히 이해는 됩니다. 그러나 이 단어가 어느새 교회 안으로 들어왔습니다. 책에도 「지저스 CEO」라는 것이 있습니다. 교인들에게 베스트셀러로 읽히는 책입니다. 그러나 정말 잘못된 현상입니다. 어떻게 이럴 수가 있습니까? 어떻게 예수님께서 CEO란 말입니까? 아니, 구주요 구세주를 이렇게 타락한 언어로 왜곡시켜도 되는 것입니까? 그러다보니 목회자도, 신학교에서도 그렇게들 가르칩니다.

오늘날 많은 목사님들이 본인을 스스로 CEO로 생각합니다. CEO적인 목회를 하겠답니다. 그래서 온통 조직만 만듭니다. 심지어 명함에도 자신을 CEO라고 적는 분들이 있습니다. 인터넷에도 들어가 보면 자기소개 란에 CEO라고 적는 목회자들이 있습니다. 그러나 종하고 CEO는 정반대입니다. 그러다보니 교인들도 따라합니다. CEO가 되고 지도자가 되려고 합니다. 하나님의 지혜와 능력으로 그렇게 되기를 바랍니다. 잘못된 소원입니다. 정반대로 가고 있습니다. 이것이 교회와 기독교의 타락이요 비극입니다.

종이 되고자 하는 소원과 목적

종이란 어떤 사람입니까? 성경에서 말씀하는 종은 항상 두 가지입니다. 첫째, 종한테는 주인이 있습니다. 당연합니다. 주도권이 주인에게 있습니다. 당연히 종에게는 주도권이 없습니다. 항상 주인의 뜻을 생각하며 청지기로 일합니다. 그가 종입니다. 성경에 나오는 모든 하나님의 사람을 보십시오. 믿음의 조상 아브라함이든, 위대한 지도자 모세든, 국무총리 요셉이든, 왕인 다윗이든, 선지자든, 순교자든, 사도들이든 그 모두가 종입니다. 그들의 호칭은 종입니다. 그들은 종의 신분으로 살아갔습니다. 다양한 세상의 직분을 가졌지만, 하나님 앞에서는, 세상 앞에서는 항상 종이었습니다. 종의 마음으로 종이 되고자 애썼습니다. 하나님께서 그들을 통하여 능력과 지혜를 나타내셨습니다.

그들은 항상 자신들이 하나님께 고용되었다는 것을 알았습니다. 주인이신 하나님께서 하나님의 자녀를 고용하신 것입니다. 그리고 직무를 주셨습니다. 말씀의 종으로 세우십니다. 선지자든, 일반성도든 다 말씀의 증인입니다. 그 말씀 앞에, 살아 있는 말씀 앞에 충성되고 진실하게 살아갑니다. 그래서 세상과 타협하지 않습니다. 사람에게 보이려고 하지 않습니다. 사람의 평판을 두려워하지 않습니다. 오직 하나님만을 두려워합니다. 하나님께만 인정받으면 됩니다. 그 하나님의 종을 세상의 종, 모든 사람의 종이라고 합니다. 실제로는 모든 사람의 종이 아닙니다. 하나님의 종으로 파견된 사람이기 때문에 세상의 종이요, 모든 사람의 종입니다. 하나님과는 아버지와 자녀의 관계입니다. 그러나 그 하나님의 자녀가 세상에서는 하나님의 종으로 살아야 됩니다. 이것이 마땅한 것 아니겠습니까?

또한 목적과 방법도 하나님께 있습니다. 하나님의 뜻대로 입니다. 여기에 문제가 있습니다. 모든 그리스도인은 '하나님께 영광'을 말합니다. 그러나 방법은 내 마음대로입니다. 주도권이 하나님께 있습니다. 방법도 하나님께서 정하십니다. 예수님께서도 꼭 십자가를 지셔야 하는 것입니다. 그 밖에는 다른 길이 없습니다. 항상 기억하십시오. 하나님께 영광 돌리고, 하나님과 동행하는 삶의 방법은 종입니다. 하나님의 방법은 종입니다. 지도자, 성공자, 으뜸, 1등이 아닙니다. 그것은 자기의 분복대로, 하나님께 쓰임 받는 대로 주실 것입니다. 항상 종의 신분, 종의 마음으로 살아갈 때 하나님께서는 기뻐하시며 그를 통하여 역사하십니다.

*

하나님의 종은 항상 자유롭습니다. 자유인입니다. 세상의 평판에는 마음 쓰지 않습니다. 하나님께는 종이지만, 세상에 대해서는 자유인입니다. 영적 자유인입니다. 마르틴 루터는 종교개혁 당시 많은 사람들에게서 죽음의 위협을 받았습니다. 많은 핍박이 있었습니다. 가톨릭에서도 그를 계속 박해했습니다. 밤마다 잠을 편히 잘 수 없었습니다. 얼마나 근심걱정이 많았겠습니까? 그러나 어느 순간부터는 편히 잘 수 있었답니다. 왜요? 기도했기 때문입니다. 그는 이렇게 기도했답니다. '하나님, 이 세상이 하나님 것입니까, 제 것입니까? 하나님 것 아닙니까? 그러면 종은 평안히 자겠습니다.'

하나님께서 살아 계시고 역사하시니까 나는 하나님의 종으로 주도권을 하나님께 드리고 충성했을 뿐입니다. 그러니 평안이 있고 권세가 있습니다. 오늘도 현실의 문제에 자꾸 부대끼면 두려움과 혼란과 걱정과 근심 속에 잠 못 이루는 밤이 될 것입니다.

종으로 오신 예수님과 그리스도인

예수 그리스도께서 이 땅에 오신 목적을 항상 기억해야 합니다. 그분조차도 '섬김을 받고자' 이 땅에 오신 것이 아니라, '섬기고자' 오셨습니다. 오늘 본문 45절에서 예수님 말씀하십니다. 유명한 본문입니다. "인자의 온 것은 섬김을 받으려 함이 아니라 도리어 섬기려 하고 자기 목숨을 많은 사람의 대속물로 주려 함이니라." 대속물, 대신 죽는 것입니다. 그것도 내가 좋아하는 사람, 선택한 사람을 위해서가 아닙니다. 무작위입니다. 하나님의 뜻대로, 모든 죄인을 위하여 십자가에 죽으십니다. 이것이 십자가의 메시지입니다.

하나님께서 인간이 되셨습니다. 종이 되셨습니다. 왕이 종으로 죽어갑니다. 왜요? 하나님의 뜻이요, 하나님의 방법입니다. 하나님께는 하나님이시자 하나님의 아들입니다. 우리 모든 그리스도인도 하나님 앞에서는 하나님의 자녀입니다. 상속권이 있는 자녀입니다. 그러나 하나님의 뜻 앞에서는, 이 세상을 향해서는 종입니다. 이것이 복음입니다. 하나님께서 스스로 종이 되셨고, 십자가에 죽으셨습니다. 이것을 믿습니다. 나를 위하여 죽으셨습니다. 거기에 하나님의 사랑이 계시되어 있습니다.

복음 안에 살아가는 사람, 예수 그리스도 안에 살아가는 사람, 그리스도인은 이제 어떻게 살아야 합니까? 하나님의 자녀가 되게 하시고, 천국의 영광을 허락하시고, 이처럼 내가 너를 사랑하노라 하고 사건으로 계시하시며, 성령과 말씀도 주셨건만 아직도 1등이 되어야 하겠습니까? 아직도 지도자가 되어야 하겠습니까? 아직도 섬김을 받는 리더가 되어야 하겠습니까? 회개해야 합니다. 즉시 삶의 소원과 목적을 바꿔야 됩니다. 하나님의 말씀에 일치하는 사람이 복 있는 사람입니다. 하나님의 말씀대로 순종하는 사람이 하나님의 사람입니다. 하나님께서 그와 함께하십니다. 하나님의 약속입니다. 그만이, 하나님의 종만이 하나님의 지혜와 능력을 체험하게 됩니다.

*

저명한 미국의 목회자인 찰스 스윈돌(Charles Swindoll) 박사의 글을 인용하겠습니다. "종교개혁자 마르틴 루터(Martin Luther)에게 신학을 가르쳤고, 신약성경을 번역하도록 영감을 불어넣은 사람은 누구인가? 구둣방에 있던 드와이트 무디(Dwight Lyman Moody), 그 위대한 하나님의 사람을 찾아가 그리스도를 전한 사람은 누구인가? 20년 넘게 20세기에 가장 훌륭하다고 일컬어지는 빌리 그레이엄(Billy Graham) 목사님을 위하여 신실하게 기도한 노부인은 누구인가? 선교의 아버지라 일컬어지는 윌리엄 캐리(William Carrey)가 인도에서 사역하도록 재정적 후원을 한 사람은 누구인가? 허드슨 테일러(Hudson Taylor)를 따라가 중국의 내지(內地)선교라는 엄청난 비전을 제시한 사람은 누구인가?" 여러분은 압니까? 저도 모릅니다.

이어서 저자는 말합니다. "이런 질문이 시시하다고 여기지 말고 깊이 생각해보자. 누구인지 알려지지 않은 이름 모를 사람들이 없었다면 교회에서의 거대한 부분이 사라졌을 것이다. 그리고 수많은 영혼에게 복음이 전파되지 못했을 것이다. 이름 모를 사람들, 반드시 있어야 했던 수많은 사람들, 왕의 종들. 하지만 그들의 이름은 없다. 언제나 그림자처럼 말없이 할 일을 신실하게 행하면서 자신의 영광을 바라지 않는 사람들이다. 누

군가를 섬기는 이름 모를 사람들, 당신도 그들 가운데 한 사람인가?" 하나
님께서 하나님의 자녀에게 말씀하십니다. '너희는 나의 자녀다. 하나님의
자녀다. 동시에 하나님의 종이다.' 종이 되고자 하는 소원과 목적으로 하
나님 앞에서 이 시대를 살라고 말씀하십니다. 하나님께서 하나님의 종과
함께하실 것입니다.

기 도

전지전능하신 은혜의 하나님. 주의 초월적 지혜와 능력과 은혜 안에서 믿음으로 하
나님의 자녀가 된 사람이 자신의 정체성을 잃어버리고 종이 되기를 거부하며 오직
으뜸이 되고자, 지도자가 되고자 하는 열망 속에 거침없이 하나님의 뜻과 정반대의
삶을 살아가는 미련한 죄인들을 용서하여주시옵소서. 하나님의 말씀 안에 일치한, 그
말씀에 순종하는 고귀한 소원과 삶의 목적을 가지고 하나님의 종으로 하나님께 쓰임
받는 권세 있는 삶을 오늘 살아갈 수 있도록 우리를 붙들어주시옵소서. 우리 주 예수
그리스도의 이름으로 간절히 기도드리옵나이다. 아멘.

예수의
잠언